普通高等教育"十三五"规划教材

GUOFANGJIAOYUJIAOCHENG

国防教育教程

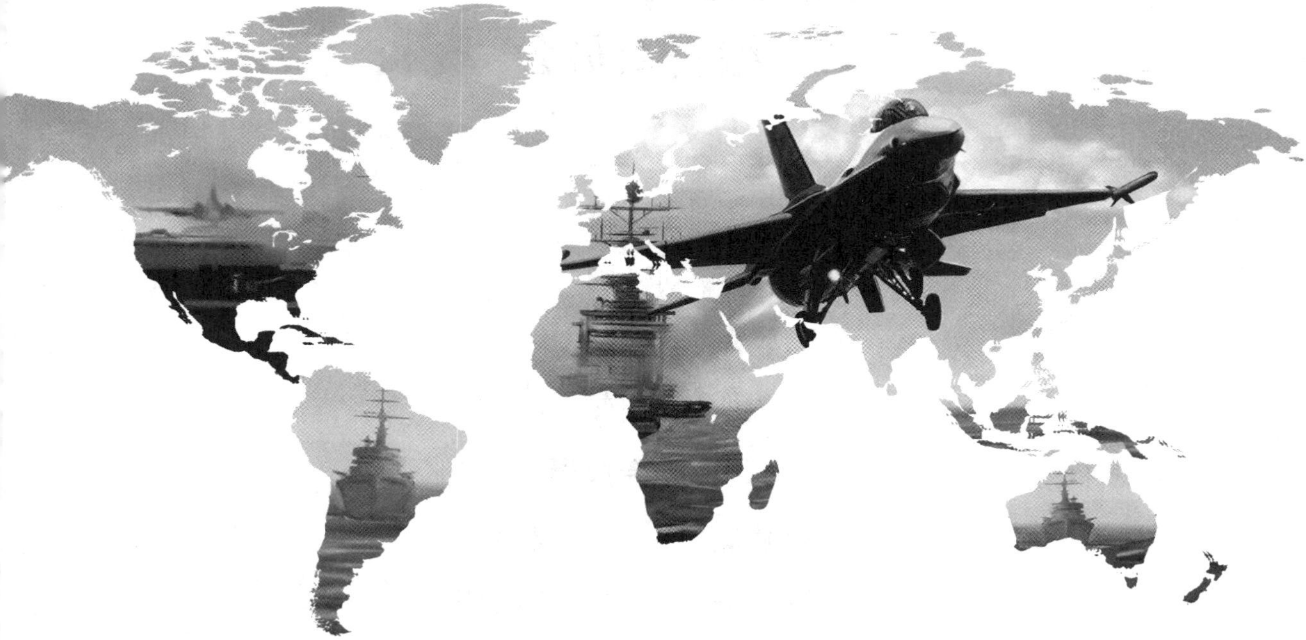

主编 / 刘爱国

GUOFANGJIAOYUJIAOCHENG

《国防教育教程》

编辑委员会

前言 Preface

2011年7月29日，中共中央、国务院、中央军委下发了《关于加强新形势下国防教育工作的意见》(后简称《意见》)，要求深入贯彻党的十七大和十七届三中、四中、五中全会精神，全面落实国防教育法，大力弘扬爱国主义精神，增强全民国防观念，促进建设和巩固国防。《意见》指出，国防教育是建设和巩固国防的基础，是增强民族凝聚力、提高全民素质的重要途径。普及和加强全民国防教育，是中央始终高度重视的一个战略问题，对于凝聚全民族的意志和力量，加强国防和军队现代化建设，推进中国特色社会主义事业，实现中华民族伟大复兴，具有重要而深远的意义。

国防教育课程是普通高等学校学生的必修课，在普通高等学校开展学生军事教育工作，是适应国家人才培养战略和加强国防后备力量建设的需要，对于造就有理想、有道德、有文化、有纪律的社会主义新人，培养具有军事知识和技能的高素质后备兵员具有重要意义。教育部、总参谋部、总政治部于2007年重新颁发《普通高等学校军事课教学大纲》(后简称《大纲》)，我们根据《大纲》规定，结合学生军事理论课教学和军事训练实际，编写了本教材。

军事科学是反映战争规律和战争指导规律，用以指导国防和军队建设、战争准备和实施的知识体系，是社会科学中综合性、实践性很强的一门学科。随着以信息技术为核心的高新技术广泛应用于军事领域，世界新军事变革方兴未艾，军事科学发展日新月异。我们在编写过程中，注意吸纳世界军事科学技术发展和中外军事理论研究的最新成果，并结合大学生的知识结构和年龄特点，从博大精深的军事科学理论体系中，精选出中国国防、军事思想、国际战略环境、军事高技术、信息化战争、解放军条令条例教育与训练、轻武器射击、战术、军事地形学、综合训练等方面的内容，力争做到教材结构体系合理，内容简明易懂。

本教材紧紧围绕国家人才培养和国防后备力量建设的需要，重点向大学生传授中国国防建设、军事思想、国际战略环境、军事科技、信息化战争等方面的基本理论和知识，使学生认清国防与国家安危存亡、民族荣辱兴衰的密切关系，提高对国防地位和作用的认识，增强国防观念和国家安全意识；了解国际风云变幻及对我国安全构成的威胁与挑战，熟悉国家对外关系的方针和政策，明确自己所担负的历史责任；加深对中华民族爱国主义优良传统的理解，激发爱国热情；树立正确的世界观、人生观、价值观和高尚的理想情操，热爱祖国，关心国防，自觉为中华民族的复兴而奋斗。

本教材结合高等学校学生军训实际，组织我校长期工作在学校国防教育第一线，既有深厚的军事学理论知识功底、又有丰富的学生军训实践经验的学校教师和国防科技大学转业的专家、学者共同编写，本书具有知识面广、方便大学生理解、具有一定哲理性思维等特点。同时本着军事教育宜广不宜深的原则，确立了军事科学理论知识和军事基本技能教材的内容和体系，为提高大学生国防(军事)教育质量打下坚实基础。

本书的编写在以下几个方面有较大突破。

一、贴近高校学生实际。大学生求知欲强，为拓宽大学生知识面，在第一章“中国国防”中，增加了“国外的国防教育”一节，以加深大学生对国防教育的理解。在第十章“综合训练”中，增加了“野外救生常识”一节，对在野外怎样生存、遇险怎样自救做了简单介绍，有利于提高大学生的生存能力。

二、提炼重点热点问题。在第一章“中国国防”中，增加了“国防和军队改革”的内容，依据2016年1月中央军委印发的《关于深化国防和军队改革的意见》，系统阐述了这轮改革的重大意义、指导思想和基本原则，以及改革的总体目标、主要任务和组织领导等。

三、注重教材的可读性。力求让一些深奥的军事理论通俗易懂，为增加教材内容的直观性，全书配有插图近200幅，为加深学生对教材内容的理解提供了帮助。

四、注重时效性和完整性。本教材所选资料新颖，尽可能地反映了学界最新科研成果。由于时间仓促，内容涉及面较广，不妥之处在所难免，请读者批评指正。

编　者

2016年3月

目 录 Contents

第一章　中国国防

教学目标：了解我国国防历史和国防建设的现状及其发展趋势，熟悉国防法规和国防政策的基本内容，明确我军的性质、任务和军队建设的指导思想，掌握国防建设和国防动员的主要内容，增强依法建设国防的观念。

第一节　中国国防概述

国防是国家生存与发展的重要保证。一个国家如果没有强大的国防，就无法抵御外来的侵略和颠覆，就会在政治、经济、外交上受制于人。作为中华民族的一员，尤其是当代大学生，应责无旁贷地重视国防、了解国防，牢记我国国防兴衰和发展的经验教训，增强国防观念，积极投身于现代国防建设事业。

一、国防含义和基本类型

（一）国防含义

国防，即国家的防务，是指国家为防备和抵抗侵略，制止武装颠覆，保卫国家的主权、统一、领土完整和安全所进行的军事及与军事有关的政治、经济、外交、科技、教育等方面的活动。

国防是个历史概念，它随着国家的产生而产生，是为国家的利益服务的。国家的兴衰和国防密切相关，国防强弱直接关系到国家的安全、民族的尊严、社会的发展。

现代国防是一个庞大的系统，它包括武装力量建设、国防体制建设、国防科研、国防工业建设、国防工程建设和战场建设、军事交通、国防动员、国防教育等。

（二）国防类型

根据不同社会制度国家国防政策及国防目标的不同，目前世界上的国防类型主要有以下四种：

1. 扩张型

该类国家奉行霸权主义政策，它们以国家安全和防务需要为幌子，将其疆域以外的国家和地区纳入本国的势力范围，对别国进行侵略、颠覆和渗透。

2. 自卫型

该类国家以防止外敌侵略为目的，在国防建设上主要依靠本国力量，广泛争取国际上的同情和支持，以达到维护本国的安全、周边地区和世界的和平与稳定。我国的社会制度、国家利益决定了我国是自卫型的国防。

3. 联盟型

该类国家为弥补自身力量的不足，以结盟的形式联合相关国家进行防卫。联盟型国防又分为两种：一是一元体联盟；二是多元体联盟。

4. 中立型

该类国家为保障本国的安全、发展和繁荣，实行和平中立的国防政策，实施总体防御战略和寓兵于民的防御体系，如瑞士和圣马力诺。

二、现代国防的基本特征

现代国防是对传统国防的继承和发展，是一种全新的国防观念和国防实践活动。它具有不同于传统国防的基本特征。

（一）现代国防是国家综合国力的体现

现代国防现已成为综合国力的对抗。综合国力主要由人力、自然力、政治力、经济力、科技力、精神力和国防力等组成。其中经济实力、国防实力和民族凝聚力是综合国力的基本要素，经济实力是基础，国防实力是支柱，民族凝聚力是灵魂。现代国防与国家的综合国力有着密切的联系，国家的发展水平制约着武器装备发展水平和国防力量的总规模。没有强大的综合国力，国防建设只能是空中楼阁。

（二）战争潜力能否转化为战争实力是现代国防强弱的一个重要标志

现代国防虽然以军事力量为主体，但它还要靠国家潜力转化为作战的实力。国家潜力包含国土面积、地理位置、自然资源、人口的数量和质量、地形气候、生产能力、科技和文化水平、交通运输、通信状况、社会制度、国家政策、管理能力、国际关系和国际地位等诸多方面。如南联盟战争的中后期，以美国为首的北约从打击军事目标到向民用基础设施开火，以主要力量轰炸南联盟的制造工厂、炼油厂、发电厂、道路和桥梁等，其目的就是摧毁南联盟的战争潜力。用美国人自己的话讲，就是彻底打垮南联盟的国防，“将其倒退到原始状态”。

（三）现代国防既是一种国家行为又是一种国际行为

现代国际政治经济的发展，把世界各国和地区的安全与发展利益同国际社会的整体利益日趋紧密地联系在一起，世界的和平与稳定已成为整个人类的共同奋斗目标。国家的安全与发展不仅与其本国利益相关，而且与国际的安全、发展和稳定息息相关。国家的发展离不开安全有利的国际环境，国际政治、经济的有序发展也有赖于各国国防的巩固。现代国防已不再仅仅是国家行为，而且日益成为一种国际行为。

（四）现代国防具有多层次的目标体系

政治、经济对现代国防影响程度的不断加深，使现代国防呈现出多层次的目标体系。从范围上，国防目标可分为自卫目标、区域目标和全球目标。从内涵上，国防目标也可分为不同的层次目标：在国家面临严重威胁时，国防目标要首先解决存亡问题；在和平与发展的情况下，要致力于保障国家的安全利益和发展利益，同时还应努力营造有利于本国发展的国际环境。

三、我国历史上的国防

我国国防具有悠久的历史，从公元前21 世纪建立的第一个奴隶制国家开始，国防便产生了。在几千年的历史发展长河中，我国国防也经历了荣耀与屈辱、昌盛与衰败，给后人留下了极其宝贵的历史经验。

从公元前21世纪夏王朝建立，至公元1840年鸦片战争开始进入近代，历经数千年。在漫长的国防历史发展过程中，中华民族经历了无数次血与火的洗礼，培育了民族的向心力和凝聚力，锤炼了民众维护国家和民族统一、勇于抵御外患的尚武精神，最终形成了多民族、大疆域的国家。

1. 古代的国防政策和国防理论

我国古代为提高国防能力提出了许多卓有成效的国防政策和国防理论：一是“以民为体”“居安思危”的国防指导思想；二是“富国强兵”“寓兵于农”的国防建设思想；三是“爱国教战”“崇尚武德”的国防教育思想；四是“不战而胜”“安国全军”的国防斗争策略等。

2. 古代的兵制建设

所谓兵制，即军事制度，简称军制，它包括武装力量体制、军事领导体制、兵役制度等内容。

在军事力量构成上，秦朝以前，武装力量比较单一，实行兵民合一的民军制，平时生产劳动，战时集合成军，以临时征集的方式组合成军队。秦朝以后，随着政治制度的完善和经济的发展，各朝代根据国家的状况和国防的需要，以及驻防地区和任务，将军队区分为中央军、地方军和边防军，并对军队的组织编制、屯田戍边、兵役军赋、军队调拨、军需补给、驿站通道、武器制造和配发等等都作了具体的规定，并通过法律的形式颁布执行，如唐代的《卫禁律》《军防令》等。

在军事领导体制上，夏、商、西周时期还没有专门的军事机构，国王一般亲自主持军政，领兵作战。春秋末期，国家机构出现将相制，以将为主组成军事指挥机构。战国时期，将军独立统兵作战已很普遍。秦统一后，设立了专门管理军事的机构，最高的军事官员称太尉。隋朝对国家机构进行改革，设立了三省六部制，专门成立了主管军事的部门——兵部。宋朝为了防止“权将”拥兵自重，在中央设立了枢密院，作为军事领导的最高机构，主官用文官担任。各朝代在军事领导体制方面的做法虽然不尽一致，但皇权至上，军队的调拨使用大权始终掌握在皇帝手中。

在兵役制度上，随着各个历史时期的政治、经济、人口状况和军事需要而发展变化。奴隶社会时期，由于生产力低下，人口稀少，战争规模小，主要实行兵民合一的民军制度。封建社会时期，民军制度逐渐演变为与当时历史条件相适应的兵役制度，如秦汉时期的征兵制、三国两晋南北朝时期的世兵制、隋唐时期的府兵制、宋朝的募兵制、明朝的卫所兵役制等。

3. 古代的国防工程建设

我国古代为抵御外敌的侵犯，巩固边海防，修筑了数量众多、规模庞大的国防工程，如城池、长城、京杭运河以及海防要塞等。

城池是我国古代国防建设中时间最早、数量最多的工程。城池建筑始于商代，后规模不断扩大、结构日益完善，一直延续到近代。由此，城池的攻守作战成为我国古代战争中主要的样式之一。

长城是城池建设的延续和发展，东起山海关，西至嘉峪关，总长6700千米，是我国古代抵御北部少数民族侵扰的重要的边防要塞。

图 1－1　古代国防工程长城

京杭运河是我国古代伟大的水利工程，是隋炀帝时在原有的旧河道上开凿连贯而成的。京杭运河北起通州(今北京)，南到杭州，全长 1794 千米，沟通了海河、黄河、淮河、长江和钱塘江五大水系，把南北许多州县连成一线，对军事交通运输和"南粮北运"起到了积极作用。

海防建设是从明代开始的。明朝时期，我国为防止倭寇的偷袭、骚扰，在沿海重要地段陆续修建了以卫城、新城为骨干，水陆寨、营堡、墩、台、烽堠等相结合的海防工程体系。

四、国防的兴衰与启示

我国古代国防的兴衰是与各朝代的政治、经济、军事状况密切相关的。纵观我国几千年的国防史，我们不难发现，当统治阶级处于上升时期，政治修明，经济发达，军事强大，民族团结，国家统一，国防就强盛；反之，当统治阶级走下坡路，政治腐败，经济凋敝，军事孱弱，民族分裂，国内混乱，国防就衰弱，甚至崩溃。

(一)我国近代的国防

我国近代国防是孱弱、破败和屈辱的。从 1840 年的鸦片战争开始，西方侵略者用坚船利炮击破了清王朝紧锁的国门，将殖民主义的枷锁套在中华民族的头上。在西方殖民主义者的侵略面前，腐朽的统治者却为了居安思奢，不惜卖国求荣，奉行"以军压民""贫国臃兵"的国防建设思想；"愚兵牧民""莫谈国事"的国防教育思想；"不战而败""攘外必先安内"的国防斗争策略。结果，有国无防，中国沦为半殖民地半封建社会。

至 1945 年抗日战争结束，先后有英、美、法、俄、葡、瑞、挪、荷、西、意、奥、日等近 20 个国家的侵略者践踏过我国的国土，抢掠过我国的财物，屠杀过我们的同胞。从 1840 年至 1911 年的 70 多年间，他们就强迫腐败的清政府签订了几百个不平等条约(表 1－1)，割让领土近 160 万平方千米，赔款 2700 万元，白银 7 亿多两。当时中国 1 万 8 千多千米的海岸线上，竟找不到一个中国自己享有主权的港口。国家有海无防，有边不固，绝大部分中国领土成了帝国主义的势力范围，中华民族美丽富饶的国土被蹂躏得支离破碎。

表 1－1　1840 年至 1911 年签订的不平等条约一览表

时间	条约名称	主　要　内　容
1842 年 8 月 29 日	中英《南京条约》	开放广州、厦门、福州、宁波、上海为通商口岸；中国赔款 2100 万银元；割让香港岛给英国；英国商人进出口货物缴纳的税款，中国须同英国商定
1858 年	中俄《瑷珲条约》	沙俄割占中国东北外兴安岭以南、黑龙江以北 60 万平方千米领土
1860 年	中俄《北京条约》	沙俄割占中国乌苏里江以东，包括库页岛在内的约 40 万平方千米领土
1864 年	中俄《勘分西北界约记》	沙俄割占中国巴尔喀什湖以东以南 44 万平方千米领土
1895 年 4 月	中日《马关条约》	中国割让辽东半岛、台湾、澎湖列岛给日本；赔偿日本军费白银 2 亿两；开放沙市、重庆、苏州、杭州为商埠；允许日本在通商口岸开设工厂等
1901 年 9 月	《辛丑条约》	中国政府向俄、英、美、日、德、法、意、奥等国赔款白银 4.5 亿两，以海关税收作保，分 39 年还清，本息共计 9.8 亿两；划定北京东交民巷为“使馆界”，允许各国驻兵保护，不准中国人居住；清政府保证严禁人民参加反帝活动；清政府拆毁天津大沽到北京沿线设防的炮台，允许各列强国派兵驻扎北京到山海关铁路沿线要地

（二）国防历史的启示

1. 经济发展是国防强大的基础

经济是国防的物质基础，国防的强大有赖于经济的发展。早在春秋时期，齐国的政治家管仲就提出过“富国强兵”的思想。历代统治者无不把发展经济作为巩固国防、争夺霸权的重要措施。与此相反，各朝代的衰败、灭亡，几乎毫无例外是由于王朝后期政治腐败、经济落后，以致动摇了国防的根基，使得政权易手。由此可见，只有经济的强盛，才会有强大的国防，才能有政权的稳固、国家的安全。

2. 政治昌明是国防巩固的根本

政治与国防紧密相关，国家的政治是否开明，制度是否进步，直接关系到国防能否巩固。我国古代凡是兴盛的时期都十分注意修明政治，实行比较开明的治国之策。秦原为西陲小国，自商鞅变法以来，修政治、明法度、发展生产，国力日渐强大，为吞并六国奠定了基础；唐建立之初，百废待兴，正是由于制定并实施了一系列行之有效的政治制度，使国家很快从隋末的战争废墟中恢复过来，形成了国力昌盛、空前统一的大唐帝国。反之，凡是衰弱的时期，都是政治腐败、国防空虚。唐朝中期以后，两宋以至于晚清都是如此。

3. 国家的统一和民族的团结是国防强大的关键

纵观我国几千年的国防史，凡是国家统一、民族团结的时期，国防就强大；凡是国家分裂、民族矛盾尖锐的时期，国防就虚弱。

清朝晚期，在西方列强的进攻面前，清政府不仅不敢发动反侵略战争，不依靠、不支持人民群众进行战争，反而认为“患不在外而在内”“防民甚于防火”，最终造成屡战屡败，割地赔款，逐步沦为半殖民地半封建社会。

抗日战争时期，在中国共产党的倡导下，建立了抗日民族统一战线。在敌强我弱的情况下，全国军民共同抗击侵略，最终取得了抗日战争的伟大胜利。

第二节　中国国防法规

国防法规是国家统治阶级在国防领域里的意志体现，是国家政权运作的重要保障和工具。它是调整国防和武装力量建设领域各种社会关系的法律规范的总和。

我国古代典籍《尚书》中的甘誓、汤誓、牧誓、大诰、费誓等，可算是最初的军事法规。至封建社会又有了如《军爵律》《戍律》和《傅律》等一些军事法律，军事立法、司法以及监督制度开始建立，军事法规调整的范围逐步拓展。1933 年 6 月，国民政府颁布了我国历史上第一部《兵役法》。但总的说，中华人民共和国成立之前的几千年中，我国的国防法规体系并不完善。中华人民共和国成立后，在中国共产党的领导下，人民成了国家的主人，为了规范和推动国防活动，保障国家安全和人民的利益，国家制定和颁布了一系列国防法规。尤其是最近 20 年，国防立法工作的力度增强，制定完善了《国防法》《兵役法》《国防教育法》等法规。这些法规在国防活动的实践基础上产生，体现了社会主义国家和广大人民群众的意志，体现了国家宪法的精神，对实现依法治国，规范和推动国防建设起了重大的作用。

一、中国国防法规的体系

（一）按立法权限划分的国防法规体系

第一个层次是国防方面的法律，这是由全国人民代表大会及其常务委员会制定的。现行的国防方面的法律共有十余件，如《国防法》《兵役法》《国防教育法》等；还有一些关于法律问题的决定，如修改兵役法的决定、设立全民国防教育日的决定等，与法律具有同等效力。

第二个层次是国防法规。国防法规是由国务院和中央军委制定的。由中央军委制定的为军事法规；由国务院制定或国务院与中央军委联合制定的为军事行政法规。现有国防法规近两百件，如《军人优恤优抚条例》《征兵工作条例》等。

第三个层次是国防规章。由军委各总部、各军兵种、各军区制定的为军事规章，由国务院有关部委与军委有关总部联合制定的为军事行政规章，现有国防规章两千多件。

第四个层次是地方性国防法规。由省、自治区、直辖市人民代表大会及其常务委员会制定的贯彻执行国家国防法规的实施办法、实施细则、补充规定，如《关于加强人武部建设的意见》《征兵工作若干规定》等。

（二）按调整领域划分的国防法规体系

由 16 个门类构成：①国防基本法类；②国防组织法类；③兵役法类；④军事管理法类；⑤军事刑法类；⑥军事诉讼法类；⑦国防经济法类；⑧国防科技工业法类；⑨国防动员法类；⑩国防教育法类；⑪军人权益保护法类；⑫军事设施保护法类；⑬特别行政区驻军法类；⑭紧急状态法类；⑮战争法类；⑯对外军事关系法类。

二、中国国防法规的特性

国防法规除了具有阶级性、权威性、强制性、普遍适用性和相对稳定性这些法律的一般特性外，还具有一些特殊的性质，即：①其调整的对象是军事性的社会关系；②在作战、训练、军队编制和国防科研等方面的法规具有保密性而不予公开；③在解决与国防利益、军事利益有关的法律问题时，如果国防法规和普通法规都有相关规定时，以国防法规为准，在司法程序上实行排他性的“军法优先适用”的原则；④对危害国防利益的犯罪实行比较严厉的处罚，如《刑法》规定，抢劫罪通常处3年以上10年以下有期徒刑，而冒充军警人员抢劫的，或抢劫军用物资的，处10年以上有期徒刑、无期徒刑或死刑；⑤对同一类型的犯罪，战时的处罚严于平时。如平时应征公民拒绝、逃避征集的，在2年内不得被录取为国家公务员、国有企业职工，不得出国或者升学，以及罚款；而在战时则要依法追究刑事责任。

三、中国主要的国防法规

中国历来重视国防法规建设，早在民主革命时期就制定了《中华苏维埃共和国中央执行委员会关于战争动员与后方工作的训练》《红军优待条例》《红军抚恤条例》《边区战时勤务人员暂行办法》等多种法规。

中华人民共和国成立以后，又依据中国宪法的规定，制定了一系列的国防法规。这些国防法规的颁布和实施，标志着中国国防建设走向制度化、法律化、规范化的正确轨道，也标志着中国国防法制体系已初步建成。

（一）《中华人民共和国国防法》

图1－2 《中华人民共和国国防法》

1997年3月14日，中国颁布了第一部《中华人民共和国国防法》（以下简称《国防法》）。《国防法》的制定和颁布，是中国国防史上和法制史上的一件大事，它对于加强国防建设和完善中国军事法制具有十分重要的现实意义和深远的历史意义。

（二）《中华人民共和国国防教育法》

《中华人民共和国国防教育法》（以下简称《国防教育法》），经中华人民共和国第九届全国人民代表大会常务委员会第二十一次会议于2001年4月28日通过，并于同日经中华人民共和国第五十二号主席令公布实施。

《国防教育法》第二章第十三至十七条专门制定了各级各类学校进行国防教育的形式，强调了学校国防教育在全民国防教育中的地位，说明了国家对学校国防教育重视的程度。《国防教育法》第十三条指出，“学校的国防教育是全民国防教育的基础，是实施素质教育的重要内容”。

图1－3 《中华人民共和国国防教育法》

《国防教育法》第二章还对学校国防教育的开展作了制度上的规定，对教育行政部门提出“应当将国防教育列入工作计划，加强对学校国防教育的组织、指导和监督，并对学校国防教育工作定期进行考核”的要求，对各级各类学校提出，“应当将国防教育列入学校的工作计划和教学计划，采取有效措施，保证国防教育的质量和效果”。

《国防教育法》除了对学校开展国防教育有具体的要求外，还对负责培训国家工作人员的各类教育机构也提出“应当将国防教育纳入培训计划，设置适当的国防教育课程”的要求，说明国家把是否具备国防意识作为干部考察的条件之一。

(三)《中华人民共和国兵役法》

1955 年中国颁布了第一部《中华人民共和国兵役法》(简称《兵役法》)，在我国确定实行义务兵与志愿兵相结合、民兵与预备役相结合的兵役制度；规定了我国公民履行兵役义务的具体形式，即服现役、服预备役、参加民兵组织和高等院校的学生实施军事训练。

图 1-4 《中华人民共和国兵役法》

2011 年 10 月 29 日，十一届全国人民代表大会常务委员会第二十三次会议审议通过了《中华人民共和国兵役法修正案》，对 2009 年颁发的《兵役法》进行了修正。现行《兵役法》共 12 章 74 条，主要包括以下内容：总则、平时征集、士兵的现役和预备役、军官的现役和预备役、军队院校从青年学生中招收的学员、民兵、预备役人员的军事训练、普通高等学校和普通高中学生的军事训练、战时兵员动员、现役军人的待遇和退出现役的安置、法律责任、附则。

四、公民国防权利和义务

权利和义务是法的核心。在社会生活中，法正是通过规定行为主体的权利和义务来调整它们之间各种关系的。在国防法中，权利和义务是一对最基本的范畴。国防权利是指宪法、法律赋予公民、组织在国防方面享有的权利或利益；国防义务则是指由宪法和法律规定的公民、组织在国防方面应当履行的责任，由国家强制力保证其落实。

(一)公民的国防权利与义务关系

国防权利与义务是辩证统一的。宪法规定：“任何公民享有宪法和法律规定的权利，同时必须履行宪法和法律规定的义务。”国防义务与权利的一致性，体现了国家与公民之间一种平等的法律关系。一方面，国家赋予公民各项国防权利，并保证其权利的行使；另一方面，公民应当自觉维护国家的安全与利益，严格履行各种国防义务。权利和义务相互促进，相互转化。公民履行国防义务的自觉性越高，能力越强，越有利于国防建设事业的发展，也就越有利于公民享有国防权利；而公民真正享有了相应的国防权利，就能激发其“天下兴亡，匹夫有责”的使命感，提高其履行国防义务的积极性和创造性。在很多情况下，权利和义务融为一体。例如，接受国防教育、服兵役等，这些既是公民的国防权利，又是公民的国防义务。

(二)公民的国防权利与义务

国家通过《宪法》《国防法》《兵役法》和《国防教育法》等国防法规具体规定公民的国防权利和国防义务，其主要内容如下：

(1)维护祖国的安全、荣誉和利益的义务；

(2)兵役义务；

(3)接受国防教育的权利和义务；

(4)对国防建设事业提出建议的权利；

(5)对危害国防的行为进行制止或检举的权利；

(6)保护国防设施的义务；
(7)保守国家军事机密的义务；
(8)支持和协助国防活动的义务；
(9)承担国防科研生产任务的义务；
(10)公民服兵役时产生的权利和义务；
(11)军人退役后的权利和义务；
(12)军人家属的权利和义务；
(13)因国防建设和军事活动在经济上受到直接损失时的被补偿权。

第三节　中国国防建设

一、国防领导体制

国防领导体制是指国防领导的组织体系及相应制度。一般有最高统帅、最高国防决策机构、国家行政机关中管理国防事务的部门、武装力量领导指挥系统等。我国根据宪法、国防法和有关法律，建立和完善了国防领导体制。中国共产党、中华人民共和国对国防活动实行高度集中的统一领导。

根据宪法和国防法规定，中华人民共和国的国防领导职权由中共中央、全国人大及其常务委员会、国家主席、国务院、中央军委行使。中共中央在国家事务包括国防事务中发挥着决定性的领导作用。

中华人民共和国国防部是国务院的军事部门，领导和管理国防建设事业。凡需由政府负责的军事工作，经国务院做出相应决定后再通过国防部或以国防部的名义组织实施。国防部的基本职能是：统一管理全国武装力量的建设工作，如人民武装力量的征集、编制、装备、训练、军事科研以及军人衔级、薪给等。国防部在接受国务院领导的同时，也接受中央军委的领导。

1982 年 12 月 4 日，第五届全国人民代表大会第五次会议正式通过并颁布的第四部宪法规定，设立中华人民共和国中央军事委员会，领导全国的武装力量。与此同时，中共中央军事委员会继续存在，其职能和人员组成均与国家中央军委完全相同。这表明中央军委同时有两个名义：一个是中共中央军委，一个是国家的中央军委，从而确立了党和国家高度集中地行使领导职权的国防领导体制。党的中央军事委员会负责党和国家的最高军事决策和军事指挥，根据党的路线、方针、政策和国家的安全与发展需要，确定国家军事战略，领导和组织国防与军队建设；它是中国人民解放军的最高统帅机关，其组成人员由中国共产党中央委员会决定。国家的中央军事委员会实施对全国武装力量的领导，由主席、副主席、委员组成，实行主席负责制；主席由全国人民代表大会选举产生，对全国人大及其常委会负责；其他成员由全国人大或其常委会根据主席提名决定。

中央军委之下，设有人民解放军总部机关，即中国人民解放军总参谋部、总政治部、总后勤部、总装备部。2015 年军队改革后，调整为 7 个部(厅)，3 个委员会，5 个直属机构，是中央军委领导下负责全军工作的领导机关(图 1－5)。

各级人民武装委员会是群众武装建设的专门机构，其主要任务是研究贯彻党中央、国务院、中央军委有关民兵建设的各项方针、政策和指示；根据上级地方党委和军事机关的批示，结合本地区情况，研究解决民兵工作中的重大问题；研究贯彻有关民兵动员和复、转、退伍人员安置工作的方针、政策。

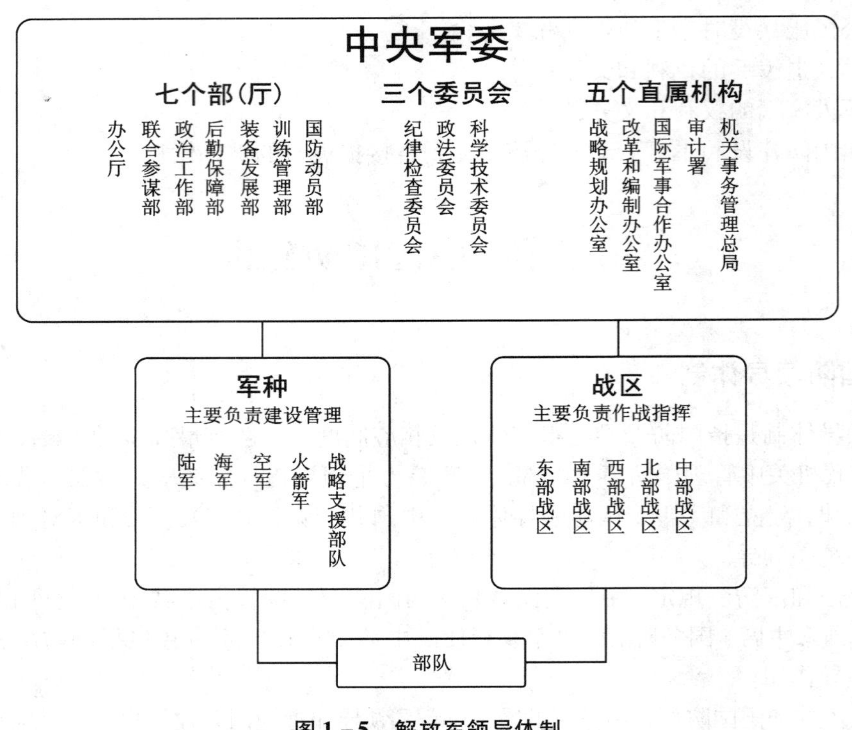

图 1－5　解放军领导体制

二、国防建设成就

中华人民共和国成立以来，国防建设取得了辉煌的成就。这些成就主要体现在军队建设、国防科技与国防工业、国防动员三个方面。

(一)建设了一支现代化的合成军队

通过调整军队编制体制，变革军事力量结构，科学合理确定各军兵种比例、战斗部队与保障部队比例、官兵比例等，以求军事力量实现合成化，实现整体化。

当前，现役人员的学历结构发生了重大变化。目前，全军有65%以上的军官获得大专以上学历，23%以上的军官获得本科以上学历。我军军官队伍的整体素质，特别是科学文化素质发生了根本性变化，为国防现代化奠定了基础。

军事训练逐步实现系统化、科学化、现代化。首先是改革训练体制，对于新兵和技术兵，由各单位、各部门的分散训练，转变为教导团、训练团、训练基地的集中训练；对于干部，实行在职训练与进校训练相结合；初、中、高级干部必须进行相应的院校培训。其次是改革训练内容，由重点抓士兵训练转到抓干部训练，由传统的“三打三防”训练(打坦克、打飞机、打空降，防核、防生物、防化学武器)转到现代的新“三打三防”训练(打隐形飞机、打巡航导弹、打武装直升机，防精确打击、防电子干扰、防侦察监视)，由单一兵种训练转到诸军兵种合同训练、联合训练。再次是训练手段日益现代化，由实兵训练转变为作战模拟训练，以模拟器材代替实枪实弹。训练手段的现代化，缩短了训练周期，节约了训练经费，提高了训练质量。

（二）形成了综合的国防工业和国防科研体系

国防科技是衡量一个国家综合国力的重要标志之一，也是国防现代化建设的一个重要方面。经过50多年的建设和发展，我国的国防科技工业从无到有、从小到大、从落后到先进，建立起了包括电子、船舶、兵器、航空、航天和核能等门类齐全、综合配套的科研实验生产体系，取得了一大批具有国内或国际先进水平的科研成果，为我军现代化建设和切实增强我国的综合国力做出了重要贡献。

（三）建立了比较完善的国防动员体制

常备军和后备力量是现代国防的两大基本要素。我国实行的是解放军、武装警察部队和民兵“三结合”的武装力量体制。精干的常备军与强大的后备力量相结合，形成了以常备军为骨干、后备力量为基础，二者互为补充、互相依赖、协调发展的国防力量统一体。当前，我们已经基本建立了一套比较完善的国防力量统一体，基本做到了平时少养兵，战时多出兵、出好兵，迅速将国防潜力转化为军事实力。

（四）健全了国防动员机构

动员，包括人力、财力、物力诸方面的动员，因此，国家的动员领导体制是一个涉及各个领域的复杂体系。我国的动员体制，是在中央军委下设人民武装委员会，负责指导和协调全国后备力量建设和动员工作。军队从总部机关到各集团军、海军基地、军区空军、第二炮兵基地都设有动员机构和动员军官，特别是在大军区一级设有动员部。省军区、军分区、人民武装部，既是同级党委的军事部门，又是政府的兵役机关，是集后备力量建设与动员工作于一体的机构。

（五）建设了强大的后备力量

国防后备力量包括预备役部队和民兵。目前我国民兵已发展成为一支拥有炮兵、防空兵、通信兵以及海、空军等专业技术分队的强大群众武装。预备役部队已拥有不同军兵种的师、团和专业技技术部（分）队，其快速动员和执行作战任务的能力大大提高。

三、国防建设目标

（一）建立强大的国防军

在长期的革命战争中，由于客观历史条件的限制，人民解放军基本上是靠步兵作战。强大的国防军必须是现代化的诸军兵种合成军队。解放战争后期和建国初期，随着武器装备的发展，人民解放军在陆军的基础上组建了海军和空军，后来又组建了战略导弹部队，并逐渐增加了炮兵、装甲兵、工程兵、通信兵、防化兵等特种兵在军队员额中的比例，从而由单一的陆军发展成为诸军兵种合成的现代化的军队。

现在，人民解放军正向精兵、合成、高效的方向不断发展。强大的国防军必须建立高效能的司令机关。在建立诸军兵种合成军队的同时，人民解放军加强了各级司令机关的建设，挑选了一批优秀的、富于组织和指挥才能的指挥员到各级司令机关中工作，创造了司令机关的新作风和新气象。

强大的国防军必须掌握先进的军事科学技术。中华人民共和国成立以后，中央军委十分重视部队的教育训练，举行了多种规模、多种样式的诸军兵种协同作战演习，提高了部队在现代战争中的协同作战能力，并陆续创办了100多所军事院校，形成了初、中、高三级院校培训体制，为军队培养了一大批掌握先进军事科学技术的指挥人才和专业技术人才，在建设强大的国防军的过程中发挥了重要作用。

（二）建设强大的国防后备军

国防后备军是除现役部队以外的一切可用于战争或为战争服务的后备武装力量的总称。它是国家武装力量的重要组成部分，主要包括民兵、预备役组织和人员，以及人民防空、交通战备专业队伍等。

1984年5月，全国六届人大通过并颁布了第二部《中华人民共和国兵役法》，明文规定"中华人民共和国实行义务兵役制为主体的义务兵与志愿兵相结合、民兵与预备役相结合的兵役制度"，从而在法律上确立了中国的后备力量建设制度。以后，中共中央又进一步提出了民兵、预备役工作"减少数量，提高质量，抓好重点，打好基础"的"十六字"方针。经过几年的调整、整顿，民兵数量大为减少，质量更高，民兵组织结构更趋合理，队伍更为精干，更能适应战备的要求。同时，在全国各重点地区还组建了各军兵种的数十个预备役师（团）的数十万预备役部队，并逐步开展了预备役人员登记和学生军事训练工作，开展了广泛深入的国防教育活动，从而使国防后备力量的建设进入到一个新的历史发展时期。

四、国防建设政策

我国国防建设的基本原则是：适应国家根本利益的需要，坚持人民战争思想，提高综合国防力量；与国家经济建设有机结合、协调发展，国防建设以经济建设为基础，并服从国家经济建设大局；坚持以现代化为中心，实现国防科技、武器装备、国防人才、国防体制现代化；突出重点，以武装力量建设为主，全面提高国防建设的综合效益；遵循独立自主、自力更生的方针，把国防建设放在自己力量的基点上，发挥自身优势，学习和借鉴其他国家的先进技术；全国军民共同努力，在中国共产党中央委员会、国务院和中央军事委员会的统一领导下，党、政、军、民通力合作，齐心协力地进行国防建设。

我国的国防政策是根据我国的国防原则，结合实际情况制定的在一定时期内关于国防建设和斗争的基本行动准则，是国家政策的组成部分。我国的国防政策主要包括以下几个内容：

（1）巩固国防，抵抗侵略，制止武装颠覆，保卫国家的主权统一、领土完整和安全；

（2）国防建设服从和服务于国家经济建设大局，国防建设与经济建设协调发展；

（3）贯彻积极防御的军事战略方针；

（4）走有中国特色的精兵之路；

（5）维护世界和平，反对侵略扩张。

从以上内容可以看出，我国实行的是防御性国防政策。

五、国防和军队改革

2016年1月1日，中央军委印发了《关于深化国防和军队改革的意见》。深化国防和军队改革的总体目标是牢牢把握"军委管总、战区主战、军种主建"的原则，以领导管理体制、联合作战指挥体制改革为重点，协调推进规模结构、政策制度和军民融合深度发展改革。2020年前，在领导管理体制、联合作战指挥体制改革上取得突破性进展，在优化规模结构、完善政策制度、推动军民融合深度发展等方面改革上取得重要成果，努力构建能够打赢信息化战争、有效履行使命任务的中国特色现代军事力量体系，进一步完善中国特色社会主义军事制度。

2015 年，重点组织实施领导管理体制、联合作战指挥体制改革。建立“军委 – 军种 – 部队”的领导管理体系和“军委 – 战区 – 部队”的作战指挥体系。调整改革军委机关设置，由总部制调整为多部门制；建立健全军委、战区两级联合作战指挥体制，构建“平战一体、常态运行、专司主营、精干高效”的战略战役指挥体系。

2015 年 12 月 31 日，正式成立陆军领导机构。陆军包括装甲、防化、陆航等多种专业技术兵种，专业化要求高。成立陆军领导机构，既有利于陆军进一步加强专业化发展，又有利于联合作战效能的提高，也有利于加快陆军现代化建设步伐，为健全联合作战指挥体制创造条件。

2016 年 2 月 1 日，重新调整划设战区改革完成，以原 7 个军区机关相关职能、机构为基础，组建 5 个战区，即东部战区、南部战区、西部战区、北部战区、中部战区。5 个战区均为正大军区级，归中央军委建制领导。随着战区调整组建任务的完成，原沈阳军区、北京军区、兰州军区、济南军区、南京军区、广州军区、成都军区番号撤销。战区作为本战略方向的唯一最高联合作战指挥机构，按照“平战一体、常态运行、专司主营、精干高效”的要求，履行联合作战指挥职能，担负着应对本战略方向安全威胁、维护和平、遏制战争、打赢战争的使命。

2016 年，还要组织实施军队规模结构和作战力量体系、院校、武警部队改革，基本完成阶段性改革任务。

2017 年至 2020 年，对相关领域改革做进一步调整、优化和完善，持续推进各领域改革，成熟一项推进一项。构建与联合作战指挥体制相适应，统分结合、通专两线的后勤保障体制。构建由军委装备部门集中统管、军种具体建管、战区联合运用的体制架构。装备发展建设实行“军委装备部门 – 军种装备部门”体制；装备管理保障实行“军委装备部门 – 军种装备部门 – 部队保障部门”体制。改革通过剥离具体管理职能，调整归并同类相近职能，减少领导层级，使指挥、建设、管理、监督四条链路更加清晰，决策、规划、执行、评估职能配置更加科学合理，军队战略管理和建设效益不断提升。

第四节　中国武装力量

《中华人民共和国国防法》第 22 条规定：“中华人民共和国的武装力量，由中国人民解放军现役部队和预备役部队、中国人民武装警察部队、民兵组成。”

一、中国人民解放军

中国人民解放军是中华人民共和国武装力量的骨干，是抵抗侵略、保卫祖国，维护国家主权和安全的主要力量。中国人民解放军由现役部队和预备役部队组成。现役部队由陆军、海军、空军、火箭军和战略支援部队组成。

（一）陆军

中国人民解放军陆军，由步兵（摩托化步兵、机械化步兵、山地步兵）、装甲兵（坦克兵）、炮兵(炮兵—火箭兵)、防空兵、陆军航空兵、工程兵、防化兵、通信兵、电子对抗兵等兵种及侦察兵、测绘兵、汽车兵等专业兵种构成。

中国人民解放军陆军以前未设置独立的领导机关，通常由总部有关部门行使领导职能。中国人民解放军陆军的基本组织层次为：集团军、师(旅)、团、营、连、排、班。团以上大多采用合成编组，如集团军通常下辖若干个步兵师(旅)及装甲(坦克)师(旅)、防空旅、直升机大队、工兵团、通信团及各种保障部(分)队等。陆军按任务还划分为野战部队、边防部队、警备部队等。

(二)海军

中国人民解放军海军，由水面舰艇部队、潜艇部队海军航空兵、海军岸防兵、海军陆战队等兵种及专业构成。

中国人民解放军海军领导机关，设有司令部、政治部、后勤部、装备部，下辖北海、东海、南海舰队和海军航空兵部，各舰队下辖基地、舰艇支队、水警区等。

通过多年的发展，中国人民解放军海军逐步发展成为一支拥有水面舰艇部队、潜艇部队、海军航空兵、海军岸防兵和海军陆战队等诸兵种合成军种。中国人民解放军海军隶属于中央军事委员会，舰艇部队按基地、支队、水警区、大队的序列编制；航空兵部队按师、团、大队的序列编制；海军岸防兵按团、营、连的序列编制。

(三)空军

中国人民解放军空军，由航空兵、地空导弹兵、高射炮兵、空降兵及雷达、通信、电子对抗、气象等部队组成。

中国人民解放军空军领导机关设有：司令部、政治部、后勤部、装备部。其下的基本组织层次为：军区空军、空军军(基地)、师(旅)、团(站)、大队(营)、中队(连)。军区空军，根据任务下辖一至数个空军军(基地)或航空兵师，一至数个防空混成师、地空导弹师(旅、团)、雷达旅(团)或高射炮(团)。空军军(基地)下辖数个航空兵师及必要的战斗保障、勤务保障部(分)队。

(四)火箭军

2015 年 12 月 31 日，中国人民解放军火箭军正式成立，航天军工力量迎来发展良机。目前，我国尚缺乏纯正意义上的战略空军力量，火箭军突出非对称战略战术威慑力量建设，是我国战略威慑的核心力量，是我国大国地位的战略支撑。作为正式独立的技术兵种，航天军工力量建设过程中的资源整合力度和基础投入力度持续加大。火箭军的主要任务是遏制敌人对我国使用核武器，在敌人对我国发动核袭击时，遵照中央军委的命令，独立地或联合其他军种的战略核部队对敌人实施有限而有效的自卫反击，打击敌人的重要战略目标。火箭军正式成立后，在军委“战区主战，兵种主建”格局下，将按照核常兼备、全域慑战的战略要求，增强可信可靠的核威慑和核反击能力，加强中远程精确打击力量建设，增强战略制衡能力。

(五)战略支援部队

2015 年 12 月 31 日，中国人民解放军战略支援部队正式成立。战略支援部队是维护国家安全的新型作战力量，是我军新质作战能力的重要增长点。战略支援部队主要是将战略性、基础性、支撑性都很强的各类保障力量进行功能整合后组建而成的。战略支援部队单独成军属于我军首创，也是适应我国基本国情的重大变革。一方面我国幅员辽阔，作战形势多变，战备保障、战地保障任务艰巨。另一方面，新形势下特种作战力量建设需要集中统筹，避免重复建设，在战常形势下，都存在迫切的战备保障和技术支援需求。战略支援部队的成立，将促进相关战备保障和支援兵种的建设，增强我军作战能力。

（六）预备役部队

预备役部队，是国家平时分散于民间、战时能迅速转为现役部队的武装组织。它以预备役人员为基础，现役军人为骨干组成。通常分为陆军、海军、空军和兵种预备役部队。预备役部队是加强军队后备力量建设，平时少养兵、战时多出兵的有力保障，是战时迅速扩编军队的重要组织形式。中国人民解放军预备役部队组建于 1983 年 8 月，其师团已纳入军队建制序列，授有番号、军旗。预备役部队平时归省军区指挥，战时动员后归指定的现役部队指挥。

二、中国人民武装警察部队

中国人民武装警察部队（简称“武警部队”）是担负国家赋予的国家安全保卫和维护社会秩序任务的部队，是中国武装力量的重要组成部分。武警部队成立于 1982 年 6 月（前身是中国人民公安中央纵队，建于 1949 年 8 月），由内卫部队、边防部队、消防部队、警卫部队、黄金部队、水电部队、交通部队、森林部队等组成，1982 年 6 月—2017 年 12 月受中华人民共和国国务院、中国共产党中央军事委员会双重领导。其中内卫部队是武警部队的主要组成部分，受武警总部的直接领导和管理；边防部队、消防部队和警卫部队均由公安部门管理；黄金、水电、交通和森林部队受国务院相关业务部门和武警双重领导，担负国家经济建设和安全、稳定的双重任务。中国人民武装警察部队的装备为步兵轻武器、少量重型武器和武警特种武器等。武警部队平时主要担负执勤、处置突发事件、反恐怖，参加和支援国家经济建设等任务，战时配合人民解放军进行防卫作战。

2017 年 12 月，中共中央决定调整武警部队领导指挥体制。自 2018 年 1 月 1 日零时起，中国人民武装警察部队改为由党中央、中央军委集中统一领导，实行中央军委—武警部队—部队领导指挥体制。武警部队职能属性不变，不列入解放军序列。

按照军是军、警是警、民是民原则，将列武警部队序列、国务院部门领导管理的现役力量全部退出武警，将国家海洋局领导管理的海警队伍转隶武警部队，将武警部队担负民事属性任务的黄金、森林、水电部队整体移交国家相关职能部门并改编为非现役专业队伍，同时撤收武警部队海关执勤兵力，彻底理顺武警部队领导管理和指挥使用关系。

三、中国民兵

中国民兵初建于第一次国内革命战争时期。革命战争年代，民兵为民族的解放、为赶走日本侵略者、为新中国的建立作出了巨大的贡献。新中国成立后，中国民兵在建设祖国、保卫祖国中发挥了重大作用。

民兵是国家的后备武装力量。《国防法》规定：“民兵在军事机关的指挥下，担负战备勤务、防卫作战任务，协助维护社会治安。”全国的民兵工作由总参谋部主管；各大军区按照上级赋予的任务，负责本区域的民兵工作；省军区、军分区和县（市、区）人民武装部是本地区的民兵领导指挥机关；乡、镇、部分街道和企事业单位设有人民武装部，负责民兵和兵役工作。地方各级人民政府，对民兵工作实施原则领导，对民兵工作实施组织和监督。中国民兵的作用主要表现在三个方面：积极参加社会主义现代化建设，带头完成生产任务；担负战备勤务，保卫边疆，维护社会治安；随时准备参军作战，抵抗侵略，保卫祖国。

第五节　大学生国防教育

提到国防，很多同学会认为国防就是指军队防御外敌入侵，就是打仗，这种观点是很片面的。现代国防又叫社会国防、大国防、全民国防，包括武装建设、国防体制、军事科技和工业、国防工程、军事交通通信、人力动员、国防教育、国防法规、民族文化等诸多方面，是一个庞大而复杂的系统工程。从最高国家元首到每个公民，从军事到政治、经济、文化、教育、科技和意识形态都与之密切相关。

一、国防教育目的

（一）教育目的

目的是弘扬爱国主义精神，普及国防教育，使全民增强国防观念，掌握必要的国防知识和军事技能，自觉履行国防义务，关心、支持、参与国防建设。一是针对和平时期人们国防观念淡化，需要加强国防教育；二是为全民参与国防教育活动提供一个大众化、社会化的载体。依法确立一个每年都能让全体公民共同接受国防教育的时机，可以更好体现我国国防教育的全民性、全社会性的特点。

（二）历届主题

为使全民增强国防观念，掌握必要的国防知识和军事技能，自觉履行国防义务，关心、支持、参与国防建设，从2001年起设立“全民国防教育日”。历年“全民国防教育日”的宣传主题如下：

第一个2001年9月15日“关注国防，就是关心自己的家园”；

第二个2002年9月21日“国家安全是全社会的共同责任”；

第三个2003年9月20日“国防连着你我他，安宁维系千万家”；

第四个2004年9月18日“勿忘国耻、强我国防；

第五个2005年9月20日“牢记历史、珍爱和平、心系国防”；

第六个2006年9月16日“弘扬长征精神，共建钢铁长城”；

第七个2007年9月15日“热爱军队、情系国防”；

第八个2008年9月20日“维护国家安全、共筑和谐家园”；

第九个2009年9月19日“赞颂辉煌成就，建设强大国防”；

第十个2010年9月18日“富国强军，共筑长城”；

第十一个2011年9月17日“依法开展国防教育，增强公民国防观念”；

第十二个2012年9月15日“热爱人民军队、共筑钢铁长城”；

第十三个2013年9月15日“国家安全与国防义务”；

第十四个2014年9月20日“关心国家安全，维护海洋权益”；

第十五个2015年9月19日“弘扬伟大抗战精神，同心共筑强大国防”；

第十六个2016年9月17日“传承红色基因，共建巩固国防”；

第十七个 2017 年 9 月 16 日“赞颂辉煌成就、赓续红色基因、支持改革强军”。

二、国防教育要求

2011 年 7 月 29 日，中共中央、国务院、中央军委下发了《关于加强新形势下国防教育工作的意见》，要求全面落实国防教育法，大力弘扬爱国主义精神，增强全民国防观念，促进建设和巩固国防。

（一）国防教育工作的重要意义

国防教育是建设和巩固国防的基础，是增强民族凝聚力、提高全民素质的重要途径。普及和加强全民国防教育，是中央始终高度重视的一个战略问题，对于凝聚全民族的意志和力量，加强国防和军队现代化建设，推进中国特色社会主义事业，实现中华民族伟大复兴，具有重要而深远的意义。我国正处在发展的重要战略机遇期，国家安全形势保持总体稳定，但国家安全问题的综合性、复杂性、多变性趋势不断增强，对维护国家主权、安全和发展利益提出了新的要求，迫切需要从战略和全局的高度加大全民国防教育力度，强化广大干部群众的国家安全意识和忧患意识，营造关心支持国防和军队建设的良好氛围，增强我国的国防实力和民族凝聚力。

（二）国防教育工作的总体要求

新形势下国防教育工作的总体要求是，高举中国特色社会主义伟大旗帜，以邓小平理论和“三个代表”重要思想为指导，深入贯彻落实科学发展观，着眼维护国家主权、安全和发展利益，坚持以国防教育法为依据，以弘扬爱国主义为核心，以领导干部、青少年学生和民兵、预备役人员为重点，贴近时代要求，丰富教育内容，创新方法手段，完善制度机制，推进全民普及，不断增强国防教育的主动性、针对性、实效性，为建设和巩固国防奠定坚实思想基础，为全面建设小康社会提供强大精神动力。

（三）国防教育的时代主题

加强新形势下国防教育，必须围绕时代主题和形势任务，着眼推进经济建设与国防建设协调发展，大力宣传中央关于国防建设的方针政策，加强马克思主义国防观、战争观和国家安全形势教育，搞好党史、军史和我国国防史宣传教育，深入学习人民战争战略思想，普及和深化国防法律法规宣传教育，引导广大干部群众牢固树立维护国家主权、安全和发展利益，富国和强军相统一，军民融合式发展，依法履行国防义务等与科学发展观要求相适应的现代国防观念。

（四）国防教育的形势和任务

要贯彻全民参与、长期坚持、讲求实效的方针，采取有力措施，抓好国防教育普及，不断扩大社会覆盖面。要突出抓好各级领导干部的国防教育，进一步增强国防观念、加强国防素养，提高履行国防职责的能力；重视强化党政机关其他工作人员的国防观念，结合理论学习和业务培训进行国防教育。要着眼培养社会主义事业的建设者、保卫者和接班人，坚持不懈地抓好青少年的国防教育。要把国防教育作为预备役部队和民兵思想政治教育的重要内容，增强民兵和预备役人员参与、投身国防建设的使命感和责任感。企业事业单位要把国防教育列入职工教育计划，普及国防常识。城乡基层组织要把国防教育纳入社会主义精神文明建设范畴，推动国防教育进入千家万户。解放军和武警部队要围绕大力培育“忠诚于党，热爱人民，报效国家，献身使命，崇尚荣誉”的当代革命军人核心价值观，广泛、深入、持续地抓好官兵的国防教育，弘扬为国牺牲奉献精神，在全民国防教育中发挥表率作用。

（五）创新国防教育的方法和手段

要适应经济社会发展新形势和人们精神文化生活新需求，积极改进和创新国防教育的方法手段，不断增强时代感和吸引力、感染力。充分发挥大众传媒的作用，注重运用互联网、手机等新兴媒体，加强国防教育普及宣传和舆论引导；坚持以群众性活动为载体，吸引广大干部群众积极参与国防教育；依托爱国主义和国防教育场所，开展生动形象的国防教育；采取多种形式，营造有利于开展国防教育的良好社会环境；注重与爱国拥军实践有机结合，引导适龄公民自觉履行兵役义务，教育引导广大干部群众热爱军队、尊重军人，支持部队建设，研究制定并落实优抚安置政策，不断巩固和深化国防教育成果。要完善国防教育政策法规，抓好国防教育基地建设，加强国防教育的师资力量，将开展国防教育的经费纳入财政保障范围，并根据当地经济社会发展水平逐步加大经费投入，提倡和鼓励社会组织、企业和个人捐赠，支持国防教育事业，保证国防教育工作规范运行、长远发展。

（六）国防教育是全党全社会的共同责任

普及和加强国防教育是全党全社会的共同责任，必须加强领导，齐抓共管，科学组织，狠抓落实，努力形成党委政府重视、军地密切配合、社会各界支持、全民踊跃参与的良好局面。各级党委和政府要把国防教育纳入经济社会发展总体规划，各地国防动员委员会应将国防教育纳入国防动员范畴，持之以恒、常抓不懈。宣传、组织、人力资源社会保障、教育、民政、司法行政、工商行政管理、文化、新闻出版、广播电影电视等部门，工会、共青团、妇联等人民团体要切实履行职责，齐心协力抓好国防教育工作的落实。解放军、武警部队要积极支持和配合地方开展全民国防教育。各级国防教育领导和工作机构要认真履行组织、协调和指导国防教育工作的职责。要将国防教育检查和考评情况列入经济社会发展综合评价体系、双拥模范城（县）考评标准，纳入党政机关目标绩效管理考评体系。注重发挥各级人大、政协的作用，加强对落实国防教育法情况的监督检查。各地区各部门要大力培养和宣传国防教育的先进典型，调动社会各界参与国防教育事业、关心支持国防和军队建设的积极性、主动性，推动国防教育工作深入开展。

三、培育国防精神

自有国家，便有了国防。只要国家还存在，国防就不能懈怠。这已为人类发展史所证明。国防精神是国防意识的集中表现，一般指与国防需要相适应的意识、思维和心理状态。国防精神的核心是培养爱国主义精神、革命英雄主义精神、爱军尚武的奉献精神和维护和平、反对侵略的国际主义精神。培养国防精神历来是国防教育的重要内容，它有助于形成积极、深刻、理性的国防观，有助于形成全民性的良好国防环境。强化这方面的教育，要通过广泛开展以爱国主义为核心内容的教育，激发人们特别是青少年的爱国热情，增强他们的国防观念和履行国防义务的自觉性；要紧密联系国际国内形势，通过抓好形势教育，帮助人们正确认识国际形势，充分认清国防建设的复杂性和严峻性，使人们特别是青少年增强忧患意识；要突出抓好革命英雄主义和人民军队光荣传统教育，以革命英雄主义教育广大群众，牢固树立敢打必胜的信念，弘扬不怕牺牲勇敢顽强的民族精神；要通过开展人民军队的优良传统教育，使人们特别是青少年认识人民军队在社会主义现代化建设中的地位和作用，增强爱军尚武意识，从而更加关心支持国防建设。

当今科学技术的发展进步，已使人类的生存环境、空间“缩小”，但并不意味着国家间的防卫措施，国家和民族的国防意识、国防精神，需要削弱或取消。相反，国防已由原来的领土、领海、领空防卫向外层空间防卫发展，其争夺更为复杂和激烈，各国实施国防的难度更大。因此，国家、民族的国防意识、国防精神需要进一步强化。“安国家之道，先戒为宝。”（《吴子》）“天下虽安，忘战必危。”（《司马法·仁本》）中国古代军事家们的这些名言，至今对我们仍然具有警戒作用。

时代在呼唤民族之魂。国防意识、国防精神是民族之魂的核心。振奋和培养民族精神，首先要培养全民的国防意识和国防精神。我国现阶段正在大力发展生产力，建设有中国特色的社会主义，尤其需要长期稳定的和平环境。要创造和保持长期稳定的和平环境，除需要强大的物质基础、强大的国防力量和强有力的国防措施外，还迫切要求全国人民居安思危，常备不懈，筑起一道国防精神的万里长城。进行国防教育，既能为保卫祖国安全、促进世界和平事业打好思想基础，又可振奋民族精神，激发人民热爱祖国、保卫祖国、建设祖国的热情，增强中华民族的向心力、凝聚力。这种向心力、凝聚力在军事上可以转化为战斗力，在经济上可以转化为生产力，对社会主义现代化建设事业具有极大的促进作用。

长期的和平环境，使一些人，尤其是一些大学生的和平麻痹思想滋长，国防观念淡漠。这说明国防意识和国防精神的教育培养工作在目前还是一个薄弱环节，应当引起重视。因此，强调在全国人民中，尤其是大学生中广泛加强国防教育，提高大学生的国防观念，不仅具有重要的现实意义，而且具有深远的战略意义。

四、掌握防空知识

20 世纪 90 年代以来，世界局势发生了天翻地覆的变化，霸权主义和强权政治仍然是威胁世界和平与稳定的主要根源，世界仍不安宁。因此我们要时时提高警惕，要居安思危，学习防空知识，做好防空一切准备工作。空袭是现代战争的必胜手段，具有很大的杀伤性和破坏性。科索沃战争、伊拉克战争、阿富汗战争都是从空袭开始的，除军事目标外，大城市、工业区、港口、车站、机场、桥梁、仓库和水库等重要的地方，都是敌机空袭的目标。因此在现代战争中，不仅前方部队要防空袭，后方人民群众也要预防空袭。

我们国家为最大限度地保护人民生命财产安全，专门成立了人民防空委员会，在战争的情况下，所有公民都必须听从人民防空委员会指挥。一旦发现敌机来袭击，人民防空委员会将发出防空警报来通知和指挥人群。

警报信号

1. 防空袭预报

预备警报——鸣 36 秒，停 24 秒，重复 3 遍为一周期，每周期为 3 分钟。

2. 防空袭警报

紧急警报——鸣 6 秒，停 6 秒，重复 15 遍为一个周期，每周期为 3 分钟。

3. 解除空袭警报

解除警报——连续鸣 3 分钟。

在战争环境中，我们一旦听到防空警报，该怎么做呢？

如果在学校听到防空警报，首先保持冷静，并劝同学不要惊慌，应听从校长和老师指挥，立刻停止上课，收拾书包，跟随老师到指定地点隐蔽。

如果在家里听到防空警报，全家立刻停止一切工作，分头关闭门窗，放下窗帘，关闭炉火、水管、电器所有大小开关，带齐个人防护器材（毛巾、生活用品、防毒面具）和急救药物到街道规定的人防工事或坚实的大楼内隐蔽。

如果在街上听到防空警报，要就地听从防空人员指挥，就近隐蔽。若在空旷的地方，则利用附近的地形物隐蔽，但要远离高压电线、易燃、易爆物和容易倒塌的建筑物，听到解除警报才能回家。

图 1－6　防空警报器

当今世界，经济、科技飞速发展，社会不断进步，和平虽然是时代的主题，但与此同时，强权政治和霸权主义从来没有停止过，“天下兴亡，匹夫有责”，不要忘记“国无防不立，民无防不安”。作为一名大学生，要增强爱国主义的责任感和使命感，刻苦学习，争取早日为国家做贡献。

思考题

1. 现代国防的基本特征是什么？
2. 中国主要的国防法规有哪些？
3. 简述我国的国防体制？
4. 中国的武装力量由几个部分组成？
5. 你所了解的防空知识有哪些？

第二章　军事思想

教学目标：了解军事思想的形成和发展过程，熟悉我国现代军事思想的主要内容、地位、作用及科学含义，树立科学的战争观和方法论。

第一节　军事思想概述

军事思想是关于战争和国防基本问题的理性认识，是人们长期从事军事实践的经验总结和理论概括。按照不同社会历史发展阶段、阶级和国家进行区分，军事思想可分别划分为古代、近代、现代军事思想，外国和中国的军事思想等。人类对战争和军队问题的认识，有一个历史发展的过程。从社会历史发展阶段的角度讲，军事思想可划分为古代、近代、现代三个发展阶段。

一、古代军事思想

（一）古代军事思想的产生

古代军事思想的产生、发展主要集中在两个相对独立的区域，即中国和地中海一带沿海国家，内容包括奴隶社会和封建社会两个时期的军事思想。至于在此之前的军事思想萌芽，已无文字可以考证。

中国古代军事思想最早出现在公元前 21 世纪至公元前 8 世纪，此时中国为奴隶社会时期，建立了军队，出现了具有真正意义上的战争，军事思想开始萌芽，并逐渐成为专门学科。专门研究军事的著作有《军政》《军志》等。公元前 8 世纪至公元前 3 世纪，中国处于社会大变革时期，中国古代军事思想取得了空前的辉煌成就，涌现出许多杰出军事家及军事著作，如孙武所著的闻名中外的《孙子兵法》（图 2－1）等。

图 2－1　孙武《孙子兵法》

中国进入封建社会后，由于铁兵器的广泛推广，火药的逐步应用，步、骑、车、水军诸兵种的发展变革，不同性质战争的交织进行，客观上促进了军事思想的丰富发展。

与中国古代军事思想相比，外国古代军事思想起步晚，认识不够全面、深刻，其成果主要散见于当时的一些历史和文学著作中，缺乏系统论述。公元前 8 世纪至公元 5 世纪，是西方古代的奴隶制社会时期。在这个时期，古希腊、古罗马等奴隶制国家为了扩张领土、建立霸权、掠夺奴隶和财物，频繁发动战争。在长期的战争实践中，涌现出许多著名的将领和统帅，古希腊和古罗马产生了丰富的军事思想。

（二）古代军事思想精髓

1. 斜形战斗队形

古希腊统帅埃帕米农达采用密集斜形阵新战术以劣势兵力击败了斯巴达的优势兵力。埃帕米农达的“斜形战斗队形”是古希腊方阵战术的重要创新，斜形阵战术使集中兵力在决定性地段进行主攻成为一个重要的作战原则，对后世作战产生了很大的影响。

2. 步骑协同作战

马其顿国王亚历山大发展了马其顿步兵方阵，创立了机动灵活的新型骑兵，制定了步骑兵机动和协同作战原则。中国在春秋战国就相继出现了步兵、水兵和骑兵。车、步、骑配合和水陆并用的多兵种协同作战在春秋战国时期就开始盛行。对协同作战的认识，欧洲略晚于中国。

3. 迁延战术

古罗马统帅费边对侵入意大利腹地的迦太基军队采用迁延战术，达到了保存自己实力不断疲惫消耗敌人的目的。中国在夏末就有“避敌锋锐，伺机而动”之说，春秋时期的孙子则提出“避其锐气，击其惰归”。对避敌锋锐的认识，中国领先于世界。

4. 预备队

古罗马统帅恺撒首创了预备队，他认为作战时建立预备队是非常必要的。中国的孙武提出“役不再籍，粮不三载”，中国军事家注重速战速决和先胜后战，一般会考虑增援的问题，但未明确提出预备队的概念。中国的围城打援和围魏救赵等思想则领先于世界。

5. 军区制度

波斯国王大流士一世首创军区制度，把全国的军队划归军事区统管，把军队编成四级体制，加强了对军队的控制，提高了战斗力。中国秦汉时期的军区制度是把全国的军队分为京师兵、州郡兵和边防兵。对军区制度的认识，波斯略早于中国。

6. 合围歼敌

迦太基统帅汉尼拔以少胜多，合围歼敌，在坎尼之战中大败罗马军队。在西方战史上占有重要地位，被称为西方的“战略之父”。孙武提出“十则围之，五则攻之”。在攻围问题上，中国领先于世界。

7. 普遍征兵制

瑞典国王宙斯塔夫二世采取普遍征兵制，建立常备军；缩减军队编制，建立团属炮兵；在欧洲最早采用线式战术。宙斯塔夫二世对欧洲的建军作战产生了重大影响。在征兵制和常备军方面，中国领先于世界。启在夏朝建立之初就建立了常备军。在热兵器的运用方面中国明朝末年仍然领先世界，只是从清朝的“骑射为本”开始人为地落后了。

8. 筑城

法国元帅沃邦首先提出野战筑城和永备筑城，对欧洲各国的筑城学有很大的影响。对城市攻防的认识，中国明朝末年之前仍然是领先世界的。

9. 战争是不可避免的

古希腊哲学家柏拉图断言战争是各国人民的自然状态，因而战争是不可避免的。中国夏商的军事家就已经提出“有备无患”，对战争的认识更早更深刻更积极。

10. 掠夺战争是正义的

古希腊思想家亚里士多德(图2－2)为奴隶主的战争辩解，认为掠夺奴隶的战争是正义的。亚里士多德的观点对西方的影响非常深远，西方的殖民扩展和殖民战争以及两次世界大战都是在“掠夺战争是正义的”理论的指导下进行的。亚里士多德说：“掠夺战争是正义的。”拿破仑说：“强权即真理。”中国人说：“胜者为王，败者为寇。”强权即真理，胜者即正义。

图2－2　古希腊思想家亚里士多德

11. 警戒线战略

中世纪的欧洲在军事和其他科学方面都是一个毫无收获的时代。直到中国的火药和火器传入欧洲后，欧洲的军事思想才又开始发展。欧洲军事家正是在这样的背景下，提出了攻击敌人的交通线和防御自己的交通线的警戒线战略。

12. 雇佣兵制

欧洲和中东的古代奴隶制国家早期采用公民兵制，后来公民兵制被雇佣兵制取代。中世纪的欧洲采用骑士兵制，国王和封建主给骑士封地，骑士为领主服兵役。封建制度瓦解后，欧洲各国普遍采用雇佣兵制。

(三)古代军事思想的发展

古希腊的军事思想概括起来主要有：战争是由根本利益矛盾引起的；战争的目的是为了征服，谋求城邦、国家利益和霸主地位；战争的胜败取决于政治、军事、经济、精神等条件；作战前必须对双方的军力、财力、人力等方面的长处和短处进行认真的分析对比；注意激励军队的士气，立足以优势力量建立己方胜利的信心；采取出乎敌人意料的行动使之惊慌失措等。

古罗马的军事思想源于古希腊而又有所发展，主要表现在：战争有正义与非正义之分；把军事作为实现政治目的的工具，而政治又是配合军事行动达成军事目的的手段；通过外交广泛联盟，孤立对手，恩威并举，实现自己的目的；主张以进攻为主防御为辅；在被迫处于防御地位时，也总是通过向敌后等薄弱处进攻，力求改变攻防态势，变防御为进攻；主张建立一支忠于自己的部队，以金钱、土地、建筑、妇女等物质利益保证部队的忠诚，以精神鼓励、严格的纪律保持部队的战斗力。

从公元476年西罗马帝国灭亡，到1640年英国资产阶级革命，为欧洲的中世纪。在这长达1100多年的“黑暗”时代，由于封建割据的庄园经济、宗教思想和经院哲学的禁锢，极大地限制了军事思想的发展。“整个中世纪在战术发展方面，也像其他科学方面一样，是一个毫无收获的时代。”(恩格斯)。直到封建社会后期，随着中国火药、火器的传入以及始受意大利的文艺复兴的影响，外国古代军事思想才有了缓慢发展。此时，军事思想可概括为以下几个方面：战争被披上宗教外衣，掩盖统治集团间的利益争夺；宣扬战争是人类一生中的一部分，是原始罪恶之果，也是教会权力的支柱；在战争中丧失生命的人，可以进入天国；赎免一切罪恶;重视军队建设，把军队看成国家的重要工具；对雇佣兵制的弊端有了初步认识，主张实行义务兵制；初步涉及战略学、战术学概念；另外还认识到制海权的重要，认为控制了海洋，可以赢得和守住巨大的海外领土。

二、近代军事思想

从1640年英国资产阶级革命至俄国十月革命，为世界近代史。此时西方走向资本主义，并向帝国主义发展。由于以下几个原因，外国军事思想一改中世纪时期低迷不前的状况，取得了长足的发展进步。这一时期，封建与反封建的战争、资本主义与反资本主义之间的战争、帝国主义国家之间的战争、殖民与反殖民的战争，各种不同性质战争交织在一起，频繁发生，为人们研究军事思想提供了实践依据。工业文明和科学技术的进步，使军队装备发生了较大变化，热兵器被广泛使用(火药为主)，从而产生了与之相适应的军事思想。

外国近代军事思想可划分为两大体系，即资产阶级军事思想和无产阶级军事思想。

(一)资产阶级军事思想

资产阶级军事思想形成于17世纪中叶至19世纪中叶，代表人物及其著作很多。主要有俄国苏沃洛夫的《制胜的科学》，瑞士若米尼的《战争艺术概论》《战略学原理》，普鲁士克劳塞维茨的《战争论》，比洛的《新战术》《最新战法要旨》，法国吉贝特的《战术通论》，美国马汉的《海军战略》《海权对历史的影响》(图2－3)等。

图2－3　马汉《海权对历史的影响》

(二)无产阶级军事思想

无产阶级军事思想的主要代表是马克思、恩格斯和列宁，马克思、恩格斯所处的时代是自由资本主义高度发展并开始走向反动的时代，无产阶级登上历史舞台。其军事思想的主要内容包括：认为战争和军事是一个历史范畴，随着私有制和阶级的产生而产生、消灭而消亡；战争是政治通过另一种手段的继续，要反对非正义战争，拥护正义战争；在帝国主义阶段，帝国主义是战争根源；无产阶级必须用暴力推翻资产阶级建立自己的统治；应组织城市工人武装起义，先占领城市，夺取国家政权；无产阶级夺取政权、巩固政权都必须要有自己的新型的军队；无产阶级代表人民利益，有能力有条件把人民武装起来实行人民战争，并强调军队与人民群众相结合；认识到科学技术的进步必然引起战略战术的变革；战争的奥妙在于集中兵力，主张积极防御、主动进攻，慎重决战，灵活机动。

近代中国自1840年鸦片战争后逐步沦为半封建半殖民地社会，当时清政府许多有识之士看到武器装备对于战争胜负的重要性，从西方引进先进技术，开办工厂，制造枪械，因此当时军事学术主要是介绍武器性能和操作使用的。甲午战争后，清政府意识到仅靠坚船利炮而作战思想落后亦不能赢得战争，于是又开始学习西方的军事理论。当时翻译了许多西方重要的军事论著，如《大战学理》，即克劳塞维茨的《战争论》(图2－4)。

图2－4　克劳塞维茨与其《战争论》

清政府自行撰写的代表作有《兵学新书》《军事常识》《兵镜类编》等。主要军事观点有：师夷长技，重整军备；依靠民众，积极备战；避敌之长，求吾之短；以弃为守，诱敌人险。总之，在近代，外国军事思想成就突出；而中国的军事变革是在外敌入侵的情况下被迫进行的，缺乏主动性，认识不够深刻，且鱼目混珠，有照搬照抄之嫌，远远落后于西方。

三、现代军事思想

俄国十月革命及第一次世界大战以后，世界进入现代史。这个时期，科学技术突飞猛进，武器装备发生巨大变化，巨炮、雷达、坦克、飞机、航空母舰、远程导弹、精确制导武器层出不穷，热兵器能量的运用从火药转为炸药，进而是原子释放，武器破坏力大大增加，作战效能成倍增长，对战争的进程乃至结局影响越来越大。因此，不但社会、政治、经济等各种因素对军事理论的研究有倾向性的影响，军事理论往往侧重对先进主战武器的探讨。

(一)“空中战争”理论，又称空军制胜论

意大利的杜黑、美国的米切尔、英国的特伦查德被认为是这一理论的先驱，特别是杜黑在其著作《制空权》(图2－5)中对这一理论叙述较为细致，主要观点有：由于飞机的广泛应用，将出现空中战争，空中战争的胜负决定战争结局，为此要建立与海军、陆军并列的独立空军。夺得制空权是赢得战争的必要条件，空军的首要任务是夺取制空权。空中战争是进攻性的，空军的核心是轰炸机部队，要对敌国纵深政治、经济、军事目标实施战略轰炸，迫其屈服。

图 2－5　杜黑与其《制空权》

（二）“机械化战争”理论，又称坦克制胜论

英国的富勒、奥地利的艾曼斯贝格尔、法国的戴高乐、德国的古德里安、英国的利德尔·哈特是这一理论的倡导者，主要内容是：装甲坦克是战争的决定性力量，是陆军的主体；大量集中使用坦克和航空兵，实施突然有力的突击，可以迅速突破对方主要集团的防线，深入敌纵深，摧毁一个战备不足的国家；主张军队改革，建立少而精的机械化部队；机械化包括补给和战斗机械化。

（三）“总体战”理论

“总体战”理论是德国的鲁登道夫在其著作《总体战》（图 2－6）中提出的，其主要观点是：现代战争是总体战，它既针对军队，也针对平民，战争具有全民性，强调民族的团结在战争中的重要性；主张实行国民经济军事化；要建设好一支平时就准备好的军队；重视统帅在总体战中的作用；战争的突然性意义重大，力求闪击对方。

图 2－6　鲁登道夫与其《总体战》

（四）"核武器制胜"理论

第二次世界大战后至1991年苏联解体的冷战时期，霸权主义成为局部战争的根源，高技术在作战中逐步运用，世界处在核阴影之中，美苏两霸动辄进行"核恫吓"。此时的军事理论研究往往围绕核武器及高技术展开，从美苏两国军事思想可以清楚看到这一点。如美国，就以核实力确定军事战略，在杜鲁门时期，美核力量处于绝对优势，提出遏制战略，对苏及其他社会主义国家实施核讹诈；朝鲜战争后，为以最小的军事代价取得最大的威慑力量，采取大规模报复战略；在苏联打破核垄断及越南战争后，又分别推行灵活反应、现实威慑、新灵活反应等战略。在处于核优势时期，美认为自己能打赢全面核战争，则主张削减常规力量，重点发展核武器和战略空军；而在苏打破其核优势、局部战争不断发生时，美在确保核威慑的前提下，不断发展常规力量。认为核战争会造成灾难性后果，核时代的战争必然是有限战争。与各自的国家战略相适应，西方各国军事思想呈现不同的特点。美军军事思想的特点是：以遏制、预防潜在"全球性竞争对手"为目的，加大常规、核、太空优势，建立导弹防御系统，确保自身绝对安全；重视质量建军，加强数字化、信息化建设；重视非对称作战、非接触作战，实施远距离精确打击，力求零伤亡；进一步发展空地一体战理论，提出"空地一体运筹作战"的思想（又称"空地海天联合作战"）；"9·11"事件后，美国总统布什认为陆军的作用越来越低，强调重视海空天作战趋势。

英、法、日、德等国家军事思想的共同点是：采取以维护自身利益为出发点的战略方针；增强军事实力，逐步摆脱对美军事依赖（英国除外），或以其他联盟的方式挑战美国的军事地位；重视发展高技术以带动军事技术的进步；依据各自国情、军队现况走质量建军的道路，确立与国家和军事战略相适应的军队规模。

俄罗斯认为，核战争的可能性大大降低，主要威胁是局部战争和武装冲突；在经济、军事力量弱于美国的情况下，提出了"纯防御""积极防御"和"现实遏制"战略；走质量建军之路，明确建军原则、目标，发展太空技术，确保合理够用的核攻击力量等。

自五四运动后，中国共产党在长期的革命战争和国防建设实践中，吸收古今中外军事思想的有益精华，逐渐形成了毛泽东军事思想、邓小平军队建设思想、江泽民国防和军队建设思想、胡锦涛关于国防和军队建设的重要论述。

四、军事思想指导作用

（一）军事思想是军事实践的行动指南

军事思想是军事实践的能动反映、理论概括，揭示了军事领域的一般规律，所以能对军事实践起指导作用。军事思想对军事领域的规律反映得愈深刻、愈正确，它对军事实践的指导作用也就愈大，人们就可以在战争中掌握主动，少犯错误，多打胜仗。在战争史上，每一次取得伟大胜利的战争，都有正确的军事思想作指导。毛泽东的军事思想，在中国半殖民地半封建社会性质的条件下，指导中国人民以弱胜强，逐步壮大，取得了革命战争的伟大胜利。没有正确的军事思想作指导，即使具备取得战争胜利的物质条件，也难以赢得战争的胜利。战争实践证明，在客观物质条件许可的范围内，军事思想正确与否决定着战争的胜败。

（二）军事思想是研究军事学科的理论基础和根本方法

军事思想研究的是战争和军事领域的一般规律，而各门具体的军事学科所研究的是各自领域的特殊规律。如果只研究各自领域的特殊规律，而不懂得战争和军事领域的一般规律，脱离一般规律的指导，就不能从总体上把握战争，也就不能真正认识和把握各门具体学科所研究的各自领域的特殊规律。军事思想对各门具体军事学科的研究提供方法论。譬如，军事思想关于保存自己、消灭敌人的论述，深刻地揭示了两军相争的战争目的和战争本质，它是一切战争行动的根据，从技术行动到战略行动，一切技术的、战术的、战役的、战略的原理原则，都要贯彻这个战争的军事目的和军事本质。它普及于战争的全体，贯彻于战争的始终。它对军队和国防建设、战争指导及其战略战术，都具有普遍的指导作用，因而无疑对军事科学的各门具体学科的研究也具有普遍的指导作用。

(三)军事思想对其他社会实践有着重要的借鉴意义

先进的科学的军事思想贯穿着唯物论和辩证法。学习和研究军事思想，不仅可以学到正确的观察和解决问题的立场、观点和方法，而且可以学到如何把军事的基本原理同现实实际情况相结合，正确地运用这些原理来解决实际问题，增强我们在工作中的原则性、系统性、预见性和创造性。譬如，军事斗争最注重效益，要以最小的代价获取最大的胜利，经济工作也讲效益。孙武提出的“知彼知己，百战不殆”的战争指导规律，已成为政治、外交斗争和进行经济建设的座右铭。

战略和战役战术的关系，要求人们也必须正确处理全局和局部的关系。“战略”概念的运用，早已跨出军事的范围，出现了政治战略、外交战略、经济发展战略、农业发展战略、城市发展战略等等。体育比赛中重视对进攻和防御战术的研究和运用，市场竞争中借鉴军事思想提出许多巧妙的策略和艺术等等，都说明军事思想对其他领域具有广泛的借鉴意义。

第二节　毛泽东军事思想

毛泽东是伟大的马克思主义者，是伟大的无产阶级革命家、战略家、军事家和著名的军事理论家，是中国共产党、中国人民解放军和中华人民共和国的主要缔造者和领导者。在长期的革命战争实践中，毛泽东运用他的聪明和才智，凝聚了全党全军的集体智慧，创造性地形成了毛泽东军事思想，给中华民族乃至全世界留下了极为宝贵的巨大财富。

一、毛泽东军事思想的主要内容

毛泽东军事思想的主要内容大体上可分为5个部分：一是无产阶级的战争观和方法论；二是人民军队建设理论；三是人民战争思想；四是人民战争的战略战术；五是国防现代化建设理论。这五个部分是一个互相联系、互相依存的整体，共同组成了一个完整的科学体系。

“枪杆子里面出政权”的著名论断是创立人民军队的建军原则。一是确立了党指挥枪的原则。要坚持党对军队的绝对领导，“我们的原则是党指挥枪，而决不允许枪指挥党”。二是规定了人民军队的性质。毛泽东指出：“紧紧地和中国人民站在一起，全心全意地为中国人民服务，就是这个军队的唯一宗旨。”三是创立了政治工作三大原则。我军的政治工作，随着革命战争的发展而逐步完善，形成了官兵一致、军民一致和瓦解敌军的三大原则。

(一)人民战争思想

人民战争是指广大人民群众为反抗阶级压迫或抵御外敌入侵而组织和武装起来进行的战争。人民战争具有两个基本特征：一是战争的正义性，二是战争的群众性。人民战争思想的基本精神是：在中国共产党的领导下，以人民军队为骨干，坚决依靠广大人民群众，实行主力兵团与地方兵团相结合，正规军、地方武装、民兵与游击队相结合，武装斗争与非武装斗争相结合的人民战争。总之，它是中国历史上最完全、最彻底的人民战争，是“真正的人民战争”。

（二）人民战争的战略战术

人民战争的战略战术，简单地说，是指毛泽东指导战争和指挥作战的原则和方法。它是毛泽东高超的战争指导艺术的总结，它揭示了中国革命战争的指导规律，是毛泽东军事思想中十分精彩的部分。毛泽东的战略战术，高超绝伦，内容十分丰富，归纳概括后，重点有三点内容：

（1）立足全局，审时度势。

（2）灵活用兵，因敌制胜。包括：因时用兵、因地用兵、因敌用兵、因己用兵、因势用兵。

（3）集中兵力，运动歼敌。集中兵力打歼灭战，是毛泽东一贯的作战指导思想，并创造性地运用和发展了这一思想。一是重点用兵，二是后发制人，三是击其要害，四是力求在运动中歼灭敌人。

二、毛泽东军事思想的历史地位

毛泽东给中华民族乃至全世界留下了极为宝贵的巨大财富——毛泽东军事思想。20 世纪，中国共产党的历史、中华人民共和国的历史，都与毛泽东的名字紧紧相连。他的基本思想仍被奉为中国共产党和中国军队的行动准则。只有全面完整地理解毛泽东的军事思想，紧密结合高技术条件下的现代战争的实际需要，才能为我国国防建设、军队建设及新时期军事斗争做好准备，才能打赢未来高技术条件下的现代战争。

毛泽东军事思想，是以毛泽东为代表的中国共产党人关于中国革命战争和军队建设问题的科学理论体系，是马列主义的基本原理和中国革命实践相结合的产物，是中国革命战争和国防建设的总结，是中国共产党人集体智慧的结晶，是毛泽东思想的重要组成部分。

毛泽东创造性地发展了马列主义的军事理论，并将其发展到一个新的高度，其独特贡献具有鲜明的中国特色，是马列主义军事理论宝库中价值连城的珍品。

毛泽东军事思想在世界军事思想发展史上独树一帜，它作为人类优秀文化的灿烂结晶，在世界军事理论殿堂中享有显赫的地位。在中国革命战争取得胜利后，毛泽东军事思想受到世界各国的普遍重视，许多人开始对其进行探索和研究，许多国家还成立了毛泽东军事思想的研究会和学习会。在 20 世纪，全球发行量最大的书之一就是《毛泽东选集》，不仅在中国出版几亿册，还发行到世界上 100 多个国家。

三、毛泽东军事思想的科学价值

毛泽东军事思想把辩证唯物主义和历史唯物主义的世界观、方法论贯彻到军事领域，使古老的军事学不仅在知识形式上而且在思想内容上焕发出科学魅力。

（一）毛泽东军事思想是以弱胜强的高超战争指导艺术

从公元前 3500 年到 20 世纪 70 年代，世界上发生过数千场战事，其中，大多数是力量对比上本来就强大的一方获胜。而中国革命战争双方力量对比的强弱悬殊程度，为世界战争史上所罕见，大部分岁月里，我军历次重大作战的兵力劣势程度，远远超过西方战史上那些最著名的以弱胜强战例。如土地革命战争时期中央苏区前四次反“围剿”，敌我兵力分别为 10∶4，20∶3，30∶3，50∶7，平均比差为 6.5 倍，最大的一次达 10 倍。然而，在毛泽东的指挥下，我军创造了一个又一个以弱胜强的战争奇迹。西方战史上的以弱胜强，其含义基本上限于兵力上的以少胜多，双方军队的武器装备则大都同属一个水平。而中国革命战争除在军队数量方面长期处于敌众我寡的地位外，在武器装备上也长期处于敌优我劣的状况，是以“小米加步枪”对付“飞机加大炮”。特别是抗美援朝战争，我军装备较之过去虽然有所改善，但较量的对手是世界头号帝国主义强国及其仆从国。

(二)毛泽东军事思想揭示的军事规律达到了前所未有的广度和深度

战争和军事活动是一种极为复杂的特殊社会形态，涉及的问题十分广泛。对于一种军事理论来说，从本质上、规律上说明的问题越多、越深刻，适用范围就越广，对军事实践的指导作用就越大，其科学成就就越高。毛泽东军事思想这座宝库，既有关于中国革命战争及其军队建设特殊规律的完整理论，又有关于整个战争和军事领域一般本质、一般规律的大量普遍原理；既有作战理论，又有建军理论；既有关于武装夺取国家政权的战争理论，又有关于掌握全国政权后进行国防建设的理论；既有关于革命战争的指导理论，又有关于民族解放战争和保卫国防的指导理论；既有“小米加步枪”条件下的战争指导理论，又有打现代条件下的战争的指导理论；既有对诸多军事规律的深刻揭示，又有关于如何研究和运用军事规律的认识论、方法论；既有军事战略理论，又有统领武装斗争和各种非武装斗争的国家战略(西方称“大战略”)理论；既有战略指导理论，又有战役、战斗的指导理论；既有游击战理论，又有正规战理论；既有军事工作理论，又有军队政治工作理论、军队后勤工作和军事科研工作理论。如此丰富多彩的真理性认识成果浑然一体，构成了一座宏伟瑰丽的军事理论体系大厦，广泛而深刻地反映了军事领域多方面、多层次的规律性认识。它回答的问题之多，认识的真理性之强，在中外军事理论之林中是罕见的。

(三)提出了一系列重大的军事科学创见

在毛泽东军事思想所凝聚的丰富多彩的规律性认识成果中，有大量属于独到的创见。其中有些重大创见性理论，在军事科学领域带有根本性意义，如完整的战争本质论，战争中人的自觉能动性学说，战争中的强弱转化理论，军事问题的认识论方法论，等等。在新的历史条件下，学习毛泽东军事思想，掌握它的科学原理，对于加强新时期国防和军队建设，做好新时期军事斗争准备，打赢未来可能发生的高技术局部战争，无疑是一项根本性大计。

第三节　邓小平新时期军队建设思想

邓小平在新的历史条件下，继承和发展毛泽东军事思想，以巨大的政治勇气和理论勇气，开创有中国特色的精兵之路，创造性地总结和提出新时期军队建设思想。这一思想是新时期军队和国防现代化建设的根本依据和指导方针。邓小平新时期军队建设思想的内容极其丰富，从宏观上可以概括为四个方面。

一、阐明了新时期加强军队建设的根本依据

邓小平阐明的新时期必须加强军队建设的根本依据，主要包括以下三点：

(一)必须始终不渝地坚持人民军队的性质

军队是国家政权的主要成分，谁想夺取国家政权并想保持它，谁就应该拥有强大的军队。我国在新的历史条件下要巩固无产阶级政权和保卫社会主义制度，一个重要的条件就是保持我军的无产阶级性质，使我军永远是一支在中国共产党绝对领导下的人民军队。邓小平明确指出：“这个军队永远是党领导下的军队，永远是国家的捍卫者，永远是社会主义的捍卫者，永远是人民利益的捍卫者。”(《邓小平文选》第三卷，第304页)

面对改革开放和复杂环境，特别是在国内外各种敌对势力妄图改变我军性质的情况下，加强政治建设，坚持党对军队的绝对领导，对于始终不渝地保持人民军队的性质、巩固国家政权和发展社会主义事业，都具有十分重要的意义。

（二）必须更好地履行我军的根本职能

我军是一支执行革命的政治任务的武装集团，对外反侵略、对内反颠覆是我军的根本职能。面对国际、国内形势发生的深刻变化和现代科学技术的发展，要使我军更好地履行自己的职能，必须加强自身建设，有效地提高我军的战斗力。早在 1978 年的全军政治工作会议上，邓小平就指出："这次会议着重研究和解决在新的历史条件下，发扬政治工作的优良传统，提高我军战斗力的问题。"（《邓小平文选》第二卷，第 113 页）正是根据邓小平的有关论述，中央军委连续在 1988 年、1989 年和 1990 年的三次扩大会议上，都强调要把提高战斗力作为军队建设和改革的出发点和落脚点，从而为我军建设指明了正确方向。

（三）必须适应军队建设指导思想的战略性转变

进入 20 世纪 80 年代以来，世界形势发生了明显的变化。邓小平正确把握国际战略形势发展的总趋势，及时地作出和平和发展是当代世界的两大主题的正确论断，为我军建设指导思想实行战略性转变奠定了理论基础。他指出："冷静地判断国际形势，多争取一点时间不打仗还是可能的。在这段时间里，我们应当尽可能地减少军费开支来加强国家建设。"（《邓小平文选》第二卷，第 285 页）在邓小平主持下召开的 1985 年的军委扩大会议上，做出了军队建设指导思想实行战略性转变的重大决策。军队建设指导思想实行战略性转变的实质，就是要充分利用今后较长时间内大仗打不起来的和平环境，在服从国家经济建设大局的前提下，抓紧时间，有计划、有步骤地加强以现代化为中心的根本建设，提高军政素质，增强我军在现代战争条件下的自卫能力。

二、确立了我军"三化"建设的总目标

邓小平根据新时期我军肩负的历史使命，为我军确立了"三化"建设的总目标，即"把我军建设成为一支强大的现代化、正规化的革命军队"（《邓小平文选》第二卷，第 395 页）。

（一）加强革命化建设，确保我军政治上永远合格

邓小平深刻地分析了新时期我军面临的复杂环境，对加强我军革命化建设，给予了极大的重视。他在接见首都戒严部队军以上干部时的讲话中指出："处理这件事对我们军队是一次很严峻的政治考验，实践证明，我们的解放军考试合格。""我讲考试合格，就是指军队仍然是人民子弟兵，这个性质合格。"（《邓小平文选》第三卷，第 303 页、304 页）邓小平对于如何加强我军革命化建设、确保我军政治上永远合格的问题，一方面要求我军加强思想政治工作，发扬优良传统，使政治工作在新的条件下发展提高；另一方面要求我军深入开展坚持四项基本原则、反对资产阶级自由化的教育，切实保证党对军队的绝对领导。

（二）以现代化建设为中心，努力适应现代战争的要求

邓小平指出："现在我们一定要承认我们的科学技术水平与世界先进水平相比，还差很长的一截。要承认我们军队打现代化战争的能力不够。"（《邓小平文选》第二卷，第 61 页）这就指明了现代化水平不高是我军的薄弱环节。邓小平进一步提出："我们一定要在国民经济不断发展的基础上，改善武器装备，加速国防现代化。"（《邓小平文选》第二卷，第 395 页）

“靠空讲不能实现现代化，必须有知识，有人才。”“要办各级学校，经过训练，使军队领导干部掌握现代科学文化知识和现代战争知识”。(《邓小平文选》第二卷，第40页、41页)对体制编制的现代化问题和军事科学理论研究工作，邓小平也非常重视。

(三)加强正规化建设是搞好革命化、现代化建设的重要保证

在强调加强革命化和现代化建设的同时，邓小平深刻阐明了我军加强正规化建设的必要性和重要意义，对如何加强我军正规化建设的问题，邓小平特别强调要通过努力完善各种法规制度，来进一步提高我军的正规化水平。进入新时期以来我军在完善法规制度方面做了大量工作，取得显著的成效，明显地减少了工作指导上的主观随意性，提高了我军的正规化水平。

三、指出了走有中国特色的精兵之路必须解决的主要问题

邓小平关于新时期军队建设的思想，不仅为我军确立了“三化”建设的总目标，而且明确指出了注重质量建设走中国特色的精兵之路，必须着重解决好以下三个问题：

(一)军队建设必须服从国家建设大局，与经济建设相适应

军队建设指导思想实行战略性转变的首要任务，就是逐步理顺军队建设的内部、外部关系，特别是处理好军队建设与国家建设的关系。邓小平指出：“现在需要的是全国党政军民一心一意地服从国家建设这个大局，照顾这个大局。这个问题，我们军队有自己的责任，不能妨碍这个大局，要紧密地配合这个大局，而且要在这个大局下面行动。”(《邓小平文选》第三卷，第99页)对于在服从国家建设大局的前提下，如何搞好军队建设的问题，邓小平一方面提出军队要“忍耐”，“军队装备真正现代化，只有国民经济建立了比较好的基础才有可能。”(《邓小平文选》第三卷，第128页)另一方面又明确指出这种“忍耐”是积极的，绝不是消极的，要求我们立足现有条件，努力做好各项工作，绝不能降低我军的装备水平和忽视人员素质的提高。这些论述深刻地反映了邓小平关于军队建设必须在忍耐中积极求发展的基本思想。

(二)军队建设必须在改革中前进

邓小平指出：“改革是全面的改革，不仅经济、政治，还包括科技、教育等各行各业。”(《邓小平文选》第三卷，第117页)根据邓小平的有关论述和指示，中央军委于1988年制定的《关于加快和深化军队改革的工作纲要》提出：军队改革的总任务，就是要建立适应国际战略环境，适应国民经济发展水平和国防建设需要、适应现代战争要求的军事体制和运行机制，把我军建设成为具有中国特色的现代化、正规化革命军队。邓小平对我军改革的重点和必须遵循的基本原则，做出一系列重要的理论阐述。他一方面强调现阶段我军必须把搞好体制改革作为一个重点问题来抓，另一方面，他要求军队改革必须积极而稳妥地进行，强调“胆子要大，步子要稳”(《邓小平文选》第三卷，第118页)。

(三)军队必须减少数量，提高质量，增强战斗力

早在1975年邓小平就指出“现在，好多优良传统丢掉了，军队臃肿不堪。军队的人数增加很多，军费开支占国家预算的比重增大，把很多钱花费在人员的穿衣吃饭上面。更主要的是，军队膨胀起来，不精干，打起仗来就不行。”(《邓小平文选》第二卷，第1页)邓小平还进一步指出精简军队与提高战斗力的关系，他说：“军队要提高战斗力，提高工作效率，不‘消肿’不行。”(《邓小平文选》第二卷，第285页)对于我军如何减少数量、提高质量的问题，邓小平着重强调了三点：一要进行体制编制整顿，从体制、编制上解决“肿”的问题。二要把精

简军队与体制改革结合起来，通过体制改革来克服我军存在的一些弊端，有效地提高战斗力。三要通过健全各种制度来精简军队。实践证明，只要认真贯彻落实邓小平的这些基本要求，就能够通过减少数量、提高质量来保证我军战斗力的不断增强。

四、提出了新时期军队建设必须采取的全局性措施

为了确保我军“三化”建设总目标的实现，邓小平在全面总结我军建设经验的基础上，根据未来战争的要求和我军现阶段建设中存在的薄弱环节，从理论的高度提出了一系列关乎国防和军队建设全局的重大战略举措。

（一）把教育训练摆在战略位置

1975 年，他强调“要把训练放在战略问题的一个重要位置上”(《邓小平文选》第二卷，第 21 页)。1977 年邓小平再次复出后，在当年 8 月召开的军委座谈会上，又专门以《军队要把教育训练提高到战略地位》为主题作重要讲话。以后他又反复强调这个问题。在邓小平这一思想指引下，全军形成了共识，形成了制度，教育训练出现了新局面。

（二）培养和造就一大批治军人才

国防和军队建设发展的关键在人才，人才培养的关键在教育。他提出要通过办学校解决干部问题。在他主持军委工作期间，先后四次召开全军院校工作会议，研究解决加强院校建设的一系列重大问题，理顺了初、中、高三级培训体制，形成了具有我军特色的院校体系，把我军院校建设推进到一个崭新的阶段。

（三）依法建设和管理部队

根据邓小平的意见，1977 年军委会议制定并通过了 9 个决定、条例，内容包括教育训练、武器装备、编制体制等许多方面。十一届三中全会后的一段时间，在邓小平领导下，先后制定颁发了 60 个军事法规。法规建设是一项基础建设、长远建设。邓小平主持制定的一整套法规制度，是长期指导和规范国防和军队建设的重要法典，是新时期治军的依据，同时也为我军依法建设和管理部队开辟了道路。

（四）恢复发扬我军的优良传统和作风

军队的优良传统和作风是一种无形的战斗力和无价的精神财富。对此，邓小平格外珍视，并从中提炼概括出“五种革命精神”，号召全军予以发扬。直到党的十四大前夕，他还一再谆谆嘱咐全军要发扬优良传统，保持老红军的本色。按照邓小平的要求，我军始终保持着优良传统和作风的优势。

第四节　江泽民论国防和军队建设思想

在新的时代背景下，我国国防和军队建设既面临着难得的机遇，也面临着严峻的挑战。对于新时期的军队建设，江泽民同志最关注的是两个历史性课题：一个是能否跟上世界军事发展的趋势，打赢未来可能发生的高技术局部战争；另一个是能否保持人民军队的性质、本色和作风，始终成为党绝对领导下的革命军队。江泽民国防和军队建设思想的全部内容，都是围绕着解决打得赢、不变质这两个历史性课题而展开的。

一、主要内容

(一)打得赢、不变质

1990 年 12 月，江泽民同志提出全面加强军队建设的“五句话”总要求，强调全军部队必须做到“政治合格、军事过硬、作风优良、纪律严明、保障有力”。这为我军履行打得赢、不变质的历史使命指明了方向。

1. 打得赢是人民军队的根本职能和神圣使命

江泽民同志深刻洞察当今世界发展的大趋势，始终从国际战略全局和国家发展大局的高度谋划国防和军队建设，以宽广前瞻的世界眼光，精心构建面向未来的强军方略。

海湾战争初露高技术战争端倪，战争形态、战场环境、作战方法、指挥手段等与以往战争大不相同。江泽民同志主持制定新时期积极防御的军事战略方针，对我军战略指导实行重大调整，把军事斗争准备的基点，从应付一般条件下的局部战争转到打赢现代技术特别是高技术条件下的局部战争上来。

随着高技术战争的出现和发展，追求军事质量优势，已成为大国军事角逐的潮流。江泽民同志提出把科技强军、加强质量建设作为我军发展大计，要求军队建设实现由数量规模型向质量效能型、由人力密集型向科技密集型的转变。

当今，信息化成为世界军事变革的基本特征。江泽民同志强调，要实现我军现代化建设的跨越式发展，努力完成机械化和信息化建设的双重历史任务，坚持信息化为主导，机械化为基础，以信息化带动机械化，以机械化促进信息化，推进机械化和信息化的复合式发展。

加强国防和军队现代化建设必须具有前瞻性思想。1997 年，在江泽民同志主持下，中央军委提出国防和军队现代化建设跨世纪发展“三步走”的战略构想，确定争取到 21 世纪中叶，基本实现国防和军队现代化。2003 年，又进一步明确，实现国防和军队现代化的基本标志是信息化。

2. 不变质是对人民军队本质的要求，也是打得赢的根本保证

我军之所以能够从胜利走向胜利，最根本的原因就是始终不渝地凝聚在党的旗帜下。党对军队的绝对领导，是我们党和军队的优良传统和特有的政治优势。面对国际风云变幻和国内改革开放的新形势，面对我军历史任务和人员构成的新变化，江泽民同志把党对军队绝对领导作为军队建设和发展的首要问题，始终予以高度关注。

江泽民同志指出：“一个军队要有军魂。”他反复强调，“党对军队的绝对领导是我军永远不变的军魂”。他把党对军队的绝对领导提到“军魂”的高度，深刻揭示了我军作为党的军队、人民的军队、社会主义国家军队的本质所在。

坚持党对军队的绝对领导，必须依靠强有力的思想政治建设作保证。江泽民同志要求军队各级党委和领导必须高度重视思想政治建设，把它摆在各项建设的首位，贯穿于一切工作之中，落实到军事训练、后勤保障、装备建设等各个方面，为打得赢提供强大的精神动力，为不变质提供可靠的政治保障。他反复强调思想政治工作要围绕军队中心任务切实发挥服务保证作用，着眼于加强思想政治建设这个总要求，充分发挥“生命线”的作用。

坚持党对军队的绝对领导，必须保证“枪杆子”永远掌握在忠于党的可靠的人手里。江泽民同志反复强调，要把培养选拔优秀年轻干部作为重大而紧迫的战略任务切实抓紧抓好。鉴于高中级干部是建军治军的骨干，江泽民同志特别强调必须突出抓好高中级干部的教育

管理。

江泽民国防和军队建设思想是新的历史条件下的强军治军之道，是新的战争形态下的克敌制胜之策。它处处体现着与时俱进、开拓创新的精神，标志着我们党对国防和军队建设规律的认识达到了一个新的高度。

（二）走中国特色的精兵之路

如果说打得赢、不变质是贯穿于江泽民国防和军队建设思想的历史性课题的话，那么，坚定不移地走中国特色的精兵之路，积极推进中国特色军事变革，则是贯穿于江泽民国防和军队建设思想的根本性指针和主导性思想。

1. 改革军队体制编制，贯彻精兵、合成、高效原则

随着高新技术和武器装备的发展，世界主要军事大国都在不断压缩军队规模，注重提高军队建设的质量。我军虽然经过1980年代的较大幅度的精简整编，但由于历史的原因，规模大、人数多的问题仍然比较突出，制约着军队现代化建设的发展。

江泽民同志洞察世界主要国家军队体制编制的发展趋势，得出一个结论：兵贵精不贵多，必须继续调整体制编制，进一步压缩规模，坚定不移地走中国特色的精兵之路。

军队体制编制是人与武器装备相结合的组织形式，是战斗力构成的重要因素。压缩军队规模，不单纯是减少数量，还要优化结构，提高质量。对此，江泽民同志指出，军队体制编制调整改革必须贯彻精兵、合成、高效的原则，立足于我军的根本职能，深入研究高技术战争对军队体制编制的影响，着重解决领导指挥和管理体制以及部队编成中存在的矛盾和问题，建立具有我军特色的组织编制体制和领导指挥体制。在走精兵之路思想的指引下，我军体制编制进行了一系列重大调整改革。

（1）1992年4月，江泽民同志和中央军委作出“八五”期间军队体制编制调整改革的决定，通过继续压缩军队规模，精简机构，为20世纪80年代百万大裁军划上了一个圆满的句号。

（2）1997年9月，江泽民同志在党的第十五次全国代表大会上庄严宣布，我军在20世纪80年代裁军百万的基础上，今后3年将再裁减员额50万。

（3）1998年4月，中央军委制定了“九五”期间军队体制编制调整改革方案，决定对我军领导指挥体制、保障体制、部队编成、院校体制进行重大调整改革。这一年，在江泽民同志的提议下，正式成立了总装备部，实现了我军武器装备建设的集中统一领导。

2. 推进军队现代化建设，加强军队质量建设

以质量建设为目标的多次体制编制调整改革，使我军不断朝着规模适度、结构合理、机构精干、指挥灵便、战斗力强的方向迈进，为加速我军现代化建设创造了条件。

以海湾战争为转折点，世界新军事变革进入一个新的质变阶段。信息化是世界新军事变革的核心，人类社会的战争形态正由机械化战争转变为信息化战争，工业化时代的机械化军队正在转变为信息化军队。面对这样的发展趋势，江泽民同志见事很早并一直关注。他及时跟踪研究近期每一场局部战争，深刻分析世界新军事变革的本质、特点、发展趋势及对我军建设的影响，号召全军以改革创新精神迎接世界新军事变革的严峻挑战，积极推进中国特色军事变革。

江泽民同志指出：“发达国家与发展中国家的军事技术形态出现又一轮‘时代差’。历史上西方列强以洋枪洋炮对亚非拉国家的大刀长矛的军事技术优势，正在转变为发达国家以信

息化军事对发展中国家的机械化半机械化军事的新的军事技术优势。”他还尖锐地指出，“世界新军事变革既给我们带来了严峻挑战，同时也给我们提供了历史机遇。要求全军增强紧迫感，牢牢抓住难得的战略机遇期，通过深化改革，实现军队建设的整体转型，建设一支能够打赢未来信息化战争的强大的现代化正规化革命军队。”

面对科学技术和世界新军事变革的滚滚潮流，江泽民同志始终坚持以开放的世界意识和超前的战略眼光，紧紧抓住推进中国特色军事变革这个主导性思想，认真思考和筹划我军现代化建设。

武器装备是军队现代化的重要标志。坚持自力更生方针和突出重点、有所为有所不为的原则，增强自主创新能力，狠抓关键技术攻关，武器装备建设长足发展。陆军基本形成立体机动作战的装备体系和配套的支援保障体系，海军基本形成海上机动作战、基地防御作战和海基自卫核反击作战的装备体系，空军基本形成歼击机、攻击机、运输机和多种支援保障飞机相结合的装备体系，第二炮兵基本形成近中远程齐全、核常兼备的武器系列。

3. 坚持发展军队院校教育体系，培养高素质军事人才

人才是强军、治军之本。坚持把院校教育摆在优先发展的战略位置，初步形成具有我军特色的院校教育体系，走开依托国民教育培养军队干部的路子，一大批新型军事人才走上各级领导岗位。全军已有博士、硕士2.6万多名，作战部队军、师、团领导班子中，具有大专以上文化程度的比例分别为88%、90%、75%。

先进的军事理论是战争制胜的重要因素。坚持开拓进取，勇于创新，积极探讨新形势下军队建设的特点和规律，深入研究战胜敌人的战法，有力地促进了军队现代化建设的发展和军事斗争准备的落实。

4. 依法治军，从严治军

正规化是革命化、现代化建设的重要保障。坚持依法治军、从严治军方针，逐步建立和完善军事法规体系。国家和军队先后制定了10多部军事法律、100多件军事法规、2000多件军事规章，国防和军队建设走上了法制化轨道。

推进中国特色军事变革任重道远。人们不会忘记，近代中国，由于政治统治腐败而丧失了军事变革的机遇，最终陷入了任人宰割的境地。历史的教训绝不能重演。我们一定要增强忧患意识，以时不我待的精神，把中国特色军事变革不断推向前进。

二、地位和作用

江泽民国防和军队建设思想与毛泽东军事思想、邓小平新时期军队建设思想，是一脉相承而又与时俱进的军事科学体系，统一于我们党领导国防和军队建设事业的伟大实践中。

作为不同历史条件下诞生的三大军事理论成果，毛泽东军事思想主要回答了在中国处于半殖民地半封建社会的历史条件下，如何建设一支新型人民军队和夺取武装斗争胜利，以及在取得政权后如何建立现代国防的问题；邓小平新时期军队建设思想，主要回答了在和平与发展成为时代主题，国家实行改革开放的历史条件下，如何开创中国特色的精兵之路，建设一支强大的现代化正规化革命军队的问题；江泽民国防和军队建设思想，主要回答了在世界多极化曲折发展，世界新军事变革不断深入，国内推进改革开放和发展社会主义市场经济的历史条件下，如何积极推进中国特色军事变革，解决好人民军队打得赢、不变质两个历史性课题，为建设中国特色社会主义提供安全保障的问题。

江泽民国防和军队建设思想内容丰富、博大精深。从国防和军队建设的地位作用到目标任务，从指导方针到总体思路，从根本途径到战略步骤，从发展动力到政治保证，构成了完整系统科学的军事理论体系。它要求我们从国际战略全局和国家发展大局来谋划国防和军队建设，妥善处理国防建设和经济建设的关系，解决好新时期军队建设打得赢、不变质两个历史性课题，始终坚持党对军队的绝对领导，用新时期军事战略方针统揽军队建设全局，积极推进中国特色军事变革，按照“五句话”总要求全面加强军队建设，把思想政治建设摆在各项建设的首位，实施科技强军战略，培养和造就大批高素质新型军事人才，把发展武器装备摆在提高军事实力的突出位置，把改革作为军队现代化建设的根本动力，坚持依法治军、从严治军，依靠人民建设国防、建设军队，创新发展中国特色的军事理论等。

如同毛泽东军事思想、邓小平新时期军队建设思想一样，江泽民国防和军队建设思想创立和形成的过程，也是一个不断推进实践创新和理论创新的发展过程。作为中国共产党领导国防和军队建设所形成的最新理论成果，江泽民国防和军队建设思想所贯穿的根本性指针就是坚定不移地走中国特色的精兵之路；所贯穿的历史性课题就是打得赢、不变质；所贯穿的主导性思想就是积极推进中国特色军事变革。这一思想的形成，开辟了马克思主义军事理论的新境界。我们必须坚定不移地坚持江泽民国防和军队建设思想的指导地位。

我们已经踏上了21世纪的征程。新的世纪，新的阶段，我们党确定全面建设小康社会，在中国特色社会主义道路上实现中华民族伟大复兴。国防和军队建设，要为全面建设小康社会、维护国家安全和统一提供坚强保障。

新征程，新目标，新使命，对国防和军队建设提出了新的更高的要求，我们能不能解决好打得赢、不变质这两大历史性课题，能不能完成建设强大的信息化军队的历史性任务，事关全面建设小康社会奋斗目标的实现，事关中国特色社会主义事业的全局，事关国家的安危和中华民族的生存和发展。这是时代的选择、历史的必然！

第五节　胡锦涛关于国防和军队建设重要论述

胡锦涛关于国防和军队建设的重要论述，是胡锦涛站在继往开来的历史关头，全面继承和发展毛泽东军事思想、邓小平新时期军队建设思想、江泽民国防和军队建设思想，开创性地对加强国防和军队建设作出的一系列战略思考和重要指示，是科学发展观在国防和军队建设领域的生动展开，是新世纪新阶段国防和军队建设的科学指南。

一、主要内容

（一）新世纪新阶段我军历史使命

21世纪头20年，是我们必须紧紧抓住并且可以大有作为的重要战略机遇期。抓住机遇促进发展，对全面建设小康社会、加快推进社会主义现代化至关重要。战略机遇期来之不易，抓住和用好战略机遇期，更不容易。历史上，我国既有丧失机遇而落伍的沉痛教训，也有抓住机遇实现快速发展的成功经验。机遇难得，稍纵即逝。抓住和用好战略机遇期的一个基本前提，是要有一个良好的安全环境。当前影响和危害战略机遇期的因素仍不少，国家安全问题的综合性、复杂性、多变性进一步增强。必须加强国防和军队建设，为创造一个有利于全面建设小康社会、加快推进社会主义现代化的长期安全环境作出应有贡献。

1. 为维护国家利益提供有力的战略支撑

捍卫国家利益及其发展，是军队的价值所在，是军队的使命所在。随着时代的进步和我国的发展，我国安全利益逐渐超出传统的领土、领海和领空范围，不断向海洋、太空和电磁空间扩展和延伸。这就要求我们必须拓展安全战略和军事战略视野，不仅要维护国家生存利益，还要维护国家发展利益；不仅要维护领土、领海和领空安全，还要维护海洋、太空和电磁空间安全以及其他方面的国家安全。

2. 为维护世界和平与促进共同发展发挥重要作用

维护世界和平与促进共同发展，是全人类的共同愿望和责任。随着经济全球化的不断发展，中国经济和世界经济已经融为一体。中国的发展离不开世界，世界的繁荣稳定也离不开中国。作为联合国安理会常任理事国之一，作为世界上人口最多、发展最快的社会主义大国，我国理应在国际事务中承担起与我国国际地位相称的职责和作用。维护世界和平与促进共同发展，除了运用经济、政治、外交等和平方式外，还必须有强大的军事实力做后盾。这就要求我们必须努力建设一支与我国国际地位相称和我国发展利益相适应的军事力量，增强我军应对危机、维护和平，遏制战争、打赢战争的能力，在维护世界和平与促进共同发展中发挥更大作用。

（二）加快中国特色军事变革

进入21世纪，世界军事领域中的变革越来越迅猛，竞争越来越激烈。世界各主要大国和我国周边一些国家的军队，在军事变革上采取多种措施，加快了变革步伐。这对处在机械化任务尚未完成、同时又面临信息化任务这一特殊历史时期的我军来说，构成了严峻的挑战和巨大的压力。加快中国特色军事变革，时不我待，势在必行。这是我军应对多种安全威胁、完成多样化军事任务、有效履行历史使命的必然要求，是逐步缩小与国际先进军事技术水平的差距、实现军队现代化发展的必由之路。

1. 改革创新是推进国防和军队建设、加快中国特色军事变革的强大动力

国防和军队改革是我国改革开放事业的重要组成部分，其主要内容是体制机制的调整改革。这既是中国特色军事变革的重要方面，同时又发挥着为中国特色军事变革提供强大动力和体制机制保障的重要作用。

2. 必须大力推进军事理论、军事技术、军事组织和军事管理创新

军事理论创新对中国特色军事变革具有基础性、前瞻性和先导性作用，军事技术创新对加快中国特色军事变革起着原动力的作用，军事组织创新对提高战斗力、实现人与武器装备的最佳结合起着重要的纽带作用，军事管理创新对降低军队建设成本、提高军事系统运行效率同样具有非常重要的作用。加快中国特色军事变革的根本目的是提高战斗力，要以此为出发点和落脚点，用战斗力标准来统一改革思想、制定改革措施、检验改革成效，通过改革创新不断加快中国特色军事变革的前进步伐。

（三）军队思想政治建设

胡锦涛强调思想政治建设是革命化建设的核心，是军队最根本的建设，科学界定了思想政治建设的地位作用；强调加强军队思想政治建设最根本的是要坚持党对军队的绝对领导、坚持全心全意为人民服务，指出了思想政治建设的本质要求；强调坚持不懈地用马克思主义科学理论、中国特色社会主义理论体系和党的理论创新的最新成果武装全军，阐明了思想政

治建设的首要任务；强调引导官兵树立坚定的理想信念和正确的世界观人生观价值观，始终保持政治上的坚定和思想道德上的纯洁，明确了思想政治建设的根本任务；强调以社会主义核心价值体系为引领、构建当代革命军人核心价值观，搞好我军历史使命、理想信念、战斗精神和社会主义荣辱观教育，规范了思想政治教育的重点内容；强调更加有力、更加扎实、更加富有成效地推进思想政治建设，在加强思想政治教育的主动性、针对性、实效性上下功夫，在抓基层、打基础上下工夫，在克服形式主义、官僚主义上下工夫，指明了加强和改进思想政治建设的科学思路。这些重要论述意境高远、内涵丰富、思想深刻、富于创新，形成了较为完整的理论体系，进一步丰富发展了我军思想政治建设理论。

加强和改进思想政治工作。目前，我军建设正处于承前启后、继往开来的重要历史时期，思想政治建设所处的时代背景和历史条件发生了深刻变化，思想政治建设面临着前所未有的挑战和考验，担负着更为繁重的任务。加强和改进思想政治工作，是确保党对军队绝对领导的必然要求，是确保部队打得赢、不变质的必然要求，也是确保广大官兵健康发展的必然要求。胡锦涛指出，加强和改进思想政治工作，必须着眼时代发展和形势任务变化对思想政治工作提出的新要求，根据部队官兵的成分变化和思想实际，有的放矢地做工作，增强思想政治工作的针对性、实效性。既要弘扬我军优良作风和光荣传统，又要积极创新和改进思想政治工作的内容、形式和手段。要把解决思想问题和解决实际问题结合起来，把促进思想进步与保持心理健康结合起来，把加强思想教育与完善政策制度结合起来。特别是要把党的先进性要求真正贯彻和体现到党的思想、组织、作风、制度建设各个方面，充分发挥党委的核心领导作用、党支部的战斗堡垒作用、共产党员的先锋模范作用，使思想政治建设真正落到实处。

(四)全面建设军队现代后勤

全面建设现代后勤，是胡锦涛国防和军队建设重要论述的有机组成部分，是党的十七大对我军后勤建设提出的一项重大战略任务，也是全军广大后勤官兵的光荣历史责任。

1. 全面建设现代后勤是有效履行我军历史使命的必然要求

进入21世纪，我军历史使命对后勤建设提出了新的更高要求。全面建设现代后勤这一战略构想的根本出发点，是着眼有效履行我军历史使命，全面提高综合保障能力。这就要求我们深化保障体制改革，创新保障方式，发展先进保障手段，提高后勤管理水平，努力使后勤现代化水平与保障打赢信息化条件下局部战争的要求相适应，后勤保障能力与履行我军历史使命的要求相适应，保障我军能够在各种复杂形势下有效应对危机、维护和平，遏制战争、打赢战争。无论陆、海、空、天、电哪个领域，仗在哪里打、军事任务在哪里执行，后勤就必须保障到哪里。这是有效履行我军历史使命，提高保障我军应对多种安全威胁、完成多样化军事任务能力的必然要求。

2. 全面建设现代后勤是一个有机的统一整体

全面建设现代后勤内涵深刻，意义重大，其主要内容是保障体制一体化，保障方式社会化，保障手段信息化，后勤管理科学化。保障体制一体化，就是将国家、地方与军队力量统筹运用，将陆海空三军后勤保障融为一体，将战略、战役、战术后勤紧密衔接。保障方式社会化，就是把国防和军队现代化建设融入国家经济社会发展之中，充分利用和依托民用资源与社会保障资源，逐步建成骨干在军、主体在民的社会化保障体系。保障手段信息化，就是运用现代的信息技术、基础平台、网络环境和信息资源，推进后勤信息系统与后勤保障装备的一体融合，实现保障需求实时可知，保障资源实时可视，保障活动实时可控。后勤管理科学化，就是综合利用现代管理理论、技术和方法，对后勤保障活动进行全过程的科学管理。主要包括建立健全科学的管理体制、规范的管理机制、先进的管理手段、有效的监督控制。由此可见，全面建设现代后勤是一种体系建设，这四个方面的内容是统一的、不可分割的。

3. 以科学发展观为指导，切实把军队后勤建设纳入科学发展的轨道

全面建设现代后勤，必须坚持从实际出发，立足国情军情，发扬艰苦奋斗、勤俭建军的优良传统，坚决反对大手大脚、铺张浪费，坚定不移地走投入较少、效益较高的国防和军队现代化建设路子，切实把有限的军费管好用好，用在刀刃上，用出效益来。必须坚持走中国特色军民融合式发展路子，能利用民用资源的就不自己铺摊子，能纳入国家经济科技发展体系的就不另起炉灶，能依托社会保障资源办的事都要实行社会化保障，把军队后勤建设深深融入国家经济社会发展体系之中。必须统筹国防军队建设与国家经济建设的关系、军队后勤建设与军队整体建设的关系、军事斗争后勤准备与后勤建设的关系、后勤建设中当前与长远、重点与一般、局部与全局、需要与可能等各种关系，按照时代发展要求，实现后勤保障理念、保障体制、保障方式、保障手段、后勤管理和后勤人才队伍的全面进步和发展。

4. 全国建设现代后勤是现阶段的战略性任务

全面建设现代后勤，是我军现代化建设的重要组成部分，是新世纪新阶段后勤建设发展的战略性任务。我们必须紧紧围绕履行我军历史使命，自觉适应新形势新任务新要求，以创新的精神、创新的思路和创新的办法，积极探索全面建设现代后勤的特点规律，努力实现我军由陆军主导型后勤向三军一体型后勤、由封闭型后勤向开放型后勤、由人力密集型后勤向科技密集型后勤、由经验管理型后勤向科学管理型后勤的根本转变，不断开创全面建设后勤新局面，推动后勤建设取得质的跃升和新的进展。

二、地位和作用

（一）科学发展观为国防和军队建设提供了理论遵循

胡锦涛对中国特色社会主义理论体系的重要贡献是提出了科学发展观这一重大战略思想；对党的军事指导理论的重要贡献是提出了国防和军队建设是科学发展观的重要组成部分，是必须长期坚持的重要指导方针。胡锦涛关于国防和军队建设贯彻落实科学发展观的一系列重要论述，是新世纪新阶段国防和军队建设又好又快发展的科学指南。

当今世界和当代中国正在发生广泛而深刻的变化，机遇前所未有，挑战也前所未有。和平、发展、合作是当今时代的潮流，国际战略形势保持总体和平、缓和、稳定的基本态势。国内改革开放和社会主义经济、政治、文化、社会建设不断向前推进，军队现代化水平不断提高，国防实力明显增强。但是，我国安全形势仍面临许多不利因素。既面临境外敌对势力西化、分化政治图谋的严峻挑战，又面临我国改革发展进入关键时期新矛盾新问题的复杂考验。我军建设正处于机械化任务尚未完成、同时又面临信息化任务的特殊历史时期，现代化水平与打赢信息化条件下局部战争的要求还不相适应，军事能力与履行新世纪新阶段我军历史使命的要求还不相适应。新世纪新阶段，国防和军队建设要又好又快地向前发展，就必须有科学的理论指导。因此，国防和军队建设贯彻落实科学发展观，是适应国家安全形势发展变化的迫切要求，是实现国防建设与经济建设协调发展的必然要求，是新世纪新阶段军队建设发展的内在要求。

胡锦涛指出，新世纪新阶段国防和军队现代化建设的发展，必须是融入国家现代化战略全局、与国家安全和发展利益相适应的发展，是注重全面建设、革命化现代化正规化相统一的发展，是坚持以人为本、推动军队建设与促进官兵全面发展相一致的发展，是走中国特色精兵之路、速度质量效益相协调的发展，一句话，必须努力实现国防和军队现代化建设又好又快发展。这一重要论述表明，国防和军队现代化建设，关键是做到好中求快。又好又快发展是全面落实科学发展观的本质要求，是军队贯彻落实科学发展观的根本着眼点。

牢固树立科学发展观在国防和军队建设中的指导地位。把科学发展观确立为国防和军队建设的重要指导方针，是胡锦涛在立足国家发展战略全局、准确把握新世纪新阶段国防和军队建设内在要求、全面总结我军建设发展经验的基础上提出来的，是党的军事指导理论的重大创新发展。国防和军队建设贯彻落实科学发展观，是时代赋予我们的重大责任。我们要切实增强国防和军队建设贯彻落实科学发展观的坚定性和自觉性，提高贯彻落实科学发展观的素质能力，坚定不移地以科学发展观为指导，科学筹划和推进部队建设，努力推动新世纪新阶段国防和军队建设又好又快地向前发展。

（二）为国防和军队建设提供了重要保证和发展途径

胡锦涛在党的十七大报告中提出："在全面建设小康社会进程中实现富国和强军的统一。"这一重要战略思想对于发展中国特色社会主义、实现中华民族伟大复兴，具有重大而深远的意义。

1. 富国和强军都是我国现代化建设的战略任务，是发展中国特色社会主义、实现中华民族伟大复兴的重要基石

长期以来，我们党在领导社会主义建设实践中，总是站在国家安全和发展战略全局的高度来谋划国防和军队建设。建国初期，毛泽东就提出了必须建立强大的国防和强大的经济两大发展目标，后来又描绘了"四个现代化"的宏伟蓝图。十一届三中全会以后，邓小平在科学分析和准确判断国际战略格局和国家发展形势的基础上，提出以经济建设为中心、国防和军队建设必须服从服务于经济建设这个大局的思想。20 世纪 90 年代，江泽民提出"以经济建设为中心，经济建设与国防现代化建设两头兼顾、协调发展"的方针。新世纪新阶段，以胡锦涛为总书记的党中央提出科学发展观等重大战略思想，中国特色社会主义事业总体布局又有了新的拓展。胡锦涛高度重视国防和军队建设，指出"国防和军队建设，在中国特色社会主义事业总体布局中占有重要地位"，强调"必须站在国家安全和发展战略全局的高度，统筹经济建设和国防建设，在全面建设小康社会进程中实现富国和强军的统一。"这一重要战略思想凝结着党的三代中央领导集体和十六大以来党中央为探索社会主义现代化建设规律付出的智慧和心血，适应了全面建设小康社会新的发展要求，是我们党探索社会主义现代化建设规律的又一崭新成果，是党领导社会主义现代化建设在理论上和实践上更加成熟的重要体现。

2. 建设富强民主文明和谐的社会主义现代化国家，在当前集中表现为全面建设小康社会。全面小康必须以安全为基础

没有国防，没有安全，就没有最基本的生存保障，就谈不上全面小康。我国是一个发展中的社会主义大国，如果不在发展经济的同时加强国防建设，既不能获得应有的国际地位，也难以有效保障经济建设的成果，就会在诸多方面受制于人。只有在全面推进经济、政治、文化、社会建设的同时，加强国防和军队建设，不断增强包括经济实力、国防实力、文化软实力在内的综合国力，中华民族才能真正走向富强民主文明和谐。

3. 实现富国和强军的统一，是对中国历史经验教训的深刻总结

在中华民族的历史上，凡是繁荣昌盛的时期，都是国富兵强的盛世；反之则是屈辱、衰败、落后和挨打的时期。汉唐盛世，国富军强，人民安居乐业。宋朝经济富裕、文化繁荣，但重文轻武，在受到外族入侵时，无力抗击，虽英雄辈出，却一败再败。清代中国在鸦片战争前经济总量占当时世界经济的28%左右，是世界头号经济大国，高于欧洲的总和，但在区区几千英兵的进攻下，却一败涂地。甲午战争爆发时，中国的经济总量是日本的4倍，但北洋水师全军覆没。从1840年到1945年，外国侵略者共强加给中国1100多个不平等条约。其中清政府就签订了500多个。凭借这些条约和武力侵占，帝国主义列强在侵占中国大片土地的同时，对中国实行强盗式的勒索。仅从《南京条约》到《辛丑条约》的8次赔款来看，总计约达19.53亿两白银，相当于清政府1901年国库收入的16倍。历史反复证明：贫穷落后要挨打！国富军弱也要挨打！

4. 实现富国和强军的统一，关键是统筹好经济建设和国防建设

统筹经济建设和国防建设，对实现富国和强军的统一至关重要。经济实力的增强是国防和军队建设发展的前提基础，国防和军队建设的发展又为国家发展提供可靠的安全保障。统筹经济建设和国防建设，必须坚持军民结合、寓军于民，走出一条有中国特色的军民融合式发展路子。要坚持把社会主义制度能够集中力量办大事的优势和市场在资源配置中的基础性作用结合起来，将国防建设有机融入经济社会发展之中。既充分利用经济社会发展成果推进国防和军队现代化建设，又积极发挥国防和军队现代化建设对经济社会发展的重要拉动作用，使富国和强军统一于全面建设小康社会的伟大实践。

第六节　习近平关于加强国防和军队建设的论述

习近平关于国防与军队建设的重要论述，是习近平同志任中共中央总书记、中央军委主席之后，根据党和国家建设的发展需要，着眼国际战略和国家安全环境的发展变化，对毛泽东、邓小平、江泽民、胡锦涛军事与国防理论的继承与丰富，是当代中国马克思主义军事理论的创新与发展，是当今中国军队建设、国防建设和未来反侵略战争的理论基础和行动指南。

一、主要内容

建设一支听党指挥、能打胜仗、作风优良的人民军队，是党在新形势下的强军目标。听党指挥是灵魂，决定军队建设的政治方向；能打胜仗是核心，反映军队的根本职能和军队建设的根本指向；作风优良是保证，关系军队的性质、宗旨、本色。全军要准确把握这一强军目标，用以统领军队建设、改革和军事斗争准备，努力把国防和军队建设提高到一个新水平。

（一）听党指挥是灵魂，决定军队建设的政治方向

坚决听党指挥是强军之魂，必须毫不动摇坚持党对军队的绝对领导，任何时候任何情况下都坚决听党的话、跟党走。我军作为执行党的政治任务的武装集团，必须把听党指挥作为军队建设的首要任务。要确保部队绝对忠诚、绝对纯洁、绝对可靠，永葆人民军队的性质和

本色。保证党对军队的绝对领导，关系我军性质和宗旨、关系社会主义前途命运、关系党和国家长治久安，是我军的立军之本和建军之魂。要始终把思想政治建设摆在军队各项建设首位，使坚持党对军队的绝对领导在官兵思想中深深扎根，确保全军在任何时候任何情况下都坚决听从党中央、中央军委指挥。要加强军队党的建设，确保党从思想上、政治上、组织上牢牢掌握部队。要坚持从政治上考察和使用干部，使枪杆子始终掌握在忠于党的可靠的人手中。要坚持把思想政治建设摆在部队各项建设首位，要始终保持部队建设坚定正确的政治方向。坚持不懈用中国特色社会主义理论体系武装官兵，坚持培养当代革命军人核心价值观，大力弘扬我军光荣传统和优良作风，进一步打牢官兵高举旗帜、听党指挥、履行使命的思想政治基础。要严肃政治纪律和组织纪律，坚决维护党中央、中央军委权威，确保政令军令畅通。

（二）能打胜仗是核心，反映军队的根本职能

能打仗、打胜仗是有效履行我军职能使命的根本目标。能打胜仗，是军队存在的价值所在，是党和人民对我军履行职能使命的根本要求，是部队一切工作的出发点和落脚点。军队是为打仗而存在的。我军是在战火中诞生、从战争中走来的英雄军队，虽然不同历史时期担负的具体任务不同，但作为战斗队的根本职能始终没有改变。能打仗、打胜仗是强军之要。党在建设人民军队的长期实践中，坚持把提高战斗力作为永恒课题。

军队的生命系于战斗力，战场上的较量直接关系党和国家的前途命运。我们要深刻认识军队能打仗、打胜仗根本目标的重大政治意义，强化战斗队思想，把英勇善战、敢打必胜的优良传统发扬光大，确保能够决战决胜，不辱使命。

我们必须始终聚焦备战打仗，锻造召之即来、来之能战、战之必胜的精兵劲旅。安不可以忘危，治不可以忘乱。我们捍卫和平、维护安全、慑止战争的手段和选择有多种多样，但军事手段始终是保底手段。人民军队永远是战斗队，人民军队的生命力在于战斗力，必须强化忧患意识，坚持底线思维，全部心思向打仗聚焦，各项工作向打仗用劲，确保在党和人民需要的时候拉得出、上得去、打得赢。全军要贯彻新形势下军事战略方针，认真研究军事、研究战争、研究打仗，把握现代战争规律和战争指导规律，扎扎实实做好军事斗争准备各项工作。要坚持仗怎么打兵就怎么练，打仗需要什么就苦练什么，什么问题突出就解决什么问题，全面提高军事训练实战化水平。中国人民珍爱和平，我们决不搞侵略扩张，但我们有战胜一切侵略的信心。我们绝不允许任何人、任何组织、任何政党、在任何时候、以任何形式、把任何一块中国领土从中国分裂出去，谁都不要指望我们会吞下损害我国主权、安全、发展利益的苦果。人民军队要坚决维护中国共产党领导和我国社会主义制度，坚决维护国家主权、安全、发展利益，坚决维护地区和世界和平。

我们必须正视存在的差距，强化历史责任感和现实紧迫感，加紧把军事斗争各项准备工作抓紧抓实，加快提高核心军事能力，确保能够有效履行职能使命，圆满完成各项任务。全军要深刻认识军队在国家安全和发展战略全局中的重要地位和作用，坚持把国家主权和安全放在第一位，坚持军事斗争准备龙头地位不动摇，坚决捍卫国家主权、安全、发展利益。全军要把教育训练提高到战略高度，不断提高部队实战化水平，做好各项军事斗争准备，坚决完成各项军事斗争任务。

（三）作风优良是保证，关系军队的性质、宗旨、本色

作风优良，是人民军队的鲜明特征，是部队打得赢、不变质，圆满完成各项任务的重要保证。要继承和发扬毛泽东、邓小平、江泽民、胡锦涛培育的光荣传统和优良作风，奋力推进国防和军队现代化。要引导官兵强化忧患意识、危机意识、使命意识，做到信念不动摇、思想不松懈、斗志不衰退、作风不涣散，始终保持坚定的革命意志和旺盛的战斗精神。要切实加强军队反腐倡廉建设。军队高级干部要旗帜鲜明反对腐败，带头遵守廉洁自律各项规定。

我们必须坚持政治建军、改革强军、科技兴军、依法治军，全面提高国防和军队现代化水平。要深入贯彻古田全军政治工作会议精神，发挥政治工作生命线作用，培养有灵魂、有本事、有血性、有品德的新一代革命军人，锻造铁一般信仰、铁一般信念、铁一般纪律、铁一般担当的过硬部队，永葆人民军队性质、宗旨、本色。全军要坚定不移深化国防和军队改革，深入解决制约国防和军队建设的体制性障碍、结构性矛盾、政策性问题，完善和发展中国特色社会主义军事制度，加快构建能够打赢信息化战争、有效履行使命任务的中国特色现代军事力量体系。要全面实施科技兴军战略，坚持自主创新的战略基点，瞄准世界军事科技前沿，加强前瞻谋划设计，加快战略性、前沿性、颠覆性技术发展，不断提高科技创新对人民军队建设和战斗力发展的贡献率。要增强全军法治意识，加快构建中国特色军事法治体系，加快实现治军方式根本性转变。我们必须坚持全心全意为人民服务的根本宗旨，始终做人民信赖、人民拥护、人民热爱的子弟兵。军队打胜仗，人民是靠山。人民军队的根脉，深扎在人民的深厚大地；人民战争的伟力，来源于人民的伟大力量。全军要坚持把人民放在心中，牢记为人民扛枪、为人民打仗的神圣职责，坚决保卫人民和平劳动和生活。要发扬密切联系群众的优良传统，保持同人民群众水乳交融、生死与共的关系，永远做人民利益的捍卫者。要积极参加和支援地方经济社会建设，勇于承担急难险重任务，以实际行动为人民造福兴利。军政军民团结是我党我军特有的政治优势。全党全军全国各族人民要大力弘扬军爱民、民拥军的光荣传统，不断发展坚如磐石的军政军民关系。

（四）坚持富国和强军相统一，努力建设巩固的国防和强大的军队

实现中华民族伟大复兴，是中华民族近代以来最伟大的梦想。这个梦想是强国梦，对军队来说，也是强军梦。我们要实现中华民族伟大复兴，必须坚持富国和强军相统一，努力建设巩固的国防和强大的军队。富国与强军，是实现中华民族伟大复兴的两大基石。必须扎扎实实做好实现党在新形势下的强军目标这篇大文章，要统筹经济建设和国防建设，努力实现富国和强军的统一。我们必须深入推进军民融合发展，构建军民一体化的国家战略体系和能力。把军民融合发展上升为国家战略，是我们党长期探索经济建设和国防建设协调发展规律的重大成果，是从国家发展和安全全局出发作出的重大决策，是应对复杂安全威胁、赢得国家战略优势的重大举措。要强化顶层设计，加强需求整合，统筹增量存量，同步推进体制和机制改革、体系和要素融合、制度和标准建设，加快形成全要素、多领域、高效益的军民融合深度发展格局，努力开创经济建设和国防建设协调发展、平衡发展、兼容发展新局面。我们的国防是全民的国防，推进国防和军队现代化是全党全国人民的共同事业。中央和国家机关、地方各级党委和政府要强化国防意识，满腔热忱支持国防和军队建设改革，为强军创造良好条件、提供有力支撑。

二、地位和作用

(一)马克思主义军事理论的继承与发展

习近平同志关于党在新形势下国防与军队建设的重要论述，从坚持和发展中国特色社会主义、实现中华民族伟大复兴的中国梦的战略高度，科学总结我们党建军治军成功经验，着眼军队建设发展全局和新的时代条件，鲜明回答了国防和军队建设面临的重大时代课题，这与毛泽东建设人民军队和强大的国防军的思想，与邓小平提出建设一支强大的革命化、现代化、正规化军队的理论，与江泽民提出政治合格、军事过硬、作风优良、纪律严明、保障有力“五句话”总要求，与胡锦涛集中概括的听党指挥、服务人民、英勇善战的优良传统，一脉相承，是对马克思主义军事理论和毛泽东军事思想的继承和发展。

(二)托起强军梦、中国梦的重大战略思想

习近平同志指出，实现中华民族伟大复兴，是中华民族近代以来最伟大的梦想。这个梦想是强国梦，对军队来说，也是强军梦。伟大梦想要变为现实，离不开科学理论的指导。习近平同志关于党在新形势下的强军目标的重要论述，顺应时代发展趋势，明确了党和人民实现强军梦的战略任务和根本要求，是托起强军梦、中国梦的重大战略思想。

为实现中华民族伟大复兴的中国梦提供牢固、安全的基石和强大的战略支撑的必然选择。富国与强军，是实现中华民族伟大复兴的两大基石。提出并实现强军目标，最直接的意义就是强固中国梦的安全基石，为强国提供可靠的安全保障。我们这样一个发展中的社会主义大国，处于资本主义强国主导的国际战略格局之中，越是发展壮大，面临的阻力和压力就会越大，遇到的风险和挑战就会越多，强固安全基石、提供安全保障的重要性和紧迫性就越凸显。同时要看到，提出并实现强军目标还具有带动发展、提升国力等战略作用。国防和军队建设不仅维护国家生存权益，而且增创国家发展利益；不仅生产“安全产品”，而且创造“发展红利”。实现强军目标，必将推动军事高科技发展和高素质军事人才培养，进而带动经济社会发展，为强国提供强大的科技和人才支撑。实现强军目标，必将极大提升国防实力，并通过杠杆效应提升综合国力，产生巨大的综合性溢出效益，大大提升国家的经济、政治、文化和外交影响力，从而使我国在维护世界和平发展中发挥更大作用。

抢占世界军事斗争制高点的必然选择。放眼全球，世界各国竞相推动变革强军，抢占世界军事斗争制高点。面对新一轮世界新军事革命浪潮，我们必须增强忧患意识、危机意识和使命意识，坚持从国情军情出发，坚定不移地走中国特色强军之路。目前，我军正处于机械化建设尚未完成、信息化建设加速发展阶段，国防和军队现代化水平与世界先进军事水平相比还有较大差距，能打胜仗的问题更加凸显。同时，意识形态领域斗争日趋尖锐，官兵成分结构发生重大变化，确保部队政治坚定、纯洁巩固遇到新问题。社会环境趋于复杂，不良风气对军营的影响不容忽视，保持我军光荣传统和优良作风面临严峻挑战。我们只有紧紧围绕强军目标聚焦用力，才能加速追赶世界新军事革命潮流，在抢占军事斗争制高点中赢得主动。

强固我军特有优势、提高打胜仗能力的必然选择。当今世界军事格局是资本主义强国利用其军事技术优势形成的。从近期几场局部战争看，现代战争呈现技术形态信息化、组织形态体系化的特征，世界一流军事强国可以按标准流程组织实施一体化联合作战，其标准化、流程化、精细化达到了相当高的水平，这是他们的重要优势。如果我们亦步亦趋地模仿，就很难实现超越。在新形势下，我们必须以创新推动非对称制衡能力发展，在军事理论和实践创新中弘扬我军特有优势。回溯历史，我军走过了90年光辉历程，贯穿其中的基本经验、永恒主题、根本优势就是听党指挥、能打胜仗、作风优良。

紧紧围绕强军目标建设强大的军队，我们就能在巩固传统优势基础上增强创新优势，掌握打赢未来信息化战争的“金钥匙”。

（三）党在新形势下强军兴军的总方略

习近平同志关于党在新形势下的强军目标的重要论述，准确把握了我军建设的基础和现状，抓住了建设强大军队的关键，为解决军队建设面临的突出矛盾和问题、加快推进国防和军队现代化提供了强大动力和科学指南，是党在新形势下强军兴军的总方略。强军目标集中体现了我军的根本原则、根本职能、根本性质和宗旨，明确了加强军队建设的聚焦点和着力点。我们要紧紧围绕实现党在新形势下的强军目标，聚焦能打仗、打胜仗，全面加强部队建设。

铸牢强军之魂，确保部队坚决听党指挥。从根本上说，军队的性质和战斗力取决于它所从属的政治力量和领导力量。习近平同志指出，我军作为执行党的政治任务的武装集团，必须把听党指挥作为军队建设的首要。坚持党对军队的绝对领导，关系我军性质和宗旨，关系社会主义前途命运，关系党和国家长治久安，是我军的立军之本、建军之魂，是我军生命所系、力量所在。在任何时候任何情况下，我军都必须听党指挥，始终铸牢强军之魂，确保部队绝对忠诚、绝对纯洁、绝对可靠。要坚定党对军队绝对领导的政治自信和政治自觉，始终忠于党、忠于社会主义、忠于祖国、忠于人民，一切行动听从党中央、中央军委和习主席指挥。听党指挥不仅要体现在坚决执行党的路线方针政策上，而且要体现在平时不打折扣、不搞变通，坚决贯彻上级的指示要求上。

聚力强军之要，锻造能打胜仗的威武之师。习近平同志指出，军队首先是一个战斗队，必须坚持一切建设和工作向能打胜仗聚焦。古往今来，不管国际形势、安全环境、战争形态、作战方式怎样变化，准备战争、遏制战争、打赢战争始终是军队的使命任务。人民军队战无不胜的威名就是在一场场大仗、硬仗、恶仗中打出来的。我们必须抓住能打仗、打胜仗这个强军之要，强化官兵当兵打仗、带兵打仗、练兵打仗的思想，按照打仗的要求搞建设、抓准备，坚持军事斗争准备龙头地位不动摇，抓住核心军事能力建设不放松，不断提高部队信息化条件下的威慑和实战能力，确保部队召之即来、来之能战、战之必胜。坚决纠正军事训练中存在的问题，坚持环境求真、内容求难、考核求严、作风求实，不断提高部队实战化训练水平。

夯实强军之基，大力弘扬我军优良作风。作风优良才能塑造英雄部队，作风松散可以搞垮常胜之师。习近平同志指出，作风优良是我军的鲜明特色和政治优势，必须把作风建设作为一项基础性长期性工作抓紧抓实，永葆人民军队政治本色。我军在长期实践中培育和形成的一整套光荣传统和优良作风，贯穿渗透于军队建设的各个方面和环节，是圆满完成使命任务的独特政治优势，是战斗力构成的重要因素，是我军从胜利走向胜利的重要保证。军队不是也不可能生活在真空中，一些“病菌”也会不断侵蚀军队的肌体。如果我们不能及时解决自身存在的问题，任其发展下去，就会自毁长城。必须以踏石留印、抓铁有痕的狠劲，滴水穿石、磨棒成针的韧劲，逢山开路、遇河架桥的闯劲，把作风建设这项基础性长期性工作抓紧抓实，夯实依法治军、从严治军这个强军之基，永葆我军的性质、宗旨和本色。要坚持领导带头、严字当头，坚决反对形式主义、官僚主义、享乐主义和奢靡之风，旗帜鲜明反对腐败，确保信念不动摇、思想不松懈、斗志不衰退、作风不涣散。

思考题

1. 军事思想的指导作用有哪些？
2. 简述毛泽东军事思想的主要内容。
3. 走有中国特色的精兵之路是谁提出来的，内容是什么？
4. 全面加强军队建设的“五句话”总要求是什么？
5. 加快中国特色军事变革的内容有哪些？
6. “夯实依法治军、从严治军这个强军之基”是谁提出来的，内容有哪些？

第三章　国际战略环境

教学目标：了解国际战略格局的现状、特点和发展趋势，正确认识我国的周边安全环境现状和安全策略，增强国家安全意识。

第一节　战略环境概述

国际战略环境，是指一定时期内世界各主要国家和政治集团在战略上相互联系、相互作用、相互斗争所形成的世界全局性的大环境。它包括国际战略格局（框架结构）和国际战略形势（动态表现）两个方面，是国际政治、经济和军事形势的综合体现，其核心是世界范围内的战争与和平问题。

战略环境，是指国家或政治集团在一定时期内所面临的影响其安全及筹划、指导战争全局的客观情况和条件，是从国家生存发展的战略角度，去研究它的形成、内容、特点以及与国家生存和发展的关系。

一、战略的基本概念

（一）战略的含义

战略是指导战争全局的方略，通常指军事战略，即战争指导者为达成战争的政治目的，依据战争规律所制定和采取的准备和实施战争的方针、策略和方法。战略在军事斗争实践中产生，并随军事斗争实践不断发展、深化而丰富和完善。战略具有重要的地位和作用。它是国家根本性的军事政策，是军事活动主要依据，是运用军事力量支持和配合国家进行政治、经济、外交斗争的重要保障。

（二）战略构成要素

1. 战略目的

战略目的是战略行动所要达到的预期结果，是制定和实施战略的出发点与归宿点。战略目的根据战略形势和国家利益的需要确定的。

2. 战略方针

战略方针是指导战争全局的方针，是指导军事行动的纲领和制定战略计划的基本依据。它具有很强的针对性。对不同的对象、在不同的条件下，应采取不同的战略方针。

3. 战略力量

战略力量是战略的物质基础和支柱。它以国家的综合国力为后盾，以军事力量为核心。

4. 战略措施

战略措施是确保战略目的顺利实施的具有全局意义的保障，是战略决策机构根据战略需要，所采取的各种全局性的确实可行的方法和步骤。

（三）决定战略的要素

1. 国家利益

国家利益是一个国家赖于生存与发展的客观物质需求与精神需求的总和。国家利益决定一个国家战略走向的基本依据，是国家战略的出发点和归宿点。

2. 政治因素

政治对战略具有统率和支配作用，它将决定战略的性质和目的，赋予其任务和要求，影响战略的制定、实施和调整。战略服从服务于政治，满足政治的需求，完成政治赋予的任务。

3. 战争力量

战争力量是指战争实力和战争潜力。战争实力与战争潜力共同构成国家或政治、军事集团总体的战争力量。战争实力与战争潜力包括地理条件、人口状况、科技和经济发展水平、军事力量状况、国家的社会状况和民族精神。

4. 地缘战略关系

地缘战略关系包括地缘关系和国家间地缘战略关系。地缘关系即人类在共同地域内从事居住、生活、生产等社会活动而形成的空间关系。国家间地缘战略关系即相关国家间在自然地理和地缘环境形成利益相关的诸种战略关系。在制定战略时主要表现在大国关系形成的地缘战略格局的战略定位。

5. 战略文化传统

战略文化传统是一个国家在战略行为上所表现出来的持久性和相对稳定的文化特征。它是一个民族与文明的历史经验、民族特性、价值追求以及文化心理在战略领域的集中反映。

6. 国际法

国际法是调节武装冲突法律依据，是影响战略决策的重要因素。其作用是：揭露敌人争取战略主动地位的有力武器；区分战争正义性与非正义性；确定和惩治战争罪犯。海牙国际法庭是唯一具有一般管辖的普遍性国际法院。

图 3－1　海牙国际法庭

（四）战略的基本特征

1. 全局性

统筹各个方面和各个部分。全局性表现在空间和时间两个方面。空间——战略的各个方面和各个部分；时间——战略的各个阶段和全过程。

2. 阶级性

战争是政治的延续，具有很强的政治目的。任何战略都反映一定阶级、民族、国家或政治集团的根本利益，是为其政治目的服务的。

3. 对抗性

不可调和的矛盾斗争和激烈较量，表现在战略的整体性和连续性上。整体性——整个国家的所有力量。连续性——平时和战时均存在。

4. 预见性

预见性是谋略的前提，决策的基础，能揭示未来事件的特点、规律，它是制定、调整和实施战略的客观依据。

5. 谋略性

战略是建立在客观基础上的一种策略，它的目的是要“不战而屈人之兵”。

（五）战略的分类

科学地进行战略划分和建立合理的战略层次结构是战略理论与实践演进的必然结果，也是战略理论与实践深入发展的客观要求。

依据不同的战略目的和战略需要，从不同的侧面和不同的个性特征可以将战略划分为不同的类型。

(1)按作战行动的性质和样式，可以将战略划分为进攻战略和防御战略两大类。

(2)依据作战行动的时间特征，可以将战略划分为速决战略和持久战略两种类型。

(3)根据作战行动的主要手段，可以将战略划分为核战略、常规战争战略和信息化战争战略。

(4)根据战争规模和涉及的范围，可以将战略划分为全面战争战略和局部战争战略。

二、战略环境研究的内容

战略环境是国家或政治集团在一定时期内，所面临的影响其安全及筹划、指导战争全局的客观情况和条件。战略环境包括国际战略环境和国内战略环境。战略环境是动态的，它包括政治、经济、军事、外交、科技、地理等因素及其相互作用所形成的客观条件。

（一）国际战略环境

国际战略环境是指，在一段时期内，世界各主要国家，在斗争与合作中所体现出来的一种总体情况和趋势。它是国际政治、经济、军事的综合体现。

研究国际战略环境必须突出以下几点：时代特征、战略格局、战略动向、战争和平趋势、周边安全形势。

1. 时代特征

时代特征反映了世界发展总进程中的矛盾领域和斗争状况。时代特征是世界性的、阶段性的，它所反映的是世界的总貌，是整个世界在一定历史阶段的总的标志。

2. 世界战略格局

世界战略格局反映了一定时期内国际间的力量对比、利益矛盾和需求，以及基本战略关系。

3. 世界主要国家的战略动向

世界各国之间由于战略利益和政策的异同，既可能是对手，也可能是朋友。各国战略动向，既互为条件、相互依存，又相互影响和制约。其中，一些实力较强的世界性和地区性大国所推行的战略，对其他国家的战略有程度不同的影响。

4. 当代世界战争与和平的趋势

战争是解决利益矛盾和冲突的最激烈手段。只要战争根源还存在，战争与和平始终是国际安全面临的两大问题。对于一个国家的主权和安全来说，来自外部的战争威胁是最严重的威胁。

5. 边界周边安全环境

周边安全形势中最值得注意的是周边国家与本国的利益矛盾、对本国的政策企图、与本国密切相关的军事力量及其部署等直接影响本国安全的情况和因素。

（二）国内战略环境

国内战略环境是指对筹划、指导战争全局有重大影响的国内社会环境与自然环境。它包括政治、经济、军事、科技等方面的情况和地理条件，其中最重要的是国家的政治环境、经济状况和综合国力等。

1. 地理环境

地理环境，包括国家的地理位置、幅员、人口、资源、地形、气候以及行政区划、交通、要地等状况。地理环境不仅是制定战略的重要客观依据，而且是影响战争胜负的重要因素。加强对地理环境的研究与认识，是使战略指导符合客观实际的一个重要环节。

2. 政治环境

国内政治环境，涉及的范围较广，但对战略影响最大的有两个方面：一方面是国家的政治法律制度与基本国策，另一方面是政治安全形势。国家的政治、法律制度和基本国策是国内政治环境的本质和核心，对军事斗争全局的筹划指导具有决定性的影响。

3. 综合国力

综合国力是军事斗争特别是战争的物质基础和重要条件。一切军事斗争和军事活动，归根结底都要依靠综合国力，特别是经济、科技和军事实力的支撑，并受其制约。战略指导者必须立足于国家综合国力的实际状况，筹划、指导军事力量的建设与运用。

（三）战略与战略环境的关系

1. 主观战略是建立在客观战略环境基础之上

战略环境是独立于战略指导者意识之外的客观存在的事实。

战略环境是制定战略的客观依据。战略指导者只有实事求是地认识各种因素的相互联系、相互作用及其影响，才能找出其中的特点与规律，并根据这些特点与规律制定出正确的战略。

2. 战略对战略环境的发展变化具有能动作用

战略对维持或改变战略环境有重大影响。在一定物质条件下，正确的战略可以改变险恶、不利的战略环境。错误的战略，则会使环境恶化或使困境加剧，招致全局失败。

战略指导者必须制定符合客观实际和斗争发展规律的战略，实施正确的战略指导，改变不利战略环境或争取有利战略环境，争取胜利。

第二节 国际战略格局

一、国际战略格局概述

孙子曰："兵者，国之大事，死生之地，存亡之道，不可不察也。"一个国家选择的国际战略正确与否，直接关系到这个国家的生存与发展、安危与兴衰。当前世界各国之间的经济、政治和军事关系日益密切，世界的各个部分已经成为一个既相互联系又相互矛盾的统一体。战略家们再也不能就军事来研究军事，就安全来谈安全了。只有超越纯军事领域，树立大战略观，把战略谋划提高到国际战略的高度，才能成功地把握未来。

（一）国际战略格局的基本含义

所谓格局，是指态势、模式或构架，是几种力量交互作用后出现的一种暂时平衡状态。那么什么是国际战略格局呢？所谓国际战略格局，是指对国际事务具有重要影响力的战略力量，在一定历史时期内相互联系、相互作用而形成的较为稳定的力量结构。它是国际战略力量之间在全球政治层面上的实力对比关系。国际战略格局包括国际政治格局、国际经济格局和国际军事格局三个部分，有时也称为"国际格局""世界格局""大格局"等。

国际战略格局是指国际社会中国际战略力量之间在一定历史时期内相互联系、相互作用而形成的具有全球性的相对稳定的力量对比结构及基本态势。

（二）国际战略格局的构成要素

构成要素主要是国际战略力量。国际战略力量的行为能力主要是综合国力。综合国力主要由政治力量、经济力量、军事力量、科技力量、社会文化力量等组成。

（三）国际战略格局的本质

国际战略格局的本质，是国际战略力量的对比关系。国际战略力量对比表现在影响力的对比。影响力又表现为主导性力量、从属性力量、潜在力量和战略地位。

（四）国际战略格局的结构类型

世界历史上的国际格局一共出现过单极、两极、多极三种类型。

1. 单极格局

所谓单极格局，是指由某一个主要的大国（霸权国）或国家集团在国际政治中占据主导地位，在该国周围存在着一系列其他主权国家，但并不能成为与之抗衡的政治力量。霸权国，是指在经济、军事、政治等方面实力远远超过其他国家，能强行推行其意志，并在一定时期得以实现的大国。在单极格局中，通常只有一个实力最强的国家或国家集团在国际事务中起主导地位和支配作用，即一国独霸世界。单极格局中和平的主要特征是世界体系中只有一家世界性支配者，它具有超群的实力（以经济实力和军事实力为基础）和无与伦比的国际影响力，能够制定和维持符合其利益的国际规则，并能在一定历史阶段和一定范围内迫使其他国家服从自己的统治和支配。

2. 两极格局

所谓两极格局，是指由两个世界大国或国家集团在国际政治中占据主导地位。在这种格局中，两个大国或国家集团之间形成一种势力均衡的状态，它们之间是相互联系、相互制约的，共同影响国际事务，主导国际进程。

冷战时期美苏长达半个世纪的对抗是这种两极对抗格局的很好注脚。二战后，美苏战时同盟和合作的基础不复存在，美苏根本利益的矛盾、冲突和对立日渐突出。

3. 多极格局

多极格局也叫均势格局，是指在某一国际体系中多个政治力量相互制约，在国际事务中各自对立，大体平等，相互间不存在结盟或领导与被领导的关系。

图 3－2　两极格局下的苏美领导人

在我国历史上，如战国时期就是这样一种情况。战国七雄互相之间是一种均势，谁也管不了谁，谁也吃不了谁。这种格局的形成是有条件的，它必须有一系列的力量上大体平衡的国家存在，他们的利益相互矛盾，形成了一种相互制约的关系。多极格局的国际关系的基本形态是网状型，每个国家是网上的一个点，所有国家的关系是非常密切的，但从整体上看，这种多极格局是处于无政府状态，体系内存在着一种自发的维持这种国际格局的力量。比如说，有一个国家非常强大，其他国家就会受到威胁，它的安全就没有保障，于是这些国家就会联合起来，把这个最强大的国家压下去，就形成了一种持续的维持多极格局的一种压力。

二、国际战略格局的历史演变

国际战略格局是一个历史范畴，当人类发展到近代资本主义时期，资本主义生产方式扩展到世界各地区，形成了全球性的政治经济联系，这时才出现国际战略格局的问题。历史上，一个格局维持了一段时间以后最后都走向终结，或者直接衔接着另一个格局，或者孕育另一个格局。近代以来世界格局的态势已经经历了以下几次重大变化。

(一)维也纳格局(1815—1865)

严格意义上的“世界格局”形成于 19 世纪初，以拿破仑战争的失败，维也纳会议召开为标志的自由资本主义阶段，第一个国际战略格局正式形成。世界上的重要战略力量是俄国、英国、普鲁士、奥地利和法国。拿破仑的失败导致欧洲列强重新建立政治军事的均势格局。俄国、英国、奥地利成为当时国际政治中的主导力量。各列强都企图利用维也纳会议来达成自己的战略目标。最后，形成了维也纳体系。其主要内容就是要防止法国的重新崛起，维持欧洲大陆的均势，避免发生新的战争。同时，消除 18 世纪法国大革命的一切后果，并在欧洲大陆上恢复封建专制制度，对欧洲版图进行了重新分割。维也纳会议形成的均势格局在较长时期内确保了欧洲列强之间没有爆发新的战争。但是，由于维也纳会议没有解决列强之间的内在矛盾，因此，到了 19 世纪 50 年代，这个均势格局便开始走向崩溃。

(二)帝国主义阶段(19 世纪末—20 世纪中期)

维也纳格局维持近 50 年，欧美诸国相继爆发资产阶级革命性质的内战或改革。美国的南北战争、意大利与德国的统一战争、俄国的农奴制改革、日本的“明治维新”，这些重大事件改变了维也纳格局形成的国际力量对比，尤其是美、日等北美、亚洲国家也上升为世界列强，于是欧美与日本等列强之间争夺殖民地的局面逐步形成。自19世纪60年代开始，普鲁士经过3次王朝战争，最终于1871年完成了民族统一，成立了德意志帝国。德国的崛起打破了已有均势，不仅彻底改变了欧洲格局，也使世界战略格局发生了变化，引起帝国主义列强重新划分势力范围。新兴强国德国开始挑战老牌强国英法等国。在19世纪后30年瓜分世界的狂潮中，欧洲列强的矛盾日趋加剧，帝国主义集团终于形成以英、法、俄为一方的协约国集团和以德、奥、意为另一方的同盟国集团相互抗争格局，并最终引爆了第一次世界大战。第一次世界大战结束后，为了瓜分战败的德国、奥匈帝国和土耳其帝国的遗产，帝国主义列强召开了巴黎和会及华盛顿会议，形成了“凡尔赛—华盛顿体系”，成立了以战胜国主导的国际联盟，形成了多极格局。

第一次世界大战导致了第一个社会主义国家苏联的诞生，并成为世界战略格局中的一支重要力量，从而打破了帝国主义国家一统天下的局面。世界大战使英国和法国逐渐开始衰落，德国暂时削弱，美国开始崛起，加入了争夺世界的行列。由于对“凡尔赛—华盛顿体系”的不满，以及世界经济危机的爆发，促进了法西斯政治思想势力在欧洲的兴起和发展。1922年，意大利法西斯夺取了政权；1933年，希特勒掌握了德国的政权，成立了第三帝国；日本法西斯军国主义也十分猖獗。德、日、意三国形成了轴心国同盟，决心称霸世界。1939年，第二次世界大战爆发，世界开始分为两个战争集团。一个以德、日、意为主的法西斯同盟，一个以苏、美、英为主的反法西斯同盟。双方进行了长时间的激烈战争。

（三）两极对立阶段（20世纪中期—20世纪末）

第二次世界大战后，美苏两国的战时同盟关系迅速破裂，形成了长期的冷战局面。在意识形态上，美国和苏联根本对立；在政治经济体制上，双方完全不同；在军事上，北约和华约两大军事集团相互对峙。20世纪60年代末70年代初，在美苏两极之外，世界出现了西欧、中国和日本等新的力量中心，再加上第三世界力量的增长及因各种动荡所造成的全球不稳定因素的增加，使美苏两个超级大国再也没有足够的能力去控制世界。因此，美苏在这一时期的对外政策都出现了较大变化。美国尼克松至布什政府的对外政策均处于不断调整之中，但坚持全球扩张的总体战略目标并未根本改变；苏联，从勃列日涅夫到戈尔巴乔夫的对外政策则转向全面收缩。1991年，苏联解体，两极格局崩溃，促使世界格局重新构建，世界各种战略力量重新定位和整合。目前的世界格局正处于动荡和调整时期，多极格局是世界格局的发展方向。

（四）世界“多极化”（20世纪90年代至21世纪初）

冷战的结束并没有停止在冷战过程中已经出现的世界“多极化”的发展趋势。美国作为世界上唯一的超级大国，认为由美国领导的国际关系体系的“单极阶段”终于到来了，于是依靠美国的权势和价值观来建立“世界新秩序”。但是，俄罗斯仍然是唯一拥有能够与美国相抗衡的核武器大国，作为联合国的常任理事国，俄罗斯在世界事务中的作用仍然不可低估。与此同时，欧共体向欧盟的成功发展有力地表明了西欧是国际政治中的一极重要力量。

以中国、韩国和东盟成员国为代表的亚洲的崛起，同样显示出该地区除了日本以外的其他国家正在确立和发挥它们在世界事务中的重要作用。占有联合国多数席位的第三世界国家作为一个整体对国际事务的影响也不容忽视。因此，自20世纪60年代末就初露端倪的世界多极化发展趋势，便更加清晰地显现出来。同时，一个以全球化为基础的“无国界的世界”正在世界范围内形成，出现了经济全球化浪潮。由此，自第二次世界大战结束以来人类社会就向往的世界和平与社会发展，在冷战结束之后，终于更加突出地成为时代的主题和世界人民共同追求的目标。

图 3－3　第二次世界大战——人类历史上的空前浩劫

（资料来源：新华网，2005 年 4 月 26 日）

图 3－4　大前研一《无国界的世界》

三、国际战略环境发展趋势

（一）和平与发展在前进中面临挑战

当前，和平与发展是世界人民共同追求的目标和不可逆转的世界潮流。霸权主义和强权政治越来越招致大多数国家特别是广大发展中国家的不满和抵制。广大发展中国家坚决反对霸权主义，希望在一个相对和平稳定的环境中尽快发展本国的经济，主张对话、避免对抗。因此，总的看来，国际形势继续趋向缓和，维护和平与稳定的力量继续增长，和平与发展已成为世界人民的共同要求和不可阻挡的历史潮流。

但是，和平与发展两大主题却仍面临重大挑战。霸权主义和强权政治依然存在，领土、民族、宗教、资源等因素引发的武装冲突和局部战争连绵不断。不公正、不合理的国际政治经济秩序没有得到根本改变，发展中国家仍有亿万人民处于贫困状态。

特别是美国倚仗自己在经济、军事、科技等方面的优势，极力鼓吹奉行"新干涉主义""单边主义"，干涉别国内政，推行新的"炮舰政策"。先后发动了科索沃战争、伊拉克战争等局部战争，导致某些地区的局势长期动荡，各种矛盾进一步复杂化。

某些局部地区固有的民族矛盾、宗教对立、领土争端、资源纠纷等依然存在，有些矛盾甚至有激化的趋势。另外，因南北贫富差距拉大引起的某些社会动乱、恐怖活动、毒品走私趋向"全球化"等等，均成为当今世界不稳定的重要因素。

（二）国际战略力量构成在保持原有基本框架的同时会出现一些新的变化

自20世纪70年代尼克松提出“五大力量中心论”以来，国际上一般将美、俄、欧、日、中五大力量作为未来多极格局的基本构成力量。然而，随着世界主要国家或国家集团实力的消长，国际战略格局构成主体并不是一成不变的，特别是未来多极格局的基本成员究竟包括哪些力量，目前尚难以作出简单的结论。一般认为，能称得上“极”的国家必须具备几个条件：一是其综合国力应远远超过其他国家，特别是经济、科技和军事实力（起码是“核俱乐部”成员国）；二是具有巨大的对外影响力，这主要是指在国际性组织中占有举足轻重的地位（如联合国安理会常任理事国），在解决世界热点问题上起着主导作用；三是有自己的势力范围或自己是一个有吸引力的“力量中心”。对照上述标准，从目前及今后的发展前景看，美国、俄罗斯、欧盟、中国、日本都有可能（或已经）成为未来国际战略格局中的独立一极。美国作为世界头号强国的地位仍将保持较长时期；俄罗斯的经济、军事实力及国际影响力在继续恢复或增长；欧盟的一体化进程将在曲折中继续推进；中国正在确立经济大国的地位，军事实力和国 际影响力也在稳步增长，国际战略格局中的中国因素近年来日益凸显；日本仍将保持世界经济大国的地位，同时军事实力也将进一步增强，能否成为国际战略格局中的独立一极，关键要看它是否执行完全独立的对外政策（而不是仅仅充当美国的追随者），以及能否在亚洲发挥建设性作用。除五大力量中心之外，还有一些正在崛起的地区大国也可能在未来国际战略格局中占据一席之地，如印度、巴西等。尤其是印度自20世纪90年代以来，经济和军事实力持续增强，已成为事实上的核武器拥有国，并且积极谋求联合国安理会常任理事国地位，大力开展全方位的大国外交，正向着成为世界大国的目标迈进。总之，未来国际战略格局将是一种多层次、多元化的复合力量结构。

（三）大国关系将在利益碰撞与协调中进一步调整和发展

进入21世纪之后，大国关系继续处于深入调整的进程之中，在保持“既合作又竞争、既借重又牵制的“基本模式”的同时，呈现出以下一些新的动向。

首先，磋商、协调、合作逐渐成为大国关系的主导面。随着全球化的深入发展，大国之间的共同利益不断增多，彼此敌意总体缓解，相互依赖日益加深，合作空间进一步扩大。为了应对全球化引发的一系列严重的全球性问题，为了维护和促进各自的国家利益，大国之间需要加强协调与合作。相反，一旦大国之间发生冲突，双方都要付出难以承受的高昂代价，没有真正的赢家。全球化时代“零和游戏”规则的逐渐失效和“互利双赢”观念的日益确立，使大国之间发生的竞争、摩擦和冲突在时间和程度上受到控制，并且必然要牵引大国关系走向磋商、协调与合作。

其次，美国在大国互动关系中处于主导地位。美国超强的实力和影响力以及谋求独霸世界的对外战略，使得美国外交政策的重大调整成为影响国际局势发展变化的最大因素，也牵动着大国关系的分化组合。一方面，世界其他大国调整对外关系时，其首要目标和对象是调整同美国的关系。欧盟、日本要发挥领导世界的作用，必须首先摆脱美国的控制。如何摆脱美国控制而又不损害同美国的关系，是欧盟、日本调整大国关系的最大难题，也是它们能否成为世界格局中独立一极的关键。中国、俄罗斯要谋求有利的国际和周边环境，实现国家发展战略，并在世界上发挥大国作用，关键是要处理好同美国的关系，避免同美国全面对抗。印度要成为世界大国，也需要得到美国的认同和支持。另一方面，其他大国之间关系发展的深度和广度深受其同美国关系发展状况的影响。目前，美国与其他大国之间在全球和地区层面形成了若干个重要的三角关系，如中美俄关系、美欧俄关系、中美欧关系、中日美关系以及中美印关系等，无论是中俄关系，还是俄欧关系，抑或是中日关系以及中印关系，都明显地受到美国因素的影响。

最后，大国之间的力量组合呈现出多样化。由于各大国之间共同利益与相互矛盾并存，因此没有界限分明的阵营和一成不变的力量组合，各大国在不同条件下根据问题的不同性质和与各自利益的关系，形成不同的力量组合。鉴于国家利益包括多领域、多方向、多层次的内涵，在经济全球化条件下，国家之间尤其是大国之间利益越来越相互依赖；鉴于国际社会存在着诸多的矛盾和问题，因而必然导致驱动国际力量分化组合的因素呈现多样化、复杂化，由此形成了错综复杂的大国关系网络。举例来说，在推进俄罗斯的民主化进程和防范俄罗斯对西方的潜在威胁方面，美欧之间存在着共同利益，保持着同盟关系。同样，在防范和遏制中国崛起方面，美日之间有着共同利益，因而双方的同盟关系继续维持并强化；美、日还竭力拉拢印、澳等国企图构筑对付中国等潜在对手的“亚洲小北约”。在推进世界多极化和民主化、反对单极独霸方面，中、俄及欧洲之间存在着广泛共识。在谋求联合国安理会常任理事国席位问题上，日、德、印、巴存在共同利益，因而组成了“四国争常联盟”。总之，以各自的国家利益为出发点，围绕各种问题和事务，大国之间形成了双边和多边并存的多种力量组合，从而使大国关系呈现出复杂多样的发展态势。

第三节　我国周边安全环境

周边安全环境，是指国家周边有无危险和受到威胁的情况及条件，也就是说一个国家对其周边国家或集团在一定时期内对自己国家的主权、领土完整是否构成威胁，有无军事入侵、渗透颠覆等情况的综合分析和评估。它是关系国家和民族兴衰存亡的大事，是制定国防战略的首要依据。

一、我国周边安全环境概况

我国地处亚洲东方，面向浩瀚的太平洋，背靠广袤的欧亚大陆。陆地面积960万平方公里，陆地边界线长达2.2万公里，陆地接壤国家有14个。我国还有约300万平方公里的海洋国土（主要是主张管辖海域），大小岛屿1万多个，海疆线约3.2万公里，其中大陆海岸线长达1.8万公里，海洋邻国有8个（其中越南、朝鲜与我国既陆上相邻又海上相邻）。所以中国是世界上边界线较长，邻国最多的国家（共有20个邻国）。世界上8个有核国家，中国周边就有3个；世界上10个人口过亿的国家，中国周边就有6个；世界上25个军事强国，中国周边就有8个。这种地理位置和地缘环境的特殊性，从古至今影响着我国的安全形势，其主要表现是：边界线长，易遭外敌入侵；强邻众多，安全压力大；领土领海争端多，易发生冲突；周边热点多，国家安全面临诸多威胁。

我国周边既有越南、朝鲜等社会主义国家，也有资本主义国家；既有发达国家，也有发展中国家；既有富国，也有穷国；既有老牌的经济强国，也有新崛起的新兴国家。这些国家社会制度、经济发展水平、宗教信仰与文化等差异巨大，所奉行的国家安全战略和外交政策各异，各种矛盾交织在一起，对我国的安全造成了一定的不利影响。

尤其是中国周边是热点最多的地区，如朝鲜半岛、千叶群岛、台湾海峡、南沙群岛、克什米尔等热点都位于这一地区；世界公认的五大力量中心，除了欧洲外，美国、中国、俄罗斯和日本等力量中心都交汇于此；另外，世界核俱乐部的主要成员、事实上有核国家、核门槛国家，在中国周边形成了世界上最密集的核分布圈。这些因素汇集在一起，使我国的国家安全环境处于非常复杂的境地。

二、我国周边安全环境分析

进入21世纪，世界形势发生了重大变化：冷战结束，苏联解体，国际力量对比严重失衡，霸权主义进一步抬头，两种社会制度的斗争依然尖锐，世界格局向着多极化方向快速发展。尽管世界形势动荡不安，有些地区的局势还相当紧张，但在我国周边却出现了一个相对和平的局面，我国的周边安全环境处在1949年以来最好的时期之一。

(一)世界多极化趋势不断加强，有利于我国发展同邻国的友好关系

苏联解体后，美国成为当今世界唯一超级大国，但其实力地位已相对下降。美国国民生产总值占世界总产值的比重，已由第二次世界大战后初期的46%下降到了1995年的24%，落后于欧盟。在世界经济全球化的发展进程中，美国的经济霸主地位已经动摇，国内政治矛盾日趋激化。美国在调整其军事力量在世界各地的部署时，对亚太地区的军事力量也作了较大调整。目前，驻亚太地区美军为10万多人，主要是支持其盟国在这一地区保持稳定。近两年，中美通过首脑互访，两国关系取得了较大进展，我国周边安全环境得到进一步改善。

1991年苏联解体前后，我国北部邻国由苏联和蒙古变为5个国家——俄罗斯、蒙古、哈萨克斯坦、吉尔吉斯斯坦和塔吉克斯坦。俄罗斯作为苏联继承人与我国的关系进一步改善，1992年两国签署了《中俄关系基础联合声明》，中俄关系进入友好合作阶段。1994年9月两国签署了《中俄联合声明》，宣布两国建立“面向21世纪的建设性伙伴关系”。特别是1996年4月26日，中、俄、哈、吉、塔5国在上海签署了《边界军事相互信任协定》，我国与上述4国边界地区实现非军事化，我国北部、西部边界可望得到较长时期的和平与稳定。

(二)我国国际地位的提高，有利于边境“热点”的缓和

所谓“热点”，是指发生战争或敌对各方斗争激烈，并随时可能爆发战争的地区或国家。从20世纪50年代初就存在的朝鲜半岛问题，以及70年代末开始的阿富汗、柬埔寨战争，都是发生在我国周边地区的冲突，它们都危及我国边界地区的安全。随着冷战结束，这3个热点地区冲突各方的内外政策都发生了变化，热点开始降温，对外部的影响越来越小，对我国边界地区的威胁也大为减少。

自1949年中华人民共和国成立以后，我国除参加抗美援朝战争外，还与印度、苏联、越南发生过武装冲突。这些冲突及与这3国的长期失和，曾使我国周边安全长期面临直接威胁。到20世纪80年代后期，我国与上述3国的关系开始改善，先后与苏联(俄罗斯)、越南和印度实现了国家关系正常化。近年来，我国经济快速稳步发展，国内政治稳定，国际地位和影响力已今非昔比，国际声望日益提高，国家安全环境得到根本性改善。在亚洲金融危机中，中国被世人称为“一个对世界负责的大国”。众多西方国家纷纷放弃在人权政策上与我国对抗的立场。连美国舆论界也承认，我国和平外交取得了重大成果，同亚太周边国家和地区的关系已经进入中华人民共和国成立以来的最好时期。

三、相对稳定的安全环境中存在着不安全因素

我国周边安全环境存在着两重性，一方面是一个相对和平稳定的安全环境不断得到巩固和发展；另一方面中国又面临着一些不安全因素和潜在的威胁。当前的国家安全观是综合的安全观，要头脑清醒，居安思危，深刻认识新形势下维护国家政治安全、经济安全、国防安全的极端重要性，确保信息安全、金融安全和粮食、石油等重要战略物资的安全。

（一）美国对中国安全环境有综合性影响

美国是与中国隔海相望的国家，但在中国安全的许多问题上，美国的“影子”无处不在，对中国安全环境有着综合性影响。在各大国与中国关系向前发展的同时，以美国为首的西方世界中仍然有一股企图遏制中国的逆流，反华势力顽固地坚持冷战思维，不愿意看到中国的富强和统一，他们以所谓的“人权”为幌子，干预中国的内政，继续坚持对台军售，对中国统一大业起到阻挠或破坏的作用。西方国家特别是美国对华政策的两面性，是中国安全环境的不稳定因素之一。

（二）周边热点地区发生突变的可能性不能排除

中国周边地区热点之一的朝鲜半岛，由于南北双方的立场相差甚远，南北谈判举步维艰。因此，朝鲜半岛是中国各周边地区中军事力量最为密集的地区，而且南北方军事部署近在咫尺，军事对峙的僵局很难打破。朝鲜半岛发生战争的可能性不能排除。一旦这种情况发生，将给中国造成很大压力。

印度与巴基斯坦的对立一天不解决，中国这一边界地区的安全隐患就无法排除。由于历史原因，印巴两国既存在民族怨恨，又存在宗教纠纷，还存在着领土争端，在短时间内难以得到解决。多年来，印巴军事摩擦时有发生。印度不甘心只做南亚地区大国，1996 年拒绝在《全面禁止核武器条约》上签字，并以“中国威胁论”为借口，大力发展核武器，积极谋求世界核大国地位。印巴核军备竞赛的升级和对立的加剧，对中国的安全环境产生了不利影响。印巴双方仍陈兵于边境，相互对峙，克什米尔地区是印度和巴基斯坦争夺的焦点，如果战争爆发，必然会对中国边境安全构成较大威胁。

（三）边界和海权争端的解决绝非易事

中国坚持在“和平共处五项原则”基础上与一切国家发展友好关系，特别注重发展与邻国的睦邻友好关系，与所有邻国的关系得到了改善。但另一方面也应看到，中国与邻国的边境争议及关于海洋权益的争议情况复杂，解决起来难度很大，这些争议始终是可能影响到中国边境和领海安全的不稳定因素。在这些争议中，陆地边界问题的争议，以中印边界争议较为突出；有关海洋权益的争议更为复杂，中国与朝鲜、韩国之间关于黄海、东海大陆架划分，与日本之间关于东海大陆架划分和钓鱼岛的归属问题，都存在着争议。中国的南海处于岛屿被侵占、海域被分割、资源被掠夺的严重局面。中国南沙群岛的海面岛礁几乎被瓜分殆尽，特别是关于南沙群岛的争议，短期难以获得各方可以接受的最终解决方法。

（四）台湾问题面临严峻挑战

台湾问题本是中国的内政，但是，由于外部势力插手，致使台湾问题变得复杂化，成为中国必须认真面对的重大安全问题。

20 世纪 80 年代末 90 年代初以来，海峡两岸关系由对抗走向对话，由紧张走向缓和，由隔绝走向交往。台商在祖国大陆的投资项目增多，两岸人员交流大幅度增加，从探亲、旅游，

扩大到在经济、科技、文化、教育、新闻、学术等多方面的合作与交流，两岸关系得到进一步改善，但在祖国统一问题上却困难重重。1979 年元旦，全国人大常委会发表《告台湾同胞书》，标志着"一国两制，和平统一"阶段的开始。

和平统一受阻，主要原因是台湾当局在一些外部势力的暗中怂恿和支持下，坚持拒绝两岸进行政治谈判的顽固立场，坚持反对"一国两制，和平统一"的主张，积极推行"两个中国""一中一台"的分裂政策，妄图谋求主权国家的外交地位，以主权国家身份加入联合国，进行分裂祖国的"台独"活动。台湾分裂倾向是中国安全的最大内患。祖国统一是中华民族的共同心愿，决不允许一小撮"台独分子"搞分裂活动，决不畏惧强敌干预，决不放弃武力解放台湾的严正立场。

和平与发展成为当今世界主题，和平与安全因素进一步增长，不稳定不确定和相互制约的因素增多，总趋走向缓和。在世界形势趋于缓和的环境中，中国安全环境既有机遇，又有挑战，机遇大于挑战。我们一定要抓住有利机遇，利用和争取一个较长的和平环境，发展经济，增强综合国力，加强国防现代化建设，为维护祖国统一和保卫国家安全作出新的贡献。

四、面对复杂周边环境应采取的对策

面对复杂多变的周边环境，中国应加快谋划"大周边战略"，区分陆地与海洋的不同情况，统筹各大地缘方向，针对地区热点，创新运用博大精深的"中华文韬武略"。

（一）坚持以新安全观作为国家安全战略的根本指导方针

传统国家安全观强调国家的自身安全，把军事手段视为保护和促进国家安全的重要基石和主要手段，体现出追求安全手段的军事性特点。进入新世纪，要和平、促发展、谋合作是时代的主旋律，国际安全形势发生了变化，世界面临着一系列多元、复杂、非传统的安全议题，民族冲突、恐怖主义、边界争端、大规模杀伤性武器的扩散等问题向传统国家安全观提出了挑战。在这种背景下，要"摒弃冷战思维，树立互信、互利、平等、协作的新安全观，建立公平、有效的集体安全机制，共同防止冲突和战争，维护世界和平与安全"，"建设一个持久和平、共同繁荣的和谐世界"。

我国所倡导的新安全观的核心是"互信、互利、平等、协作"。"互信"就是通过对话协商，增进相互了解和信任，国与国之间要超越意识形态和社会制度异同，摒弃冷战思维和强权政治心态，互不猜疑，互不敌视；"互利"就是在维护本国安全的同时，也要充分考虑和尊重别国的安全利益，为对方的安全创造条件，强调共同安全；"平等"就是遵循和平共处五项原则，主张国家不分大小、贫富、强弱，都是国际社会中平等的一员，应相互尊重，平等对待，积极推动国际关系的民主化；"协作"就是通过对话协商解决争端，就共同关心的安全问题进行广泛深入的协作，防止战争和冲突的发生。以上四个方面相互联系在一起，共同发挥作用。"互信"是新安全观的基础，"互利"是新安全观的目的，"平等"是新安全观的保证，"协作"是新安全观的方式。新安全观契合时代特征，具有与时俱进的特质，为新形势下处理周边地区国与国之间关系、解决周边安全问题开辟了一条正确的途径。同时，也为我国处理国家安全事务提供了正确的方法，必须作为国家安全战略的根本指导方针。

（二）"大周边战略"应强调以下两大原则

一是"刚柔并济"，周边战略切忌"阴柔有余、阳刚不足"，包括在南海问题与南沙争端上。对内对外都要讲清楚中国"走和平发展道路"的完整含义，和平发展绝不排除为捍卫自身正当利益的自卫反击。与此同时加快“硬实力”建设，重点提升海空远程防卫打击能力。

二是“政经相辅”，“政”指政治与安全事务。中国与邻国之间经济利益基本吻合，但安全利益则存在冲突(领土与海洋权益争端等)，这些邻国因而“经济上靠中国、安全上靠美国”，在安全上利用美国“制约”中国。破解这一困境须对症下药、“以长补短”。经济是中国的优势与“强项”，安全则是中国的劣势与“短板”，应一面扩大经济共同利益，一面妥善化解安全利益冲突，应将经济与安全联系起来，以经济手段来促进安全合作或抑制安全冲突，包括对侵犯中国权益的国家实施经济制裁、相关制裁应准确打到对方的“痛处”与要害。

(三)发展睦邻外交，拓展我国在周边国家中的影响力

综合实力的增强，使我国营造有利周边环境的能力也相应增强。现在，我国与很多周边国家的关系中，最重要的支柱还处于经济合作的层面，如何加强我国与一些周边国家在政治、战略层面的合作，建立起高度稳定的、经得起国际环境变化考验的战略关系，还是一个需要努力加以实现的目标。

(四)维护国家主权统一和领土完整，坚决反对和制止分裂

维护国家主权和领土完整是国家的核心利益。完成祖国的完全统一，实现中华民族的伟大复兴，是所有中国人的神圣使命和崇高目标。完成这一目标，必须制止分裂，促进统一，防备和抵抗侵略，捍卫国家主权、领土和海洋权益。

中国自古以来就是个多民族国家，各民族在祖国大家庭享有平等地位和同等权利，我们反对任何民族歧视和压迫行为，禁止破坏民族团结和制造国家分裂的行为。祖国统一是海内外中华儿女的共同心愿。

第四节　我国的海洋安全

中国既是陆地大国，也是海洋大国。发展海洋经济和维护中国的海权，关乎中华民族中国梦的实现。但中国海洋安全环境面临着多方面的威胁，已成为中国在21世纪必须解决的重大战略课题。

一、我国的海洋安全环境现状

海洋安全环境，是国家海洋安全环境的简称，是指国家在一定时期内所处海洋空间各要素之间彼此影响、相互作用而形成的客观状态。通常包括海洋战略区内自然地理状况和战略区内国家间政治、经济、军事相互作用情况。海洋安全环境对国家生存和发展有着十分重要的影响。

近代以来，中国生产力和科技的落后、列强的入侵使旧中国国力积贫积弱并丧失了大量的海洋权益。中华人民共和国成立后尽管做出了巨大的努力，还是难以在短时间内建立一支在领海之外具有足够威慑力的海上力量，我国的海洋权益长期没有能够得到妥善解决。联合国海洋法会议的召开和《联合国海洋法公约》的通过，激发了周边海洋邻国的海洋意识，纷纷在海上“圈地”，使中国海洋安全环境呈现复杂的局面。

(一)海上领土尚不完整，海洋权益受到侵犯

当今中国，陆地领土的绝大部分已经不存在异议，个别存有异议的部分也进入了谈判解

决阶段。但是，中国的海上领土还不完整，突出的是台湾及包括钓鱼岛在内的附属岛屿，以及南海诸岛特别是南沙群岛问题，而解决这些问题的难度相当大，严重影响了“祖国统一和领土完整”这一国家核心利益的实现。台湾是中国沿海最大的岛屿，是中国的海上领土，战略地位极其重要。台湾海峡是连接东北亚和东南亚的重要海上通道，也是中国沿海海上交通的咽喉要道，中国4大外贸航线中有3条需要南下通过台湾海峡。近年来，“台独”势力活跃，不容小觑。台湾问题涉及国家的核心利益，不仅关系到国家主权与领土完整，而且也关系到国家生存发展和民族尊严，是中国国家海上方向最严重的安全问题；钓鱼岛列岛位于中国台湾省基隆市东北约190公里，距日本冲绳岛西南约420公里、距八重山群岛石坦市190公里，战略地位非常重要。近年来，日本颁布最新海图并对钓鱼岛进行命名，企图将钓鱼岛列岛纳入日本领土，安倍政府还不断推动修宪，修改防卫大纲，加强与美国的军事同盟，进行夺岛军事演习，使钓鱼岛争端面临发生军事冲突和战争的危险；南沙群岛是中国南海四大群岛分布最广、位置最南的群岛，有230多个岛屿、礁滩和沙洲，南北长500多海里，东西宽400多海里，总面积24.47万平方海里，现属海南省辖区。南沙群岛自古就是中国的领土，早在汉代，中国人民就发现了南海诸岛。20世纪50年代末，南海大陆架附近海域发现了油气，一些周边的国家开始侵占南沙诸岛，中国由于当时海军力量有限，对此未采取有效的行动。南沙群岛现已形成了“四国五方”(即中国、越南、菲律宾、马来西亚和中国台湾)分割的局面，近年来，越南、菲律宾、马来西亚等在南海问题上采取了主权宣示、占领岛礁、军事管控、积极引进外国石油公司投资勘探石油资源，引入美国、印度、日本等区域外力量对中国进行牵制，呼吁东盟在南海问题上采取一致立场等一系列措施和手段，不断向中国施加压力，导致南海问题日趋复杂化。

(二)海上经济通道存在威胁，军事活动受到影响

全球的重要海上航线都有中国的商船在航行，所有重要的海峡水道都有中国的商船经过，海上通道是中国经济高速发展的命脉。如马六甲海峡，是连接太平洋和印度洋最便捷的海上通道，中国从中东进口石油，基本上都要经过这一通道，每天通过该航道的船只近六成是通往中国的。朝鲜海峡和阿拉加斯湾是中国通往东北亚和北美北航线的必经通道，该航线大约占中国对外贸易的25%。还有台湾海峡和巴士海峡，是通往东南亚、美洲的必经通道，如这些通道中断，对中国经济的影响都是非常重大的。无论平时还是战时，海洋战略通道都是中国的“海上生命线”。

冷战结束后，美国海军作为全球最强大的海上力量，为其国家利益，仍坚持20世纪80年代中期宣布的控制16个海上咽喉航道，一旦地区热点升温，这些海峡都将孕育着海上通道上的重大政治和军事风险，严重制约我国的海上军事活动。美国实施“亚太再平衡”战略，缩减在欧洲的兵力部署，把美军的60%部署到亚太地区，遏制、围堵中国发展的意图愈益明显。美国还图谋与日、韩、菲、澳等国组成“亚太小北约”遏制中国进入太平洋。在台湾问题上，美国依然实施“干涉”政策，还称钓鱼岛争端适用于《日美安保条约》第5条，即如果日本遭外军攻击，美国有义务协防日本。美国借要求中国遵守所谓“南海航行自由”的国际规则，强调美国在亚太秩序的领导作用，给日、越、菲等国打气鼓劲，助长了中国海洋邻国侵害中国海洋权益的胆量与行动。日本和印度也大力介入南海事务，分别提出与南海周边国家进行安全合作，出售军舰装备，举行联合演习活动，不断强化它们在该地区的影响，增强南海周边国家与我进行海上对抗的能力和资源。日本还谋求与印度安全合作，企图让两国各自从海

洋、陆地两个方向牵制中国。因而从上述情况来看，我国军事力量海上军事活动将长期受到一些大国和海洋邻国的围堵，我国海洋方向的军事安全威胁严峻而复杂。

（三）中国海地区安全变数增大，非传统安全威胁增多

由于美国的介入和偏袒，周边海洋邻国强化既得利益、对抗中国的心理逐渐增强，它们或增加新武器装备研制计划、加强军事部署，或大幅增加军费购买先进武器装备，全面加强、升级海空军力量。尤其是日本安倍政府上台后，其政治右倾化进程加快，借与我争夺钓鱼岛和东海权益为幌子，在冲绳部署X波段警戒雷达、“爱国者”战区导弹防御系统、岸舰导弹和陆战性质的“普通科”步兵连队，放弃武器出口“三原则”，推动修改和平宪法、解禁集体自卫权，日本的政治冒险和军事部署、扩张给东海的安全增添了变数。近年来越南、菲律宾加快了其海空军现代化步伐，海上军事力量日益强化，使该地区的矛盾冲突和“擦枪走火”的几率在加大，地区不安全的因素在增加。另外，南中国海周边国家联手对我的态度愈加明显，从而使我国和平解决南海问题的难度日益加大。

非传统安全威胁，是由非军事因素引发的传统安全问题以外的直接影响甚至威胁本国发展、稳定与安全的不稳定因素。这些安全威胁，有些是国家行为有些来自非国家行为，有些来自人为因素有些来自不可抗力的自然灾害，一旦发生，对中国海上安全环境具有极大的破坏力。近年来，在东南亚地区，海上恐怖主义活动正在发展，由于中国海上活动日益频繁，不能排除海上恐怖主义袭击的安全威胁；目前，全世界70%以上的海盗及劫船事件发生在亚洲的公海海域，东南亚海域最多。可以预见，随着改革开放的深入发展，中国与世界各国海上联系日益密切，人员进出更加便利，针对中国船只与人员的海上非法活动将会进一步呈上升趋势，它们极有可能成为破坏中国国家经济秩序、影响社会稳定的重要来源。全球气候变暖，生态发展异常，自然灾害频繁，不仅对我国海上活动的人员和财产造成损失，而且也对我国海上经济的持续发展带来较大的负面影响。更为严重的是，在经济全球化的今天，一国遭受不可抗自然灾害的威胁，难免不对相邻国家的海上安全产生影响。

二、我国维护海洋权益的战略选择

观察人类生存与发展的轨迹，海权不但对国家的发展具有重大影响，而且是制约国家安全的重要因素。因此，维护中国海洋安全，必须了解海权，树立科学的海洋意识。

海权，最早是由美国海军学院教官阿尔弗雷德？塞耶？马汉在其海权理论中提出的概念，其代表作是《海权论：海权对历史的影响（1660—1783）》。海权英文是sea power，它的字面本义可以理解为海上力量、海上实力、海上强国。而将“power”赋予“权力”的涵义，是马汉的本意，这样比“力量”更具政治性和战略性。海权，是指国家为自身经济、政治利益的实现而运用海上力量控制海洋的权力。马汉强调，这是从历史得出的结论。马汉的海权理论，强调了控制和利用海洋对国家兴衰所产生的巨大作用，同时阐明了利用包括海军在内的海上力量实现国家利益的方式、手段和途径。马汉的理论对美国、法国以及苏联等国的海军发展和国家的强盛产生了重大影响，在某种意义上也推动了经济全球化的发展。

中国的海权，并不是马汉海权论意义上的海权，而是从国家主权引申出来的“海洋权利”和维护这种权利的“海上力量”的综合。海上力量是海洋权利自我实现的工具，是主权国家捍卫海洋安全和海洋权益的必然需求。由此，中国提倡的海权概念是国家在海洋空间行动的自由权，是海洋国家的合法权利。中国不会简单照搬马汉的海权理论，但中国需要反思历史上

中国国家安全战略、海洋观和兵学传统中的保守、消极的一面。在一定意义上说，海权理论也是一个文明成果，中国需要借鉴它的"合理内核"。

中华民族自古就不是缺乏海洋意识的国家，但又是海洋意识非常淡薄的国家。中国近代以前海洋安全几乎不存在什么问题，但是当今的中国，海洋安全问题却越来越突出。如果不确立科学的海洋意识，就难以维护我国的海洋安全，难以开发和利用海洋，难以让海洋成为中华民族强盛与辉煌的依托。

清朝中后期，虽然许多有识之士海洋意识开始觉醒，但清朝迟迟没能形成海权意识，直至19世纪中叶鸦片战争爆发，面对西方列强用武力叩关破门，清朝才开始萌发了近代海防观念。鸦片战争后期，林则徐、魏源相继提出了较为长远的海防大计。同治十三年，清廷进行了中国近代第一次海防大讨论，左宗棠的"东则海防，西则塞防，二者并重"的观点为清政府所采纳。此后由李鸿章、沈葆桢分别主持北洋与南洋防务，开始成规模地筹建近代海军。光绪十一年，清廷进行了第二次海防大讨论，得出了"目前自以精练海军为第一要务"的结论，决定成立"总理海军事务衙门"。

近代中国的民主革命家、政治家、理论家孙中山，是较早深刻认识到海权之重要性的代表性人物。孙中山明确指出：没有海军，不仅海权会丧失，还可能导致亡国灭种的悲惨结局。孙中山强调："海军实为富强之基，彼美英人常谓'制海者，可制世界贸易；制世界贸易者，可制世界富源；制世界富源者，可制世界'即此故也。"而且孙中山还预言"今后太平洋问题，实则关乎我中华民族之生存，中华国家之命运也"。孙中山的海权思想，既是对中华民族传统的"重陆轻海"观念的深刻反思，又是中华民族海权意识觉醒的重要标志。

中华人民共和国成立之前，毛泽东就做出了一个历史性的决定，组建一支保卫沿海沿江的海军。1949年4月23日，中国人民解放军华东军区海军(即新中国海军)成立。中华人民共和国成立之时，毛泽东强调"海军一定要搞，没有海军不行"。他为海军题词"我们一定要建设一支海军，这支海军要能保卫我们的海防，有效地防御帝国主义的可能的侵略"。在20世纪50年代后期，毛泽东进一步强调，除了继续加强海军和空军的建设，必须大搞造船工业，建立"海上铁路"，以便在今后几十年内建设一支强大的海上战斗力量。综观毛泽东对海军建设的论述，用当今的语言来表述毛泽东的海权思想，就是既要保障"国家海洋安全"，又要保障"国家海洋发展"。20世纪70年代末，邓小平在高度关注沿海地区开放的同时，多次强调要"进军海洋，造福人民"。进入80年代中后期，邓小平又适时提出了"经略海洋"的战略构想。20世纪90年代中期以来，江泽民强调"开发和利用海洋，对于我国的长远发展将具有越来越重要的意义。我们一定要从战略的高度认识海洋，增强全民族的海洋观念。"进入21世纪以来，胡锦涛特别强调发展海洋经济，发展海军履行多样化军事任务的能力，并提出了构建"和谐海洋"理念，在党的十八大上作出了建设海洋强国的重大部署。

2013年7月30日，习近平总书记在主持学习时强调，建设海洋强国是中国特色社会主义事业的重要组成部分；我们要进一步关心海洋、认识海洋、经略海洋，推动我国海洋强国建设不断取得新成就；我国既是陆地大国，也是海洋大国，拥有广泛的海洋战略利益。我们要着眼于中国特色社会主义事业发展全局，统筹国内国际两个大局，坚持陆海统筹，坚持走以海富国、以海强国、人海和谐、合作共赢的发展道路，通过和平、发展、合作、共赢方式，扎实推进海洋强国建设。习近平还进一步提出了建设"21世纪海上丝绸之路"的战略构想。纵观中华人民共和国历代领导人的海权思想，可以说中国的海权思想是符合现今世界潮流的海洋意识，既体现在党和国家领导人的重要论述之中，也体现在全国人大常委会通过的《中华人民共和国领海和毗连区法》《中华人民共和国专属经济区和大陆架法》等法律之中。我们中华民族“维护海权、经略海洋”的海权意识，虽然在一定程度上是在海洋邻国不断争夺我国岛屿主权、侵害我国海洋权益事件的刺激下才觉醒和清晰起来的，但必将为指导中华民族保卫海洋资源、拓展第二生存空间、维护海洋贸易通道、捍卫海洋权益、建设海洋强国发挥应有的作用。

捍卫中国海权与维护中国的海洋安全，不是一个简单的主观要求，而是关系到中国发展利益的一个不容回避的客观现象，是中国发展的历史选择，也是中国国家战略的重大选项。

在全球化时代，人类生存空间的发展极大地依赖海洋，中国崛起也将极大地依赖海洋。海上通道和海洋资源已经是国家可持续发展须臾不可离开的战略性空间，这决定了海权对中华民族伟大复兴的历史性影响。我们必须拓展安全战略的视野，立足全球，经略海洋。中国经略海洋，首先要经略好黄海、东海和南海，以开发三海海洋资源、发展海洋经济为主，以维护三海的海洋权益和安全为突破口，以太平洋和印度洋这“两洋”为经略的第一阶段的重点方向。

海军和其他海上力量，是海权的基础，也是中国维护海洋安全和海洋权益的保障。我国国家利益的海上拓展与中国崛起进程要想同步，必然要求建设强大的现代化海军以提供海上安全保障、实施必要的有效的海洋控制。中国不能不面对世界新军事变革的大势，不能不面对当今国际社会“矛与盾”必须对应的铁律。而按照“百年海军”的规律来看，中国海军的发展历程还有很长的路要走，我们必须着眼维护海洋安全和海洋权益，加紧建设强大、够用、管用的海军；同时，我国必须加强海洋执法力量、海上武警等力量，与海军相配合，形成强大的海上力量体系，为我国经略海洋和维护海洋安全与权益提供保障。

思考题

1. 简述战略环境的基本概念。
2. 什么是国际战略格局？
3. 面对复杂的周边环境，我国应采取的对策有哪些？
4. 美军是怎样谋取全球性国家利益的？
5. 我国的海洋安全面临哪些挑战？

第四章　军事高技术

教学目标： 了解军事高技术的内涵、分类、发展趋势及其对现代战争的影响，熟悉高技术在军事上的应用范围，掌握高技术与新军事变革的关系，激发学习科学技术的热情。

第一节　军事高技术概述

科学技术的发展特别是军事高技术的发展，正在军事领域引发一场深刻的变革。从20世纪80年代以来发生的屡次局部战争，特别是20世纪末发生的科索沃战争中，人们可以看出：现代战争已在很大程度上表现为高技术的较量，谁拥有军事高技术，谁就能够在战争中占据更大的主动权；现代战争已进入高技术时代。

高技术是指以当代科学最新成就为基础，处于科学技术发展前沿、对提高生产力、促进社会文明、增强综合国力起先导作用的技术群。高技术一般分为信息技术、新材料技术、新能源技术、生物技术、航天技术、海洋技术等六大技术群。军事高技术是高技术的重要组成部分。它具有高技术的一切特征，但同时又具有其自身的特点。

一、军事高技术的定义

(一)军事高技术的作用

军事高技术指应用于军事领域的高技术。具体说，军事高技术是建立在现代科学技术成就基础上，处于当代科学技术前沿，对武器装备发展起巨大推动作用的那部分高技术的总称。

军事上的需要是军事高技术发展的主要推动力。二战中，为满足战争的需要而研制的雷达、核武器、V1 和 V2 导弹及1946年研制成功的电子计算机，揭开了20世纪60年代高技术发展的序幕。冷战时期，由于两个超级大国激烈的军备竞赛，使得以核武器技术、导弹技术、计算机技术、微电子技术、航天技术为代表的军事高技术群体在1960年代以后异军突起。70年代开始，在以信息产业为代表的高技术蓬勃发展的情况下，高技术武器装备大量研制成功并登上了战争舞台，同时，许多传统的常规武器也因采用高新技术手段加以改造而使战术技术性能得到了极大提高；加上1980年代爆发的几场局部战争，军事高技术的发展更引起了世界各国的广泛注意和高度重视。目前，世界已进入高技术局部战争阶段。

(二)军事高技术的主要领域

军事高技术的主要领域表现在两个方面：一是支撑高技术武器装备发展的共性基础技术，包括微电子技术、光电子技术、电子计算机技术、新材料技术、新能源技术、动力技术、先进制造技术和仿真技术；二是应用于武器装备的应用性高技术，包括侦察监视技术、电子战技术、精确制导技术、航天技术、伪装与隐身技术、指挥自动化技术、核生化武器技术、新概念武器技术等。

二、军事高技术特点

高技术与一般技术相比，有七大特点：

（一）高智力

高技术是知识密集型技术，它的发展必须依靠创造性的智力劳动，依靠富有创新意识、创新能力的高素质人才，体现了高智力的特性。比如半导体集成电路，从成本上讲，原料及所需能源仅占其总成本的2%，而其余98%都是其智力含量。

（二）高投资

高技术的研究开发需要昂贵的设备和较长的研制周期，因而研制过程需要耗费巨额资金。据统计，目前，一般高技术企业用于研究开发的经费占其产品销售额的比例高达10%～30%，而科研成果产业化的投资又比研究开发投资高出5～20倍，形成高技术产业后的设备更新投资还会越来越大。比如制造集成电路的设备，十年之中关键设备就更新了三代，每更新一代，设备投资就要增加一个数量级。

（三）高竞争

高技术的时效性决定了谁先掌握技术、谁先开发出产品并抢先投放市场或用于战场，谁就能获得优势，占据主动。为此，世界军事强国和大国都制定了高技术发展计划，试图在世界高技术发展的竞争中占有一席之地。

（四）高风险

高技术竞争的失败，对企业而言，就意味着投资的失败；对国家而言，意味着国家利益将要受到损害。此外，高技术研究本身也蕴含着巨大的风险，甚至要以生命作为代价。以航天技术的发展为例，40多年来，航天技术取得了神话般的巨大成就，但其风险也高得惊人。1961年3月23日，苏联的邦达连科就成为为航天事业献身的第一人。另据英国《新科学家》杂志数据分析：目前正在组装的国际空间站，在组装过程中，发生至少一次重大失误的可能性为73.6%。

（五）高效益

高技术产品是高附加值产品，其形态是知识的物化形式，所以其价值远远超过所消耗的原材料和能源的价值。实践证明，高技术成果一旦转化为市场化的产品，就能获得巨大的经济收益，一旦得到实际应用，就能产生广泛的社会影响。比如航天技术，其投资效益比高达1:14，充分体现了高效益的特点。

（六）高渗透

高技术本身具有极强的综合性和技术辐射性或渗透性，隐含着巨大的技术潜力，不仅可以用于新兴产业的创立，而且可以用于传统产业的改造，成为经济、国防、科学、技术、政治、外交和社会生活等各个领域发展变化的驱动力。

（七）高速度

高技术产业是目前发达国家经济中最活跃也是增长最快的经济部门。美国经济在“9·11”事件前已连续十多年呈现高增长、低通胀趋势，而且美国GNP占世界总值的比例也由20世纪90年代初的24.2%增加到2000年的30%。这些都是以信息技术为龙头的高技术产业带来的结果。高技术产业的成功不仅表现在产值、产量的发展高速度上，而且还突出表现在产品性能更新的高速度，比如计算机芯片的处理速度，30 多年来，几乎每 18 个月就翻一番。现在普遍使用的高性能计算机，其运算速度已可达每秒十几万亿次，微机处理速度也已可达每秒 10 亿次。

三、对现代作战的影响

（一）武器装备的大量使用将明显地改变现代战场与作战行动

作战空域扩大，战场向大纵深、高度立体化方向发展，不存在明显的前方和后方。兵力兵器远距离作战能力的提高；使作战空域向大纵深发展，使作战行动更加强调实施大纵深。同时，武器装备的分布高度增大，使作战空间向高低结合的高度立体化发展，作战行动更加强调“空地一体”“海空一体”甚至“陆海空天一体”的立体化作战。

由于兵力兵器的快速作战能力的提高，以及在夜间和不良气象条件下作战能力的提高，使作战行动向高速度、全天候、全时域发展。

（二）高技术武器装备将强制性地引起作战方式的变革

恩格斯曾指出：“一旦技术上的进步可以用于军事目的并且已经用于军事目的，它们便立刻几乎强制地，而且往往是违反指挥官的意志而引起作战方式上的改变甚至变革。”军事技术的进步、武器装备的不断变革，必然会推动作战方式的发展变化。

20 世纪 80 年代以来，在迅速崛起的高技术猛烈冲击下，二次大战以来形成的传统作战理论逐渐失去了指导意义，作战理论的变革势在必然。

海湾战争是举世公认的战争史上水准最高的一场高技术局部战争。在谈到作战理论对其影响时，美国前国防部长迪克·切尼认为，20 世纪 80 年代初美国提出并写进作战条令中的“空地一体作战”理论发挥了重要的指导作用。在这场战争中，以美军为首的多国部队，对伊军实施了电子—火力突击、垂直突破、纵深机降、远距离包围迂回等空地一体作战行动，最终赢得了战争。

近几年，信息战理论又成为一种新的作战指导思想。信息能力被当作衡量一个国家作战能力的关键，甚至成为现代战争的核心，对作战的胜负有着举足轻重的影响。信息技术装备已广泛地渗透到战场的各个领域，构成日臻完善的作战“神经系统”，并创造了软、硬杀伤相结合的电子战手段。计算机病毒和“黑客”攻击也构成了信息战的主要内容。

（三）作战指挥体系将“扁平网络化”

传统的自上而下的高度集中的“树状”指挥体系已经过时，取而代之的将是扁平型“网状”指挥体系。

目前，C^4ISR 系统已成为一种典型的指挥模式。这是一种人—机结合的指挥自动化系统，它通过部署在地面、空中和空间的各种探测器或传感器自动搜集各种信息，并通过计算机实时处理战场信息，提供有关数据，帮助进行决策，拟定作战方案，下达作战命令（参见图 4－1）。

（四）军事高技术的广泛应用必然引起军队建设的变革

1. 军队规模将缩小

由于作战效能的大小主要取决于武器系统的高技术含量和作战人员的军事高科技素质，军队的数量、质量和战斗力之间的关系从而将发生根本性变化，质量将上升为主导地位，数量将逐渐减少，战斗力将大幅度提高。

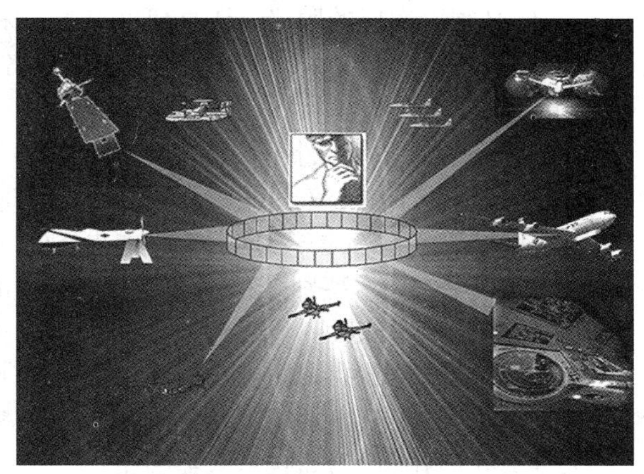

图 4-1 C^4ISR 指挥作战系统示意图

2. 军队结构将不断优化

数字化部队将成为发展趋势，各军兵种部队比例关系更加合理，结构更加紧密，以适应高技术武器系统作战功能一体化的需要。部队编成趋向一体化、多能化、小型化，并向数字化部队方向发展。

3. 军队人员构成和素质将大幅度改善

为适应操纵高技术武器装备的需要，军官、士兵的科学技术水平和操作技能必将相应提高，对军人的品格、素质、能力、学历等要求将有新的标准。在人员比例上，军官的比例将上升，士兵的比例缩小；技术军官的比例上升，其他军官的比例缩小；技术保障、尤其是信息技术保障人员增多，勤务保障人员减少，军队将成为人才密集型群体。

四、正确认识高技术战争

（一）以发展的眼光看待战争

我们对待战争的态度是，既要十分珍视过去的经验，又要高度重视变化的现实。随着科学技术的发展，特别是信息技术的迅猛发展，战争本身也在不断变化，特别是战争观念与以往相比也发生了重大变化。战争观念包括：战争的胜负观、战争的平战观、战争的主权观。

信息时代的胜负观已不再以歼灭敌人多少有力力量为标准，而是以使作战对象失去多少战斗能力为标准。

信息时代的平战观表现为，信息技术的发展已使信息对抗成为最普遍的对抗形式，而信息对抗从一定意义上模糊了战争时期与和平时期的界限。和平时期对一个国家的电磁频谱进行大规模的侦察与干扰，严格地说，就是进行着一场无硝烟的战争。

信息时代主权观的变化主要体现为，信息时代的国家主权已不仅仅包括国土、领海和领空主权，而且还应包括频率资源在内的电磁领域的主权。保卫频率资源、电磁主权和信息安全已成为国家主权的重要内容。

在战争观念发生重大变化的同时，全球正在兴起一场新的军事革命，这场革命包括：作战理论、火力打击、协同作战、信息作战、应急作战、作战力量的编制体制、军队组织的等级化、作战样式、作战部署以及军队编成的变化以及这些变化给作战训练、条令条例等带来的深刻影响。面对这些变化，我们必须以发展的眼光，认真研究其特点和规律，同时针对未来我军将面临的战争环境，研究作战理论，探究作战方法，为打赢做好各项准备。

（二）以务实的态度研究战法

所谓“务实”，就是既要着眼于打高技术条件下的战争，又要立足于以劣势装备取胜。我们研究战法，不能脱离一个“中心”，这个中心就是中央军委提出的新时期积极防御的战略方针。离开了这个方针，我们的战法研究就要迷失方向，就要失去意义。同时我们还要着眼于“两个基本点”，一个基本点是打赢现代技术特别是高技术条件下的局部战争，另一个基本点是立足于以劣势装备，或者以手中武器来取胜。

未来的战争将是高技术战争，但从目前我国国力出发，我们还必须立足于以现有武器装备来打。同时，在力所能及的范围内，还应加紧搞出几件称得上我们拿手好戏的“杀手锏”。这些杀手锏，就是让“敌人丧胆，我们壮胆”的高技术武器装备。

（三）以全面的观点加强战备

所谓全面的观点就是，既要加速改善武器装备，又要抓紧人才素质的提高。我们不能只把眼睛盯在武器装备的差距方面，还要看到人才素质方面的差距。我们应该“两条腿走路”，一条是改善武器装备，一条是提高人才素质。从现代战争的经验中我们可以看出，不是光有高技术武器装备就能打赢高技术战争，作为一名现代军人，一要有很高的觉悟，二要有很高的科学素养，二者缺一不可。

总之，只要按照中央军委制定的积极防御的战略方针，抓住机遇，盯住条件，迎接挑战，内紧外松，少说多干，那么，我们的国防科学技术就会过几年上一个台阶，我们的武器装备就会不断地更新换代，实现中央军委提出的打赢可能发生的现代技术特别是高技术条件下的局部战争的要求。

第二节　高技术在军事上的应用

一、当代军事高技术的发展

当代高技术的发展可谓日新月异，而且种类也是形形色色，就其分类方法而言，也不尽相同。从宏观层次上来分，目前军事高技术主要可分为六大技术群，即信息技术、新材料技术、航天技术、生物技术、新能源技术和海洋技术。其中信息技术又包括微电子技术、计算机技术等。“十五”期间，我国在确定对提高综合国力起重要作用的高技术领域时，又增加了一个“先进防御技术”。

从军事高技术与高技术武器装备的关系出发，军事高技术还可划分为两类技术：一是支撑高技术武器装备发展的共性基础技术，其主要包括微电子技术、光电子技术、电子计算机技术、新材料技术、高性能推进与动力技术、仿真技术、先进制造技术等；二是直接应用于武器装备并使之具有某种特定功能的应用技术，其主要包括侦察监视技术、伪装与隐身技术、精确制导技术、电子战与信息战技术、指挥自动化系统技术、军事航天技术、核武器和化学武器及生物武器技术、新概念武器技术等。

在这些高技术分类中，共性基础技术和应用性技术将在究竟又有哪些高技术对未来武器装备的发展、对未来军事斗争的影响具有最关键性导向作用呢？这是大家都比较关心的问题。结合目前世界各国军事高技术发展现状，并根据国内外权威部门的调查征询，比较多的人认为，竞争的“制高点”主要包括以下五个方面。

（一）军用微电子技术

微电子技术，就是使电子元器件及由它组成的电子设备微型化的技术，其核心是集成电路技术。电子设备包括民用的收音机、电视机、录像机，军用的无线电台、雷达以及军民共用的计算机，等等。

20 世纪 40 年代以前的电子设备主要由电子管、电阻、电容组成。由于电子管体积太大，所以用电子管组成的电子设备的体积也很大。1946 年，世界上第一台电子计算机使用了 1.8 万个电子管，组装完成后，体积达 90 立方米。1948 年人类发明了晶体管，用晶体管做出的收音机体积就大大缩小了，可以装在口袋里，但用它做军用电子设备，体积还是太大。到了 1952 年，英国雷达研究所一位名叫达默的科学家提出了一个标新立异的设想：能否按照电子线路的要求，把一个线路中所包含的晶体管和二极管以及其他必要的元器件统统集合在一块半导体晶片上，从而构成一块具有预定功能的电路。这就是后来被称为集成电路或集成化的最初设想。到了 1958 年 9 月 13 日，美国一位年轻的工程师基尔比把达默的设想变成了现实。他使用一根半导体硅单晶制成了一个相移振荡器，这个振荡器包含两个晶体管、八个电阻、两个电容，期间无需金属导线进行连接。这就是世界上第一块集成电路。集成电路是衡量微电子技术发展水平高低的重要标志。在单位面积上集合的晶体管越多，我们就说它的集成度越高；集成度越高，微电子技术发展水平就越高。

随着微电子技术发展水平的不断提高，做出的集成电路芯片的体积将变得越来越小，同时其性能也将越来越高，对人类社会进步和提高国防实力都将会产生巨大影响。2000 年 3 月 27 日，韩国三星电子公司推出了世界上最小的容量为 8MB 的 SRAM（静态可读写存储芯片）。这种芯片被放在一枚直径为 2.3 厘米的韩国硬币上，也只占到其面积的三分之一。

在现代高技术武器装备发展过程中，微电子技术发挥着“四两拨千斤”的作用。过去武器装备的发展求大、惟多和大规模杀伤破坏，而今天，正在被小巧、灵活、精确所代替。当前衡量一个装备发展水平高低的标准，很大程度上已经取决于电子设备的水平，而电子设备的更新换代在很大程度上又取决于微电子技术的发展水平。在现代高技术武器装备发展过程中，用于发展电子设备的资金占总成本的份额越来越大。据统计，目前军用车辆成本的 24%，军舰成本的 25%，军用飞机成本的 33%，导弹成本的 45%，航天器（包括卫星、飞船、航天飞机等）成本的 66%，通信电子战设备成本的 90% 都花在电子设备上。由于电子设备水平的不断提高，致使现代武器装备的性能也得到巨大提高，具体来说，就是武器系统的体积更小、重量更轻、功能更强、可靠性更高、作战效能和威力更大。比如：现代导弹既可打面目标，又能打点目标；现代坦克既可白天作战，也可晚上夜战；电子战设备既能对付在固定频率工作的敌电台、雷达，也能对付频率敏捷更换的敌电台、雷达。从这个意义上来说，现代战争已经从“打钢铁”转变到“打钢铁更要打硅片”的新阶段。

可以说微电子技术是工业发展和武器装备上台阶的关键因素。为此，我们国家已经下决心把这项高技术尽快搞上去，并取得了以下成果：

（1）“八五”期间，微电子技术就已被作为科技攻关重点项目进行研究，并取得重要突破。

（2）1996 年，中国科学院微电子中心自力更生实现了 0.8 微米集成电路加工技术，成都光电所研制成功0.8～1微米分步重复投影光刻机，标志着我国微电子技术跨上了一个新水平。

(3)“九五”期间，国家实施了“909”工程，建设采用0.35～0.24微米技术、8英寸硅片，月产2万片超大规模集成电路芯片生产线，不仅能满足国内民用军用的需要，而且可以有一定数量的出口。

(4)2001年7月，美国摩托罗拉公司天津半导体集成电路生产中心成功采用0.35微米制作出国内第一块高精度逻辑芯片，从而使我国移动通讯多年来一直依赖国外进口产品的局面得到改观。

(二)军用航天技术

据统计，自从1957年人类发射成功第一颗人造卫星至今，一共发射了5000多颗卫星，目前在轨运行的有700多颗，其中约400颗主要用于军事。由此可见，航天技术已是一项与军事密切相关的现代工程技术。但是，其难度之高，影响之大，都是前所未有的。在人类通向太空的征途中，包括“上天、回收、一箭多星、地球同步、太阳同步、载人航天”每攻克一道难关不仅标志着科学技术跨上了一个新台阶，而且也预示着在军事领域增添了一种角逐的新手段。

图4－2　卫星示意图

上天，是人类征服宇宙所闯的第一关。所谓上天，就是把卫星或其他飞行器加速到足够大的速度，推进到足够高的高度让它绕地球转起来。过这一关有两大难点，一是速度要足够大，大到每秒钟7.91千米，也就是一小时28476千米，换句话说，就是不到一个半小时绕地球转一圈。二是高度足够高，高到卫星上天后离地球最近也要在120千米以上。有资料显示，在卫星上天的头20年当中，平均每发射1公斤有效载荷，需要耗费12220美元。这就是说，在地面抓一把黄土，送到天上就贵如黄金。由此可见其难度太高，代价太大，正因如此，所以直到目前为止，世界上200多个国家和地区，能够独立研制并发射人造卫星的国家只有9家，按先后顺序，依次是：苏联(1957年10月4日)、美国(1958年1月31日)、法国(1965年11月26日)、日本(1970年2月11日)、中国(1970年4月24日)、英国(1971年10月28日)、印度(1980年7月18日)、以色列(1988年9月19日)、朝鲜(1998年8月31日)。

第二关是回收关。所谓回收关就是把发射的卫星按预定的要求再回收回来，并落在预定地域。目前过了这一关的国家只有3家，即中、美、俄，其他国家都不回收。为什么不回收?因为回收是一件难度很高的事情，回收过程中不仅要卫星减速，低头，而且还必须落回到地面预定地域，这些对遥测、遥控技术提出了很高的要求。据测算，卫星在返回地面过程中，如果速度误差每秒5米，卫星落地点就要偏离70公里；如果角度误差0.1度，卫星落地点就要偏离300公里。因此从这个意义上讲，回收要比发射更加困难。到目前为止，在掌握回收技术的三个国家中，中国的回收成功率是最高的：我们国家从1975年11月26日回收成功第一颗卫星到现在，共发射 17 次，回收成功 16 次，成功率达 94%。这一点连美国和俄罗斯这样的航天大国也都没有办到。回收关过了，在军事领域就意味着空间侦察技术已经成熟。在民用领域，使用回收卫星可以进行科学实验和搭载实验，为人类探索太空奥秘、开发新材料提供有力的支持和帮助。

第三关是“一箭多星”关。所谓一箭多星是指用一枚火箭同时发射多颗卫星。这种发射有两种方式：在大多数情况下，多星轨道基本相同；另一种情况是把卫星分别送入不同轨道。打个比方，前一种情况类似于民航，所有乘客同时上下飞机；后一种则类似于空降兵，大家从同一地方上飞机，但在不同地方下飞机，所以难度更大一些。我们国家 1981 年 9 月 20 日过了这一关，当时我们使用“风暴一号”火箭同时发射了三颗卫星，即“实践一号”“实践一号甲”“实践一号乙”。除了我国之外，目前掌握这一技术的国家还有美国、俄罗斯和欧洲空间局几家。一箭多星技术与分导技术有非常密切的联系，所以谁掌握了一箭多星技术，就意味着向分导技术迈进了一大步。

图 4－3　返回式卫星回收

第四关是地球同步关。所谓地球同步关，就是把卫星发射到地球赤道上空，离地面垂直高度为 35786 公里，方向正东，速度为每秒 3.07 公里，这样，卫星绕地球旋转一周的时间正好与地球自转一周的时间相同，这样从地面看上去，位于地球同步轨道上的卫星仿佛“挂”在天上一样静止不动，这就是地球同步关。在地球赤道上空静止的卫星，由于其观测范围广，跟踪简单，使用方便，能够 24 小时连续工作，所以在军事领域和民用领域都具有非常巨大的应用价值。目前，通信、广播、导航定位、导弹预警、气象观测等卫星都采用这种轨道，使得这种轨道大有供不应求之势。再加上这条轨道的唯一性，未来打天战，这里将成为兵家必争之地。我国目前不仅能发射本国的地球同步卫星，而且正式对外承揽发射任务，据统计，目前国际上 7% ~9% 的发射任务已被我国承揽，这是一件非常了不起的事情。

（三）定向能技术

所谓定向能技术就是把强激光、高能粒子束或强微波等产生的高温、电离或辐射效应集合，尔后以束的形式向一定方向发射，借以摧毁或损伤目标的技术。这种技术具有军民兼用的性质。在军事领域，按照使用范围的不同，定向能武器一般可分为战略和战术两大类。

战略定向能武器，主要用于攻击飞机、导弹和卫星，其技术成熟程度以激光武器为最高。激光武器最大的特点，是速度快，精度高，单发成本低，附带毁伤小。正因为如此，不仅各国竞相研制，而且有一段时间被吹得神乎其神。当然，实际搞起来，并不是那么容易，它会遇到各种各样的难关：能源关、聚焦关、瞄准关、传输关等等，哪一关都不好过。目前已经实验成功的战略激光武器有美国的陆基中型红外高级化学激光器（MIRACL）（图 4－4）。它曾是美国星球大战计划的一部分，是美国为防止敌国核打击以及免受他国卫星对自己的威胁而秘密研制的一种反卫星武器。

1997 年 10 月 17 日，美国在新墨西哥州南部沙漠深处的白沙导弹靶场高能激光系统试验中心就成功地进行了一次激光打卫星实验。这次试验使用的激光器是由汤普森·拉莫·伍尔德里奇公司研制，耗资 8 亿美元，激光器发射的光束宽约 2 米，波长 3.8 微米，输出能量 200 万瓦。作为“靶子”的是美国空军 1996 年 5 月发射升空的 MSTI－3 号气象卫星，该卫星大小相当于一台电冰箱，携带有红外探测器，轨道高度约 420 千米，飞行速度 26800 千米/小时。实验中，激光武器向快速移动的卫星发射了两束高能激光，第一波束用于测定高速运行中的卫星的准确位置，然后再射击 10 秒左右的强激光脉冲，从而准确击中了这颗日益老化的卫星。

图 4－4　陆基中型红外高级化学激光器（MIRACL）

战术定向能武器，主要用来使人致盲和让武器失效。1995 年 3 月，美国和以色列两国曾联手实施“鹦鹉螺”战术高能激光器概念评估计划。1996 年 2 月 9 日，一枚 EM－21 短程火箭在飞经美国白沙导弹靶场上空时被美以联合研制的战术高能激光器击落。2000 年 6 月 6 日、8 月 28 日和 9 月 22 日，美以两国又连续三次进行了战术激光武器打靶试验，并成功地击落了 5 枚短程喀秋莎火箭。战术激光武器除了能打飞机和导弹以外，还正在研究更加小型的激光器，以对人眼造成致命伤害。过去叫打“冷枪”，未来就将叫打“冷光”。

除激光武器外，还有微波武器。它不仅能毁坏电子设备中的时钟，而且对其他灵敏元器件也具有破坏作用。此外，微波对人的生理和心理也具有较大的损害作用。如果一个人长期受微波照射，那么他的身体肯定会受影响，甚至整天头昏脑涨，无法进行正常工作。

随着军事高技术的发展及其在军事领域的广泛应用，已经对武器装备和作战行动产生了巨大影响，概括起来就是“八化”，即：侦察立体化、打击精确化、反应高速化、防护综合化、电子武器化、控制智能化、信息多媒化、现装年轻化。

二、高技术武器与应用

（一）精确制导技术

在精确制导技术和精确制导武器出现之前，就已经出现了制导武器。制导武器是按照特定基准选择路线，控制和引导战斗部对目标进行攻击的武器。制导武器出现于第二次世界大战中，如 1942 年德国研制成 V－1 飞航式导弹和 V－2 弹道导弹，但因技术不成熟，命中精度不够高，在战争中的影响不大。20 世纪 60 年代中期，电子技术的飞跃为精确制导技术的发展奠定了基础，70 年代以来，精确制导技术开始广泛运用于军事领域，精确制导武器出现，并受到了各国的高度重视。尤其是海湾战争以后，精确制导武器已经成为战场的主角。

精确制导技术，是按照一定规律控制武器方向、姿态、高度和速度，引导战斗部准确攻击目标的军用技术。它是以微电子技术、电子计算机和光电转换技术为核心，以自动控制技术为基础发展起来的高新技术。

精确制导武器是直接命中概率大于50%的制导武器。精确制导武器出现于20世纪60年代，包括导弹（占93%）、制导炸弹（占4.3%）、制导炮弹（占2.4%）等。

精确制导系统，根据各种精确制导技术原理研制的控制导引武器装备自动飞向目标的整套装备。精确制导系统由测量装置、中央计算机、敏感装置、执行机构等组成，一般有三种形式。

1. 自主式制导

是指引导指令由弹上制导系统按照预先拟定的飞行方案控制武器飞向目标。制导系统与目标、指挥站都不发生联系，武器控制完全自主、适合攻击固定目标，一般用于复合制导武器初始飞行段。优点：隐蔽性好、抗干扰能力强。缺点：导弹一经发射就不能再改变弹道，有积累误差。

2. 遥控制导

是依靠设在地面（海上、空中平台）指挥站来测定目标和导弹的相对位置，并向导弹发出控制导引指令，以攻击目标的制导方式。其特点：制导精度高、抗干扰强，随距离增大积累误差大，由于飞行中制导系统与目标和制导站都发生联系，适用于攻击运动目标。

3. 寻的制导

主动式寻的制导，是指导弹主动向目标发射能量并接收目标反射能量形成控制指令，使导弹跟踪目标。该制导方式具有“发射后不用管”的优点，命中精度高，但易受干扰。如法国AM39“飞鱼”空舰导弹的末制导寻的头。

半主动式寻的制导，是指地面（或空中、水上平台）制导站向目标发射能量，遇目标后反射，被导弹接收形成控制指令，控制引导导弹击毁目标。半主动式制导站功率大可重复使用，导弹轻造价低，但制导站易遭敌干扰和攻击。

被动式寻的制导是指导弹接收目标辐射能量形成指令控制，引导导弹飞向目标。被动式寻的制导较为隐蔽、但易受天气影响，受敌干扰欺骗。

精确制导技术在武器系统中的运用，主要有导弹。导弹是依靠自身的动力装置推进，由制导系统导引、控制其飞行路线并导向目标的武器。

制导炮弹，是利用自身的制导装置，发射后能在弹道末段实施导引、控制的炮弹。这是一种打击点状目标的精确制导武器，主要用于毁伤坦克、装甲车辆、舰艇等活动目标。

目前，制导炮弹主要有四种类型：激光制导炮弹、毫米波制导炮弹、红外成像制导炮弹、双模式制导炮弹。

制导炸弹，是加装制导装置和操纵面的航空炸弹。它的出现是航空炸弹发展史上的一个重大里程碑。从20世纪60年代开始到目前，已发展了四代，如电视制导炸弹、激光制导炸弹、红外制导炸弹和“联合直接攻击弹药”（JDAM）等。其特点是命中精度高，主要用于攻击桥梁、机场、电站、指挥所、舰船等点目标。

（二）伪装与隐身技术

随着电子信息技术高速发展及其在军事领域中的广泛应用，战场军事侦察的技术手段已经实现了高技术化。精确制导武器的广泛应用，意味着战场目标“发现即可命中”，这就促使了反侦察技术的发展。现代战争中，伪装和隐身技术作为高技术反侦察手段已成为战场重要组成部分。

伪装技术是为了隐蔽自己和欺骗、迷惑敌人所采取各种隐真示假的技术措施，是军队战斗保障的一项重要内容。

隐身技术又称隐形技术或低可探测技术，是改变武器装备等目标的可探测信息特征，使敌方探测系统不易发现或发现距离缩短的综合性技术。

隐身技术是传统伪装技术的一种应用和延伸，是现代内装式伪装的典型代表。

军事伪装和隐身技术有很强的综合性，所涉及的学科包括光学、电学、声学、热学、化学、植物学、仿生学、流体力学、材料学等。针对高技术侦察的特点，现代伪装技术主要是为减少目标和背景在光学、热红外、无线电波等方面的反射或辐射能量差异而采取的各种工程技术措施。

现代伪装的分类：伪装按其在作战中的运用范围，可分为战略伪装、战役伪装和战术伪装。战场目标的隐身技术属于战术伪装。按伪装所对付的高技术侦察器材的工作频谱范围，可分为防光学探测伪装、防热红外探测伪装、防雷达侦察伪装和防声测伪装。目前，各种隐身兵器是以防雷达侦察为主，兼顾到对付可见光侦察。

1. 伪装与隐身技术的发展

伪装自古就为兵家所重视。《孙子兵法》中就指出："兵者，诡道也。故能而示之不能，用而示之不用，近而示之远，远而示之近。"这是关于在战争中如何运用伪装的最早论述。在古代战争中，曾有许多实施伪装的成功战例。如：我国春秋时期的平阴之战、战国时期的即墨之战。到了近现代，伪装得到进一步的广泛运用，成为保障军队作战必不可少的战斗措施。在第二次世界大战的诺曼底登陆战、朝鲜战争、第四次中东战争、马岛战争、海湾战争、科索沃战争等高技术战争中，伪装在新的技术基础上得到广泛运用，所采用的隐蔽、佯动、设置假目标、施放烟幕和兵器隐身等技术措施，发挥了很大作用。

现代隐身技术首先应用于航空领域，在20世纪30年代初，随着无线电技术特别是雷达的问世，最早的"隐身"材料也出现了，如荷兰科学家研制的雷达用吸波材料，以及日本人开发的铁氧体材—硅钢片。

二战期间，美国和纳粹德国开始研制新型吸波材料，并在飞机和舰艇上使用，使敌方雷达的探测距离大大缩短。

20世纪50年代，为了获取情报而又能隐蔽飞行，美军在侦察飞机上涂上了吸波材料，以减弱电磁波反射强度。以后，又采用了更先进的隐身吸波涂层，使其防雷达探测性能有很大提高。在越南战争中，美军还使用了一种采用红外特征减弱措施的武装直升机，从而大幅度降低了苏制红外制导地空导弹的命中率。

到20世纪80年代，随着高技术侦察器材的广泛运用，隐身技术的发展进入了一个新的发展阶段。以美国为首的发达国家竞相开展隐形技术的开发研制工作，美国的多种隐身作战飞机开始装备部队，并在局部战争中发挥了令人瞠目的巨大作用。

2. 现代伪装器材

目前各国装备部队的伪装器材一般都是配套的遮蔽伪装器材，包括遮障面和支撑系统。其中遮障面(伪装网、伪装盖布)是进行遮障伪装的主体，可单独使用。针对现代侦察技术和手段，世界各国所使用的遮障面都具有防可见光、红外线和雷达侦察的综合性能。其中美军伪装装备在性能上较为优越。

我军现装备的人工遮障制式器材有成套遮障、各种伪装网、角反射器等。

外军装备的气溶胶等烟幕伪装器材就有40多种，包括发烟手榴弹、发烟火箭、发烟炮弹、发烟炸弹、烟幕施放器、飞机布撒器和航空发烟器等。

3. 隐身技术

隐身技术的出现已使伪装技术由消极被动变为积极主动，不仅可以由于“隐真”而保存自己，也可以因“示假”而迷惑对方。

4. 隐身兵器

隐身兵器是把隐身技术应用于武器装备上而形成的新式武器，它可以是对原来不具隐身能力的武器装备的改进，也可以是新设计、研制的武器。

图 4 - 5 “夜鹰”F117A 隐身战斗轰炸机

隐身飞机，是研制最早、发展最快、隐身技术含量最高的隐身兵器。它的发展经历了利用单一技术对飞机进行局部隐身和运用综合技术对飞机进行全面隐身两个阶段。已研制成功的隐身飞机主要有：SR - 71 隐身战略轰炸机、F - 117A 隐身战斗轰炸机(图 4 - 5)、B1 - B 隐身战略轰炸机、B - 2 隐身战略轰炸机等。其中 F - 117A 和 B - 2 两种飞机隐身性能最好。

隐身导弹，目前已研制成功的导弹只有美国的隐身战略巡航导弹和隐身战术导弹。隐身战略巡航导弹有 AGM - 86B 和 AGM - 139 两种型号。

隐身战术导弹也有两个型号：空中发射的 AGM - 137 型和地面发射的 MGM - 137 型。

隐形舰船，隐身舰船的概念是近年来提出的，也是由于各种侦察系统、红外线的反舰导弹、新一代鱼雷和水雷迅速发展，要求降低舰船可探测概率的结果。

隐身舰艇采用的隐形措施主要有：为减少雷达反射截面，改进舰体及上层建筑形状，使用吸波、透波材料，采用尾流隐蔽技术，千方百计地降低噪音辐射，抑制红外辐射，控制电磁特征。近年来，研制比较成熟的有：英国的 23 型护卫舰，美国的“阿利 · 伯克”级导弹驱逐舰等(图 4 - 6)。而高隐身性能的舰船用于战场已为时不远。如美国海军正在研制 SSN - 21“海狼”隐身潜艇和掠海航行的非金属双船体的隐身舰船等。

图 4 - 6 美国“阿利 · 伯克”级导弹驱逐舰

5. 隐身兵器对作战的影响

隐身飞机的使用，增大了对空防御难度。部分隐身飞机和隐身导弹的研制成功并用于战场，使空袭武器的结构发生了变化。随着其他隐身飞行器的不断出现，空袭武器装备将发生根本性的飞跃。这必定给反空袭作战带来很大的困难。普通预警系统将失去预警功能，无法实施有效的对空防御。隐身飞机由于其目标信息特征小，一般的雷达系统无法发现，使得已有的防空兵器无法发挥作用。

地面隐身兵器的出现，使战场生存能力明显提高。地面兵器隐身性能的提高，将极大地增强其隐蔽性和防护力。如研制中的新一代坦克和其他装甲车辆，广泛地采用了隐身材料、外形设计、结构设计和部件设计技术，使目标的暴露特征信息明显降低。

指挥系统面临生存威胁。现代战争中诸兵种协同作战，对指挥系统的依赖极大，交战双方都把打击对方的指挥系统作为打击的重点目标和首要任务。而武器系统的隐身攻击能力提高，使得指挥系统面临生存威胁。使电子对抗、侦察和反侦察的斗争更加剧烈。大量用于战场的隐身兵器，由于采用电子对抗隐身技术，将使电子对抗的均势被打破，伪装由消极的反侦察向积极的反侦察方向发展。这必将刺激电子支援技术和侦察技术的发展，从而形成更高层次的电子对抗和侦察反侦察的斗争。

（三）侦察与监视技术

现代科学技术特别是高技术的发展，使军事侦察与监视的技术水平和能力有了极大提高。现代侦察设备器材或侦察探测系统有可见光、微波、红外、声学侦察探测设备；并可部署在地面、海上、水下、空中和太空。利用高性能的侦察探测系统可进行全时域、大空域及覆盖全侦察与监视，可迅速、准确、全面掌握敌方情况。世界各国都非常重视现代侦察监视技术的发展，现代侦察监视技术已成为军事高技术重要领域。

侦察，是军队为获取军事斗争，特别是战争所需敌方或有关战区的情况而采取的措施，是实施正确指挥、取得作战胜利的重要保障。现代侦察与监视系统是根据现代战争的需要，把各种高新技术设备有机结合起来，以实现各种侦察目的的情报保障系统。侦察监视，分发现、识别、监视、跟踪及对目标定位。

发现：依据目标与周围背景的某些不连续性，将目标提取出来，确定某个地方有目标。

识别：确定目标的真假和区分真目标的类型。

监视：严密注视目标的动静。通常隐蔽地实现。

跟踪：对目标的连续不断的监视。

定位：按照一定的精度探测确定出目标的位置，即方位、高度和距离。

侦察监视技术就是指发现、识别、监视、跟踪目标并对目标进行定位所采用的技术。

理论上，自然界中任何实物目标及其所产生的现象总会有一定的特征，并与其所处的背景有差异。目标与背景之间的任何差异，如外貌形状差异，或在声、光、电、磁、热、力学等物理特性方面的差异，都可直接由人的感官或借助一些技术手段加以区别，这就是目标可以被探测到的基本依据。侦察监视系统根据目标的特征信息，包括声、光、电、磁、热、力学等特征信息，完成任务。

现代侦察技术有多种分类方法，通常分为以下三类：

战略侦察、战役侦察和战术侦察：目标性质、范围、情报使用和所引起的作用不同；

侦察设备的运载工具及其使用：地(水)面、水下、空中和空间四个侦察系统；

根据遥感设备的不同：可见光、多光谱、红外、微波、声学侦察等。

1. 可见光侦察

可见光，即正常人眼可见的光。

可见光：波长0.4～0.76微米电磁波作用于视网膜上感光细胞，引起视觉。人眼对可见光能感觉光的不同颜色，如红、橙、黄、绿、青、蓝、紫等。色光呈现不同色彩，因为波长不同，当眼睛同时受到各种颜色光的同时作用时，产生白光感觉，白光是复合光。

电磁波：电磁波根据波长或频率不同分无线电波、微波、红外线、可见光、紫外线、X射线、Y射线等。

同一物体对不同波长电磁波反射能力不相同；不同物体对同波长电磁波反射能力也不相同。物体对可见光不同的反射特性决定了它们本身的颜色。

电磁波波长不同，在大气中传输能力不同。大气中水汽(H_2O)、二氧化碳(CO_2)、臭氧(O_3)等气体分子对不同波段的电磁波有不同程度的吸收作用(选择性吸收)，使有些波段电磁波被削弱，有些波段完全消失。大气吸收较少的波段(大气透过率较高)称“大气窗口”。

根据目标在可见光波段的物理特征，主要侦察器材有各种光学观察器材、照相侦察器材、电视侦察器材、微光夜视侦察器材和激光侦察器材等。

2. 红外侦察

红外侦察，即根据物体在红外波段的热辐射，侦察、探测目标。

任何物体温度高于绝对零度时，不断以电磁波形式向外释放能量，称热辐射。

同一物体不同温度时，热辐射能量按波长的分布也不同。温度高，热辐射总能量增大，能量多数分布在波长短的一侧。温度愈高，峰值波长愈短。一般军事目标温度为－15℃～37℃，辐射波长为9～10微米，处于红外波段。多数目标在常温下的热辐射波长都在红外波段，即使夜间，也能通过接收物体红外辐射来进行侦察。

红外线：可见光红光外端，波长0.76～1000微米电磁波。红外线分近红外(0.76～3微米)、中红外(3～6微米)、中远红外(6～20微米)和远红外(20～1000微米)，其中近、中、中远红外波段被各类红外侦察器材所利用。

红外侦察设备主要分成像红外探测器和不成像红外探测器两种。成像红外探测器主要有红外照相机、红外夜视仪、热成像夜视仪等，不成像红外探测器主要有红外预警探测器。

3. 雷达侦察

雷达侦察是利用物体对无线电波的反射特性来发现目标和测定目标状态(距离、高度、方位角和运动速度)的一种侦察。具有探测距离远、测定目标速度快、精度高、能全天候使用等特点，在战场上应用十分广泛，成为现代战争的一种重要侦察手段。

4. 电子侦察

电子侦察，即通过接收无线电通信信号、接收雷达信号，来测向、侦听。

电子侦察特点：隐蔽、被动、距离不小于被侦察设备工作距离。

电子侦察具有侦察距离远，速度快，工作隐蔽，受环境、地形、气候等自然条件影响小的特点。

5. 多光谱侦察

多光谱侦察是把目标发射和反射的各种波长的电磁波划分成若干窄的波段，在同一时间内，用几台仪器分别在各个不同的光谱带上对同一目标进行照相或扫描，将所得图像或信号进行加工处理，分析比较，就可以从物体光谱和辐射能量的差异上区分目标。在多光谱侦察获得的图像上，生长旺盛的活体植物呈现红色，伪装用的砍伐植物呈蓝色，涂绿漆的金属物体呈现黑色。

多光谱照相机由于受感光胶片光谱响应的限制，其工作范围一般在0.35～0.9微米波段，至多不超过1.35微米。

6. 声学侦察

声波是一种弹性波，声波在不同的介质中的传播速度不同。空气声波传播速度每秒340米左右。常用的有声响传感器。它的探测器是一个传声器，是一种声电转换器。工作原理与麦克风相同。最大优点是分辨力强。处理后能重现目标运动时所发出的声响特征。如果运动目标是人员，则不仅可以直接听到声音，还能根据话音察明其国籍、身份和谈话内容；如果运动目标是车辆，则可根据声响判断车辆的种类。同时它还能排除自然干扰。声响传感器的探测范围也较大，对人声的探测距离达40米，对运动车辆达数百米。

声呐是利用水声传播特性对水中目标进行传感探测的技术设备。海洋中使用的声波，在水中的传播速度达每秒1450米以上。声波在水中的传播速度受温度、盐度及海水静压力（即深度）的影响，温度越高，速度越快；盐度及静压力的增加，也会加快声波的传播速度。

声波在海洋中传播主要有以下特点：透射与绕射、反射与折射、散射与混响、衰减、声道。

声呐用于搜索、测定、识别和跟踪潜艇和其他水中目标。声呐按工作方式分被动式声呐和主动式声呐。

被动式声呐又称噪声声呐，主要搜索来自目标的声波，特点是隐蔽性、保密性好，识别目标能力强，侦察距离远，但不能侦察静止无声的目标，也不能测出目标距离。

主动式声呐又称回声声呐，可以探测静止无声的目标，并能测出其方位和距离，但容易被敌方侦听而暴露自己，且探测距离短。

声呐的类型根据使用对象不同，分水面舰艇声呐、潜艇声呐、航空声呐和海岸声呐等。

侦察监视技术对作战的影响：侦察监视技术的发展及其在战场上的应用，使战场侦察与监视手段显著改善。侦察手段多样化，各种手段综合运用，大大提高了大面积监视能力、精确侦察能力、夜间或复杂条件下全天候侦察能力、实时或近实时侦察能力和识别伪装的能力，对作战也产生了深刻的影响。

现代侦察监视系统不仅能为指挥员提供直读、直观、直闻的不同距离的、全方位的、有声有色的情报，可用计算机的逻辑功能帮助计算、分析和判断，可对指挥员作出的计划方案进行“对抗模拟”，比较方案的可行性，以便于选择最佳方案，提高了指挥质量。

7. 促进反侦察技术发展

以假乱真，以假当真。侦察技术在战场上的运用，促进了反侦察技术的发展。战场“透明度”越来越大，部队隐蔽行动企图更加困难，必须探索新的伪装方法和行动方法。如常用的伪装方法对目视侦察和微光侦察有效，但热成像器材出现后，这些方法失去了作用。高技术侦察设备大量使用，使战场目标的生存面临更大的威胁。为提高战场目标的生存能力和达成战役战斗的突然性，必须发展反侦察技术。

8. 现代侦察监视技术的发展趋势

空间上立体化，全空域。由于现代武器的射程急剧增加，部队的机动能力迅速提高，现代战争必须是大纵深的立体战争。为了适应这种特点，侦察与监视体制必须是由空间、空中、地（水）面、水下组成的“四合一”系统。

速度上实时化。全时域，现代战争快速多变，要求侦察与监视所用的时间尽量最短。因此，信息处理和传输速度是关键。随着遥感技术和计算机技术的发展，必须借助以计算机为核心的遥感图像自动分类和识别技术，提高处理速度。

手段上综合化。随着侦察技术的不断改进，各种反侦察设备和伪装干扰技术也得到了发展，为了识别伪装，提高侦察效果，要加速研制新的红外、激光、微波遥感器，使用多种遥感器，同时观测同一地区，这样既能获得多种信息，又能增加侦察监视效果。

侦察监视与攻击一体化。侦察、监视与攻击系统一体化就是将部队的侦察监视系统与武器装备有机地结合起来，构成一个合理的整体，以便及时发现和摧毁目标。如有的遥控飞行器携带有侦察、跟踪、瞄准装置和弹药，发现目标后，能很快将目标摧毁。

提高侦察监视系统生命力。各种反侦察武器特别是精确制导武器的出现，对侦察监视系统构成了严重的威胁。侦察监视系统本身的生存能力，成了完成任务的重要因素。因此，提高整个侦察监视系统自身的生存能力，又成了迫切需要解决的新课题。

（四）电子对抗技术

电子对抗是指敌对双方争夺电磁频谱使用权和控制权的斗争。1993 年美军定义：电子对抗指利用电磁能和定向能以控制电磁频谱或用电磁频谱攻击敌方的任何军事行动。1997 年《中国人民解放军军语》定义：为削弱、破坏敌方电子设备（系统）的效能，保护己方电子设备（系统）正常发挥效能而采取的各种措施和行动的统称。

电子对抗技术宏观上包括电子对抗技术与电子反对抗技术。从具体的对抗方式来看，主要有侦察与反侦察、干扰与反干扰、欺骗与反欺骗、隐身与反隐身、摧毁与反摧毁、制导与反制导等。

由于未来的高技术战场是系统对系统、体系对体系的斗争，任何单一的电子战装备或多种电子战装备的简单组合，都不能对付敌方综合化的电子兵器，只有形成综合电子战系统，才能形成强大的电子战力量。根据电子战装备有侦察型、自卫型、支援型三种类型，电子战系统可分为电子侦察系统、电子进攻系统和电子防卫系统。

1. 雷达电子战

随着雷达在军事上的应用，雷达电子战于 1942 年 9 月首次在美海军战役中应用。雷达电子战是利用专门的无线电电子设备或器材对敌方的雷达设备进行斗争，以阻止敌雷达获得电磁信息，减弱和破坏敌武器系统的效能和威力，同时保护自己的雷达等电子设备及武器系统在敌干扰条件下仍能正常发挥效能和威力。近年来发展的光电电子战和水声电子战都是雷达电子战的一个新技术分支，是雷达电子战的延伸。

雷达电子战可在空间、空中、地面、海上和水下进行，构成了一个立体的作战网络。雷达对抗的主要技术分类有雷达侦察、雷达干扰和反辐射摧毁。

2. 通信电子战

通信电子战是指通信领域的电子对抗。无线电通信对抗战，是敌对双方利用普通的无线电通信设备及专门的通信对抗设备，在无线电通信领域内进行的电磁斗争，其目的在于截获敌方无线电通信情报、阻碍或削弱敌方的无线电通信，保障己方无线电通信设备能正常工作。通信电子战是在二战中兴起的，主要有通信侦察和通信干扰两大类型。

3. 光电电子战

光电电子战是利用光电设备或器材，通过光波传输的作用，截获、识别敌方正在工作的光电辐射源信息，并采取各种手段削弱以至破坏其光电设备的效能，同时保证己方光电设备正常发挥效能的技术措施和其他措施。

光电电子战包括光电侦察与反侦察、光电干扰与反干扰、光电制导与反制导、光电隐身与反隐身、光电摧毁与反摧毁几个方面。光电威胁是全方位的、全天候的威胁。世界上光电制导的导弹、炸弹、炮弹已有100多种，美国正在研制的红外制导导弹有30多种，红外成像制导导弹20多种，激光制导武器20多种。

4. 电子战对现代战争的影响

在高技术局部战争日益发展、日趋成熟的情况下，夺取制电磁权的斗争已成为赢得作战胜利的必由之路，成为未来战场上双方争夺的新的“制高点”。作为一种新型的作战方式，电子战已经并将继续对现代战争产生重大的影响。

反侦察难度进一步加大。传统的反侦察伪装主要是外形的实体伪装和无源假目标欺骗伪装，但在电子侦察技术大量运用的高技术战场上，这些伪装方式将形同虚设。现代战场上的各类电子侦察系统充满了从陆地到水下、从水上到空中以及宇宙空间的所有领域，这些电子侦察系统不但远离交战线，而且具有全纵深、全立体的侦察、探测能力，对方要想实施隐蔽的动机和打击，难度是前所未有的。

作战手段得到了全面创新。电子战突破了无线电通信、雷达的范畴，扩展到指挥、控制、制导以及光电、水声等方面；由单一手段的运用发展为多手段的综合运用；从纯粹的作战保障措施上升为更直接的作战手段。电子战的这种巨大的攻防作战能力，使它已由早期的作战保障措施上升为现代战争中不可缺少的重要作战手段。整体作战能力得到了质的提高。多次现代高技术局部战争表明，强大的电子作战能力已成为胜利的重要前提和必要保障，从以色列在贝卡谷地的取胜，到美军空袭利比亚的成功，再到海湾战争，无不证明了这一点。

作战样式出现了质的飞跃。电子战装备的出现，使战场从陆地、海上、空中扩展到电磁领域，出现了陆、海、空、天、电磁“五维”战场，敌对双方的电子对抗，使传统的作战样式出现了质的飞跃。现代作战的基本模式应是“电子战—空袭与防空—地面进攻与防御”，电子战在现代战争中所处的独立作战阶段是不容置疑的。而且电子战广泛渗透、贯穿于现代战争的各个阶段和各类作战行动中，成为不可缺少的合成作战力量。电子战能力已成为衡量现代化军队作战能力高低的重要标志。

三、航天技术

航天技术，是探索、开发和利用太空以及地球以外天体的综合性工程技术，亦称空间技术。

1957年10月4日，苏联成功发射了世界上第一颗人造地球卫星，标志着人类跨入了航天时代。由此兴起的航天技术在以后的近半个世纪里获得了迅速发展。航天技术的发展使人类挣脱地球引力的羁绊进入广袤无垠的外层空间成为现实，同时，也为军事活动提供了新的场所。外层空间已成为一个新战场。

航天，指脱离地球引力，在行星际空间飞行的活动。脱离地球引力是实现外层空间旅行的首要问题，解决的办法是航天器须达到一定的速度和高度条件。

宇宙中普遍存在着万有引力规律，地球表面物体所受到的地球引力是重力。当一个物体围绕地球做圆周运动时，必然产生一个向外的惯性离心力。如果这个离心力刚好等于向内的重力，这个物体将绕地球运行，不再落回地面。此时物体运动的速度叫环绕速度。

在离地面100千米的高度上，空气密度约为海平面的一百万分之一；在200千米的高空，只有海平面的五亿分之一。卫星高度低，就会被它与空气的剧烈摩擦产生的巨热烧毁，或者因空气的巨大阻力而减速、陨落。所以，卫星一般在离地120千米以上的高空飞行。

（一）地球同步轨道

地球同步轨道即运行周期与地球自转周期（23小时56分4秒）相同的人造地球卫星轨道。在这一轨道上，卫星几乎每天在相同时刻经过相同地方的上空，也有人把运行周期整数倍等于地球自转周期的卫星轨道称为地球同步轨道。

地球静止轨道指运行周期与地球自转周期相等、倾角为0°的圆形地球同步轨道（该轨道上，卫星距离地面高度为35786千米，运行速度为3.07千米/秒。由于它绕地轴的角速度与地球自转角速度大小相等、方向相同，卫星相对于地面是静止的。该轨道上的一颗卫星可覆盖地球40%的表面，3颗等间距配置在赤道上空的静止卫星，可以覆盖除两极以外的全球，这是通信、气象、广播电视、预警等卫星的理想轨道）。

（二）太阳同步轨道

太阳同步轨道指卫星轨道平面绕地轴的旋转方向和周期，与地球绕太阳的公转方向和周期相同（该轨道是逆行倾斜轨道的一种，倾角为90°～100°，轨道高度为500千米～1000千米。其特点是，轨道平面与太阳光的夹角保持不变。卫星沿此轨道运行，每次通过同一纬度的地面目标上空，都保持同一地方时、同一运行方向，具有相同的光照条件），这对于空中对比观察，掌握目标的动态变化，合理部署和利用卫星上太阳能电池均有无可比拟的优点。美国的近地侦察卫星、资源卫星和军事气象卫星大多采用这一轨道。

（三）极地轨道

极地轨道是轨道倾角为90°、通过地球南、北极的一种轨道。它的特点是，卫星星下点轨迹可覆盖全球。它是观察整个地球的最合适的轨道，是导航、气象、资源、侦察卫星常用轨道。

（四）航天技术的组成

航天技术由运载器技术、航天器技术和航天测控技术三大部分组成。

1.运载器技术

是指克服地球引力，将航天器送到外层空间的运载工具技术。目前，航天运载器仅有火箭，所以，航天运载器技术亦称火箭技术。

火箭，是携带氧化剂和燃烧剂，经过燃烧、喷射的燃气产生反作用力推进的飞行器。它由动力装置、制导系统和箭体组成。按发动机工质形态的不同，火箭可分为液体火箭（用液态物质作为推进剂的火箭，称为液体火箭。液体火箭发动机通常由推力室、推进剂供应系统和发动机控制系统等组成。液体火箭发动机比推力较高，工作时间长，调节推力、关机和再启动较容易，易于实现多发动机并联使用）和固体火箭（用固态物质作为推进剂的火箭，称为固体火箭。固体火箭发动机通常由壳体（燃烧室）、固体推进剂、喷管、点火装置和推力终止装置等组成。固体火箭发动机的结构简单紧凑，使用方便，发射准备时间短，可靠性高。但比推力较低，推力终止精度低，重复启动困难）两种。

目前，世界各国研制较为成熟的运载火箭主要有：俄罗斯（苏联）的“质子”号大型运载火箭、美国的“雷神”“大力神”系列运载火箭、中国的“长征”系列运载火箭、欧盟的“阿里亚娜”液体火箭等。

2. 航天器技术

航天器又称空间飞行器，是在太空按照天体力学的规律运行并完成一定使命的各种飞行器的总称或空间系统。

航天器分为无人航天器和载人航天器两大类：无人航天器和载人航天器。无人航天器按是否环绕地球运行又可分为人造地球卫星和空间探测器。载人航天器是指往返地球表面和太空之间，可运送人员和有效载荷、提供宇航员居住和工作环境的航天器。载人航天器按功能的不同可分为载人飞船、空间站、航天飞机等三类。

载人飞船：载人飞船是一次性载人上天和返回地面的航天器。目前，载人飞船有卫星式载人飞船和登月式载人飞船两种。中国“神舟”号试验飞船于已于1999年11月20日使用“长征”—2F运载运载火箭发射成功。

空间站：空间站是可接纳宇航员寻访、长期工作和居住的大型航天器。空间站在距地面几百千米的近地轨道上运行。它设有对接舱，用于停靠载人飞船或航天飞机，也可与多个空间站连接组成空间复合体（航天城）。1971年4月9日苏联发射第一个航天站“礼炮”一号，1986年2月20日苏联又发射新一代航天站“和平”号。2002年3月由16个国家联合投资研制的“国际”空间站已正式在太空运行。

航天飞机：航天飞机是可重复使用的、往返于地球表面与近地轨道之间，运送有效载荷和人员的航天器。一般用固体火箭助推入轨，在轨道上像飞船一样运行，完成多种航天任务，返回进入大气层时像飞机一样滑翔着陆。1981年4月，美国“哥伦比亚”号航天飞机试飞成功。“挑战者”号和“发现者”号航天飞机也相继投入使用性飞行。

3. 航天测控技术

航天测控技术是为保证航天器在轨道上正常运行，地面与航天器进行遥测、遥控、跟踪和通信的技术。航天测控由航天器所载测控分系统和地面测控系统共同组成。

四、军用航天器

军用航天器，指在地球大气层以外，按照天体力学的规律沿一定轨道运行的应用于军事领域的各种飞行器的总称。目前在太空中运行的航天器有90%以上用于军事目的，另有10%是军民合用的。

自苏联发射第一颗卫星以来，人类经历了航天试验和提高阶段。随着美国在20世纪80年代提出“高边疆战略”“星球大战计划”和90年代实施“国家导弹防御系统”（图4-7）的国防政策，外层空间已成为军事战略争夺的新制高点。

（一）无人军用航天器

军用航天器按照是否载人可分为无人军用航天器和载人军用航天器两类。无人军用航天器有支援保障类航天器和作战武器类航天器两种。

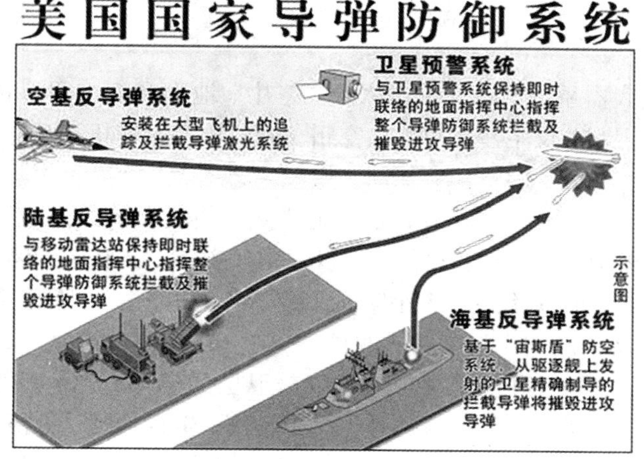

图 4－7　美国国家导弹防御系统

1. 支援保障类航天器

指载有各种专用设备，支援和保障地面、海上和空中军事行动的各种军事卫星。按用途可分为侦察卫星、通信卫星、导航卫星、测地卫星和气象卫星等。

(1)侦察卫星。这是用于获取军事情报的人造地球卫星。它利用光电传感器、照相设备和无线电接收机等侦察设备，从轨道上对目标实施侦察、监视或跟踪，以搜集地面、海洋和空中目标的情报。侦察卫星的优点是：轨道高，视野大，侦察范围广；传输速度快，获取情报及时准确；限制少，可连续或定期监视一个地区，寿命长(生存力强)。因而被称为“太空间谍”，格外受到军界重视，目前已被用于战略、战役和战术侦察。在军事卫星中，侦察卫星数量最多，约占军事卫星总数的三分之一。侦察卫星已成为现代化作战指挥系统和战略武器系统的重要组成部分。

侦察卫星按照侦察设备和任务的不同，又可分为照相侦察卫星、电子侦察卫星、导弹预警卫星和海洋监视卫星。

(2)通信卫星。通信主要是采用微波收发信号，作为无线电通信中继站的人造卫星。卫星通信的优点是：覆盖范围大，通信距离远；通信容量大，传输质量高；机动性好，生存能力强。但是，它也有缺点：高纬度地区效果不好，极地地区为盲区；卫星发射与控制技术复杂；春分、秋分前后数日受太阳干扰强，每天有几分钟的中断；保密性差。通信卫星的常用轨道是地球同步轨道和大椭圆轨道。

(3)导航卫星。导航卫星是为地面、海洋、空中和空间用户导航定位的人造卫星。卫星导航具有全球覆盖、全天候、高精度、用户设备简单和便于综合利用等优点。在军事上具有重要价值。

(4)测地卫星。是用于大地测量的人造地球卫星。它可测定地球重力场的分布、地球形状、地面任何点的坐标和测绘所需地区的数字地形图。配备其他专用设备，测地卫星可进行地球资源勘察，成为地球资源卫星，了解各国资源的贮藏情况。

(5)气象卫星。这是用于气象观测的人造卫星。气象对军事行动有重要影响，如战略进攻性武器的使用、卫星照相侦察等都需知道目标区域的气象情况。此外，中长期天气预报还是制订军事行动计划的必不可少的条件。

2. 武器类航天器

这是指载有作战武器系统，用于攻击太空、空中、地面和海上目标的航天器，亦称航天兵器。主要有反卫星卫星、反卫星导弹、太空雷、部分轨道轰炸机、天基定向能武器、天基动能武器等。

(1)反卫星卫星。这是对敌方人造卫星实施拦截或使其失效的人造卫星。它装有跟踪识别装置、武器或俘获机构，并具有变轨能力，以识别、接受、摧毁或俘获敌方卫星。反卫星卫星从发射到完成任务，总时间不超过3小时，现已处于实用阶段，但还不够完善、灵活，战斗力也不强。反卫星卫星有拦截式和俘获式两种。

(2)反卫星导弹。这是一种携带常规弹头攻击卫星的导弹。以小型为主，用于攻击低轨道卫星。主要特点是：机动灵活、反应迅速、命中率高、生存力强、价格经济。

(3)太空雷。太空雷预先设伏在敌卫星运行的轨道附近，按指令机动到敌卫星附近，以遥控爆炸或撞击爆炸的方式摧毁卫星的制导雷。

(4)部分轨道轰炸机。它载有核爆炸装置，用于攻击地球上目标的航天器。在发射升空后，部分轨道轰炸机进入卫星轨道飞行，进入目标区后反推进再入大气层向目标攻击。因它再入大气层前绕地球运行不到一周，因而称为部分轨道轰炸机。

与战略弹道导弹相比，部分轨道轰炸机的优点是：

①隐蔽性好。因在卫星轨道上运行，对方难以识别是卫星还是轨道轰炸机。

②灵活性强。部分轨道轰炸机可从同一个发射场向两个相反的方向攻击同一个目标，使对方防不胜防。

③对方拦截困难。部分轨道轰炸机只有在其再入大气层时才有可能被发现，而此时离供给目标只有3分钟左右的时间，很难组织有效的拦截。

(5)天基定向能武器。部署在太空，通过物理或化学手段产生高能射束，并使之沿着一定方向传输毁伤目标的武器。有天基激光武器、天基粒子束武器、天基微波武器。

(6)天基动能武器。这是部署在太空，利用发射超高速弹头的动能撞毁目标的武器。

(二)载人军用航天器

载人军用航天器包括载人军用飞船、载人军用航天飞机、载人军用空间站。由于目前航天技术尚未成熟，空间的军事斗争尚不激烈，因而，专门的载人军用航天器还没有出现。

1. 载人军用飞船

这是运载宇航员在空间工作和生活，并可返回地面的航天器。它运行时间不限，但使用次数仅有一次。它容量小，运载能力有限，一般不具备再补给能力。

载人飞船一般由对接装置、轨道舱、返回舱、仪器舱和太阳帆板等部分组成。载人飞船担负的军事使命有：作为地面与空间站的运输的工具；可向空间站运送各种军用物资、接送人员；救援空间人员；试用新的军事航天装备；对特定目标的侦察与监视等。

2. 航天飞机

这是可重复使用往返于地面与近地轨道之间，运送有效载荷和人员的航天器。它的出现是航天史上一个里程碑。航天飞机由轨道器、助推器和外燃料储备箱三部分组成。航天飞机的军事用途：发射、维修和回收卫星；执行反卫星任务；实施空间救生和支援；对地面目标实施侦察、预警和攻击；作为空间武器发射平台和空间指挥所；作为地球到宇宙空间的“运输车”。

3. 空间站

空间站是迎送宇航员和太空物资的空间基地，又称“宇宙岛”。空间站与一般航天器相比，有效容积大，可装卸比较复杂的仪器，如长焦距照相机等，使获取的照片分辨率大大提高。由于可以长期载人，仪器由人来操作，可以完成比较复杂、非重复性的工作任务。空间站的军事用途：作为空间指挥所或空间驻军基地；作为其他航天器停靠的码头；作为战略武器的空间发射平台；作为空间侦察基地，遂行战略预警任务。

五、自动化指挥系统

军队自动化指挥系统（C^4ISR）是指，在军队指挥机构中，采用自动化的硬设备及相应的软设备等现代化工具，实施指挥与控制的“人—机”系统，它是军队实现指挥自动化的手段和工具。目前西方发达国家称之为 C^4ISR 系统，即指挥（command）、控制（control）、通信（communication）、计算机（computer）和情报（intelligence）、监视（surveillance）、侦察（reconnaissance）的简称。

指挥自动化系统从不同的角度划分出的种类多种多样，常见的可按以下三种方式划分：按作战任务的性质和规模的大小可分为战略 C^4ISR 系统、战役（战区）C^4ISR 系统和战术 C^4ISR 系统；按使用系统的军兵种划分有陆、海、空军、海军陆战队和兵种 C^4ISR 系统；按不同的指挥控制对象可分为士兵自动化指挥系统、信息自动化指挥系统、武器自动化指挥系统。

图 4-8 C^4ISR 系统改变了作战模式

（一）自动化指挥系统的构成

自动化指挥系统通常可分成若干个分系统，从不同的角度看，各分系统的组成也各不相同。从信息在 C^4ISR 系统中的流程角度来看，C^4ISR 系统通常可看成由信息获取、信息传输、信息处理、信息显示、决策监控和执行等分系统所组成。

1. 信息收集分系统

也称情报获取系统，主要由各种自动化侦察探测设备，如侦察卫星、侦察飞机、雷达、声呐、遥感器等所组成，它能及时收集敌我双方的兵力部署、作战行动及战场地形、气象等情况，为指挥员定下决心提供实时准确的情报。

2. 信息传递分系统

主要由通信信道、交换设备和通信终端设备三部分组成。通信信道主要有短波、超短波、有线载波、微波接力、散射、卫星通信及光纤通信等。交换设备主要有电话自动交换机、电报和数据自动交换机等。通信终端设备主要包括电传机、传真机、汉字终端机和数字式电话机等，通常由这些设备组成具有各种功能的通信网。从而迅速、准确、保密和不间断地自动传输各种信息。

3. 信息处理分系统

用来进行信息处理的电子计算机及其输入输出设备。电子计算机是自动化指挥系统各种技术设备的核心，用来进行文字、图形和数据处理；输入输出设备除通用的磁盘机、磁带机、光电输入机、鼠标、触摸屏、键盘、打印机等外，还有多媒体系统中的视频、音频输入输出设备，如扫描仪、CD－ROM 光盘、数字录像机、话筒、激光唱盘等。

该系统能对输入计算机的各种格式化信息自动进行综合、分类、存贮、更新、检索、复制和计算等，并能进行军事运筹，协助指挥人员拟制作战方案，对各种方案进行模拟、比较、选优等。

4. 信息显示分系统

主要由各类显示设备如大屏幕显示器、信号显示板、光学投影仪等组成。以文字、符号、表格以及图形图像等多种形式，为指挥员提供形象、直观、清晰的态势情报和战场实况，供指挥员直观了解情况。

5. 决策监控分系统

由辅助决策设备和监控设备组成。包括协助指挥员定下决心的人工智能电子计算机、各种功能的监控工作台以及地面、海上、空中、空间的监视系统等，有些系统则需指挥员或操作员进行决策监控，如作战指挥系统。

6. 执行分系统

主要由自动把指令信息变成行动的执行设备和人员组成，如导弹武器系统的发射控制和制导装置、火炮的发射控制装置以及各种遥控设备和执行机构等。执行分系统与信息获取分系统具有反馈关系。执行分系统的当前情况可由信息获取分系统反馈给指挥员，从而进一步修订计划，更加有效地指导执行分系统的动作和行动。

以上六个分系统有机结合，形成一个统一的整体，组成完整的 C^4ISR 系统。

（二）自动化指挥系统在现代战争中的运用

指挥自动化系统在现代战争中的运用，主要体现在作战指挥方面即指挥和控制过程中，包括收集情报、传递情报、处理情报、显示情报、定下决心和实施指挥几个阶段。

1. 收集情报

情报获取是系统工作的首要步骤，及时可靠的情报，是指挥员定下决心的依据。由于指挥自动化系统便于和现代化的各种探测、侦察设备相连接，或者使其作为一个终端，故能使无论采用何种途径、何种手段获取的情报直接、及时的汇集。如将声呐和计算机联在一起，不仅能测出目标的方位、距离，而且还能测出目标的类型，甚至能立即指出是敌人的哪一艘舰艇。因为计算机的数据库里可存储敌人所有舰船的噪音资料，供鉴别使用。

2. 传递情报

迅速、准确、保密和不间断地传递情报，是保证适时、连续和隐蔽指挥的前提。军队指挥自动化系统，除了拥有高质量的通信网和各种功能的终端设备，为迅速、准确传递信息创造有利条件外，更重要的是，它采用数字通信方式，运用计算机等自动化设备，使多种通信业务高速自动完成。通信交换中心的电子计算机，不仅能记住各用户的直达线路和迂回线路，而且能对所有线路不间断地进行监测，掌握每条线路的性能及其工作状况。当每条直达线路发生故障或者占线时，它能按最好、次好的顺序自动选择和接通迂回线路，保证信息不间断地传递。由于交换中心的计算机具有存储信息的功能，所以可对信息进行分组交换，即先将信息存储起来，然后，自动分成若干组，通过多手段、多渠道传到对方，再按原来顺序予以还原，因而大大提高了通信的保密性。

3. 处理情报

处理情报是指对原始情报进行分类、研究、分析和综合。为了全面及时地了解战场情况，指挥员及司令部总是希望增加收集情报的手段，加快情报处理的速度。但大量情报涌来，如果处理不及时，势必造成积压，不能发挥应有的作用。据美军统计，美集团军司令部用常规手段只能处理所获情报的 30%。利用电子计算机处理情报，不但自动化，而且简单化。对于数字情报，如雷达、声呐、传感器以及其他数据获取设备传来的数字信号，无需任何交换，直接输入计算机即可进行处理或存储。对于已经格式化或较易格式化的情报，如电报、图表、报告等，通过预先规范化并予以编码，变成数字信号，尔后利用计算机处理。

4. 显示情报

情报信息只有显示出来才便于了解和使用。军队指挥自动化系统的情报显示系统可以采用多种形式，可在大屏幕或显示器上显示出文字、图形、图像，可以用快速打印设备打印出文字、图表、符号。除了对情报实时显示外，当指挥员判断情况，定下决心需要从积累的大量情报资料中寻找有关情报并加以显示时，借助计算机检索，可以很快从大量资料中找出所需要的情报。如存有数十万条情报资料的信息系统，指挥人员利用身边的信息指令设备，便可以向数据库或缩微系统检索情报，从键盘查找信息到显示所需的情报，只需要一分钟左右。

5. 定下决心

通过上述各个环节，指挥员获得了大量的情报，为及时定下决心创造了有利条件。在定下决心时，仍然要靠指挥员精心运筹施谋定计，对此指挥自动化系统不能代替。但是系统可以帮助指挥员选择方案，通过计算机可以对各个方案进行逼真的推演，进行优劣对比，从而权衡各个方案的利与弊，从中选出最佳方案。

6. 实施指挥

实施指挥是指挥员的决心付诸实施的过程。是指挥周期中最后一个环节。在过去的战争中，指挥员的谋略虽然很高明，但由于指挥渠道不畅，常常不能很好地贯彻执行。而以电子计算机为核心的指挥自动化系统，可以使指挥员的决心及时准确地下达，而且十分保密。这对下级及时了解上级意图，更好地遂行作战任务，具有非常重要意义。同时，指挥自动化系统及时监督决心的执行情况，并准确、及时地反馈给指挥员，确保指挥员决心的落实，以实施不间断的作战指挥。

（三）中外军队自动化指挥系统简介

目前世界各国和地区的军队都建有各种类型的 C^4ISR 系统。这些 C^4ISR 系统，按作战任务的性质和规模的大小可分为战略级 C^4ISR 系统、战役（战区）级 C^4ISR 系统、战术级 C^4ISR 系统。按使用系统的军兵种可划分为陆、海、空军、海军陆战队和兵种等 C^4ISR 系统。按不同的控制对象可分为军队自动化指挥系统、信息自动化指挥系统和武器自动化指挥系统。

1. 美军自动化指挥系统概况

美国军队指挥自动化系统的建设从 1953 年开始，分为三个阶段：第一阶段，即初创时期，各军种建立各自的指挥自动化系统；第二阶段，即发展与繁荣时期，在已建立的指挥自动化系统之间实现信息沟通；第三阶段，即成熟与完善时期，将各军种指挥自动化系统联成一体，实现军队的“全盘自动化”。下面着重叙述一下美国的全球指挥控制系统（WWMCCS）。

该系统是美国在 1962 年古巴导弹危机时为适应其“灵活反应战略”而开始筹建的。自 1968 年初步建立直至今日，一直在进行改进和完善。通过该系统，美国总统逐级向一线部队下达命令只需 3 ~ 6 分钟，越级指挥最快只用 1 ~ 3 分钟。这是一个规模庞大的多层次系统，部署在全球各地，并延伸到外层空间和海洋深处。该系统的任务是供美国国家军事当局在平时、危机时和全面战争时的各个阶段，不间断地指挥控制美国在全球各地部署的战略导弹、轰炸机和战略核潜艇部队，完成战略任务。为此，WWMCCS 系统具有能提供情报收集、情报分析和评估、威胁判断及攻击预警、制定作战方案和作战计划、命令部队做出快速反应等功能。

WWMCCS 包括 10 多个探测预警系统、30 多个国家和战区级指挥中心和 60 多个通信系统，以及安装在这些指挥中心里的自动数据处理系统。通过战略 C^4ISR 系统，当敌国实施核袭击时，可为美国指挥当局提供 15 ~ 30 分钟的预警时间；可在几分钟内为国家指挥当局提供进行全面核战争或应付突发事件的详细计划和所需要的全部资料，并可在 1 ~ 3 分钟内使美军全球的战略部队进入临战状态。

美军战术 C^4ISR 系统目前已进入第三代，它包括五个功能领域：机动、火力支援、防空、情报与电子战、战斗勤务支援，每个功能领域都有自己的指挥控制分系统，即机动控制分系统、高级野战炮兵战术数据系统、前方地域防空指挥控制与情报系统、全信源分析系统、战斗勤务支援控制系统。这些分系统组成陆军第三代战术指挥控制系统（ATCCS）。该系统研制共耗资 200 亿美元，是功能完善并负有盛名的典型战术 C^4ISR 系统。该系统根据 1982 年陆军新版《作战纲要》中提出的空地一体战理论而设计，旨在使战场重要功能领域的指挥控制实现自动化和一体化，主要用于军以下部队。其主要功能是：处理大量数据；快速传递信息；在信息源处理信息；为各级指挥人员提供自动化决策支援。

目前美军只在少数部队装备了这一系统的部分设施，整个陆军部队还处于新系统与老系统并存共用的过渡时期，2010 年前后，初步建成较完备的战场指挥自动化系统。

美国其他军种也装备了许多自成体系的战术 C^4ISR 系统，如美空军和陆军共同研制的联合监视和目标攻击雷达系统（JSTARS），该系统的两架试制飞机（E—8A）在海湾战争中同 E—3 空中预警机（图 4 -9）以及第三代战场指挥控制中心飞机被称为美军在海湾上空的 C^4ISR 三大支柱。

现役的军队战役战术 C^4ISR 系统中，美空军装备的 E -3 型空中预警机最具代表性，该机具有预警与指挥双重功能，由雷达、敌我识别、数据处理、数据显示、通信、导航等六个分系统组成，能以脉冲和脉冲多普勒两种体制探测和监视目标。飞机巡航执勤时，通常离起飞

图 4－9　E－3 空中预警机

基地 970～1600 千米，在交战线己方一侧约 240 千米的 9000 米高度的空域，可发现 650 千米远的高空目标，450 千米远的低空目标和 270 千米远的巡航导弹；能同时跟踪 600 批目标，识别 200 批目标，处理 300～400 批目标。预警飞机又被称为升空的 C^4ISR 中心，海湾冲突期间，预警机控制着每天多达 3000 架次飞机的出击。

2. 中国自动化指挥系统的发展

我军在指挥自动化系统建设方面起步较晚。尽管早在 1956 年，我国就组织几百位专家，制定了一个科学技术发展长期规划，强调对六个方面的新兴技术采取紧急措施加以发展，其中包括：核技术、喷气技术（即宇航技术）、无线电技术、计算机技术、自动化技术和半导体技术。周总理还科学地预言："由于电子学和其他科学技术的进步，而产生了自动控制机器，已经可以开始有条件地代替一部分特定的脑力劳动，就像其他机器代替体力劳动一样，从而大大提高了自动化技术水平，这些最新的成就，使人类面临着一个新的科学技术和工业革命的前夕。"1959 年我国开始"防空自动化系统"的研究，但由于种种原因，进展缓慢，直到 1975 年，我军才真正开始做这方面的工作。

从 1975 年开始，我国在空军着手组织建设雷达团半自动化情报传递处理系统。到了 1978 年 1 月，经中央军委批准，成立了专门的机构，负责统一管理和组织全军指挥自动化的建设，并在某些大单位进行试点。在总体方案论证、信息传递、文电与图形处理、情报资料检索、静态电视传输等方面取得初步成绩之后，指挥自动化系统的建设遂全面展开。

1984 年，总部和各大军区、军兵种、科工委建立了远程汉字联机系统，该系统能自动加密脱密，参谋人员可以像打电话一样用汉字终端直接拍发电文，在全军范围内，第一次把通信技术、保密技术与计算机有机地结合在一起。但这个系统只是个终端网，功能较弱，应用范围有限，信息源少，利用率也低。

从 1985 年开始，远程汉字终端联机系统逐步向计算机网过渡，以总部和各军兵种、各大军区的数台小型计算机为节点机，把配置到全军各集团军级单位的数百台汉字终端联成计算机网络，为总部——大军区——集团军（少数单位到师）提供自动化指挥手段。

到了 1986 年，我国在指挥自动化建设方面有了一个新的飞跃。会听写汉字的计算机系统，手写汉字联机识别系统能听懂汉语的计算机系统，语音输入式汉字输入计算机系统以及

图4-10　我军指挥自动化建设走向应用

拼音汉字编码技术相继问世；计算机卫星通信，在我国实验成功，并建立了国内卫星通信网；全军计算机联网，并进入实用阶段；我炮兵指挥接近于全程自动化，有些集团军已将微机网络模拟系统及专家系统正式应用于战役演习；全军多数院校都已将微机用于辅助教学。以上这些成果充分说明，我国全军指挥自动化建设，已经由科研试验走向应用，由独立应用走向联网。

目前，我军已建成了集作战、通信、机要为一体，覆盖总部、军区、军兵种主要业务部门和集团军、省军区及部分作战师的自动化指挥网，并投入全时值勤，实现了军用文书、报表传递用户化，为全军作战指挥信息的快速传递和处理创造了良好的条件。经过短短几年的时间，我军在指挥自动化建设上就取得了这样的成就，无疑是可喜可贺的。但比起世界上先进的国家，我们还存在着较大差距。

第三节　高技术战争

高技术战争是交战双方或一方主要使用高技术武器装备及与之相适应的作战方法所进行的战争。从迄今为止的战争实践看，高技术战争是使用高技术常规武器系统、作战目的和规模有限的局部武装对抗。高技术战争是当代高技术发展并应用于军事的产物。第二次世界大战后，特别是20世纪70年代以后，随着世界新技术革命的深入发展，涌现出了以信息技术、生物技术、新材料技术、新能源技术、空间技术、海洋开发技术等为主体的一大批高新技术。这些高技术广泛应用于军事领域，使武器装备产生质的飞跃，其杀伤威力、命中精度、机动能力等作战效能空前提高，从而改变了战争的原有形态，使战争呈现高技术特征，发展为高技术战争。

一、高技术战争概述

交战双方至少有一方大量使用高技术武器和相应的战略战术进行的战争，称为高技术战争。应用高技术研制的新武器和改造的现有武器，称为高技术武器，例如，多国部队在海湾战争中使用的精确制导武器、隐身飞机、先进的 C^3I 系统、航天系统、反导系统、电子战系统、夜视器材等。高技术武器命中精度高、射(航)程远、反应速度快、机动性好、可靠性高，对战争的战略战术和 结局将产生重大影响。海湾战争是未来高技术战争的雏形，从中可以看出高技术战争的某些特点。传统的战争以歼灭敌人有生力量和攻城略地为主要目的。现在可以利用高技术武器从远距离打击敌国的指挥中心、交通枢纽、电力设施、工业中心等经济基础设施，摧毁其中50%，将使对方的经济、军事、社会活动陷于混乱或停顿。这就是所谓“打击基础设施战略”，又称“瘫痪战略”，用不着占领敌国领土，就可以迫使敌人投降。

在高技术战争中，信息作为一种新的战斗力要素，与火力、机动力和防护力等战斗力要素紧密结合，使传统的大规模使用火力杀伤的战争，变成更多依靠信息加火力实施精确打击的战争。对特定目标的“外科手术”式的打击，就是利用高技术武器创造的一种新的战争样式。高技术武器大量列装，特别是有了先进的 C^3I 系统，实现诸军兵种联合作战变得更加容易，可同时从陆地、空中和海上发动以电子战为先导、以精确制导武器为主要打击手段的突然袭击。

电子战贯穿于战争的始终，指挥机关和 C^3I 系统将成为对方攻击的首要目标。保护己方的电磁频谱使用权，同进阻止对方使用电磁频谱的斗争，已成为战争的第四维战场。空战的作用更加突出，“空地一体战”“空海一体战”将代替过以陆战为主的战争，因为没有可靠的空中保护，坦克、舰艇等就很容易成为对方空中力量打击的目标而丧失战斗力。战略、战区、战术机动能力继续提高，必将扩大战场的范围和提高部队推进的速度。未来战争将以同时、连续打击整个战场纵深，代替前线的短兵相接，前方与后方的界线变得模糊，战场将呈流动状态，成为非线或无战线的战场。未来局部战争在夜间爆发的可能性极大。大量装备可昼夜使用的武器和夜视器材，使黑夜不再是作战行动的障碍，也不再是夜战的掩护。拥有这类武器装备，就掌握了夜战的主动权。高技术武器装备还将改变部队的规模和结构，部队编制将发生变化，规模不断缩小，但战斗力更强。高技术武器大量列装，对军人的素质提出了更高的要求。部队中专业技术人员的比例更大，各级指挥员和士兵的文化程度将普遍提高。

高技术战争的一些特征，在 20 世纪 70 年代初的越南战争，80 年代的马尔维纳斯群岛战争，以及美国入侵格林纳达、美国空袭利比亚等局部战争与武装冲突中，不同程度地得到体现。90 年代初爆发的海湾战争，以其区别于传统战争的作战样式、作战手段、作战方法、作战指导和作战理论而成为当代高技术战争比较典型的战例。

二、高技术战争与信息化战争

高技术战争与信息化战争，既有联系又有区别。高技术战争与信息化战争都是高技术大量使用于战争的产物，在现阶段，这两种不同的称谓，其本质是一致的，但也有区别。说其本质一致，一是表现在二者都是以战争中使用的武器的质量作为其称谓的依据，也就是说，以高技术武器装备为主的战争，即为高技术战争；以使用信息武器为主，信息为战争的主导因素时，即为信息化战争；二是高技术战争与“现代化战争”比较近似，都是动态的概念。高技术包括信息技术在内的技术群，从这个意义上讲，高技术战争就是信息化战争。但高技术战争与信息化战争的区别也是很明显的。

一是所依赖的军事技术不同。战争经常是从科学技术的最新成就中利用最多、最快的一个领域，因而高技术战争是当代高技术群体出现后，人类处于高技术时代的产物，而信息化战争只能是人类进入信息化时代的产物。当代高技术主要是指信息技术群、新材料技术群、新能源技术群、生物技术群、海洋技术群、航天技术群等六大技术群，这六大高技术群对当代战争的武器装备、作战方式、战争进程与结局产生了巨大影响，因此高技术战争登上了人类战争历史舞台。海湾战争之前，人们对信息战、信息化战争的谈论还不多，海湾战争后，对信息战和信息化战争的研究才逐渐丰富起来，而且人们普遍认为当前和今后相当长时间内，信息武器是高技术武器的核心；信息在战争中居于主导地位，因此信息化战争具有时代代表性，是高技术战争的核心内容，也是崭新的战争形态。

二是发展趋势不同。高技术为支撑的高技术战争，始终可以用来反映不同时代的战争的内容和本质，然而信息化战争是反映信息和信息技术、信息化武器为标志的高技术战争的一种形态。当机器人武器等其他高技术武器在战争中占主导地位并控制战争的进程，影响和决定战争的结局时，信息化战争这一战争形态，就可能分别向机器人战争等其他高技术战争发生转变。

三、高技术战争特点

从达成战争的目的和手段看，高技术战争具有较强的可控性特点；从战争的领域、范围看，高技术战争具有战场空间空前广阔的特点；从战争的表现形式看，高技术战争具有系统对抗的特点；从作战手段发展变化看，高技术战争具有作战方式多样化的特点；从作战力量的运用的效看，高技术战争具有指挥控制自动化的特点；从对后勤保障的要求看，高技术战争具有消耗巨大的特点。

（一）战争可控性强

高技术局部战争目的的有限性，战争发动者无论有多大的优势，通常都会把战争目标规定在谋求有限的、特定的国家利益范围内。这表现为对战争目的、作战范围、打击目标、作战手段、投入兵力、持续时间诸方面进行有限控制。

在战争目的的控制上，通常不是以威胁对方生存和全面剥夺对方军事能力为目标。而是“不必打死它，只要打服它”。在作战范围控制上，往往不是依据自己所拥有的作战能力来确定交战的地理范围，而是把作战行动限制在一定区域内。在打击目标控制上，主要是打击指挥控制枢纽、重要军事设施和重兵集团等军事目标，尽可能减少无谓的破坏特别是平民的伤亡上。在作战手段控制上，基本尊重国际法，注意控制在常规武器范畴内。在投入兵力控制上，不强调人多势众，而是注意合理够用。在战争持续时间上，由于战争目的的有限，作战能量高效，使战争节奏大大加快，速决性更加突出。现代局部战争不仅受国际社会强有力的影响和制约，常常在国际社会干预下，通过政治外交途径得以解决。

由于以往战争的目的和手段的不同，战争缺乏可控性。当战争机器启动后往往不依人的意志为转移，使战争的规模和进程难以控制，战争不仅难以达到预期的目的，而且造成资源的大量消耗，造成人员的大量伤亡，比如第一次世界大战（1914—1918），直接或间接被卷入战争的国家和地区有35个，对阵双方的动员军队6540万人，死亡军民2100多万人，直接用于战争的费用多达1863亿美元，财产损失3300亿美元；第二次世界打大战（1939—1945），参战国61个，动员军队1.1亿人，军民死亡7000万人，财产损失高达4万亿美元，直接战争费用达13520亿美元。造成了重大的人员和财产损失，造成政治上的被动，战争的结果甚至违背了政治家们的初衷。而高技术武器装备则是杀伤破坏力可以被有效控制的战争手段，因此，战争这个难以驾驭的机器，也具有了可控性，成了实现政治家的政治目的的有效工具。

高技术战争的可控性，主要表现在以下三个方面。

1.有效控制打击的目标

精确制导武器的发展为控制战争提供了相对有效的工具，与传统武器相比精确制导武器可以有效控制实现战争目的，而相对减少对非打击目标的毁伤程度。使“点穴”式的精确打击代替了“地毯式”的狂轰滥炸，以前需要多次轰炸的目标，现在只需一二次精确攻击即能达到目的。比如，二战时，用B－17飞机，需出动4500架次，投弹9000枚方能摧毁一个目标，到了越战期间，用F－105飞机，需出动95架次，投弹190枚，方能摧毁一个目标。而在海湾战争中，用一架F－117飞机投下一枚炸弹，就能准确地命中目标，例如，美国空军投下的制导炸弹在伊拉克电讯大楼爆炸时，紧挨电讯大楼的希拉德饭店却安然无恙。在开战后的36小时中，仅炸死平民23人。在科索沃战争中，北约使用的精确制导武器的数量占总投弹量的90%，轰炸了南联盟40多座城市，而造成人员的死亡总共不到2000人，这与二战期间相同天数中人员平均伤亡100万人相比，是天壤之别。1945年3月9日，美国334架轰炸机对日本东京的一天空袭，就造成了8.4万平民死亡，毁坏房屋26.7万多间。

2. 有效控制战争的规模

对战争规模的控制，除政治因素外，关键在于武器装备的高技术化。高技术武器装备精度高，威力大。一方面，它能够有效控制交战双方的兵力兵器投入的数量。因为在战场上，交战双方都追求较高的军事经济效益。一般来说，能使用少量的兵力、兵器完成的任务，就无需投入更多的兵力。另一方面，高技术武器装备可控制战争的升级和避免战火的外延。虽然高技术战争可能在核威慑下进行，但由于某些高技术兵器的精度与威力空前提高，可达到或超过小型核武器的毁伤力。因此，可避免动用核武器而引起的战争升级。此外，武器的高精度，也能有效避免战火的扩散和战争的升级。

3. 有效控制战争的进程

高技术战争由于作战兵器侦察范围广，打击距离远，战争不再像以往那样，从战场的前沿到纵深逐次进行。高技术武器已经能够通过对纵深重要目标的打击，直接达成战略目的。这样也就避免了战争的久拖不决，缩短了战争的进程，使战争能按照预先计划的那样如期结束。以往战争的时间都比较长。我们且不说历史上长达103年的英法百年战争，就是较近的几场战争持续时间也都相当长，比如第一次世界大战打了4年，第二次世界大战打了6年，朝鲜战争打了4年，越南战争打了14年，两伊战争打了8年。而高技术战争通常以天、小时甚至以分、秒来计算，第四次中东战争只持续了18天，美军入侵巴拿马只有15天，美军入侵格林纳达只有8天，美军空袭利比亚只有18分钟就宣告结束，而以色列攻击伊拉克的核反应堆，仅用了2分钟。像英阿马岛战争、海湾战争这两个中等规模的战争也只分别持续了74天和42天。特别是在海湾战争被称为“沙漠军刀”的地面作战中，多国部队仅用100小时就达到了作战目的，结束了地面作战。

图4－11 “沙漠军刀”地面作战

高技术战争这种较强的可控性，使战争与政治、外交手段能够更好地配合，更好地适应国家政治、外交斗争的需要，更有利于政治目的的实现。“兵久而国利者，未之有也。”无限延长战争进程，导致有限国力的过大消耗，从根本上来说都是不利的。

（二）战场空间广阔

作战空间，随着科学技术和武器装备的发展逐渐呈现出日益拓展的趋势。在高技术战争中，一方面，两军直接交战的战场空间缩小，使用的力量高度集中，对目标的打击高度精确。另一方面，由于大量高新技术综合运用于战场，战争以由陆地、海洋、空中的三维空间，扩展为陆、海、空、天、电多维空间，军队的战略机动能力、远程打击能力和情报侦察能力显著增强，前线与后方、进攻与防御的界线模糊，战争的相关空间即战争部署和作战行动涉及的空间大大扩展。（现在，战略导弹可以打到外层空间或地球任何角落；战役战术导弹的射程已超过 1000 千米；空对地导弹的射程已达 110 多千米；火炮射程已突破 70 千米）

1. 区域向全球战场延伸

第一次世界大战中，决定战争胜负的第一次马恩河战役，战场范围仅有数百至数千平方千米；第二次世界大战中，奥得河战役、柏林战役、诺曼底战役，战场范围也不过数万或数十万平方千米。而海湾战争，战场空间急剧扩展，东起波斯湾、西至地中海、南到红海、北达土耳其，总面积达 1400 万平方千米。人类进入 21 世纪后的首场战争——阿富汗战争，其作战规模远远不及海湾战争和科索沃战争，但其作战空间范围要远比海湾战争和科索沃战争大得多。虽然战争的主战场限制在 65 万平方千米的阿富汗境内，但战争的相关空间延伸到美国本土，遍及全球。美军从距阿富汗 5000 千米外印度洋上的迪戈加西亚基地，使用 B－52 和 B－1B 轰炸机进行远程奔袭，B－2 远程隐形轰炸机甚至从本土起飞实施作战；除主战场外，在世界范围内有 89 个国家向美军用飞机授予领空飞越权，76 个国家授予美军飞机着陆权，23 个国家同意接纳美军部队。18 世纪到海湾战争，战场面积扩大了几十万倍，战场高度扩大了上万倍。（表 4－1）今后随着高、新技术的继续发展，战场还会继续扩大，从发展的角度看，战场正在由区域战场向全球战场延伸。

表 4－1 古今战场空间变化表

历史时期	平均战场面积（平方千米/万人）	战场空间（维数）	战场高度（千米）
18 世纪以前	1	地面	0
18 世纪末—19 世纪初	2～20	地面、海上	0
19 世纪中叶	5～30	地面、海上	1
20 世纪初叶（一战前后）	10～50	陆、海、空	3
20 世纪中叶第二次世界大战	200～300	陆、海、空	10
1973 年第四次中东战争	350～500	陆、海、空、电	30
1991 年海湾战争	约 4000	陆、海、空、电、天	36000
2003 年伊拉克战争	约 10000	陆、海、空、天、信息	36000

2. 空中向太空战场延伸

1903 年美国莱特兄弟发明了飞机，从此打开了空战的大门。1957 年，苏联发射了第一颗人造卫星，人类又把战争的触角伸向了遥远的太空。目前，“太空”已成为军事争夺最激烈的领域。随着空间军事化的迅猛发展，外层空间已成为当今维护国家安全和国家利益所必须关注和占据的战略“制高点”。未来战争将是陆、海、空、天一体化的战争，没有强大的航天力量，不但没有制天权，还将严重削弱制空权和制海权，甚至可能因最终丧失战争的主动权而不能保证国家安全。军委主席江泽民在一次军队重要会议上指出“太空将成为未来重要作战空间，空间作战将对战争进程和结局产生决定性影响，世界主要国家围绕太空展开的军事竞争有可能改变世界军事战略格局。”所以军事强国都把控制太空看作是赢得未来战争的必要条件。法国太空局局长加沃蒂将军在《太空是军事战略要地》一文指出：利用太空是大国军事政策中的一个要素。作为在全球范围内收集、分析、发送信息的重要手段，太空在分析、追踪和处理危机方面发挥着掌握信息的重要作用。从军事战略的角度看，从监视、监听、通讯、大量信息的远距离发送，或者想知道每个时刻己方人员的方位及敌人方位的角度讲，太空都是最好的位置之一。它在获得军事优势方面发挥着极重要的作用。美国空军少将布赖恩·阿诺德一针见血地指出：“从一定意义上讲，控制太空比导弹防御的意义要大得多。”

美国前国防部长拉姆斯菲尔德，在太空委员会发表的一份报告中指出，太空将成为21世纪的战场。美国的一些军事战略家认为，在19世纪，谁控制了欧亚大陆，谁就能称霸世界；20世纪，谁控制海洋，谁就能称霸世界；而21世纪，决定霸业的关键领域将是太空。

太空是无可比拟的战略制高点。它不受地球、国界、天候、地形等因素的影响，在轨道机动能力允许的范围内，卫星、航天器等可以全方位行动，使战争达到真正意义上的灵活和协调。据统计，目前在太空运行的美俄几百颗卫星中，70%以上是军用目的。其中美国和苏联占世界航天器发射总数的93.8%。目前，世界主要军事大国70%的战略情报来自侦察卫星，在航天技术日益发展的今天，任何重大军事行动和地面目标都难以躲过卫星的侦察。为保障对伊战争的顺利进行，美军动用了60颗军用卫星。战前，各种侦察卫星对伊拉克的各种战略目标进行了详细的侦察。在作战中，这些卫星对整个海湾战场进行了全时监控，分别向作战部队提供电子侦察、定位导航、通信支援和气象服务，为美军各个军种提供适时的情报和精确打击的数据。因此，各种航天器是影响陆、海、空军事行动的一个重要因素。

空间技术已经成为现代战争中不可缺少的支援保障体系。当前，在太空战场中的军事活动，还仅仅局限于军用卫星对其他战场的支援和保障，真正太空武器之间的直接对抗还没有开始。但从发展趋势看，“天战”将不可避免。因为，美、俄都已成功地进行了导弹打卫星、卫星打卫星的试验。并且美军在2001年1月22日—26日，美国空军在科罗拉多州斯普林斯空军基地秘密举行了新世纪首次太空演习。在模拟演习中，动用了大批军事航天器，模拟拦截战略导弹和使用地面激光武器打击太空目标等，甚至使用了卫星武器，以干扰“敌方”卫星的通讯指挥。演习的目的就是要“加强美军的太空战威慑能力”。美国1982年组织成立了空军航天司令部，1983年成立了海军航天司令部，1985年美军把空军、海军航天司令部及陆军导弹防御司令部合并共同组建了联合军事航天司令部，集中执行太空作战任务。

2001年1月11日，美国国家安全太空管与组织委员会发表报告建议，在陆、海、空三个军种之外，建立一支独立的约3万人的太空作战部队。为了加快太空作战部队的建设，美军去年成立了太空作战学院，专门为美军培养太空作战人才。美军预计到2015年前后，将建成真正意义上的太空作战部队，并逐渐发展成为一个全新的军种——“天军”。美国发展导弹防御系统的真正意图是建立太空战场，先机抢占太空制高点。美国太空系统计划到2010年部署200颗卫星，其中60～70颗是针对中国的。到2030年美国的在轨卫星可能达到800颗，形成庞大的太空侦察和作战系统。为了充分占有太空优势，美国还将采取措施阻止别国发射卫星。俄罗斯专家认为：“中俄如果现在不采取行动，到了2010年太空将没有我们的位置。”据此，人们预测，到21世纪初，外层空间将成为未来战争的主战场。

针对美军的这一行动，2001 年 1 月 25 日俄罗斯总统普京做出决定，将其空间力量完全独立出来，组织一支可与美国抗衡的新的“军种”部队。3 月 28 日，普京签署命令，任命原战略火箭军参谋长兼第一副总司令别尔米诺夫上将为俄罗斯“天军”的首任司令。正式成立新的太空部队。“天军”是一支凭借航天技术和一些尖端武器装备来执行空间军事任务的高技术队伍。它由航天发射部队、航天测量跟踪管理部队、航天监视作战部队、军事航天员部队等四大部分组成，统一由航天司令部指挥。其主要任务是拦截攻击外层空间目标和地面目标以及为其他军兵种提供侦察、预警、指挥、控制、导航、通信、气象等多种支援保障。

3. 有形向无形战场延伸

陆、海、空、天战场对我们来说都比较好理解，因为这些战场上的各种武器，如坦克、飞机、舰艇、卫星都是看得见、摸得着的东西，这些战场都属于有形战场，那么无形战场指的又是什么样的战场呢？这就是我们看不见的电磁波所形成的战场，也称之为电子战场。电子战是敌对双方利用电子技术设备进行的电磁领域的斗争，它以电子侦察和反侦察、电子干扰与反干扰、电子摧毁和反摧毁为基本内容，其目的是削弱、破坏对方电子设备的正常工作，使其通信中断，指挥瘫痪、武器失控、雷达致盲，最终丧失作战能力，它是现代战场上夺取胜利的神经中枢。尽管这个战场我们看不见，但实践证明，谁掌握和拥有制电磁权谁就能取得主动权，谁就有可能赢得战争的胜利。比如，在 1973 年第四次中东战争中，以色列没有重视在电磁领域的斗争，结果被叙利亚的防空导弹一下子击落了一百多架飞机，损失极为惨重。9 年以后的 1982 年 6 月 9 日，以色列与叙利亚在贝卡谷地展开了一场“中东历史上最大的空战”。贝卡谷地是位于黎巴嫩东部靠近叙利亚边境一块狭长谷地，谷地两侧高山连绵，地势险要，历来为兵家必争之地。叙利亚在此部署了 19 个萨姆—6 地空导弹连，直接威胁着以军空中作战的安全，以色列吸取了上一次作战的教训，加强了电磁斗争的手段，首先用电子干扰，压制和破坏叙军的防空雷达、指挥、通信系统，然后实施了猛烈的空中突击，先后击落叙利亚飞机 90 架，而自己才损失了 10 架飞机，以色列仅用了 6 分钟的时间就摧毁了叙利亚价值 20 亿美元的 19 个萨姆—6 防空导弹连，取得了重大的胜利。从以上两个例子，我们不难看出制电磁战在战争中的巨大作用。电磁优势已成为现代战争争夺的制高点。海湾战争再一次以血的教训向人们展示了夺取制电磁控制权的重大意义。在“沙漠风暴”空袭行动开始前 5 个小时，多国部队开始对伊军实施代号为“白雪”的电子战行动，对伊军雷达、侦察和通信系统发起猛烈的“电子轰炸”。在地面使用了电子干扰车和一次性使用的干扰器材，在空中出动预警机和大批 EA－6E、C－130 等电子战飞机，对伊军防空雷达、通信系统进行压制性大功率干扰，使伊军处于雷达迷盲、通信中断、制导失灵、无法指挥的混乱之中。“白雪”行动奇迹般的打击效果，使得伊拉克在开战不到 7 天的时间里雷达开机量下降了 90%，防空系统基本处于瘫痪状态。伊拉克在失去了电磁控制权以后，自动化指挥系统瘫痪，防空系统失灵。虽然它拥有作战飞机 680 架，却没有能击落一架多国部队的作战飞机；拥有 1700 枚防空导弹，只打下了一架多国部队的作战飞机。而多国部队呢，共出动了 11 万多架次，整个战斗损失只有 9 架，基本上没有遇到什么威胁，通过上述战例我们不难看出，电子战在未来战争中的地位和作用是何等的重要。

所以，美国前参谋长联席会议主席穆勒，这位海军上将曾大胆地预言：“如果发生第三次世界大战，获胜者必将是最善于控制和运用电磁频谱的一方。”

伊拉克战争美军凭借在电子技术上的显著优势，出动 EA－6B“徘徊者”电子飞机等，实施超强电子干扰，保障空中突防和地面进攻。所以，未来高技术战争，将是在陆、海、空、天、电的五维战场空间里进行。

（三）作战方式多样化

从战争史来分析，技术决定战术，有什么样的武器，就有什么样的作战方式，在冷兵器时期，双方使用的是刀枪剑戟，当时采用的是集团战术，非常重视摆兵布阵，无论怎么打，都要求自己的阵形不能散，阵脚不能乱。到了热兵器战争时期，枪的出现，使作战队形发生了变化，原来的密集整齐的队形，变成了疏开零散的队形。机关枪、铁丝网出现以后，堑壕战成为一种比较管用的作战方式，当坦克出现以后，又发展成了机动作战。到了高技术战争中，由于一大批高、新技术群在战争中的广泛运用，出现了各种各样的作战方式，比如，导弹袭击式的“精确战”；外科手术式的“点穴战”；破坏结构式的“瘫痪战”；非致命式的软杀战”；指挥控制式的“信息战”；陆、海、空、天、电一体的“全维战”，此外，还有“环境战”“太空战”“心理战”等等，可以这样说，“作战方式”这个大家族已进入了空前未有的繁荣时期。分析这些作战样式，不外乎两类，一类是全新的作战样式，如非致命战，计算机病毒战等等；另一类是传统的作战方式，由于高技术的运用，又赋予了传统作战方式新的内涵。

总之，作战方式多样化，为指挥员提供了新的回旋余地，增强了作战选择的灵活性。如，美军 1986 年 3 月至 4 月中旬，为了教训利比亚，采取了“外科手术”式的新的空袭作战方式，使美军在极短的时间内即达到了战争的目的，这次行动只用了 12 分钟的时间。从而避免了像朝鲜战争和越南战争那样，进行兵力入侵而深陷泥潭、不能自拔的窘境。

1. 计算机病毒战

海湾战争爆发前，美国中央情报局获悉，伊军从法国购买的一批用于防空系统的打印机，准备通过约旦首都安曼运到巴格达，随即派特工在安曼机场偷偷用一块固化病毒芯片与打印机中的同类芯片作了调包，海湾战争爆发后，美军用无线遥控装置将隐藏在计算机中的病毒激活，致使伊军防空系统陷入瘫痪。

在科索沃战争中，自从北约开始对南联盟空袭之日起，北约的官方网站便不断遭到来自贝尔格莱德及其他热爱和平的国家的黑客的攻击，被称为科索沃战争的“第二战场”。黑客通过网络潜入北约官方网站的服务器，致使北约官网网页出现空白；北约官方网站的内部电子信箱系统也被黑客光顾，每天收到 2000 多封非法邮件的“电子轰炸”，使北约的部分计算机的软件和硬件多次遭到来自南联盟的电脑病毒的重创。

2. 指挥控制自动化

计算机走上战场也给指挥手段带来了革命性变化，其标志就是军队指挥自动化系统的产生。20 世纪 70 年代以来，大量新技术兵器应用于战场，参战军兵种不断增多，战场日益扩大，使得部队机动高速化，战场情况变化急剧，战机稍纵即逝，战争指挥的工作量大大增加，而用于指挥的时间却大大缩短。这就要求指挥员和指挥机关对瞬息万变的战场情况能实时掌握和了解，周密分析，准确判断和迅速定下决心。微电子技术和计算机技术的迅速发展，为军队作战指挥提供了新型的指挥工具，于是便发生了军队指挥方式上的重大变革——实施自动化指挥。

在高技术条件下的战场空间上，在极短的时间内，要对多种作战力量、多种作战方式实施有效的指挥，发挥整体威力，没有高度自动化的指挥控制手段，是很难完成作战任务的。如，海湾战争中，美军在海湾建立的战区自动化指挥系统，通过通信卫星和地面通信设备构成通信网，与美国五角大楼、中央总部以及参战各国军队的指挥系统联为一体。美军中央总部每天都要协调30多个国家78万人的各类作战行动。指挥协调来自12个国家40多个型号的2000多架次飞机，从数十个机场和多艘航空母舰上起飞，共出动11万多架次，对伊拉克上千个目标进行轰炸，仅每日颁布的“空袭任务程序”就长达700多页，整个战争期间处理的军事信息达上千万字，相当于一部大型百科全书的文字量。这完全得益于它先进的指挥自动化系统。

伊拉克战争是美国进行的一场信息化战争，以信息技术为基础，以信息环境为依托，用数字化设备将指挥、控制、通信、计算机、情报、电子对抗系统联为一体，实现个军兵种信息资源共享、作战信息及时交换。大大提高了指挥员指挥作战的能力。

同样，从马岛战争中，英军击沉阿根廷唯一的一艘万吨级巡洋舰“贝尔格拉诺将军”号这一过程，我们也能看出指挥自动化系统的巨大作用。当美国侦察卫星发现阿根廷巡洋舰“贝尔格拉诺将军”号正在马岛附近行驶，就及时将这一情报提供给英国特混舰队，该舰队立即制定了消灭巡洋舰的作战方案，并报送英国战时内阁，战时内阁批准了这一方案，特混舰队又把任务下达给已在靠近该舰海域的英国核动力潜艇“征服者”号。“征服者”号随即发射了两颗鱼雷，就将“贝尔格拉诺”号葬身海底。从这个例子可以看出：战争发生在海上，而情报却来自天上的侦察卫星；作战在南半球进行，而指挥命令却发自北半球。信息由空到地，由东到西，由南半球到北半球多次远程传递。这一切仅凭借感官是无法详察和控制的，必须依靠自动化的手段来实施指挥。

从上面两个例子我们可以看出，指挥控制自动化是高技术战争的必然要求，没有指挥控制自动化，高技术战争就无法进行。从某种意义上说，没有指挥控制自动化，就没有高技术战争，这也是指挥控制自动化成为高技术战争特点的重要原因。

现代科学技术的发展，特别是侦察技术、通信技术和计算机技术的发展，促进了军队C^4ISR系统的建立，使军队指挥自动化得以成为可能。C^4ISR系统(指挥、控制、通信、情报、监视和情报)紧密地联成一体，帮助指挥员进行正确的决策和指挥。而且，它就像“粘合剂”一样，把战场上的各种力量形成一个整体，使作战能力获得成倍的增长，所以，人们通常把C^4ISR系统称之为“力量的倍增器”。有人把军队实现指挥控制自动化，是自航空母舰、核武器之后“军事上的第三次革命”。

（四）战争消耗巨大

从作战保障这个角度看，高技术战争呈现出“消耗巨大”的特点，其主要原因有以下两个方面。

1. 武器装备费用上升

由于武器装备日益向着自动化、智能化、集约化方向发展。一件先进的武器装备，往往集中了许多科学研究成果，研制难度大、周期长、风险高。因此研究生产高级术武器装备的费用和购置费用的投入明显增加。美国国防部曾对20世纪70年代初期新、旧两代战斗机的13项主要技术性能进行过比较，结果明显表明：飞机的主要性能每提高1—2倍，研究费用就要增加4.4倍，生产成本增加3.2倍，不仅研制费及采购费用高，而维修费用也相应增加，二次世界大战后，世界各国的装备费的增长率平均超过45倍，以美军为例，1999财年武器装备个研制费用为440亿美元，2000财年达到530亿美元，2001财年又增至600亿美元。高技术武器装备比以往的武器装备复杂，在装备研制、采购、维修费用上的高投入，造价昂贵，所以它的费用也比以往大幅度的上升。在二战结束时，坦克只有5万美元，战斗机才10万美元，即使是航空母舰也只有 700 万美元。而海湾战争中，武器装备的价格比以前以几十倍，甚至上百倍的上升，如 M1 坦克为 200 万美元，相当于二战时 40 辆坦克的价格；”爱国者“导弹为 110 万美元；F－15 战斗机为 5040 万美元，相当于二战时 500 架飞机的价格；F－117 隐形战斗轰炸机为 1.06 亿美元；航空母舰也已达到了 35 亿美元，比以前提高了近 500 倍。仅海湾战争多国队投入的武器装备价值就达 1020 亿美元，而第一次和第二次世界大战各国投入的武器装备总价值才分别为 20 亿和 400 亿美元。例如，美国第四代战斗机 F－22，研制费约 200 亿美元，单机采购费 1.5 亿美元；B－2 隐形轰炸机，研制费约 450 亿美元，单机采购费达到 10 亿美元。

海湾战争后，武器装备的价格近一步上扬，特别是新一代的高技术武器装备，其价格更是呈几倍甚至几十倍增长。

美国学者詹姆士·F·邓尼根指出：“如果武器装备的价格以过去 70 年的速度增长，那么大约再过 70 年，美国现在的国防预算(3100 亿美元)将只能够生产一架作战飞机。

2. 战场物资消耗增多

以单兵每天平均物资消耗为例，二战时是 20 公斤，越南战争时是 90 公斤，海湾战争时已经达到了 200 公斤；再看战场每月弹药消耗，朝鲜战争是 1.8 万吨，越南战争是 7.7 万吨，海湾战争时已经达到了 35.7 万吨。战场物资消耗猛增，使后勤运输面临严重困难。为了保证美军在海湾作战，美国建立了第二次世界大战以来最庞大的后勤运输体系。在空运上，动用了军事空运司令部 90% 的运输机，还租用了国内、韩国和德国等 30 多家航空公司的飞机。在海运上，军事海运司令部出动了 135 艘运输船，后备役船队出动了 170 艘商船，还租用了 78 艘外籍船。在地面运输上，美国本土动用了 7 个州的 2400 节火车皮，在沙特组织了 5000 辆运输车。有人计算，海湾战争中，美国从国内运往中东的各种物资总量达到了 1 亿 8 千 6 百万吨，等于把像美国亚特兰大这样规模的一个中等城市搬运到了海湾。

正是由于以上两点，使高技术战争的军费消耗相当惊人。第二次世界大战时，美军日消耗军费只有 1.94 亿美元；越南战争时，也只有 2.3 亿美元；而海湾战争，光美军平均一天的消耗就高达 14 亿美元。这样的战争不要说我们打不起，即使美国这样的超级经济强国也感到力不从心。在海湾战争之前，美国就扮演了乞丐的角色，四处游说乞讨，最终获得了 540 亿美元的援助。这 540 亿美元占了海湾战争总耗费的 88%，正是这 540 亿美元解了美军的燃眉之急，使他们得以把这场仅有 42 天的战争维持下来。有人据此预测：如果伊拉克能有办法将战争再拖延 2 个月，那整个战争军费消耗就将会达到几千亿美元，这对美国来说将是打不起的战争。

美军一个装甲师在地面战斗阶段，每天需要燃料 50 万～75 万加仑；将一枚普通炸弹改装成直接攻击弹药需要 2.1 万美元的改装费；进行一个架次的轰炸任务每小时的开支 1 万～1.5 万美元；部署一个航母战斗群一天则需要 300 万美元；一份军用速食食品 6.77 美元，30 万美英联军一天的饭费就需 600 万美元；战争结束将部队和装备运回国内将花费 90 亿美元。这次战争的费用达到 990 亿美元。

战争消耗巨大这一特点表明，高技术战争是以强大的综合国力作为后盾的。没有强大的综合国力，军队的现代化就无谈起，没有强大的综合国力，就难以支撑高技术战争。从这个侧面，同学也能更深刻地认识到，当前为什么我们党确立以经济建设为中心，为什么把“是否有利于提高我国的综合国力”作为改革成败的标准之一了。道理很简单，因为只有国力增强了，我们才能有强大的国防，才能从容地应付可能降临到我们头上的高技术战争。

但在强调提高国家的综合国力的同时，必须要处理好经济建设与国防建设的关系，做到协调发展。经济建设搞好了不等于国防建设就一定上去了。在这方面，科威特的教训应值得我们认真汲取。

科威特号称是“浮在油海上的国家”，依靠石油出口，这个国家的人可以说达到了“富得流油”，经济建设上去了，但其国防建设却相当薄弱，致使在1990年伊拉克只用了不到10个小时就占领了科威特的全部国土。但是，我们也不能因为过分强调国防建设而妨碍国家的经济建设的顺利进行。苏联解体的教训是非常惨重的，至今令历史学家、政治家们惊异不已，如此一个庞大的国家，竟会在一年多的时间内四分五裂，这在历史上是从无先例的，究其原因，就是多年来，苏联坚持与美国搞军备竞赛，使国内经济畸形发展，它的原子弹爆炸成功了，卫星上天了，但老百姓连土豆都吃不上，最终导致苏联的垮台。直到现在，这个后遗症还严重地困扰着俄罗斯军队，军人的工资发不出去，甚至连最起码的生活都很难以维持。法国《费家罗报》曾报道，俄罗斯的战略导弹部队的一个单位的5名士兵杀死一名上士，并扣压了46名人质，在联邦安全局突击之后，劫持人质者投降了。州长列别得说：五个月来，导弹部队的军官还没拿到工资，他不排除军队发生暴乱的可能性。俄罗斯媒体披露了一惊人的内幕，消息题名为《俄罗斯士兵卖友求财》，由于俄军薪金太少，一些士兵把自己的战友当作人质卖给车臣叛军，以此换取钱财。所以，现在俄罗斯的军队中流传着这样一句话：政府假装关心我们，我们也假装保卫国家。他们偷偷地把许多坦克、大炮，甚至制造核武器的原料都给卖掉了，据法新社报道“土耳其警方缴获从俄罗斯走私的可用来生产核武器的核材料，并逮捕了四名俄罗斯人”。现在只要有钱，在俄罗斯几乎什么武器都可以买到。

图4-12　故事片《狂吻俄罗斯》

故事片《狂吻俄罗斯》中有这样一个有趣的镜头，中国倒爷为了摆脱一个俄罗斯走私犯的纠缠，就吓唬他说：“有坦克吗？”没想到对方回答得很干脆，“有。”又问他有飞机吗？他又回答说：“有。”这时，中国倒爷索性说：“我要火箭”，没想到对方反过来问到：“你要几个？”这虽然是一个喜剧情节，但比较真实地反映出俄罗斯武器失去控制这一现状。这些都是搞军备竞赛，导致国内经济畸形发展带来的恶果。目前，全世界一年的军费总额已超过了一万亿美元，也就是说平均每分钟就有200万美元耗费在军事活动中。所以，如何处理好经济建设与国防建设的关系，这是各国政府所面临重大课题。

四、高技术战争对国防建设要求

军事对抗从来就是一种系统对抗。在高技术战争中，这种对抗表现的更为突出。随着高技术的发展，武器系统“矛盾相互制约”的状况已被“多矛多盾相互制约”系统对抗所代替。武器战斗效能的发挥，不仅取决于其战斗的杀伤威力，而且还取决于构成战斗体系的情报探测系统、指挥控制系统、通信系统、信息处理系统、机动系统、防护系统等各个子系统的共同作用。整个作战体系的作战效能不再是各个作战系统效能的简单相加，而是整体大于部分之和的倍增关系，特别表现为几个关键性系统的效能之乘积。现代战争不在是单个或数个作战力量单元之间的对抗，而是整个作战体系的较量。由此，在高技术战争条件下，也国防建设提出了新的要求。

（一）武器装备方面

从武器装备方面讲，以往军事装备建设大都是重视单项战术技术性能的提高。在高技术条件下作战，任何一种单一武器，如果没有其他武器装备的配合，无论它的技术如何先进是无法完成任务的。例如，美国的“爱国者”防空导弹（图4－13）作战系统，它由预警卫星、多功能相控阵雷达、百万次高速信息处理机、导弹发射架、导弹等多部分组成。在拦截“飞毛腿”导弹时，当伊拉克“飞毛腿”导弹一发射，预警卫星立即探测到导弹尾部的火焰，并将信息传到澳大利亚的地面站，同时通过通信卫星传送到美国本土的航空航天司令部夏延山指挥中心。两地的计算机把“飞毛腿”发射红外特征和可能的弹道数据进行比较，然后再利用来自预警卫星的数据确定弹着点，再经过卫星将处理好的信息传到利雅得的中央司令部前线指挥中心和“爱国者”防空导弹中心，这两个中心控制和引导“爱国者”导弹对“飞毛腿”进行拦截。同时中央司令部前线指挥中心把“飞毛腿”发射阵地的坐标通报给正在巡逻的作战飞机，并命令作战飞机向“飞毛腿”导弹发射架攻击，将其摧毁。

图4－13 “爱国者”防空导弹

未来战争的胜负在很大程度上取决于谁的军事装备体系更完善、更配套，谁的军事装备一体化程度更高，谁能掌握信息优势并将其转化为全面优势。有鉴于此，我们在武器装备的建设和使用上亦应确立“体系”的新观念，从体系的角度来思考和谋划武器装备的建设和发展，使武器装备体系具有极大的黏合强度和聚合能力，达到战斗力的最佳集成。这是从武器系统而言的。

（二）作战力量方面

从作战力量方面讲，按照系统集成的观点，建立超联合的一体化作战部队。未来信息化战争是高度一体化的作战，使用传统的诸军兵种力量实施联合作战，已难以适应这种高度一体化作战的需要。为此，未来军队组织的编成，将打破传统的陆、海、空、天等军种体制，按照侦察监视、指挥控制、精确打击和支援保障四大作战职能，建立四个子系统，即：探测预警子系统、指挥控制子系统、精确打击子系统与作战子系统和支援保障子系统。探测预警子系统将所有天基、空基、陆基和海基侦察监视平台和系统联为一体，完成对作战空间全天候、全方位的实时感知；指挥控制子系统把所有战略级、战役级和战术级指挥控制和通信系统联为一体，将对作战空间的感知和信息转变为作战决策和控制；精确作战和打击子系统将所有作战单元和打击兵器联为一体，按照指挥控制系统的决策和控制，对敌方实施精确作战和精确打击；支援和保障子系统为作战行动提供实时精确的保障。这四个子系统的功能紧密衔接，有机联系，构成一个大的一体化作战系统。

按照这样一个思路构建的军队，将从根本上抛弃工业化军队建设的模式，革除偏重发挥军种专长和追求单一军种利益的弊端，使作战力量形成“系统的系统”或“系统集成”，从而能够充分发挥整体威力。

（三）军种兵力结构方面

美军认为，现代高技术局部战争随着战争战略企图的变化，作战中依靠单一军兵种或作战手段，难以取得预期的战略目的，战争行动的成败最终取决于作战系统的整体作战效能的发挥。所以在当前军队建设上，特别重视提高自己最为不足之处的，也就是使军队的整体作战能力能够获得全面提高。

高技术战争中各种作战力量已形成为一个整体，它们之间相互关联、相互依赖。这就要求各军兵种之间发展必须要协调。否则，就会因为某一作战力量在某一战场上的被动，而造成全局的被动。就拿陆、海、空三军来说，如果没有了空中力量，那地面和海面的力量就等于失去了行动的自由权。而对一个濒海国家来说，没有海上力量，就等于失去了半壁江山。海湾战争中，伊拉克遭到惨败，这与他的军兵种结构不合理有很大关系。伊拉克拥有 120 万军队，号称是世界上第四大军事强国，但他的军兵种比例很不协调，120 万人中，陆军占了 115 万人，占他总兵力的 96.5%，而空军兵力只有 4 万，占 3%，海军更少，只有 5000 人，只占 0.4% 对伊克军兵种构成来说，构成桶壁的木板是长的太长，短的太短，这个木桶基本上装不了水，军队的整体作战能力也就无从谈起，所以出现失败的结局也就不足为怪了。当前，各个国家在保证军兵种的协调发展上普遍的做法是，减少陆军的比例，适当增加海、空军和特种部队的比例。

例如，美军在本世纪初削减陆军员额裁减 25%，海军裁减了 14%，空军则只裁减 19%，美军现役兵力由 210 万人减至 140 万人。在武装力量构成上，现役兵力的比例将下降，预备役兵力的比例将有较大幅度上升。在核力量和常规力量的对比上，常规力量的地位将上升，核力量的数量将相对下降。在陆、海、空三军兵力的对比上，陆军兵力所占比例将下降海、空兵力比例将上升。在战斗部队与保障部队的比例上，战斗部队将相对减少，保障部队将增加，各军兵种的结构进一步趋于合理。实现部队结构的整体优化和作战力量的系统集成。

（四）武器配套建设方面

1982 年在黎巴嫩贝卡谷地发生了一场空战，交战双方分别为以色列空军和叙利亚空军，当时叙利亚方面共出动了 110 架飞机，以色列出动了 180 架飞机，这场空战的结果是 84 比 0，也就是以色列击落叙利亚 84 架飞机，而自己无一损失。这个空战结果在当时引起了世界的震惊。为什么会出现这么大的悬殊比分呢？从飞机的性能上看，双方差距并不悬殊，那么差距到底在哪里呢？我们看一下它的兵力结构，叙利亚无论是米格 -21，还是米格 -23 都是歼击机，即只有歼击机一种型号，而以色列出动的不仅有相当于歼击机的 F-15、F-16 战斗机，还实施对地面攻击的 F-4、F-16 和“幼狮”飞机，除此之外，它还出动了用波音 707 改装的电子干扰机、预警指挥机 E-2C（图 4-14）。对叙利亚来说，不用说最低的那块板在那里，而是有几块板根本就不存在。

在整个空战过程中，叙利亚的飞机从机场上刚刚滑出跑道、就被盘旋在地中海上空的两架以色列 E—2C 鹰眼”预警机的牢牢地监视之下，被它看得一清二楚，然后预警机就把叙利亚的飞行数据情况通报给以色列的空中战斗机编队，并且引导自己的战斗机编队以最佳的路

图 4－14　E－2C 预警指挥机

线，在最佳的位置上对叙利亚的飞机进行拦截。而叙利亚方面，飞机一起飞，它的地面引导雷达网就受到以色列电子干扰机强烈的干扰，地面雷达网失效，与空中联络中断，同时机载雷达也失去了作用。好似盲人瞎马，误打误撞，这样，只能依靠飞行员用眼睛来搜索空中的目标，导致双方的作战环境严重不平衡。一个是千里眼，一个是近视眼，一个在明处，一个在暗处。所以叙利亚的飞机在升空二三分钟后，还没有发现敌人在哪里，就稀里糊涂的被击落了。战后，许多军事专家无不感慨地指出："使人畏惧的战斗力正是源于这种由一架预警机和若干架高级战斗机组合成一体的体系。

以上战例说明，在武器的发展和使用上，也一定要做到系统配套，不但要使作战系统的发展配套，同时，特别重要是要重视支援和保障系统的配套和发展。因为现在作战支援和保障系统在整个武器系统中所占的比例越来越大。例如，海湾战争中的"沙漠风暴"行动中，每出动 100 架飞机中，真正执行轰炸任务的飞机只有 30 架，而战斗掩护飞机达到 20 架，支援保障的飞机达到了 50 架。所以我们认为，作战系统与支援保障系统之间的发展一定要配套。

（五）军人综合素质方面

人和武器是战斗力构成的两个基本因素。那么，对一场战争来说，它的胜负是由人决定的，还是由武器决定的呢？对这个问题，我们从军事史来看，每当一种重要的新式武器出现时，人们总会对这一问题进行争论。18 世纪，新式步枪出现并在战场上发挥主要作用时，经过一番争论后。恩格斯做出了结论，他说赢得战争胜利的是人而不是枪。在这之后，又陆续出现了坦克制胜论、空军制胜论、海军制胜论、核武器制胜论等种种说法，对此，毛泽东做出了科学的回答，认为决定战争胜负的不是一两件新式武器，人仍然是战争胜负的决定因素。江泽民指出："人才是兴军之本，必须把培养和造就大批高素质人才作为军队现代化建设的根本大计来抓。我们历来强调，决定战争胜负的是人而不是武器，无论武器装备发展到什么程度，人在战争中的作用始终是第一位的。"当高技术战争到来时，特别是高技术武器在战争中大出风头时，许多人对这个根本问题再一次产生了疑问。那么在高技术战争中，决定战争胜负的究竟是人，还是高技术武器呢？我们不妨仍以海湾战争为例再作一分析。

在海湾战争中，伊拉克的武器装备虽然与美国为首的多国部队相比，虽有一定差距，但伊拉克同样也拥有许多世界一流的先进装备。就拿飞机来说，它拥有米格－29、幻影－F1 等世界一流的作战飞机，再比如防空导弹，它有各种苏制防空导弹、法国的罗兰导弹以及美国的霍克式防空导弹，只不过由于它的人员素质不高，致使许多新式武器没有能在战场上发挥出应有的作用。伊拉克还从科威特手中缴获了一批"隼"式防空导弹，这是一种性能比较先进的武器，对美军的空中行动构成一定的威胁，令美军十分担忧。但随后他们就觉得这种担心是多余的了，这是为什么呢？因为他们通过情报获悉，伊拉克官兵素质低，在短时间内根本无法掌握这种导弹的技术性能。那么伊拉克官兵素质低到什么程度呢？据资料统计表明，有一半以上是文盲或半文盲。

与伊拉克官兵素质低而形成鲜明对比的是，1991 年的海湾战争，负责战场指挥的 7 名美国高级指挥官中，有 6 人具有硕士以上学位，成功地实施了战略协同和作战指挥，被称为“硕士导演的战争”。参战的美军军官 98% 以上是大学本科毕业生，士兵 98% 以上是高中毕业生。这些高素质的官兵使装备的各种高技术武器的性能得到了淋漓尽致的发挥。海湾战争后，美国国防部在给国会的最后报告中，直言不讳的指出：“尽管武器装备在战后成为人们赞扬和谈论的重点，但归根到底，获得这场战争胜利的还是美国的男女军人。”美军认为：“高素质的军事人才是美国军事力量中最重要的决定性因素。”目前，美国军官全部为大学本科以上学历，其中硕士、博士占 38.4%。俄罗斯军官 98% 以上受过高等教育，日本军官全部具有大学以上文化程度，印度也要求营以上军官必须获得硕士学位。所以，在高技术战争中，决定战争胜负的依然是人，而不是几件高技术兵器。在高技术条件下战争对人的素质要求，已经从侧重体力和精神素质，转到了侧重于知识、智力、能力和心理等综合素质。

在伊拉克参战的美军军官的情况，美中央战区司令上将佛兰克斯是公共管理硕士（希彭斯堡大学），中央战区陆军司令、第三集团军军长基庭中将（威廉姆与玛利大学），中央战区空军司令、第九航空队司令中将莫斯里（得克萨斯州大学）政治学硕士，中央战区空军副司令准将爱兰德是底特立大学工学博士，第三集团军副军长少将斯特拉曼是南加利福尼亚大学硕士，第十八空降军长中将麦克尼尔是北卡罗来纳州立大学工学学士，第十八空降军参谋长准将金米特哈佛大学硕士，第三机步师师长少将布郎特三世是防务安全与战略研究硕士（海军学院），101 空中突击师师长少将佩特鲁斯是国际关系学博士（普林斯顿大学），第四机步师师长少将是核效工程硕士（北卡罗来纳州立大学）、国家安全与战略硕士（海军学院）。

当前，世界各国越来越深刻地认识到知识的重要性，美国等发达国家正在致力于建立一支以智能为基础的军队，一些技术水平较低的国家也在努力提高其军队的知识密集程度。

我军正在走中国特色的精兵之路。中央军委在《“九五”期间军队建设计划纲要》中，也从战略指导上明确提出军队要实现“两个根本性转变”，这就是在军队建设上要实现由数量规模型向质量效能型、由人力密集型向科技密集型的转变。江泽民主席在《十五大报告》中宣布，在20 世纪 80 年代裁减军队员额一百万的基础上，我国三年内再裁减军队员额50 万。这是从数量规模型向质量效能型转变上迈出的坚实一步。从历史上看，不同时期的战争，对人员的素质要求是不一样的。冷兵器时期的战争，作战主要靠人的体能，即使没有文化的人，经过短期训练也能够打仗；热兵器时期的战争，靠的是人的技能，只要有一定的文化知识，经过严格的训练，就可以驾驭现代武器；而高技术战争靠的是人的智能，必须要有较高的科学文化知识才能驾驭高技术武器装备。江泽民同志曾强调：“面对新的挑战，我们要做的工作很多，但首要的，是加强现代技术特别是高技术条件下局部战争的学习研究，提高全军的现代军事科技知识和军事理论水平，增强全军各级指挥员组织指挥现代化战争的能力和才干。”现代高技术战争，是科技战、知识战，军队越来越成为知识密集、技术密集的武装集团。这就要求指挥员更应提高自身的技术素质和知识素养。所以早在 20 世纪 80 年代中期，我国著名的科学家钱学森在一次会议上提出，为了应付 21 世纪可能的战争，我军今后“师职干部要是硕士、军职干部要是博士”的设想。顺着这一目标，我军正在加速高素质人才的培养，建立了经院校培训提拔干部的制度，并开辟了接受地方高校毕业生及引进地方专业人才、依托国民教育培养军官等吸纳高学历、高层次人才的新途径，使一批批高学历、高层次干部陆续跨入军营，并将逐渐成为我军干部队伍的主力。

思考题

1. 军事高技术特点有哪些？
2. 军事高技术对现代战争有哪些影响？
3. 航天技术在军事上的应用有哪些？
4. 自动化指挥系统对作战的优势是什么？
5. 高技术战争与信息化战争的区别是什么？
6. 高技术战争的特点有哪些？

第五章　信息化战争

教学目标：了解信息化战争的形成、发展趋势和与国防建设的关系，熟悉信息化战争的特征，树立打赢信息化战争的信心。

第一节　信息化战争概述

信息化战争是一种新型战争形态，是指在信息时代，核威慑条件下，交战双方以信息化军队为主要作战力量，在陆、海、空、天、电等全维空间里展开的多军兵种一体化的战争。这种战争大量的运用具有信息技术、新材料技术、新能源技术、生物技术、航天技术、海洋技术等当代高新技术水平的常规武器装备，并采取相应的作战方法，在局部地区进行。一般来说，其目的、手段、规模有限。它要求国家战略、国防经济、国防科技和军品生产、军事思想、战争样式和作战方式、军队建设和管理、战争准备、战略战术、后方保障等各个方面，都要进行深刻的改革。

今天，正当我们走过工业时代而迈入信息时代之时，一种全新的、与信息时代相适应的战争形态——信息化战争已经展现在我们面前。如果说海湾战争标志着机械化战争向信息化战争的转折，科索沃战争是信息化战争的初露端倪，那么新世纪的第一场战争——阿富汗战争则预示着信息化战争得到进一步发展，而伊拉克战争则让我们看到了信息化战争的雏形。我们必须面对变革，紧跟时代，更新观念，抓住机遇，与时俱进，迎接挑战。

一、信息与信息技术革命

（一）信息及其要素

人类应用信息的历史，从产生语言和出现文字起至今已有几千年了，但是“信息”一词的出现仅有约一百年。今天，信息与我们密不可分，信息无处不在，信息成为物质、能量之后的又一重要财富。

一位学者说过，“文明是通过信息的流量、流速来体现的。”信息的真正价值就在于它的流动，只有通过流动，信息才能被人们所认识、利用并产生出效益，使信息的价值得到体现。所以，研究信息应从信息流动入手，而信息的流动实际上是在构成信息的三大要素之间进行的，这三大基本要素就是信源、信宿及信道。

1. 信源又称信息源，是信息的发源地，或者说是信息的出处

信源大体分为三大类：一是来自自然界，包括天体、地理、生物等方面的信息；二是来自社会，包括人类社会的生产、经济、军事等方面的动态与情报；三是他人的知识，包括古今中外流传下来的知识及专家学者的经验。

2. 信宿是信息的归宿，是接受信息者对信息判断后作出的处理结果

信宿决定信息的价值。信息被需求者获取后，通过加工处理、正确理解和使用，才能真正发挥作用。因此，信息获取者要对信息进行筛选分类，综合分析，分清哪些是有用的，哪些是无用的甚至是假的，以便利用有意义的信息，摒弃无价值的信息。

3. 信道是传递信息的通道，是信源与信宿之间联系的纽带

信道有自然信道、人体的本能信道和技术信道。空气、风、水等是自然信道；人体的四肢、五官等感觉器官是本能信道；无线电通信、计算机网络等是技术信道。

（二）战争中的信息

信息，英语是“information”，我国台湾地区译为“资讯”，日语称“情报”。目前，有关信息的定义不下几十种。上海辞书出版社 1986 年 11 月版《汉语大辞典》解释信息是“事物发出的消息、指令、数据、符号等所包含的内容”。美国《书伯斯特词典》（1997 年版）的解释是“信息是知识和情报的通信和接受，是通过调查、研究或要求而得到的知识，是情报、消息、新闻、事实和数据等”。信息论奠基人克劳特·申农认为“信息是用来消除随机不定性的东西”。控制论创始人 N·维纳认为“信息是人们在适应客观世界，并使这种适应被客观世界感受的过程中与客观世界进行交换的内容的名称”。中国一些信息科学专家则认为，“信息就是事物存在的方式或运动的状态，以及对这种方式、状态的直接或间接的表达”。

综合以上所述，我们可以将战争中的“信息”描述为“在信息化战争中，一切与敌我双方军队、武器和作战有关的事实、过程、状态和方式，直接或间接地被特定系统所接收、处理和使用的内容”。对于战争中的信息，我们可以从庞杂的内容和鲜明的特点两个方面来了解和认识。

1. 庞杂的内容

其庞杂的内容具体表现在：

（1）涉及领域广，内容复杂。战争中的信息涉及政治、经济、外交、科技、军事、文化、自然环境等诸多领域，包括从宏观的国际形势到微观的战场单个作战单位等各种情况，内容极其庞杂。

（2）主客观并存。客观信息的表达方式相对单一、固定、直接。主观信息的表达方式多样、易变、间接，不易把握。

（3）存在形式多样复杂。信息的来源以多种形式存在，包括语言、图片、影像、文字、数据等。信息的载体也多种多样，包括语言、思维、纸张、实物、电子、光学和生物等。此外，不同信源不同载体的信息在内容上还普遍存在着互相反映、彼此重叠、真假难辨的现象。造成这些复杂性的原因在于信息概念的高度抽象性和军事领域本身的极度复杂性。

2. 鲜明的特点

战争中的信息具有以下区别于一般信息的明显特征：

（1）坚决的目的性。战争的军事目的是保存自己，消灭敌人。战争中的信息行为同样服务于这一坚决目的。

（2）专门的知识性。战争本来是人类社会的一种特殊活动形式，需要专门的知识与技能才能进行。同时，战争领域密集运用了人类几乎所有最先进的科学技术，这也是高度专业的知识。战争中的信息也必然具有专门的知识性。

（3）激烈的对抗性。战争是敌对双方你死我活的斗争。战争中的信息也具有激烈对抗

性，表现在侦察与反侦察、保密与破密、干扰与反干扰，以及双方心理战交锋等等。

(4)高度的时效性。战争中的信息是决策、指挥、行动和打击的依据和保障。战场态势瞬息万变，战机稍纵即逝。信息稍不及时就会导致一系列的延误，造成严重后果。

(5)严格的保密性。信息是宝贵的战争资源，是赢得战争胜利的重要保证，尤其是从敌人那里获得的信息更是克敌制胜的利器。而一旦己方信息被敌人获得则会陷自己于危险境地。因此，战争中的信息具有严格的保密性。

二、信息技术在现代战争中的应用

迄今为止，人类社会经历了两次信息技术革命：第一次以电报、电话的发明为主要标志，第二次以微电子技术为基础，以计算机技术为核心，以探测器技术、通信技术及网络技术的发展为主要标志。第二次信息技术革命在军事领域产生的影响是全方位的，从而导致了战争理念和形态的变革，人类迈入了信息化战争的时代。

(一)信息技术对现代战争的影响

当前，信息技术在军事上主要应用于侦察、通信、指挥自动化系统、精确制导武器及其对抗，信息控制权的争夺、太空空间的争夺与信息的争夺、计算机网络对抗及心理战等方面。计算机技术的发展，大大推进了武器装备的信息化进程，使传统武器装备向精确化、智能化、远程化、隐身化、无人化方向发展。由计算机为核心组成的各类网络系统，使信息的获取、传递、处理、辅助决策、指挥控制等方面实现了自动化、智能化。

信息化战争是建立在军事工程革命、军事探测革命、军事通信革命和军事智能革命已经完成或基本完成的基础之上。

(1)军事探测革命使得侦察、探测的空域、时域和频域范围大大扩展，使对作战行动的感知、定位、预警、制导和评估达到几乎实时和精确的极限。未来信息化战争中，军事探测系统将遍布太空、空中、地面(海面)和深海；侦察卫星可以近距离(200 千米)探测地球表面，对地面物体的分辨率将达到厘米级；对导弹的发现时间将缩短到几十秒钟甚至十几秒钟。这将使战场空间的透明度接近极限。伊拉克战争中，美国仅直接用于支持地面作战的侦察卫星就部署了约 90 颗。

(2)军事通信革命，将在未来信息化战争中，实现军事信息的无缝链接和实时传输，使各指挥机构和部队、各侦察和作战平台之间达到在探测、侦察、跟踪、火控和指挥方面的信息畅通，真正实现实时指挥和控制，使作战指挥与控制的速度接近极限。

(3)军事智能革命，将真正实现作战指挥活动和作战行动的自动化和智能化。智能化指挥系统将使指挥控制活动的准确性和时效性大幅度提高；作战平台将集发现、跟踪、识别和自主发射为一体；智能化弹药将具有更加强大的自动寻的和发射后不管功能，远程打击的精度将达到米级；同时大量高度智能化的机器人将投放战场。这将使指挥活动和作战行动的效率接近极限。

随着军事信息技术的发展，武器系统正朝着电子化方向发展，而信息技术的开发和利用水平已成为衡量综合国力，特别是军事实力的一个重要指标。在现代化武器系统的成本中，电子系统成本的比重越来越大。例如，在现代飞机中占 35% ~55%，在隐身飞机中占 60% 以上，在导弹中占 50% 以上，在军用卫星中占 60%，在指挥控制系统中则高达 88%。从表 5 -1 我们可以看到，在几种典型的武器中，电子成本含量所占比重呈现越来越高的发展趋势。

表5－1　武器中电子成本含量表

年度	1993	1995	1997	1999	2000	2001	2002	2003	2004	武器装备
百分比	37.6	40.3	39.1	37.8	38.9	39.1	38.9	40.4	42.1	飞机
	52.9	59.3	59.6	60.1	59.5	59.9	58.6	59.4	58.6	导弹
	59	58.8	58.8	60.9	61.6	61.9	62.3	61.4	62.4	空间
	36.2	34.9	32.8	34.8	34.9	34	33.9	32.1	31.2	舰艇
	15.7	19.3	20.4	20.6	20.8	22.7	23.3	24.6	25.3	火炮和武器
	14.3	16.4	26.6	24.8	28.4	29.4	30.7	32	31.7	运输车
	40.7	41.4	42	42.9	43.6	43.6	43.6	44.1	44.6	国防预算

注：电子成本含量包括了电子设备采购费和科研费

从海湾战争到伊拉克战争等局部战争中的实际运用可以看出，信息技术系统在战争中发挥了重要的。

（二）信息技术在现代战争中的特殊作用

（1）为军队实现了全球性的、实时和近实时的、全天候和昼夜连续的侦察、监视、预警、进攻评估及环境监测务，从而提供了整个作战区域的一幅生动、多维的图像，以便观察整个战区、评估敌友力量及薄弱点和选择攻击目标。

（2）提供瞬时、安全的作战管理、指挥和通信，能最有效、快速和协调地调整力量配置，实施联合行动，以便对地区性危机迅速作出反应，并能作为一个联合部队有效地作战为部队发挥最佳效能提供了指挥与控制的基础。

（3）能提供全球三维坐标系统，实现部队阵地、方位和目标的定位标准化，以方便灵活而有区别地、个别地进行力量配备和联合作战，提高作战效能。

（4）可以连续、实时、全天候、昼夜、精确的导航、定位、定时及掌握速度数据，使武器投掷精度达到接近零的圆概率误差，实现 C^4I 系统到攻击力量的一体化。因此，能以最小伤亡和损失实现某个目标，并将所需的兵力减至最低水平，发挥出压倒一切的效力。

（5）保证在第一时间内夺取和掌握制信息权，而对敌方 C^4I 系统进行压制和破坏，使之瘫痪，失去制信息权。

在未来信息化战争中，高度信息化的武器装备虽然不具备核武器那种大规模、大范围的物理杀伤和破坏作用，但它所拥有的精确摧毁能力、系统集成能力、战场控制能力和高效达成战略目的的能力是核武器所无法相比的。从这个意义上说，信息化战争不但具备了亚核战争的威力，而且将使它的实用价值和作战效能超过核战争。信息战争就是有组织、有计划地集中使用信息力量对关系到国家安全和国计民生的关键系统实施的大规模攻击。在这种战争中，大规模毁伤性的信息武器释放出它巨大的破坏威力。信息战争可能不像传统的战争那样残酷，但它与使用大规模杀伤武器相比，给国家和社会带来的破坏与毁伤可能波及更为广泛、影响更为深远。

三、信息化战争的演变与发展

对人类战争形态的时代转型和阶段划分，江泽民同志曾指出："人类战争在经过冷兵器战争、热兵器战争、机械化战争和高技术战争几个阶段之后，正在进入信息化战争阶段。”目前人们普遍认为，推动战争形态的主要动因有4个，即科学技术、社会变革催化、军事变革及战争实践的验证，而其中最为重要、最为关键的是科学技术。随着科学技术的进步，人类战争形态的演变所经历的时间越来越短。从冷兵器战争到热兵器战争，人类度过了漫长的数千年之久，从热兵器战争到机械化战争经历了二三百年，从机械化战争到核战争乃至高技术战争减少到几十年，而从高技术战争到今天的信息化战争则仅仅过去了二三十年(表5－2)。

表5－2　战争形态演变表

技术基础	战争形态	经历年代
农业技术	冷兵器战争	公元前至20世纪初
火药、冶炼和蒸汽机技术	热兵器战争	约17、18世纪—20世纪中叶
电力、内燃机技术	机械化战争	19世纪末至1980年前后
核技术、核武器	核战争	20世纪中叶至今
光电器材、集成电路和计算机技术	高技术战争	20世纪80年代至今
信息控制与反控制及网络技术	信息化战争	21世纪初开始

第二次世界大战后，世界各国在恢复战争创伤的基础上兴起了一场新的科技革命，推动了作为现代战争物质基础的高技术群体，特别是信息技术群体的涌现和武器装备的更新换代，并被广泛地运用于局部战争。由于武器装备的发展和运用是一个渐进性的过程，因而局部战争中的高技术含量，特别是信息技术含量也是一个由少到多的发展过程。因此，战争形态的演变与发展，也是一个渐变的过程。据有关资料分析，高技术战争在20世纪五六十年代已现端倪，70年代初期逐步发展，80年代基本形成，90年代发展成熟，21世纪初进入了一个全新的形态——信息化战争形态。

(一)高技术战争的萌芽阶段

具有代表性的是20世纪50年代的朝鲜战争和20世纪六七十年代的越南战争。在朝鲜战争中，以美国为代表的所谓“联合国”军队，使用了当时最为先进的武器装备，以优势的军事装备对中、朝军队实施了陆、海、空立体作战。越南战争中，美国在空中作战平台方面，有F－105、F－4C、F－111、B－52战斗轰炸机，SR－71侦察机、C－5A大型运输机等，并运用了“百舌鸟”“响尾蛇”等新式导弹和气浪弹、激光制导、电视制导炸弹，还使用了EB－66、EF－111(图5－1)等电子干扰飞机。

图5－1　EF－111电子干扰飞机

在海上作战平台方面，先后动用

了20余艘航空母舰，舰载机出动达20余万架次以上。在地面作战方面，除各种先进车辆与火炮外，首次使用了大量的武装直升机，还有化学、生物武器的大量使用。在作战行动中尤为突出的是，依靠优势空中力量进行长时间“地毯式轰炸”的空袭作战，以及直升机与特种作战部队相结合，进行“蛙跳”式的袭击作战。

（二）高技术战争的初期发展与基本形成阶段

具有代表性的是20世纪70年代的第四次中东战争、80年代初的马岛战争和第五次中东战争。在第四次中东战争中，最为突出的是交战各方普遍运用了具有高技术标志的各型导弹和大量先进装甲车辆进行较量。其中，地对空导弹有苏制SA－2、3、6、7（“萨姆”）系列等，空对地导弹有美制“小牛”“百舌鸟”等，舰对舰导弹有SS－N－2A（“冥河”）、“加希里埃尔”等，反坦克导弹有“萨格尔”“陶”式等，制导炸弹有“白星眼”等，它们多为第二代制导武器，具有较高的命中精度与毁伤力。在交战中被导弹击落的飞机占85%以上，被导弹击毁的坦克占90%以上，而埃、叙军损失的10艘舰艇则全部是以军的反舰导弹所为。这次战争中，还首次利用空中卫星进行战场侦察。美国与苏联分别发射了18颗与10颗侦察卫星，向以方或埃方提供侦察情报保障。同时，战前及战中都实施了激烈的电子干扰与反干扰。

马岛战争中，交战双方第一次大规模集中使用了制导武器，共投入了17种类型的战术导弹、制导鱼雷和炸弹进行对抗。其中，英方使用的主要有“响尾蛇”空对空导弹，“鱼叉”“海鸥”空对舰导弹，“百舌鸟”空对地导弹，“海标枪”舰对空导弹，“毒刺”“轻剑”“吹管”地对空导弹，“米兰”“霍特”“陶”式反坦克导弹，“虎鱼”声自导鱼雷，以及激光制导炸弹等。阿军在战争中共损失了117架飞机，除了31架被摧毁于地面外，其余86架中有73架被各类导弹摧毁于空中，占空中击毁总数的84%。在海上交战中，阿军曾以AM－39“飞鱼”导弹击沉了英军先进的“谢菲尔德”号驱逐舰和“大西洋运送者”号大型货船，并炸毁了“考文垂”号导弹驱逐舰、“热心”号护卫舰、“羚羊”号导弹护卫舰、“加拉哈德爵士”号登陆舰等，击伤另外10艘舰船。而阿军的“贝尔格拉诺将军”号巡洋舰等5艘战舰，也被英军击沉，并另有6艘被击伤。这一系列典型数据反映了高技术兵器在海空交战中的效用。

图5－2 “无敌”号航空母舰

在战争中，英军还以“竞技神”号、“无敌”号航空母舰(图5－2)上的电子干扰系统和“鹞”式直升机上的机载干扰系统，对阿军的袭击兵器和指挥控制系统实施了电磁干扰与压制。

众多高技术兵器的使用，加上空地、空海一体的高技术兵器对抗和具有突出作用的电子斗争，使上述两场战争具有了高技术战争的明显特征，并表现出信息化战争的初期景观。

(三)高技术战争的发展成熟阶段

其标志是1991年1月17日至2月28日进行的海湾战争。在这场战争中，以美国为首的“多国部队”使用了57颗各类卫星，其中仅侦察卫星就有34颗；还使用了150多架侦察、预警飞机，30架无人驾驶飞机，7500多部高频电台，1200多部甚高频电台，7000多部特高频电台；建成了118个地面机动卫星通信终端，12个商业卫星终端，使卫星通信的总容量达到68兆比特/秒；在战区内有3000台计算机与美国国内计算机联网；作战高峰期，每天保持70多万次电话呼叫，传递15.2万次电文；每天管理3.5万多个频率。海湾战争中的通信系统建设被称为“军事史上一次最大的通信系统专项工程”。正是因为有了计算机、数据库和卫星以及作战系统的一体化，才能保证数千架飞机既不互相挡道，又不互相碰撞，同时又能高速通过“112个不同的空中加油航线、660个限航区、312个导弹交战空域、78条攻击走廊、92个空中战斗巡逻点以及36个训练区”，还能使之与6个独立国家不断变换的民航线路非常精确地协调起来。此外，还集中了3500多架各型飞机、250余艘各型舰船、3500多辆坦克，对伊拉克实施了空、海、陆一体化多方位打击和封锁。其中，美军仅装备了56架的F－117A隐形战斗轰炸机，就动用了48架参战。当时仅有的14艘现役航空母舰，就先后有8艘派往战区。发射了运往战区的500枚先进巡航导弹中的一半多，动用了30多颗卫星进行航天侦察，集中使用了各类精确制导武器，开创了“爱国者”导弹成功拦截“飞毛腿”导弹的先例。

这场战争显示出了部分信息化战争的特征。开战前后，美军运用多种先进电子战器材进行的侦察与反侦察、干扰与反干扰、摧毁与反摧毁斗争贯穿于战争的始终，成为夺取战争主动权(制信息权)的基本作战手段之一；多种新型夜视器材的运用，使夜战有了新的含义；C^4ISR系统的运用则使战区战役指挥与后方战略指挥、战场各作战集团的战术指挥达成了沟通，并确保了快速、准确的信息传递与处理。

(四)信息化战争雏形阶段

海湾战争之后的战争，越来越显示出高技术战争已经进入了成熟阶段，并初步显示出信息化战争的雏形。典型的是美军先后发起的科索沃战争、阿富汗战争及伊拉克战争。伊拉克战争中，美军启用了更多的信息战武器装备，为美军夺取战场制信息权创造了绝对的优势。如在信息获取方面，使用KH－12光学成像卫星、“长曲棍球”雷达成像卫星、“成像增强系统”卫星以及“伊诺克斯2”等商用遥感卫星，组成空间成像侦察系统，综合利用可见光、红外与微波成像能力，可对伊保持几乎每两小时一次的严密监视。“大酒瓶”等多颗电子侦察卫星可对伊无线电信号进行监测，帮助寻找萨达姆等伊拉克高层领导人的藏身之处和伊军重要的指挥控制中心，为空袭提供打击目标。“国防支援计划”(DSP)卫星在“联合战术地面站”等地面系统的配合下，为美军提供完备的战场态势感知和信息获取能力。在信息攻击方面，大量使用了EA－6B电子战飞机、E－2C“鹰眼”、E－3“望楼”预警机、EC－130H“罗盘呼叫”通信干扰飞机、RC－135及U－2侦察机、E－8C“联合星”系统飞机、EC－130E心理战飞机及RQ－1A/B“捕食者”及RQ－4“全球鹰”无人侦察机，以及电磁脉冲炸弹和地面“预言家”信号情报与电子战系统装备。这些信息战兵器，开创了一个新的作战领域，彻底改变了战争的面貌。

另外一个数据也显示出信息化战争已经出现，这就是战争中信息控制武器，即精确制导武器的使用量呈指数增长趋势。据统计，美军在各次战争中投放的精确制导弹药占全部弹药的比例，1991 年海湾战争时为 8%，1999 年的科索沃战争时为 35%，2001 年阿富汗战争时为 56%，而 2003 年的伊拉克战争时则达到了 70% ~80%。

例如，2003 年 3 月 27 日在伊拉克战争进行之时，“小鹰”号航母上的 F/A－18、F－14 舰载机向伊拉克西南的共和国卫队投放了 23 枚炸弹，其中 16 枚为 450 千克重的激光制导炸弹、4 枚为全球定位系统炸弹，只有 3 枚为 450 千克普通炸弹，信息控制炸弹占到了 87%。

可以想见，随着信息技术的发展及在军事领域的更广泛的应用，未来战争将更加突出信息化的特征。随着航天器材的发展和太空地位的提高，可能出现运用各种天基武器系统的天战；人工智能的发展，将使机器人士兵进入交战行列；各种作战平台则可能向小型化、多功能化方向发展，武器系统向高精度、高毁伤方面发展；作战力量运用趋向精锐化，并更加注重整体协调；战场呈现海、地、空、天、电多维一体；机动作战、超视距火力打击、电子战的地位更加突出；网络将可能把战场上的所有作战平台联成一体，网络中心战将取代平台中心战，信息化战争将趋向发展和成熟阶段。

四、信息化战争与信息战

学习和研究信息化战争，必须搞清信息化战争与信息战的概念及区别。

（一）信息化战争

信息化战争是以远程核威慑武器的巨大破坏力为威慑手段，以信息为基础，以获取信息优势为先决的天（空间）、空、地、海、信息一体化战争。在理解这一概念时，要把握好以下几点。

（1）时代性特征。信息化战争是信息时代的产物，是机械化战争向信息化战争演变而出现的一种全新的作战形式。有关战争的理论、指导思想、作战指挥、战争特点等，具有鲜明的信息时代的特征。

（2）交战双方至少有一方具备信息化作战能力，如美军所打的阿富汗战争和伊拉克战争。所谓信息化作战能力，是指部队利用信息化装备进行预警探测、指挥控制、精确打击和信息对抗的作战能力。它是把信息能力与杀伤力、机动力、防护力、保障力相结合的综合作战能力。

（3）要使用信息化、智能化武器装备，各作战单元形成网络化、一体化的整体，从而构成完整的作战体系。

（4）在多维空间进行。信息化战争的作战空间不仅包括地面、海上（水下）、空中、太空等广阔的有形战场空间，也包括信息、电磁、心理等无形空间。特别是在信息空间、认知空间和心理空间进行的作战都将占相当比例。

（5）信息精确控制起主导作用。信息精确控制在作战中表现为火力和机动力的物质和能量。信息不仅是一种资源，更是一种作战能量，同时也是各种作战力量的粘合剂和倍增器，是作战制胜的主导力量。

（二）信息战

所谓信息战，是指敌对双方在信息领域的斗争和对抗活动。主要是通过争夺信息资源，掌握信息的生产、传递、处理等的主动权，破坏敌方信息传输，为遏制或打赢战争创造有利的条件。具体说来，就是以数字化部队为基本力量，以争夺、控制和使用信息为主要内容，以各种信息武器和装备为主要手段而进行的对抗和斗争，具有战场透明、行动实时、打击精确、整体协调和智能化程度高等特征。从作战目的上看，信息战是以“信息流”控制“能量流”和“物质流”，以信息优势获得决策优势和行动优势，进而结束对抗或减少对抗，实现“不战而屈人之兵”。从作战内容与形式来看，信息战不同于信息化战争。信息战是信息化战争的具体行动，可分为电子战、情报战和网络战等。而信息化战争是相对于机械化战争而言，指一种战争形态。信息战是信息化战争的主战场和核心。

信息战的主要目标是各类信息基础设施，包括全球信息基础设施、国家信息基础设施和国防信息基础设施等。信息战的目的是夺取信息优势，掌握制信息权。

信息战的主要作战形式有进攻信息战和防御信息战。进攻信息战是指基于信息的过程及信息系统实施的瘫痪、中断、削弱、利用、欺骗、破坏和摧毁敌方信息等各种行动。主要包括截获和利用敌方信息、军事欺骗、电子战、网络战、心理战及物理摧毁等作战行动；防御信息战是综合与协调包括政策、规程、行动、情报、法律以及技术在内的多种手段来保护信息、信息的过程和信息系统。主要包括反情报、反欺骗、电子战、网络战、心理战及防物理摧毁等行动。

（三）信息战主要形式

目前信息战所出现的主要形式有以下几种。

1. 指挥控制战

首当其冲的是指挥控制战，如伊拉克战争中的“斩首行动”和对伊拉克指挥通信及防空系统的打击。指挥控制战的实质是在保护己方指挥控制能力的同时，削弱或破坏敌方的指挥控制能力，以便最终夺取制信息权。指挥控制攻击的目的是：通过攻击敌信息系统，特别是信息系统的薄弱环节和关键相关设施，破坏敌指挥控制能力，使敌指挥官无法了解战场情况，最终因得不到信息，患“信息饥饿症”而就范。由于己方信息情报系统不可避免地存在着易受攻击的弱点，因而要使己方保持有效的指挥控制能力，就必须严密地组织与实施指挥控制防护。

2. 情报战

情报战在信息化战争中无处不在。今天，战场上的各种传感器，能对电磁波、声波及化学气味等多种信源，进行全方位、全天候、全时空的探测。指挥员们不仅可以看到“山那边”，而且可以看到山里边、树丛中、地底下、水中间。这使得指挥员所面临的问题已不再是信息够不够用，而是如何更好地选择信息，判断信息的真伪，并尽可能地不让敌方获取己方的信息。在信息化的战场上，这种围绕着情报的获取与反获取而展开的争斗，将更加激励。

3. 电子战

贯穿信息化战争始末并渗透到和平时期的电子战，如伊拉克战争中太空中的百余颗卫星、空中的几十架电子战飞机。

4. 信息经济战

以摧毁别国经济为目的的信息经济战。电子战已有百年历史，它是作战双方在无线电通信、雷达等电磁波领域展开的侦察、干扰、压制及火力摧毁等对抗行动。信息时代的电子战则赋予了新内容，其目的就是通过电磁波对抗，充分获取敌方信息，保障己方信息畅通；同时摧毁敌方信息兵器，杀伤敌方指挥人员，阻断敌方获取己方信息的一切渠道。二战中日本海军大将山本五十六的毙命；1996 年 4 月，俄车臣反政府武装力量头子杜达耶夫被俄军成功击毙；萨达姆的成功被捉，都离不开电子战的功劳。

5. 虚拟现实战

“虚拟现实”战是利用“虚拟现实”技术创造的逼真作战环境与敌方进行的模拟演习式的作战行动。其目的是不动一兵一枪，便使敌人就范。如 1994 年美军对海地的占领就是通过大军压境加上电视中播放的虚拟美军进入海地后的场景，而使海地军政府不战而降，美军达到“不战而屈人之兵”。下面三种情况都属于“虚拟现实”战：一是在战争进行过程中，用虚拟现实和计算机成像技术制出敌国最高统帅的影像，让他发表不利于战争继续进行的言论，如让其通过本国电视系统宣布，鉴于某种原因，与敌方休战，军队全部撤回。二是用虚拟现实技术创造“虚拟部队”或“虚拟机群”，让敌方从卫星或雷达上观察到的这支作战力量来自东方，而实际上来自西方的一支真实部队正准备发起攻击，即用技术手段实施“声东击西”。三是创造宗教全息圣像，动摇敌方军心。例如，如果将来伊朗核危机演变成一场战争的话，美军可能会在空中显示伊斯兰教真主的全息图像，让活灵活现的真主劝伊朗士兵投降。1993 年，美陆军的心理战部队在索马里维和时已经进行过这方面的试验。当时的情形是这样的：那年 2 月 1 日，在索马里摩加迪沙以西 15 千米处，突然刮起一阵沙暴，随即便在沙尘飞扬的昏暗的空中，出现了一幅高 150～200 米的耶稣基督的全息圣像。见此情景，许多美军维和士兵都纷纷跪下祈祷。

6. 计算机空间战

遍布全球的计算机空间战，包括信息恐怖活动、“语义攻击”“朋客盯梢”等。信息恐怖活动是恐怖分子利用计算机网络系统进行的活动。信息恐怖分子既可能是一般计算机爱好者，也可能是敌方的计算机专家。在通常情况下，这些恐怖分子攻击的不是群体，而是个人，特别是敌国的军政首脑。其做法是：查询进入网络的攻击对象的档案材料，以公布其档案相威胁进行讹诈，或篡改档案内容。实施“语义攻击”的目的是“使系统给出的答案与实际不符”，办法是向计算机系统的探测器输送假数据或假信号。“朋客盯梢”是指计算机“朋客”利用信息系统对有关人员，其中包括对重要军政人物的活动进行跟踪。

7. “黑客”战

渗透进电脑网络的“黑客”战，如 1991 年海湾战争时，美军情报人员偷偷更换了伊拉克进口的电脑和打印机芯片，使开战后其电脑网络瞬间瘫痪。“黑客”泛指进入计算机网络，违章操作造成不良后果的计算机使用者。实施“黑客”战的作用是：全面瘫痪敌电子信息系统；迫使敌信息系统周期性关闭；大规模偷窃敌方信息数据；使随机数据出现差错；以输入假电文和提取数据进行讹诈。通常使用的手段是计算机病毒、逻辑炸弹、特洛伊木马和“截取程序”等。目前，危害最大的是计算机病毒多达 1.2 万多种。实施计算机病毒攻击的主要方式有三种：一是空间注入，即利用计算机病毒武器将带有病毒的电磁辐射信号，向敌方电子对抗系统进行辐射，使其接收辐射后能将病毒植入；二是网络节点注入，即通过敌方电子系统或 C^4I 系统中某些薄弱的网络节点，将病毒直接注入；三是设备研制期注入，主要指在电子装备研制期间，通过一定的途径将病毒植入计算机硬件、操作系统、维修工具或诊断程序中，长期潜伏，待设备交付使用后，病毒由某些特定的条件激活而起作用。

8. 心理战

洗脑式的心理战，如伊拉克战争中美军向伊拉克高官们发送大量电子邮件，向伊拉克民众空投的大量收音机只能接收美军用的阿拉伯语广播等。其主要形式有新闻报道战、宣传鼓动战以及瞒天过海等。而阿富汗战争中，美军空投到阿富汗的大量印有“USA”字样的大米和面粉，也是一种心理攻势。

9. 网络战

触手可及的网络战。所谓网络战是指敌对双方针对战争可利用的信息和网络环境，围绕“制信息权”的争夺，通过计算机网络在保证己方信息和网络系统安全的同时，扰乱、破坏与威胁对方的信息和网络系统。从本质上讲，网络战是信息战的一种特殊形式，是在网络空间上进行的一种作战行动。与传统战争相比，网络战具有突然性、隐蔽性、不对称性和代价低、参与性强等特点。网络中心战，其英文名称为“ Network Centric Warfare”，是相对于传统的平台中心战而提出的一种新作战概念。所谓平台中心战，是指各平台主要依靠自身探测器和武器进行作战，其主要特点是平台之间的信息共享非常有限。而网络中心战是通过各作战单元的网络化，把信息优势变为作战行动优势，使各分散配置的部队共同感知战场态势，从而自主地协调行动，发挥出最大整体作战效能的作战样式，它使作战重心由过去的平台转向网络。不言而喻，网络中心战能够帮助作战部队创造和利用信息优势并大幅度提高战斗力。它具有战场态势全维感知能力，作战力量一体化，作战行动实时性，部队协调同步性等特点。

第二节　信息化战争的特点

2003 年初，美国列克星敦研究所军事专家洛伦·汤普森在伊拉克战争开战前曾预言，“这不会是一场传统意义上的战争”，“这场战争将以一种崭新的作战面貌出现在人们面前，它融合了近 10 年来最新的科技成果，作战部队将具备更加灵活的特点”。研究海湾战争以来的局部战争，特别是伊拉克战争中的信息作战理念、作战样式、作战行动等，将有助于我们对信息化战争特点的理解和认识，同样对于加速我军信息化建设具有十分重要的意义。

一、信息化战争新的制高点

古语言，“擒贼先擒王”，擒王可以使敌方“群龙无首”，纵使你拥有千军万马，也只能是一个摆设。而从擒王开始，从心灵深处打击敌方的斗志，在开战之初就夺取“制信息权”，则是信息化战争中每一个指挥员所追求的目标，这是信息化战争的最明显的特征之一。

（一）“斩首为先”，凸显信息化战争的新理念

伊拉克战争中，美军设计了一个出人意料的开局：巴格达时间 2003 年 3 月 20 日 5 时 35 分，美军对伊拉克首都巴格达进行了第一轮空袭，在 1 个小时内进行了高强度的三次轰炸，总共向巴格达的 3 个地点发射了 40 余枚巡航导弹和数十枚精确制导炸弹，随后美国的空袭暂时中止。很多分析家对美军第一轮的攻击行动感到意外：首先，人们本来预期美军会在“月黑风高”时夜袭伊拉克，但美军对伊拉克首都巴格达的第一轮轰炸始于破晓时刻；其次，攻击行动的规模不大，并未像所预料的，“美军会在 72 小时内向伊拉克发射或投掷 3000 枚导弹和智能炸弹”。

美军将第一轮空袭特别命名为“斩首行动”，即直接将打击伊拉克核心首脑人物作为第一

轮空袭的目标。这和美军在海湾战争、阿富汗战争及科索沃战争中首先打击对方的指挥系统、通信系统及防空系统有明显区别。按照美军信息作战的"斩首"原则，"斩首"是一种以敌方指挥控制系统为首要攻击目标的打击行动。美军认为，要把战争对手作为一个大系统对待，该系统由五环组成，包括指挥领导环、有机必需品环、基础结构环、个体群环、野战部队环。相对来说，指挥领导环在五环中作战能力和自我保护能力最弱，但是在整个作战系统中智力、技术和信息最为密集。因此，指挥领导环是美军信息作战打击的首选目标。

美军相信通过实施"斩首行动"可以迅速瓦解伊拉克部队。在战争过程中锁定、打击敌方首脑人物，将是美军今天的战争中不变的追求和明确的战争目标之一，是美军信息作战的新特点，反映了美军在新军事变革成果基础上的新打法，凸显信息化战争的新理念。

（二）"攻心为上"，心理战地位和作用空前提高

中国自古就有"心战为上，兵战为下"的用兵之道。自 1991 年以来的四场以美军为主或美军单独进行的局部战争中，心理战作为首选作战方案，以多种样式展现的淋漓尽致。

1. 震慑心理战

在伊拉克战争开战前，美英联军从全球多方向调集高达到 26 万的精锐部队，形成大兵压境之势。在发动"斩首行动"之后仅仅 10 多个小时，美军就发起了代号为"震慑行动"的大规模空袭。据不完全统计，美军共向巴格达、巴士拉及摩苏尔等几个大城市发射了上千枚的精确制导导弹和"战斧"巡航导弹，对伊拉克实施了连续、立体的全方位震慑战。在陆上，美第 3 机械化步兵师凭借高速的机动性，长驱直入，直逼伊首府巴格达；在海上，美英 6 个大型航母编队，云集地中海和波斯湾，形成合围之势，各式战机几乎倾巢出动，刺耳的空袭警报声、巨大的爆炸声和救护车尖叫的警笛声给伊拉克民众造成了极大的震慑。

图 5－3 《第三次世界大战——信息心理战》

2. 媒体心理战

在信息社会，各种媒体作为信息流通的主要载体，在心理战中发挥着越来越重要的作用。美国在对伊战争中实施了广泛的媒体心理战，即充分利用现代媒体提供的便利条件，向全世界宣传己方政治思想和价值观念，展开心理攻势，以争取最大限度的心理优势。伊拉克战争开战前，美军组织了大批记者上前线，据统计从 2 月 24 日始，美国防部共批准了 671 名记者"随军采访"，其中有近 500 名是美国记者，其他近 200 名是别国的记者。国际上大部分的前线消息均来自美国有线新闻网，并受到美国当局的严格控制。在战中，美军对巴格达首轮打击过后，美国有媒体立即对外发布消息说，"萨达姆已经被炸死"。开战次日，美国广播公司又报道说，"包括副总统拉马丹在内的三名伊拉克重要官员在首轮轰炸中丧生"，以此达到动摇伊拉克民心、士气的目的。同时，美军还故意摧毁伊拉克媒体设施，确保心理战的实施效果。

3. 直接宣传战

通过针对特定对象进行直接宣传，对敌方发动谣言攻势，进行挑拨离间，加以拉拢收买。记者见面会上，美方不断向外界散布萨达姆可能被炸伤的消息，同时谣传有共和国卫队高级官员将领已投降，造成了伊国内人心浮动，使各方对萨达姆政权的稳固产生怀疑；美军还把萨达姆描绘成“一个独裁者”，想以此增加其颠覆伊政府的合法性。针对伊方将领，美军的情报部队先搞到了他们的手机号码，然后雇佣会讲阿拉伯语的情报人员直接通过电话对他们进行诱降和策反。针对伊士兵，美军则公开作战意图和计划，宣传打击目标和武器威力，企图使伊拉克士兵投降。针对伊拉克民众的宣传，美军向伊投撒多种内容的双语传单达 2900 万份，鼓动伊军民远走他乡逃避战火。

今天，“心理战”已成为美军以强大实力为后盾，以战场“火力战”为依托，震慑、动摇对方军民抵抗决心和意志的重要作战样式。它与战场内外联动，贯穿整个战争进程，一跃而上升到战略地位。

（三）争夺“制信息权”成为新的制高点

制信息权是指运用以信息技术为核心的战场认识系统、通联系统和指挥控制系统等，在能够有效地阻止敌方了解、掌握己方主要情况的同时，实时准确地掌握敌方情况，夺取战场信息的获取权、使用权和控制权。制信息权是信息化战场争夺的“第一制高点”，它主导和支配着制空权、制陆权、制海权、制天权等主动权的争夺。掌握“制信息权”，可驱散己方“战争迷雾”，加重敌方“战争迷雾”；可提高己方指挥效率，充分把握和利用战机；可提高己方武器射击命中率，大大强化作战效益。

在陆、海、空、天、电五维一体化战场的整体较量中，任何单一空间战场的主动权都不能完全左右整个战场局势，都必须依靠作战体系这个大系统进行整体协调和运作。因此，制信息权作为主导和沟通陆、海、空、天、电战场的上一层位的战场主动权，具有制空、制地、制海、制天、制电的系统功能。而深刻体现机械化战争特点的制空权、制陆权、制海权等战场主动权的单一争夺，将完全融入制信息权的整体争夺中。

在信息化战场上，信息争夺贯穿作战全过程，渗透于战争各领域，争夺信息优势成为战争的焦点，围绕“制信息权”的争斗更加激烈。美国军事理论家约翰·阿奎拉指出：“制信息权的最简单、最准确的定义是，在了解敌方的一切情况的同时，阻止敌方了解己方的情况。”他还说，“制信息权”将成为影响战争进程和战争结局的主要因素。在信息化战争中，大多数参战人员在大多数情况下所处理的将是信息，因为信息已取代物质和能量成了制胜的关键因素。部队战斗力的形成和发挥，以及有效地作战指挥，主要依赖于信息的采集、处理、传递、控制和使用。优势之旅，一旦失去了“制信息权”，将成为“瞎子、聋子和靶子”，陷入被动挨打的困境；劣势之军如果掌握了信息优势，就有可能夺取战场主动权。由于未来的战略、战役、战术级作战行动，都是围绕信息展开的，因此争夺制信息权的斗争将异常尖锐、激烈，并贯穿于战争的全过程。

二、战争呈现“全民化”特征

在工业时代，战争的根本动因是政治斗争掩盖下的经济利益之争，主要是为了谋求领土、资源等经济利益，往往以占领或收复领土及获得资源而告终。在信息时代，经济利益之争仍然是导致战争爆发的重要原因。但除此以外，由于各国之间、国际国内各派政治力量之间交往与联系增多，这就必然导致各个国家、民族、集团之间，由于政治、外交、精神、文化等方面的摩擦和差异而引发的冲突增多，使宗教、民族矛盾上升，使恐怖活动、暴力行动、走私贩毒国际化。这些矛盾与冲突错综复杂，并且由于信息化和全球化而传播的更快，从而导致冲突和战争爆发更加频繁。

（一）战争内涵的扩大

信息时代的战争概念将出现新的变化，战争的内涵将有明显的扩大。其一，打赢战争的要求更高。在农业时代，只要打败敌国军队，就可打赢战争，使敌国就范。在工业时代，不仅要打败敌国的军队，还要摧毁其军事设施和工业基础，使其丧失支持战争的能力。而在信息时代要取得战争胜利，首先是要破坏或控制敌信息系统，然后才是消灭敌国军队和摧毁其支持战争的物质基础。其二，战争的发动者增多。战争的发动者除了国家和政治集团外，还包括恐怖组织、贩毒集团、工商企业、宗教团体、犯罪团伙等群体，因为它们同样可获取进行信息战的各种子段，如计算机病毒、大众传播媒介、大规模杀伤性武器等，典型的就是“9・11”恐怖行动。其三，作战样式更新。信息取代物质和能量在战争中占主导地位后，将导致许多新作战样式的出现，如“虚拟现实”战、隐形战、计算机战、媒体战、精确战、瘫痪战、心理战、电子战等等。

战争内涵的扩大，还导致战争中歼灭有生力量已不再是主要目标。工业时代的战争中，武器装备基本上是单兵操作和使用，所以有生力量的多寡在相当程度上决定了力量对比的强弱。因此，只有不断歼灭敌人的有生力量，才能实现敌我力量对比的强弱转化，改变战争形势，夺取战争胜利。在信息化战争中，信息技术的广泛应用，使各种武器平台、各种作战保障系统、各种参战力量间的联系、战场力量构成的系统性大大增强。有生力量的多寡已不是力量对比的主要标志，战场力量构成已发展为有生力量与自动化、智能化武器装备系统的有机结合。系统与系统、体系与体系的对抗和较量，成为信息战的突出特征。显然，在这种情况下，只有通过对敌方作战体系构成的关键环节——信息系统实施破坏或毁灭性打击，破坏其战场结构，瘫痪其作战体系，从根本上削弱敌人的抵抗能力，才能有效地改变敌我力量的强弱对比，进而赢得战争的胜利。

（二）“全民化”的特征

随着战争动因的复杂和内涵的扩大，特别是网络技术的发展和普及，信息化战争开始呈现出“全民化”的特征。从表面上看，信息时代使战争由掠夺财物和土地转为抢占信息空间和争夺信息资源，战争的方式由流血变为很少流血，特定条件下甚至不流血，决定胜负的主要因素由物资及人力的拥有量转为信息的拥有量，取决于制信息权和信息战能力。战争似乎变得比以前“文明”了，容易了。实际上，信息战的到来，信息武器的出现，将给人类带来更大的危害，信息战的危害有时甚至比核武器还大。

例如，卫星是军事上和现实生活中获得信息、传递信息的主要工具。据悉，当今世界军事大国有70%的战略情报来自于卫星，因此，卫星必将成为信息战争中攻防的目标之一。信息时代的战争中，太空战极有可能发生，而一旦发生太空战，其危害将相当严重。一颗卫星的失效造成的损害程度，可以从1998年5月“银河四号”卫星失控发生故障中窥见一斑，当时控制这颗卫星的计算机瘫痪了，结果美国80%的寻呼台不能工作，3700万用户受到影响。一些电台和电视台无法发射信号，而煤气站和零售店也不能使用信用卡进行交易，可见信息化战争对民众的危害将会超过以往。

信息时代的战争不只是两国军队的交战，而是两个国家在交战。战场不只限于前线和军用目标，而是存在于两个国家整个国土上，存在于军用及民用的各个领域。在信息时代，先进的计算机系统把军队乃至整个社会联结在一起，军队和社会肌体的各个部分的组合运转，都要依靠芯片；军用装备和民用设施联系紧密，相互兼容。在这样一个网络化世界里，每个芯片都是一种潜在的武器，每台计算机都有可能成为一个有效的作战单元。任何社会团体和个人，只要掌握计算机通讯技术，拥有一台计算机和入网的电话线，就可以攻击与网络相连的装备，利用网络来发动一场“特殊战争”。信息作战人员可以是正规军人，也可以是十几岁的少年。信息战的非杀伤性武器装备，不再为军人所独有，而主要是在民间开发和生产的；作战不仅仅在传统武力战场，而且分布于整个社会，是真正意义上的“人民战争”。

黑客大盗多出少年。凯文·米特尼克15岁开始，被称为“计算机恐怖分子”，是全球最著名的黑客之一，首名被列入联邦调查局通缉犯名单的黑客。凯文可谓劣迹斑斑：他15岁时就非法闯入过美国空军计算机系统；曾侵入美国国防部、中央情报局、五角大楼及北美空中防务体系等防守严密的网络系统，从而对美国一些国家机密了如指掌；闯入美国国家税务总局网络，窃取了许多美国名人纳税的绝密资料；从纽约花旗银行非法转移数字庞大的美元到指定账户；入侵及破坏包括太阳计算机、富士通、摩托罗拉及诺基亚等国际知名公司的计算机系统。

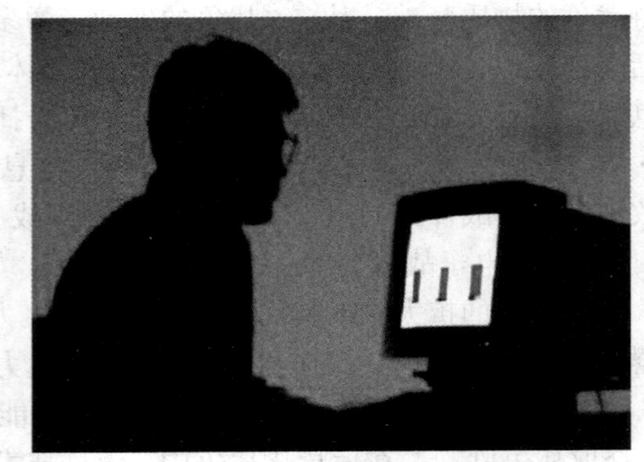
图5-4　黑客大盗多出少年

三、战争目的、进程的变化

（一）对战争进程和战争目的严加限制

在信息战争中，一般不以追求占领敌国、全歼敌军或使敌方“彻底”投降等作为“终极目标”。其原因是如果追求“终极目标”往往会导致进攻一方陷入敌方的游击战泥潭而遭受难以承受的重大伤亡，从而引发民众的强烈反战情绪。20世纪的苏联军队入侵阿富汗的九年战争以及美军入侵越南的十多年战争的遭遇，使得任何一支军队都会望而止步。另外，信息时代的通信、电视、广播系统遍布全球，各国的侦察与监视卫星时时在战场上空飞过。战场上的情况，特别是伤亡情况将实时得到视频报道而受到广大民众的密切关注，这使得战争指导者不得不对战争进程和战争目的严加限制。

大量使用高技术信息化兵器，使军队的信息获取与利用能力、快速反应能力、火力杀伤能力和机动能力得到极大地提高；指挥自动化系统使决策时间大大缩短，从而使战争进程快速可控。如海湾战争从伊拉克入侵科威特到布什出兵海湾，前后仅5天时间。在总统决策后24小时之内，第82空降师和空军2个中队即刻到达海湾战场。美军入侵巴拿马，从1名美国军人被杀到总统决定出兵总共24小时，总统决策后，在不到24小时内美国的空降部队已在巴拿马着陆。而伊拉克战争中，从美国总统布什接到萨达姆在某地开会到美军导弹飞抵巴格达，前后不到6个小时。

（二）促进战争进程节奏加快

信息化战争使战争进程的节奏变得非常快，其原因主要是：第一，部队机动能力更强。以地面进攻为例，第二次世界大战期间美军巴顿将军率领的部队以进攻快速而闻名于世，其日推进速度只有13千米。20世纪70年代后，前苏军每日推进速度可达70～80千米。到90年代，“沙漠盾牌”行动计划实施后48小时内，美军第82空降师的先头部队即抵达沙特。在伊拉克战争中，美军由于进攻速度太快，后勤保障不能及时跟上而不得不暂停进攻、原地待命。第二，武器运行速度更快。1903年第一架飞机飞行速度是每秒40米，现代飞机达3个马赫以上，提高有25倍之多，美军甚至已研制了高达8倍音速的飞机；1814年美国制造的第一艘蒸汽舰的航速只有10节，现达33节以上，水翼艇、气垫船速度高达100节，最大达150节；履带式车辆战场运行时速已达85千米，轮式车辆高达120千米。第三，信息利用效率更高，作战反应时间更短。第四，武器的毁伤破坏烈度高。第五，可实现全时辰连续作战。

（三）非直接目标的毁伤破坏减小

信息技术还使得战争中非直接目标的毁伤破坏逐步减小。战争毁伤分为两类：一类是有效毁伤，另一类是附带毁伤。有效毁伤是与达成战争目标直接有关的必要破坏，附带毁伤是与达成战争目标无直接关系或根本无关的不必要破坏。在工业时代的战争中，这种附带毁伤非常大，这主要是由于当时军事技术的发展水平所决定的。在信息化战争中，可将附带毁伤破坏减少到最低限度。其原因一是战场透明度大，交战双方都拥有大量信息，因此不仅能避免因遭受突然袭击而出现的重大伤亡，还可减少实施不必要的、会造成重大破坏的间瞄火力战；二是出于双方只攻击那些为完成任务而必须攻击的目标，所以双方部队暴露于战斗空间的时间短，受到的伤亡少；三是信息战强调“精确战”，而“精确战”要求探测目标“精确”、攻击目标“精确”、摧毁目标“精确”、毁伤评估“精确”，因而绝不会像工业时代的地毯式轰炸那样造成数十倍甚至数百倍于“必要破坏”的附带损伤；四是信息化战争目的有限，不是置敌于死地的全面战争，因此敌对双方一般不进行重兵集团之间的殊死决战。

四、作战空间和战场变化

（一）战场空间呈现逐步扩大的态势

信息化战争正呈现作战空间扩大化和兵力密度缩小化的趋势，全新的立体多维和高度透明的战场环境已经出现。实际上，立体战的作战样式很早就形成了，但随着武器装备的信息化，立体战的样式出现了飞跃，战争的立体性大为扩展，陆、海、空、天一体战，多维性立体战，纵横交错的战场结构，把战争样式推向了一个新的发展阶段。信息化战争中，战场分布从外层空间、高空、中空、低空、超低空、地面、海面直至地下、水下，从近距离、中距离直至远距离，形成了陆、海、空、天紧密结合的立体作战。特别是以军用卫星为代表的信息探测系统的大量使用，能够全天候遂行侦察、通信、预警、气象和战场监视等多种任务，成为立体战的一个新的重要组成部分。在可以预见的将来，随着天基定向能等武器系统投入实战，立体战将向更广阔的空间发展。

战场兵力密度逐渐变小，是战争发展的必然趋势之一。以每平方千米部署兵力计算，第一次世界大战时多达404人，第二次世界大战期间为36人，1973年的阿以战争中降到25人，到1991年海湾战争时只有2.34人，伊拉克战争中为1～2人。在未来的数字化战场上，兵力密度将更小。这也与武器装备性能的提高、因战场透明而力图避免遭受重大伤亡以及大量使用机器人密切相关。“战争迷雾”一直是困扰战场指挥官的一大难题，但对实施信息战的数字化部队来说，战场却是透明的。

美军前陆军参谋长沙利文曾预言，数字化战场的透明度将比海湾战争中提高一个数量级。在信息化战争中，前线的传感器、太空的卫星将不停地把各种情报传输给计算机，并把这些情报信息图像画面实时地显示在指挥所的显示屏上。所有己方战斗人员均可同时获得这些图像，从而对敌我双方的位置、态势，以及集结、运动等情况都看得一清二楚。

目前，美军正在大力建设数字化战场，其目的就是使战场透明。实现战场数字化后，可把情报从战区、军、师司令部等单位以数字的形式传输给旅、营、连乃至单个战斗车辆，使各级指挥官实现信息共享；每辆战车可在运动中报告所在方位，己方所有战车的计算机显示屏上随时显示敌我双方位置的参数。导致战场透明的数字压缩技术可扩大对敌探测距离，提高信息处理能力，悄然无声地把战场情报以一种图文并茂的方式，实时准确地传输给用户。

近期局部战争的实践表明，太空日益成为重要的作战空间，对战争进程和结局具有决定性影响。有资料统计，美国在海湾战争中动用卫星70余颗，科索沃战争和阿富汗战争也多达50余颗，为空中、海上和地面突击系统提供全方位的信息支援和保障。太空已经成为新的战略制高点，一场争夺太空军事优势的竞争已经开始。

目前，美俄等军事大国大力发展军用航天航空技术和空间战武器系统，加强太空战场建设，推动太空军事力量向空天一体、攻防兼备的方向发展。据军事专家预测，未来的非接触战争将很可能以航天系统为核心，组建能够在空天领域有效执行任务的战略性全球侦察打击作战系统，以引导陆、海、空军各种作战平台实施远距离精确打击，运用天基武器系统对地面、海上、空中目标直接实施打击，还可以利用反卫星武器和空间作战飞行器来干扰、破坏、摧毁敌方天基系统，争夺制天权，限制敌方在太空的行动自由。

（二）众多新战法登场

1.“点穴”式打击将成为主要的作战样式

由于精确打击兵器长上了“眼睛、耳朵和大脑”，不但能弹无虚发、百发百中地命中目标，甚至能击中目标的特定部位，并且具有“发现即可摧毁”的能力，为“点穴”式打击提供了有效的手段。战场上谁先能“看到”或“听到”对方，谁就能打掉对方，战场将成为“发现者”与“隐蔽者”之间的斗争，一切没有良好隐蔽的目标都会被发现、被击中、被摧毁。因此，“先敌发现目标、先敌做出决策和行动”将成为首要的作战原则。

2.“精确战”的作战样式

“精确战”是对敌目标实施精确打击、所造成的附带毁伤很小的一种作战样式。它的主要特点是：第一，在这种作战中使用的武器装备的信息技术含量高；第二，实施这种作战依赖于透明度很高的战场。使用信息技术含量高的武器系统，可在很远的距离、以很高的精度攻击和摧毁敌目标。战场透明后，己方部队可以更快地获取信息，加快“查明情况—下定决心—采取行动”这一周期性活动的进程，更迅速、更准确地抓住战机，从而使作战行动比以前更加精确，更具致命性。

3.“特种作战”锋芒毕露

伊拉克战争，作为特种信息作战力量，美军投入的特种部队超过了1万人，是越南战争以来规模最大的一次行动，并且取得了辉煌的战果。其做法一是培植“倒萨”力量。早在伊拉克战争打响的半年前，大约100名美特种部队士兵和50名中央情报局特工秘密入伊拉克，潜入伊位克北部库尔德人控制区，搜集有关库尔德人的情报，培植“倒萨”力量；二是弄清萨达姆和其他高级领导人的行踪；三是潜入伊位克的西部沙漠或东部农村地区搜寻导弹发射架和生化武器隐藏地点；四是进行特种侦察，引导战机打击临时目标；五是抢占机场和保护油田。由于担心伊拉克点燃油田阻止美军前进，开战第 3 天，美陆军特种部队“绿色贝雷帽”攻占了巴格达以西沙漠中的两个机场和伊拉克北部的两个机场，美海军特种部队“海豹”小队偷袭并抢占了两个重要的石油天然气枢纽站和一些油井。

五、战争呈现空天一体化特征

作战一体化程度空前提高，体现在陆、海、空、天战将高度一体化，军兵种间作战界限难以区分，战区作战行动联为一体，战略级、战役级、战术级作战界限趋于模糊不清等方面。这些特征无论是在大规模战争中，还是在小规模冲突中都是如此。

在伊拉克战争中，美军在空间部署了 50 多颗军用卫星，并租用了多颗商业卫星，在空中部署了 U－2 侦察机，E－3、E－8 预警机，“全球鹰”和“捕食者”等多种无人侦察机，从而形成了空天一体的信息技术优势，并在对伊拉克的空中打击中发挥了重要作用。

（一）实现了战场信息的实时传输

由于美军各型飞机都安装了“快速战术图像系统”，在每一位特种部队士兵的电脑上安装了“漫游者”软件，参战的美陆、海、空三军指挥系统也都实现了联网，从而使卫星、侦察机和无人机获得的信息能够通过 LINK16 和其他数据链技术进行实时传输。每一个战斗机和轰炸机的飞行员都能随时了解到战场信息的变化情况。

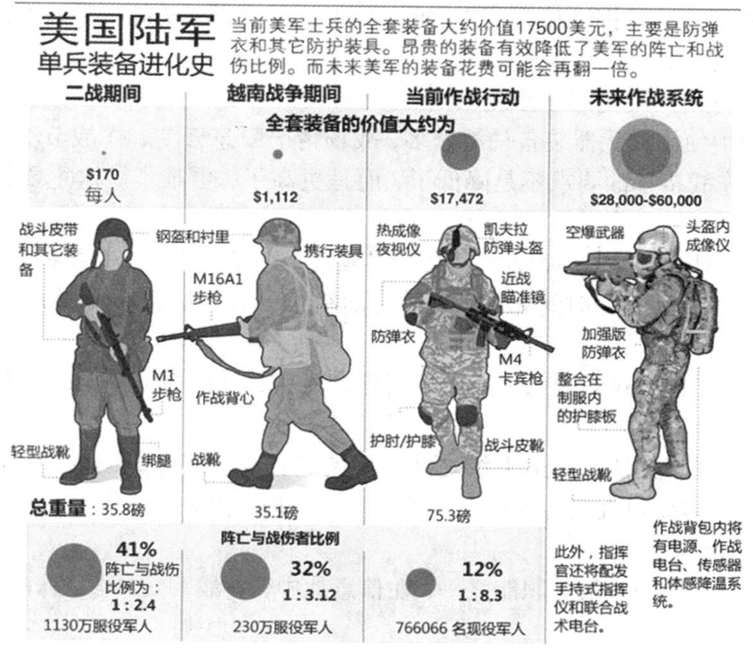

图 5－5　美军士兵装备进化史

（二）实现了信息技术向作战能力的迅速转化

在这次伊拉克战争中，大部分参加对伊轰炸的战斗机和轰炸机都安装了目标数据实时接收和修正系统，可在赴目标区的飞行途中通过卫星直接接收情报中心发出的实时数据，并对导弹的制导数据进行适时的修正和更新，从而提高了目标打击的灵活性和随机选择性，战斗效果明显提高。伊拉克战争中，在每天赴伊拉克执行轰炸任务的战斗机和轰炸机中，只有约三分之一的飞机是按起飞前的轰炸计划赴目标区进行轰炸的，另外三分之二的飞机都是在升空之后根据随机收到的目标指令去执行轰炸任务的。例如，3 月 24 日，美军共出动了 1500 架次的飞机对伊拉克进行空袭，其中 800 架次是执行打击任务。在 800 架次的打击任务中，有 200 架次是事先计划的，其余架次为临时起飞打击伊拉克的“紧急目标”。

（三）集中优势兵力的原则发生质的变化

集中优势兵力这一古老的军事原则，其实质是将由过去的集中兵力兵器变为集中火力。因为，信息化远程打击兵器，不需要集中配置，就能对打击目标实施集中突击。兵力配置的分散和火力的集中，将有利于战场上保存自己消灭敌人。近距离接触式思想将不再实用。在信息作战中，由于远程、高精度、大威力武器系统的使用，大大提高了远战的地位。如果一支军队没有远战能力，很可能在对方超视距的侦察和打击下，很快就会被消灭。美军早在 20 世纪 70 年代末期就提出了“圈外发射”的武器系统理论，即各种武器系统要能在对方武器系统射程之外发射，也就是在对方火力圈外发射。经过 20 多年的努力，美军的武器系统已达到其“圈外发射”理论的要求：美军认为“远战将取代近战成为胜负的主导因素，超视距火力战将成为未来作战的主要样式”；“在陆军减少兵力的情况下，只要有准确而猛烈的火力战支持就能战胜优势兵力之敌”。从海湾战争和科索沃战争中，可以很清楚地看出美军是如何贯彻“圈外发射”作战思想和发挥远战兵器作用的，发展远战兵器、实施灵活机动的火力战，已成为当今各国军队追求的目标和作战原则。

（四）作战指挥的难度更进一步加大

由于信息战中使用的武器装备种类繁多，战场情况瞬息万变，作战节奏加快，信息量急剧增加，所以对作战指挥的要求不是降低了，而是更高了，更难了。这主要体现在以下四个方面。

（1）指挥要实时或近实时，否则，就会贻误战机，陷入被动。实时指挥的着眼点是“夺取和控制作战空间”，在速度、时间和灵敏性等方面制约敌军，从而使己方的行动总是比敌方快半拍到一拍。

（2）在运动中指挥。这是因为，未来战场流动性大，部队总处于运动之中，指挥官很难开设固定的指挥所。

（3）要采用纵横指挥法。在上下级之间逐级传递信息，实施纵向指挥；在行军控制、防空预警等活动中，同级间直接传递信息，进行横向指挥；在火力支援等活动中，则采用纵横结合指挥法。

（4）协调复杂。协调是指挥职能之一，在信息战中，参战军兵种多、作战空间大，横向协调的任务十分繁重。

第三节　信息化战争与国防建设

人们以什么样的方式生产，就以什么样的方式制胜。农业时代以冷兵器和体能制胜，工业时代以机械化兵器和技能制胜。机械化战争中军队的机动能力空前提高，火力空前增强，战争的规模也空前扩大，新的制胜因素将成为钢铁产量，火炮口径，飞机、舰艇和坦克的数量以及操作这些钢铁兵器的勇士们的技能的较量。20 世纪后半叶起，由计算机、通信卫星和全球网络带来的生产方式的改变导致战争方式的彻底改变。1991 年的海湾战争，从机械化战争的标准看，伊军与美军的装备差距不是很大，但交锋后瞬间一边倒的结局，让全世界看到了信息优势所带来的全新的战争制胜要素。此后十多年进行的科索沃战争、阿富汗战争、伊拉克战争则一而再、再而三地证明了这一点，信息时代以计算机、网络和智能制胜。

一、坚持"积极防御"的军事战略方针

"积极防御"战略具有强大的生命力，在信息化战争中，这一方针的核心是"积极主动、攻防兼备"。其基本要点是：在没有战事的情况下，利用和平时期，加强战争准备，宁可千日不战，不可一日不备，防患于未然；当敌方蓄意挑起事端时，迅速做出反应，以积极的攻势行动，消灭入侵之敌；战前充分准备，不打则已，打则必胜。因此，"积极防御"的方针战略在应对信息化战争中，仍然具有非凡的生命力，并赋予了新的内容，我们必须始终坚持。

贯彻积极防御的战略方针，必须正确估计所面临的主要威胁，充分考虑到国家的安全利益和军事行动的有效性，把握好以下几个关系。

（一）"威慑"与"用兵"的关系

威慑，是指以军事力量辅以多种手段避免和制约战争的发生；用兵，则是以武力达成战争目的。两者相互联系、相互作用，又相互区别。威慑也包含用兵的内容。因为只有具备强大的军事力量，才能更有效地遏制战争。但赢得战争并非必须用武力手段，可以强大的威慑力量达到"不战而屈人之兵"的目的，从而遏制战争的爆发，同样可以达到维护国家安全的目的。我国正在致力于经济建设，需要一个长期稳定的和平环境，从这种意义上讲，制约战争显得更为现实和重要。

（二）"后发制人"与"先机制敌"的关系

"后发制人"即绝不首先对任何国家使用武力，这是我国的社会主义性质决定的。"先机制敌"则强调军事上应预先创造和把握有利战机以求得主动，这是由信息作战的特点决定的。由于信息化战争具有发起突然、进程短暂的特点，如拘泥于一般的防御原则，就将给敌人以可乘之机，而自己就将陷入被动地位。因此，"后发制人"不能理解为"被动还手"。同时，我们还应研究与信息时代相对应的人民战争，用广泛的人民战争取得未来信息化战争的胜利。新的制胜因素的出现，必然给国防建设提出一系列的挑战。这种挑战表现为制胜优势的转型，制信息权成为超越制空权、制海权的新的制高点。

（三）人的综合素质的较量

信息技术优势导致战场全维领域的透明，夜战、电子战、侦察与反侦察成为贯穿战争始终的要领。"非线性""非对称""前后方界限消失""战略战术概念模糊"等新理念扑面而来，

武器装备的“代差”甚至“隔代差”的出现，“超视距作战”“远程精确打击”“网络中心战”等全新战法的出现。信息化推动军事组织结构不断创新，指挥机构趋向简捷，陆海空三军的区分趋向模糊。人的智能得到极大扩展，信息化提供了前所未有的人类充分利用智能的空间。纵观百年世纪战争我们可以看到，无论是机械制胜还是信息制胜，说到底都是物化了的人的综合素质的较量。没有高素质的军人，既打不赢机械化战争，更打不赢信息化战争。

面对信息化所带来的这场变革，我们应当看到这既是挑战，更是历史的机遇。我们必然提高认识，更新观念，创新思维，竭尽全力，加速以武器装备和人才队伍为核心的军队信息化建设，以打赢未来的信息化战争，实现伟大祖国的和平统一，实现中华民族的伟大复兴。

二、提高对信息化战争的全面认识

（一）重大的历史责任

面对战争形态由机械化向信息化转变，世界各军事强国已把关注的重点聚焦到信息战上，把军队建设的重点转移到加强以数字化信息系统为中心的质量建设上，以极大地提高整体战斗力，谋求21世纪的战略主动权，形成了以争夺信息优势为主要标志的新态势。为了迎接信息化战争的挑战和顺应信息技术发展趋势，夺取新世纪战略主动权，我们必须把军事战略调整到打赢信息战上。因此，大力加强信息战研究，积极推进我军数字化部队、数字化战场建设，努力提高我军信息化水平和信息作战能力，已成为摆在我们面前十分紧迫和重大的历史责任。

（二）军事斗争准备的客观要求

信息技术的广泛应用，使主战武器信息化、指挥手段自动化，信息系统已成为军队战斗力的关键要素，制信息权已成为敌对双方争夺的制高点，信息化已成为未来战争的基本特征。这就清楚地表明，我军未来面对的战争，是核威慑下的信息化战争。因此，把军事斗争准备定位在打赢信息化战争，加强信息战理论和数字化部队、数字化战场建设，提高我军的信息战能力，是军事斗争准备的正确选择。适应这一客观要求，就从根本上选准了提高部队作战能力的突破口。

（三）军队质量建设的重大依据

从军队质量建设的战略需求来讲，军队质量建设是以战斗力为标准的，并最终通过作战实际来检验。从根本上说，信息化战争的客观需求决定着军队质量建设的方向。从推动军队质量建设的强大动力来看，以信息技术为核心的高技术正在广泛渗透于战斗力的诸要素之中，对战斗力的生成和发展起着愈来愈重要的作用，以至成为战斗力的新的增长点和军队质量建设的强大推动力。这就要求我军在加强质量建设上，必须坚持科技强军战略，充分发挥信息技术的推动作用，不断提高我军官兵的素质和武器装备的高科技含量，从根本上提高打赢信息战的能力。

三、树立新型信息制胜观念

（一）确立“综合制胜”的观念

在战争史上曾出现过“空军制胜论”“海军制胜沦”等单一军种或兵种取胜的论调，而我军则受“陆军主宰战场”的影响较深。然而，由于武器装备的进步和军兵种成分的巨大变化，陆军在信息作战中的地位作用将会出现根本改变，陆军在战场上的主导地位将发生动摇。信息作战中，战场空间呈现明显的多维化和一体化特征。随着空中、海上、太空、电磁等空间领域的地位作用不断增强，作战行动对比不存在以陆战场为主的局面了，必须彻底改变"陆战第一""陆军老大"的传统思想。从海湾战争到伊拉克战争已清楚地显示了作战能力的较量不只局限在地面，其他几维战场空间的地位作用与陆战场平分秋色，有些战争甚至只是进行了几十天的空战。

信息化战争中单纯依靠某一军种或兵种的单一力量是不能取胜的，必须依靠整体的力量与敌方抗衡。可以这么说，信息化战争形态与机械化战争形态的一个根本区别，就在于战争力量的组织形式是多种力量的联合方式。未来信息化战争不论其规模大小，都将表现为以信息系统为支撑、由多维战争空间力量和多个战斗力量单元共同参加的联合行动，有的往往是由多国力量共同参加的联合行动。

作为信息化战争雏形的海湾战争，多国部队投入了包括陆军、海军舰队、海军陆战队、空军力量，以及大量军用卫星、全球定位系统、电子战设备在内的多维战场空间的力量。

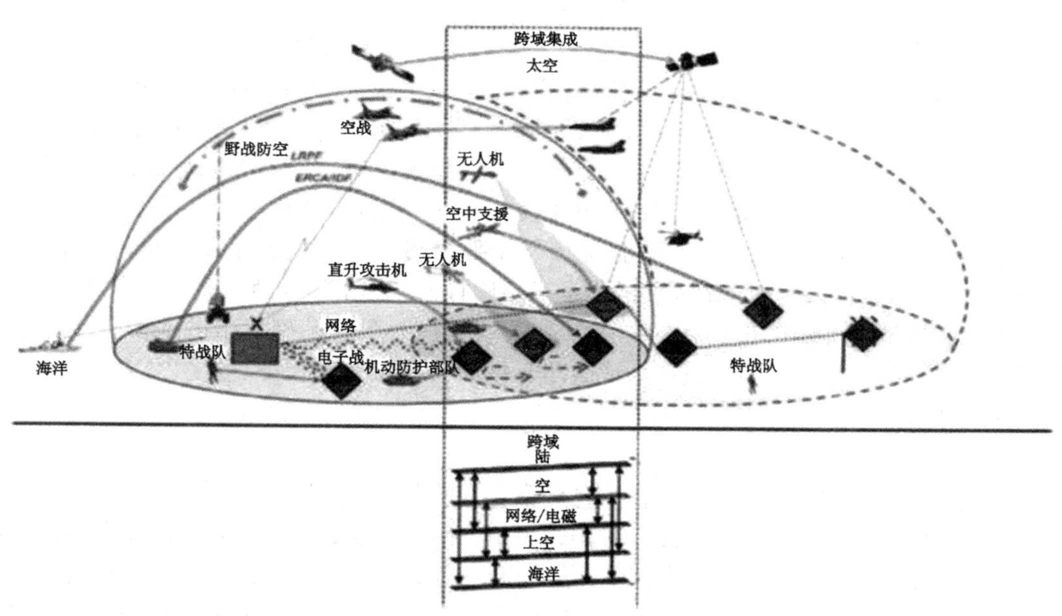

图5－6　信息化战争的多维战场示意图

局部战争的实践表明，随着信息技术的发展，在信息化战争中，多维空间的联合力量将通过各力量成分、协同单元的有机组合，将各自的作战效能凝聚为一个整体，发挥综合效益和整体威力。

（二）树立"信息制胜"的思想

立体的情报侦察系统、完善的自动化指挥系统、综合的电子战系统和远程精确打击系统改变了战争的面貌，同时标志着"制信息权"与军队行动的"自由权"和战场的"主动权"关系重大。海湾战争以来的战争实践表明，"打钢铁"的时代将让位于"打硅片"，火力优势将依赖于信息优势，这是一个革命性的转变。我们的军事思想必须适应这一新的要求，使国防建设和军队建设走向信息化。

（三）跳出陈旧的思维定式

面对信息化战争这一新的战争形态，必须跳出昨天的思维定式，在观念上绝不能墨守成规，要研究新事物，适应新情况，探索新战法。以往的战争虽然仍有值得借鉴的经验，但不能使其成为束缚思想的枷锁。因为历史不会重演，战争永远不会更复，胜利的砝码往往偏向于创新思维者，保守的军事思想只能导致失败。军事思想的创新比发展武器装备更重要。

军事变革往往伴随着作战方式的革命，而作战方式的革命要以军事思想的革命为先导。信息化战争中，我们仍然要贯彻积极防御的战略方针，仍然面对着以劣势装备战胜优势装备之敌的现实，但在具体战法上绝对不会与过去相同，需要我们以创新的思想观念，在实践中研制出一套新的制敌的思路来。比如，要更多地运用精确战、电子战、网络战的作战形式，强调打"关节点"，强调瘫痪敌方的指挥控制系统，而不是铺天盖地的大面积的毁伤。又如在信息作战中，特别强调系统方法，强调全局观念，注重一体化作战，发挥整体威力，而不提倡脱离系统的、不利于全局的单独行动等。

（四）精确打击已成为一种常见的交战模式

随着信息化智能武器系统的远距离作战能力的提高，多维力量的超视距联合精确打击已成为一种常见的、主要的交战模式，近距离接触式作战的地位大大降低。一些军事家们分析，信息作战开始使传统的地面集群胶着、空中机群的航炮格斗、海上舰炮直接对抗、空对地的临空轰炸扫射等交战模式成为历史，远战武器的超视距对抗，已经取代千军万马的短兵相接、拼搏刺杀等传统交战模式占据的主导地位，近战歼敌演变成作战行动的尾声。1991 年的海湾战争，整个 42 天的战争，远程精确打击占到了 38 天，地面近距离交战只占了 4 天。而历时 78 天的科索沃战争，全部采用的是远程精确打击。阿富汗战争也是进行了 60 天的空袭之后，才转入地面部队的打扫战场。多维力量的超视距联合精确打击的地位作用还表现在，有时通过这种交战模式就能直接达成战争目的。美国空袭利比亚、北约空袭南联盟，都是这方面的典型事例。

（五）数字化部队非线式一体化作战

在信息作战中，地面交战的主要模式是数字化部队非线式一体化作战。"非线式"概念是相对于以往作战中在接触线附近实施"拉锯式"的阵地战而提出的。其基本特征主要表现在两个方面：一是在空间态势上，双方部队在战场上不再保留一条相对稳定的展开对峙线和战斗接触线，战场没有前方后方可言，各部队的作战任务不会再划分明确的战斗分界线，只有部队的行动目标和任务地域概略区分，担任各自任务的部队将随机地在宽阔的战场上快速机动地遂行任务；二是在时间进程上，不再像以前那样，预先确定好战役、战斗目标和任务地域，按照固定的模式和程序按部就班地进行，而是在整个战场空间范围内，根据态势的变化和任务需要，随时调配力量，多方向、快速地集中各种作战的效能于目标点。

战争是一种浑浊现象，信息作战的非线式加深了这一浑浊现象。我们要善于在浑浊现象中观察或研究出本来存在着的信息作战方法。这要求我们必须讲究创造性思维，善于从旧的模式中解脱出来。

四、为打赢信息化战争创造物质条件

打赢信息化战争，取决于多方面的因素，但具备必须的物质条件是其中的重要因素。在最关键的时刻，使出最拿手的置敌于死地的武器。信息作战，在深层次上表现为信息技术间的斗争，信息技术发展的结果直接影响到信息作战的结果。信息技术的关键性技术是探测器技术、通信技术和计算机技术，关键性的系统是 C^4I 系统、电子战系统和精确制导武器系统，打赢信息战，这些硬件设备是必不可少的。

从总体上讲，我们在信息技术和信息化武器系统方面与主要作战对手存在较大的“技术差”，目前有不少方面还比较落后。但我们也不必自卑，经过我们的艰苦努力，我们在较短时期内在某些领域完全有能力铸造自己的“撒手锏”。

（一）大力发展情报预警系统

随着武器信息化和军队整体信息化水平的不断提高，整个军事系统和作战行动对情报信息的依赖程度越来越大。从目前情况看，我军情报侦察的装备相对还比较落后，侦察的手段也比较单一，必须大力加强发展这方面的手段和装备。首先要建立战略早期预警防空系统，力争对敌人的突然袭击行动能够早期发觉、预有难备。其次，要重点发展战场监视系统，包括无人驾驶侦察机、战场侦察雷达、战场电视监视系统以及各种性能先进的夜视器材和电子侦察设备，以提高战场的透明度。

（二）有重点地发展精确打击武器

高精度、突防能力强的中远程精确打击武器将成为未来战争的“撒手锏”。在这方面，我们已有较强的实力，但是设计和生产能力还须继续加强，务必使我们在对空、对地、对海上等目标的精确打击上有令敌人生畏的“撒手锏”。此外，防空反导系统是对抗空袭的重要手段，在这方面也要有一定的经费投入和科技力量的投入，形成自己的防御体系，以免被动挨打。

（三）进一步加强一体化 C^4I 系统建设

C^4I 系统不仅是信息作战的“力量倍增器”，而且是信息系统的核心。当前，在继续加强和完善战略级 C^4I 系统建设的同时，应重视战术级 C^4I 系统的建设，特别是在提高通信能力和情报获取能力上争取有所突破。近年来不断发生的局部战争使人们进一步认识到掌握战场态势的重要性，提出“战场感知”的概念，因此 C^4I 系统又进一步演变为包括“监视”与“侦察”的 C^4ISR（指挥、控制、通信、计算机与情报、监视、侦察）系统。

（四）在提高电子对抗能力上下功夫

电子战是具有21世纪时代特征的信息对抗，已成为信息战的主要作战样式，是夺取信息优势的主要内容。我军的电子对抗装备应在提高性能、扩展频谱上下功夫，电子战飞机要能执行雷达对抗、通信对抗和发射反辐射导弹等任务，并且有战场毁伤评估能力。此外，各类作战平台要装备综合电子对抗系统和白卫干扰系统，以适应未来信息作战的复杂电磁环境。还要注重研制汁并机病毒武器和防计算机病毒的措施，提高计算机空间的对抗能力。

（五）注重发展新概念武器

随着新概念武器陆续登上战争舞台并得到广泛应用，我军也要注重对新概念武器的开发和研制。如动能武器、高能激光武器、高功率微波武器等，还有非致命武器如激光致盲武器、次声波武器、光学弹药、失能剂、材料摧毁剂等等，虽然我们不能做到全面去发展，但在某一领域开发研制一两件有威慑的新概念武器还是有可能的，在这方面我们应该有所作为，只要有一定的经费和科技力量的投入，组织攻关，在某些方面是能够见成效的。

五、培养应对信息化战争的高素质军事人才

培养能够适应信息作战要求和从事信息作战的人才，是信息化军队建设的重要内容。从某种意义上说，信息作战是具有高科技知识的人才较量，我军必须把培养人才作为作战准备的基础工程，作为刻不容缓的战略性任务。

（一）信息作战迫切需要高素质的人才

信息作战中，信息的获取、传递、处理、控制和利用，都要通过人去做，计算机也要人去操作和控制。还是毛泽东说得对，“武器是战争的重要因素，但不是决定的因素，决定的因素是人不是物。”无论信息化武器如何发展，其威力如何巨大，人是战争的决定因素这一真理是不会改变的。因为在人和武器相结合的统一体中，人始终处于主导地位，武器则处于从属地位。信息化武器的发展，只不过是人的能力的延伸，丝毫也没有降低人的因素的作用。相反，武器装备越是信息化，对人的素质要求也越高，人的因素就越重要。

图 5－7　五角大楼(美国国防部)

美国国防部关于海湾战争致国会的最后报告中指出：“高质量的人才是美军的第一需要。没有能干的、富有主动精神的青年男女，单靠技术本身是起不到决定性作用的，优秀的领导和高质量的训练是战备的基本素质。只有训练有素，部队才能对自己、对领导人和武器装备充满信心。”

在信息作战中，对人才素质提出了新要求，并不是什么人都可以成为夺取信息作战胜利的决定因素。对信息作战理论和信息技术知之甚少的人，是无法取得信息作战胜利的。

适应信息作战需要，不仅要普遍提高全体军人的素质，而且要下大力培养关键人才。信息作战需要的关键人才，主要包括中、高级指挥人才，信息网络管理人才和高层次科技人才。中、高级尤其是高级指挥员，必须是具备扎实信息知识和驾驭信息作战能力，具有高技术谋略意识，善于利用信息技术组织指挥作战的复合型人才；信息网络系统组织指挥人才，是信息网络系统的具体组织者、指挥者，他们应当是既通晓信息技术、熟悉信息技术装备和信息网络，又精通信息作战特点和战法，而且还要有较强组织指挥能力的指、技合一型人才；高层次信息科技人才，是信息作战各类信息技术手段的设计者、管理者，他们必须通晓信息作战特点、战法与技术保障的要求，善于利用信息技术手段支撑信息侦察、信息进攻和信息防御作战，能使己方信息技术手段效能得到最大限度的发挥。

（二）信息化战争对人才素质提出了更高要求

信息作战及数字化部队建设需要的人才，既包括一般军事人才的共性要求，也包括体现与信息作战相适应的特殊要求。这些特殊要求主要包括：在人才类型结构上，应着力建设好指挥控制、信息系统管理、信息技术运用、信息装备维护保障等各类人才队伍；在人才培养格式上，应注重人才的科技性、通用性、综合件、超前性特征；在人才素质要求上，应熟悉信息作战理论，掌握高科技知识，熟练运用信息网络系统和信息化武器系统；在人才文化层次上，应注重高学历和复合型人才培养。这些要求具体体现在政治思想素质、科学文化素质、军事专业素质、开拓创新素质、身体心理素质等方面。

1. 优秀的政治思想素质

战争永远与政治是结伴同行的。提高军人特别是中高级指挥员的政治素质，是夺取信息作战的重要保证。首先，要牢固树立马克思主义的战争观、人生观，坚持国家利益高于一切的原则，在任何情况下都能坚定不移地为捍卫祖国的安全而斗争；其次，要坚决听从党的指挥，自觉贯彻党中央、中央军委的军事战略方针和各项指导原则，坚决执行命令，一切行动听指挥；再次，要充满必胜信念，具有敢于压倒一切敌人和克服一切困难的大无畏精神，不怕疲劳，不怕牺牲，勇敢战斗，顽强拼搏。

2. 较高的科学文化素质

提高官兵的科学文化素质，历来是军队建设特别是人才建设的重要内容。信息作战，是知识的较量，是技术的较量，对人才的科学文化素质提出了极高的要求。比如，指挥军官的学历层次要达到大学本科水平，在指挥、管理、技术军官中形成占适当比例的硕士、博士群体；具有扎实的科学技术知识，对高科技领域特别是信息技术的基本原理及其军事应用比较熟悉；具有扎实的计算机和网络知识功底，能熟练地操作计算机；能熟练地操作使用现代通信工具、实施正确的指挥；具有较强的文字和语言表达能力；较熟练地掌握一门以上外语。

3. 过硬的军事专业素质

军事专业素质，是军事人才必须具备的基本素质。信息作战对军人的军事专业素质的基本要求主要包括：具有丰富的军事理论知识，懂得马克思军事理论、毛泽东军事思想和邓小平新时期军事理论，熟悉信息作战的思想、原则；具有扎实的军事高科技知识和军事专业知识，熟悉侦察与监视技本、隐形与反隐形技术、夜视技术、通信技术、电子对抗技术和指挥自动化技术，熟练掌握和使用信息化武器装备；具备较强的组织指挥能力和管理能力，熟悉信息作战的特点和规律，善于运用信息化武器系统和信息网络系统组织攻防作战，有较强的决策能力、协调能力和应变能力。

4. 开创性的创新素质

创新素质是现代军人必备的素质。在信息作战中，谁拥有更多具有开拓精神和创造能力的人才，谁就能在竞争中稳操胜券。比如，指挥员要具备创造性思维能力，能够跳出旧的思维模式，探索新思路；善于依据敌我双方的客观实际创造出新的战法，灵活制敌；善于使用最新的技术和科学理论，提高创造性谋略运筹能力；对信息作战依赖性很强的战场信息系统，不仅能熟练运用还能创造性开发，以增强信息系统的攻防作战能力。

5. 强健的身体和良好的心理素质

军事领域不仅充满危险，更充满艰辛。现代军人在战场上必须具备高强度的负荷力、耐久力、适应力和抗病力，具有良好的心理素质。比如，具备必胜的信念，牢固树立以劣胜优的决心和信心，以敢打必胜的信念，能动地运用现有装备云争取胜利；具有坚强的意志，能经得起各种艰难困苦、残酷激烈、痛病折磨、生死关头的考验；具有稳定的情绪，无论遇到何种危机和意外情况，要镇定自若，处变不惊，理智思维，紧张而有秩序地处理各种情况；无所畏惧的精神，要有敢于压倒一切敌人的气概和"攻如猛虎守如泰山"的勇敢精神。

（三）培养信息作战所需人才的基本途径

培养人才的方法途径，主要是学习和训练。军队要适应信息作战的要求，关键是如何采取适应信息作战的训练方式。我军新一代人才的培养，应在继承传统训练经验、借鉴外军经验的基础上，走出一条新的路子。

1. 重视高层次学历教育，逐步提高军官的文化水平

学历在某种程度上可以反映出其受教育的程度，文化程度又是提高官兵政治思想素质和军事专业素质及其他能力的基础。信息化战争需要具有高层次学历的军人去驾驭。正因为如此，各发达国家的军队都十分重视提高官兵的学历层次。我军培养信息作战人才也必须从提高学历层次人手，把具备相应的学历作为选拔使用干部的基础条件。首先，要把好兵员质量关，达不到高中毕业的青年不能入伍，逐步实现大学毕业生到部队服兵役的制度，提高士兵的文化层次；其次，把好选拔干部关，达不到大学本科学历的不能晋升为军官；第三，把好军官晋升关，逐步扩大从研究生中选拔领导干部的比例，团以上军官普遍能达到硕士研究生学历，师以上高级指挥军官要逐步达到博士水平。

2. 抓好关键性人才的培养，造就一批高层次的指挥军官

人才培养也要突出重点，重视培养造就中高级指挥员、信息网络系统组织指挥人才和高层次科技人才的培养。

中、高级信息作战指挥人才的培养，可选拔具备大学本科学历以上的团以上领导干部，在中级以上指挥院校举办培训班，进行学制一年以上的系统训练。通过训练学习，使他们熟悉信息技术及其相关知识，通晓信息作战的特点规律，熟练掌握计算机等指挥手段，确立信息作战意识，成为能用新的作战思想、新的作战手段、新的战法指导信息作战的新型指挥人才。通过学习训练的优秀人才，应大胆提拔、配备到师以上领导岗位，逐步改变我军中、高级指挥员的结构，使之适应新型作战指挥的需要。

信息网络系统管理人才的培养，可从师以上指挥、通信、电子对抗和指挥自动化岗位挑选具有本科学历以上的营、团职指挥或技术军官，在有关指挥院校进行学制一年以上的系统培训。其目的是使他们由熟悉某一项信息技术业务到掌握综合信息技术业务，掌握师以上信息系统装备战术技术性能及组织运用原则，熟悉信息作战的特点、规律和战法，成为能组织运用各类信息系统装备、组织信息作战的复合型人才。

高层次信息科技人才的培养，应当从军内外选拔年轻优秀、具备硕士以上学历、具有扎实信息技术功底并有一定实践经验的科技人员，在相关技术院校进行一年以上的系统培训。训练的目的是使他们在信息技术特别是网络技术方面成为专家，在军事指挥方面成为内行，能准确把握信息作战对技术的要求，创造性地进行信息技术开发利用，使我军信息技术手段得到最佳程度的发挥。

3. 适应改革开发的新环境，拓展人才培养的途径

我国改革开放的大气候，为军队培养高层次信息作战人才拓展了新的途径。我们应打破传统的、封闭型的人才培养模式，在人才培养上进行开放创新的思维。信息技术所具有的军

用与民用的双重性质，为军民结合培养信息作战人才提供了客观可能性。在这方面，已经开展多年的“国防生”“强军计划”等都是十分有效的，应当继续开展下去。

此外，借鉴外军经验对于提高我军的信息作战能力也是必不可少的重要途径之一。通过多种途径、多种方式，加强与外军的交流与合作。如派遣军官出国留学、进修、讲学、参观，或聘请外国专家来讲学等，都是很好的途径。

第四节 信息时代国外军队建设

在人类迈入21世纪之时，世界各国的决策者们都在从政治、经济、军事的角度进行谋划，以确保自己的国家以新的姿态迎接新纪元的挑战。其中，武装力量的建设和发展是涉及国家安危的大事，是各国决策者们优先考虑的重大问题。20世纪90年代以来，世界各国特别是一些主要军事大国，根据国际安全形势的变化，先后调整了各自的军事战略，不失时机地制定了面向21世纪的军队建设的发展设想和计划。美国提出了建设“21世纪武装力量”的设想；俄罗斯制定了“武装力量建设构想”；英国公布了“防务预测报告”；法国颁布了冷战结束后的第一个“国防白皮书”；日本出台了新的“防卫计划大纲”草案；韩国公布了1994～1995年“国防白皮书”。从这些规划和设想看，世界各国特别是主要军事大国，将以新军事革命为契机，以信息化建设为核心内容，以提高军队整体作战水平为目的，采取多种措施加强军队质量建设，以求在21世纪的世界军事力量格局中占据有利位置。关注和探讨这些国家军队建设的走向，无疑会对我军未来建设起到有益的借鉴作用。

一、分析安全形势，调整军事战略

冷战结束，世界格局在经历了一段时间的调整后，世界安全形势发生了重大变化。各国普遍认为，在可以预见的未来，世界多极化趋势将进一步发展，世界大战的危险基本可以避免，各国所面临的直接军事威胁程度将进一步降低，人类将进入一个相对和平的时期。然而，这并不意味着人类从此驱走了战争的阴云，世界从此天下太平。各国都意识到，20世纪末乃至21世纪初，世界形势仍将处在动荡、变化和调整之中，仍有许多不确定因素，对安全的威胁将呈多样化趋势，各种局部战争或冲突，包括宗教、民族、领土、边界等问题引发的战争或冲突将持续不断。一些大国还认为，由于核、生化武器及其制造技术的扩散，还存在着难以意料的威胁，未来世界安全形势将变得更加复杂。鉴此，各国对军事战略都进行了相应的调整，主要是：战略目标将进一步转向确保政治、经济、军事等全方位安全。各国都意识到，未来国家的安全要首先建立在有足够的竞争能力上。以提高经济、科技为基本内容的综合国力的竞争，将成为21世纪夺取战略主动权的焦点。因此，军队建设要进一步服从于经济建设的需要，为提高综合国力服务。这就决定了一方面军队建设要确保满足维护国家安全，实现其战略目标的需要，另一方面，国防的投入将保持在适度的范围之内，要靠提高质量，挖掘潜力来保证军队的战斗力。

战略准备的重点，转向应付局部战争和多元化威胁。美国认为，21世纪美国面临的“不是单一的、确定的威胁，而是广泛的挑战”，为迎接这种挑战，美国将奉行“地区防御战略”，其核心是防止地区强国的崛起和对付各种各样的地区冲突。英、法、德等美国的盟国认为未来面临的是多层次、多方位的与以往不完全相同的地区性威胁，强调要提高防止冲突和控制危机的能力，随时准备在其控制范围内对危机做出迅速反应。俄罗斯认为未来发生大规模核战争和常规战争的可能性已大大降低，但发生局部战争和武装冲突的可能正在上升，俄罗斯及其盟国卷入冲突的可能性很大，强调要实行"全方位机动防御"，使武装力量做好在短时间内消除局部战争和武装冲突的准备。日本在明确主要威胁对象的基础上，把威胁分为 6 种主要类型，要求其武装力量相应扩大任务范围。为了做好应付多种威胁的准备，各国在军队建设上都强调要保持灵活性和快速反应能力。

在建立"集体安全"合作机制的同时，进一步谋求"自主防务"。冷战时期，出于各自的需要，国际上出现了许多防务联盟。未来一个时期内，尽管"集体安全"合作机制还将进一步调整和发展，但越来越多的国家，如英、法、德、日、印、东盟各国等特别强调加强和提高"自主防务"能力。英、法、德等欧洲国家为了进一步减少军事上对美国的依赖，除继续加强内部防务合作外，强调进一步提高国家自身的防务水平。韩国以及东盟一些国家，为了降低因美国收缩军事力量而造成的本国军事能力下降的影响，纷纷准备采取措施，加强本国的军事力量。

一些国家谋求进一步扩大军事干预能力的范围。在两极体制坍塌后，一些地区性军事强国羽翼日渐丰满，不甘心总是充当"仆从"的角色，力图独立发挥作用；不甘心守在家门口，在谋求扩大政治影响的同时，还在谋求扩大军事影响。日本自 20 世纪 90 年代以来，明显加快了谋求实现政治大国的步伐，对军事力量的运用提出了新的要求，把向海外派兵列为未来自卫队的重要职能之一。英、法、德在强调取得欧洲主导权的同时，还将安全目标的范围由欧洲重新扩大到全球。例如德国就明确表示，要改变其"政治上的侏儒"的形象，应承担更大的国际责任，其军队要冲破禁区，到北约防区以外的地方执行任务。印度作为南亚最大的国家，也在谋求以军事力量为后盾，在印度洋地区的政治与经济事务中起决定性作用。上述国家将相应调整军队的编制体制、装备发展和教育训练，以适应扩大军事活动范围的需要。

二、抓住新军事革命的机遇，加强军队建设

回顾历史，军队建设任何一次大的发展，往往都伴随着社会变革和技术的进步，并受到某种革命性因素的推动。当前兴起的新一轮军队建设高潮也正是在新军事革命这样一种大背景下产生的，对世界各国来说，既是机遇也是挑战。

图 5－8　托夫勒《战争与反战争》

（一）军事革命对未来军队建设的影响

当今世界正处于冷战时代向冷战后时代、工业时代向信息时代过渡的重大变革时期。进入 20 世纪 90 年代后，一场新的军事革命首先在西方兴起，并逐步影响到全世界。这场革命的高潮可能在下个世纪初，在 2005 至 2010 年之间，而最终要完成这场革命恐怕要到下个世纪中叶。美国著名未来学家托夫勒称，这场军事革命是"里程碑"式的，是"跨时代"的，其规模之大，内涵之广，影响之深，是历史上任何一次军事革命都无法比拟的。虽然各国军事理论界几乎都承认，新军事革命的动因是武器装备和技

术的进步，新军事革命也首先表现在技术方面，即军事技术革命，美国和西方将其归结为军事工程革命。军事传感革命、军事通信革命、军事信息革命，然而，新军事革命绝不仅仅限于技术范围内，正如托夫勒在《战争与反战争》一书所说，如果把军事革命仅仅理解为是技术上的变革，那么充其量只能算是“次革命”。应当看到，这是一场发生在军事领域的全面革命，它将引起军事领域的巨大变化。军事革命将引起战争形态和作战方式的变化。以信息技术为代表的高技术的发展，将有可能导致新的战争形态，主要包括四种形态：远程精确打击战、信息战、控制性机动战、空间战。发展到一定阶段，上述四种战争形态将融为一体，成为崭新的战争形态。

随之而来，将引起军队建设领域的一系列变化，也将给军队建设提出一系列新的课题，包括如何发展与新的战争形态相适应的新型武器装备体系，建立信息技术优势、指挥与控制手段优势、力量投送优势；如何调整体制编制，使之与新的军事思想和高新技术，特别是信息技术的发展相适应，最大限度地发挥军队的整体作战效能；如何开展适应未来战争的军事训练等等。因此可以说，军事革命给世界各国军队建设提供了重大机遇，先知先觉，并且不失时机地付诸行动者，就有可能在下个世纪取得军队建设的主动权，使军队建设跃上一个新的层次；后知后觉，犹豫徘徊者，就有可能丧失历史的主动权。

（二）把握良机，用先进作战理论，推动军队建设的发展

未来建设什么样的军队，取决于多种因素，包括安全环境、战略需求、经济实力、科技水平等。但是，许多国家越来越清楚地意识到，能对军队建设起直接指导和牵动作用的，是先进的作战理论。只有提出先进的作战理论，并以此为指导，才能避免军队建设走弯路，始终保持军队建设的超前性，适应未来战争的要求。一些发达国家的军事实践也证明，作战理论对军队建设的指导作用越来越重要。

20 世纪 80 年代初，美国提出了“空地一体战”理论，美军以这一理论为指导，带动军队各方面的建设，先后更新或研制了 100 ~ 150 种先进的武器系统，按照这一理论的要求，对部队进行了较大规模的改组，并用这一理论指导军官培养和教育训练。实践证明，这一理论对指导美军的建设，赢得包括海湾战争在内的几次局部战争的胜利，的确发挥了十分重要的指导作用。军事革命的兴起，给更新作战理论提供了物质和技术条件，也提出了新的要求。不少国家都在不失时机地研究制定新的作战理论。进人 90 年代后，美国分析了即将面临的国际环境，结合新军事革命所提供的条件，对未来战争进行了分析，提出了“全维作战理论”，这一理论是随着 1993 年版 FMI00—5 号野战条令而正式公布的，以取代 1983 年确立的“空地一体战”理论；1994 年 8 月，美陆军又颁发了第 525—5 号手册，题为《21 世纪部队的作战——21 世纪初战略陆军全维作战发展构想》，对“全维作战理论”做了进一步完善。美军认为，这是能够使其占领下个世纪军事斗争制高点，对军队建设的各个方面起牵动作用的作战理论，并将以该理论来指导 2000—2015 年武器装备的发展和其他方面的建设。德、法、英等发达国家对美军的这一理论高度重视，正在以该理论作参照，思考和制定本国未来军队建设规划。俄罗斯在总结近几场局部战争的经验教训之后也认为，军队建设不能仅仅采取“经验尝试”和“摸索前进”的办法，必须全面考虑各种因素，用科学的态度和方法对未来战争及其特点做出分析和预测，结合军事改革，提出未来军队建设理论，以此带动军队建设的发展。

图 5 - 9 空地一体战模拟图

三、向质量要战斗力，继续压缩军队规模

冷战结束后，无论是发达国家还是发展中国家，都已经普遍对军队进行了裁减，有的还进行了大刀阔斧的裁减。从各国建军计划看，在未来 10 ~ 15 年内，除个别国家还打算进一步扩军外，多数国家军队建设的总趋势仍然是减少数量、提高质量，大力推进质量建设。

（一）重新认识军队数量、质量与战斗力之间的关系

“兵不在多，而在于精”海湾战争已经给这句话赋予了许多新的内容。许多国家认识到，在广泛使用高技术兵器的未来战场上，军队的数量、质量与战斗力之间的关系还将进一步发生根本性变化，这将表现在：质量与数量由同等重要变为质量跃居主导地位，而数量将退居次要地位。因此，在未来军队建设中必须走“精兵、高质、高效”之路。得出这个结论的主要依据，一是由于国际安全环境发生变化，爆发大战的可能性进一步减小，不需要保持庞大的军事力量。二是有些国家军费开支占国民生产总值的比重将进一步降低，有些国家军事预算虽将增加，但增幅不大，再加上要发展昂贵的高技术装备，有限的军费维持不了庞大的军队。三是高技术的发展，使“发挥人的因素”的概念发生了变化，人依然是决定战争胜负的主要因素，但其作用的发挥主要是通过对高技术的掌握和运用，靠的不是高数量，而是高素质。四是随着信息战等新战争形态的出现，在工业时代庞大的重兵集团和机械化部队之间的较量几乎将不复存在，部队的规模和编制都将相应缩小。因此，减少数量，提高质量，仍然是未来一个时期内各国军队建设的必然趋势。

（二）根据任务需要，确定适当的压缩幅度

确定未来兵力规模的依据是多方面的，包括经济实力、人口数量、科技水平。对威胁的判断、军队所担负的任务等。在确定兵力压缩幅度方面，各国的做法不尽相同。发达国家较普遍的做法是，先根据担负的任务计算出所需的兵力规模，然后再确定裁减的幅度。其基本做法是：首先分析未来战略环境，明确军队任务，再根据任务需要，确定合理的兵力规模。美国认为 1997—2010 年间世界局势将动荡不定，其潜在对手有可能同时发动两场局部战争。此外，美军还担负着“保卫领土、维护海外利益和维护国际集体安全”的三大任务。根据同时打赢两场战争和完成上述任务所应具备的作战能力，美军进行了多次模拟论证，确定了 21 世纪初的兵力规模。英国根据未来冲突的可能类型和军队的 3 项“防务职能”，确定了 50 项军事任务，把所需的兵力细化为 26 项“力量要素”，再根据这些要素计算出英国需要的总兵力。

法军根据综合使用核力量与常规力量的方针，设想了今后可能动用军队的 6 种情况，计算出了对付每一种情况所需兵力以及总兵力。

2012 年 1 月 25 日，美国总统奥巴马在他本届总统任期内的最后一次国情咨文中称，美国现在“更安全、在全世界更受尊敬”。在这个前奏之后，为适应美国政府预算削减与安全战略调整需要，正式公布裁军计划。根据这份预算，美国国防部在未来 10 年内将削减 4870 亿美元军费预算，在未来 5 年内削减 2590 亿美元。与军费削减相对应，美军计划在未来 5 年内将现役陆军人数从 2010 年的 57 万人削减到 49 万人，将海军陆战队从 2010 年 20.2 万人削减到 18.2 万人。在这一轮大规模裁军中，美国陆军将至少裁撤 8 个作战旅，其他兵种也将裁撤部分作战编制。海军将使 7 艘老旧的巡洋舰提早退役，并推迟新军舰的交货时间。空军方面将裁撤 60 个战斗机战术中队中的 6 个，以及 1 个训练中队，一些老旧的运输机也将退役。

俄罗斯由现役兵力 191.7 万人，减至 150 万，压缩幅度为 22%。英军从 90 年代初开始裁减，到 2000 年，由 30.09 万人减至 21.6 万人，压缩幅度为 30.1%。德军 1990 年兵力为 60 万人，到上世纪末裁减到 33.8 万人，缩减幅度为 44%。东盟国家（除越南外）在 20 世纪 80 年代初至 90 年代中期，纷纷实施扩军计划，但这一过程已基本结束，除泰国等个别国家打算进一步扩军外，多数国家下一步的军队建设重点是调整结构，提高质量。

四、面向信息战，启动信息化、数字化建设

如果说，在 1970 年代谈论信息时代，还带有某种科学幻想的味道的话，那么，随着计算机技术的飞速发展和“信息高速公路”的建立，信息时代已经摆在人类面前，而且开始对军事产生革命性的影响。国外一种有代表性的看法认为：在工业时代，军队战斗力的基础是火力杀伤系统；在信息时代，军队战斗力的基础是信息。因此，“信息战”的出现是时代发展的必然结果。未来的信息战在概念上已经不是我们习惯上讲的情报战、电子战和通信战，而是以争夺、使用和控制信息为主要内容，以信息化武器装备和系统为主要手段的高技术战争。而要具备打信息战的资格，打赢信息战，必须奠定军队信息化的基础，大力推进信息化、数字化建设。

（一）开展信息化建设研究

世界各国在信息化、数字化建设方面，有的已经起步并取得初步进展，有的在进行各种前期准备工作，有的在进行跟踪研究。

美军在信息化建设方面起步最早，已经进入实验和实施阶段。美国的盟国英、法、德等西方发达国家步美国的后尘，也开始筹划和实施军队的信息化建设，它们的做法是：开展理论探讨和应用研究，探索未来信息战的内容和基本原则。“信息战”是美军 20 世纪 80 年代中期最早提出的。近年来，美军围绕信息战的内容、信息战的方式、信息战的原则等问题进行了大量研究，尽管争议还很多，但观点逐渐统一。为了使这一理论尽快转化为部队战斗力，美国国防部专门成立了 5 个工作组，集中探讨如何用信息技术彻底改造美军，并且建立了专门的以研究信息战的措施为主要内容的 6 个战斗实验室。“信息战”的理论一提出，便引起了英、法、德等美国盟国的高度重视，相继开展了对这一理论的研究，并且观摩了美军进行的以检验信息战理论为内容的“路易斯安娜演习”。英国成立了专门负责信息战研究与发展的机构——“地面指挥信息系统作战需求办公室”。法国早在 1980 年代末就已着手进行军队数字化建设的研究，并制定了数字化建设的方案。到 1990 年代中期，法国已对一些发展项目进行了初步实验。

（二）建设“信息高速公路”

信息高速公路的建设是为军队数字化、信息化建设奠定基础。信息高速公路是使用光缆将现存的通讯网计算机网连接、延伸和扩展，成为遍及一个国家，乃至全球的高速信息网络。其具有军民兼容的特性，将成为军用数字化的基础。实际上它也是奠定军队信息化建设的重要组成部分。早在1993年，美国就提出了“全美信息高速公路计划”，准备用10～20年的时间，建成“全美信息高速公路网”，一旦建成，将为美军提供满足战时需要的可靠的电子通道。美军还进一步提出以美军正在建设的“全球网栅”与陆军使用的战术通讯系统联通，建立“战场信息高速公路”，欧洲各国也高度重视“欧洲信息化高速公路”的建设，认为这是欧洲各国联合起来抢占21世纪高技术发展制高点的具有战略意义的计划，英、法、德等国都表 示积极参与该计划的实施。德国为此动员了有实力的大公司，如德特伯克姆公司、IBM公司、惠普公司、数字设备公司、西门子公司等参予信息高速公路的建设，在已经投资20亿美元的基础上，计划加大投资力度，再投资100亿美元。此外，北约国家将实施一项高层次、高水平的“通用通信系统网络”的建设计划，以完善北约的指挥控制能力，并将其作为信息战的基础设施。参加这一计划的包括加拿大、法国、德国、荷兰、英国、美国等，为配合这一计划，北约各国将建立自己的通用通信系统网络的子网。

（三）建设“数字化部队”

美军建设“数字化部队”的工作将分为两个阶段：第一阶段，1996年建成1个数字化旅，1997年扩建为1个数字化师，1999年建成1个数字化军，2010年陆军部队全部实现数字化；第二阶段，美军作战部队在数字化的基础上进一步实现信息化，估计全部计划要到21世纪中期才能完成。英国颁发了“数字化总纲”，决定从1997年起至2014年，分三个阶段建设陆军数字化部队。德军也决定建设自己的数字化部队。鉴于军费有限，德军决定其数字化部队的建设采取分步走的方式。第一阶段，为实验性阶段，计划1997—1998年，以目前正在研制的“综合指挥与武器使用系统”对1个加强旅进行改造，使其初步具备一定的信息战能力；同时还将建成1个标准的数字化营。第二阶段，在第一阶段实验的基础上，总结经验，制定具体发展计划。

2013年6月，中国数字化部队高调亮相，但与美军相比还有差距。中国推动数字化部队建设，中国陆军的主战武器基本上实现了更新换代。中国陆军要想再一次实现战力飞跃，在“硬件”方面已很难做文章，只能在“软件”上找出路，对现役部队实施成建制的数字化改造不失为一招好棋。例如，美国陆军第4机械化步兵师进行数字化改造后，总兵力削减约13%，坦克、装甲车、自行火炮等重装备减少15%；但扩编了师属直升机部队，添置了无人侦察机，所控制的战场面积扩大了两倍。美军原来需要出动三个师才能确保击败对手一个处于防御状态的师，而现在执行同类任务出动一个数字化师就可以取胜。数字化部队的战斗力是同等规模常规部队的三倍。在军演中，中国军队以数字化合成营、特种作战营和陆军航空兵等组成的“红军”，对抗机械化步兵旅扮演的“蓝军”，就体现出数字化部队以少胜多的优势。

（四）建设“数字化战场”

发展“数字化装备”。美军把建设数字化战场，发展数字化装备作为信息化建设的又一重要举措。继美军之后，德国国防部制定了“综合战场信息系统长远规划”，英军制定了“战场信息系统共用基础设施建设计划”，尽管名称不同，但与美军的“数字化战场”在实质上是基本一致的。从内容上看，美国和西方国家建设的“数字化战场”是覆盖整个作战空间的，由通信系统、指挥控制系统、情报传输系统、计算机与战场数据库及各种用户终端组成的，能给用户实时提供信息的综合互联网络系统。通过该系统，能实时获取、交换和使用数字化信息，及时满足各级指挥官、战斗人员的信息需求，从而达到战场透明，掌握主动权，成倍提高作战 效能的目的。

（五）“数字化装备”

“数字化装备”，是指围绕建立数字化指挥控制系统和数字化武器系统来研制和发展的信息化装备，包括信息化弹药、信息化作战平台、C^4I 系统和单兵数字化装备等。在建设数字化战场和发展数字化装备的步骤上，美军将与其数字化部队的建设同步进行，全部工作可能到 22 世纪中叶完成。英、法、德等国建设“数字化战场”，发展“数字化装备”的工作比美国滞后一步。在发展的步骤上，美国及其西方盟国均将采取分步走的方式，并且大都划分为 2～3 个发展阶段。第一阶段，为实验性起步阶段，主要是以现有武器装备为基础，采取“帖花”的办法，为一部分部(分)队和部分现有装备配备和加装数字化信息装备。第二阶段，全面建成数字化、一体化陆战场；第三阶段，21 世纪中叶，将全面建成陆、海、空、天一体化的数字化战场。

为实施信息战，北约已经明确提出未来北约部队要与“21 世纪美国陆军”的数字化装备达到“通用性”，此外北约其他成员国数字化战场和数字化装备之间也要达到“通用性”，从而实现一体化战场。为达到这一目的，美、英、法、德等国确定将在军队信息化、数字化建设领域共同合作，并且已经签订了多项双边和多边合作协议。合作的项目主要包括，成立共同技术可行性研究机构，负责协调各国的研究与发展；制定共同的信息化、数字化标准，包括制定通用的信息处理软件、计算机标准程序、通信装备频率、数据模式、通信术语概念；制定统一的报文格式，如美、德、法国 决定将统一采用 7 种统一的报文格式：①我方态势、②敌方态势、③自由报文、④信息要求、⑤侦察结果、⑥我方位置、⑦障碍预告等；建立通用战场信息数据库，目前这项工作已经取得进展；研制通用硬件及其标准接口，实现通讯装备信息的交换和联网。

对西方提出的信息战和军队的信息化、数字化建设，俄罗斯起初持观望态度。但近一两年来，随着军事改革的展开，俄军对信息战跟踪研究的热情 也高涨了起来，开始组织较大规模的学术探讨和研究。1995 年俄美两国军事专家就“信息战”问题举行了专题研讨。在研究的基础上，俄联邦安全会议已向国家首脑呈交了“关于信息安全的报告”。俄罗斯军事理论界提出，信息战的出现和信息武器的使用是历史发展的产物，在未来战争中将主要使用由精确制导武器、情报支援系统(即侦察、指挥、控制和通信系统)和电子战系统构成的信息战系统，信息战可以破坏国家的指挥控制系统，摧毁重要的战略目标，抑制居民的精神。因此，俄军必须重视信息战，“理智地评价信息武器的现状和发展前景”。强调俄罗斯应做好抵抗信息打击的心理准备，并“发展相应的信息对抗手段”。俄已提出了组建“从事俄联邦信息安全保障”的特种分队的设想，并开始探讨设立相应的领导与指挥机构。

五、优化军队结构，建立合成化、一体化的军队

由于高技术的发展和军队任务的变化，各国普遍认为，未来军队编制体制应保证军队能够对付多种威胁，具备高度机动和实施“全维作战”的能力，便于综合运用各种力量、作战方式和打击手段，实现由合成化向高度一体化 的转变。在普遍进一步裁减军从员额的情况下，

为了进一步提高战斗力，完成国家赋予的战略任务，许多国家都把提高军队建设质量的砝码压在了调整体制和优化结构上。将采取的主要措施有以下四点。

（一）调整军种比重，加大向海、空军倾斜的力度

保持各军种的协调发展是许多国家在军队建设中普遍遵循的方针。未来一个时期内，许多国家，特别是我国周边一些国家，根据海湾战争的经验和高技术战争的特点，都计划把军队建设的重点放在海、空军上，在兵力的调整和资源的分配上，向海、空军倾斜。日本计划把陆上自卫队由18万人削减到15万人，但海、空自卫队的兵力将继续保持在现有水平上。韩国在1997年之前，将陆军由54万人减至52万人，海军则由6万人增至6.5万人，空军由5.3万人增至5.9万人。印度在上世纪末把海、空军员额由目前的6万和17万，分别增加到10万和20万。东盟的新加坡、泰国、印尼、马来西亚、菲律宾、越南等国战略的重点由陆地转向海洋，军队建设的重点也将由以陆军为主，进一步转向以海、空军为主，因而将进一步裁减陆军，扩大海、空军规模，并增加对海、空军建设的投入。

（二）改革部队编制，实现小型化、多样化、合成化和一体化

在改革部队编制方面，各国普遍认为应该达到的目标是：机动灵活，能够满足遂行各种任务的需要；人、武器、信息达到最佳结合，最大限度地发挥作战效能：便于指挥、控制、协调，便于信息流动；有很强的适应性，适于进行各种类型和强度的作战。

实现小型化，适应机动灵活的要求。一是减少编制员额。美国的陆军师将由1.8万人，减至1.2万人。到信息化、数字化水平提高后，美装甲师的编制人数可能减少30%~50%，减至5000~7000人。英国、法国的陆军师也可能由1.2万人减至1万人以下。二是提高部队在作战中的作用和地位。美军在2000年前后，使陆军的军，在战役筹划中的作用提高到集团军的水平，旅将提高到师的水平，成为编有各种作战和保障分队的基本作战单位。俄军也由“集团军—师”制改为“军—旅”制。日陆军的一个改革计划是，撤销13个师中的4个师编制，将其改为旅级单位，每旅编制3000~5000人左右。拟保留的9个师，每师编制也将由9000人压缩为8000人。

实现多样化，提高遂行不同任务的能力。由于威胁呈多样化，军队面临着应急作战、快速支援、维和、干预地区冲突等多种任务，因此一些国家的部队将采取更加多样化的编组形式，印度陆军2010年将原有的4种师增至7种。日军也改变单一师种的编制，按不同地形和任务需要，组建能遂行多种职能的师和旅。其中的一个方案是，把缩编后的旅根据任务分为3类6种。

实现高度合成化和一体化，发挥整体威力。发达国家军队在原有的基础上，将进一步提高合成程度。一是由陆空、海空合成进一步扩大到陆、海、空、天多军种合成。各国正在发展的快速反应部队，有许多就打破了军种界线。俄军拟组建的机动部队横跨了3个军种和1个独立兵种，包括陆军的摩步师、坦克师、特种旅、火箭旅，空军的战斗机、强击机、轰炸机团，海军的陆战队营和空降兵的空降师。法军的快速反应部队由5个军兵种的不同类型师组成。二是兵种内部的合成向基层发展。如美空军将发展混编联队，每个联队编有攻击机、侦察机、战斗机、运输机等，这种联队既能遂行远程、近程打击任务，夺取空中优势，支援地面作战，又便于统一指挥。美海军陆战队也进行了混合编组的试验。

一体化，是指以一定的手段，使作战单位横向上结合得更加紧密，达到整体高度协调，形成作战合力。这要做到两点，一是明确战时关系。美国和 其他西方国家采用“组合式”方

式，“按不同任务领域”编组部队。战前就 明确未来战争中遂行同种任务的不同军、兵种的关系，平时各作战单位按建 制进行训练和其他活动，战时按“编组预案”编成所需部队。如美军“联合 特遣部队”的建设，就强调实行“组合式”编组，战斗部队、战斗支援部队 和战斗勤务部队等各种力量和战场情报、指挥、控制、通信、打击等各种系 统应做到高度协调。二是通过高技术手段使作战力量融为一体。包括在通信 手段和武器装备上制定统一的规格、标准，使其具备通用性。

（三）调整军队人员构成，义务兵比例下降，志愿兵、军官的比例上升

为了提高人员素质，适应未来战争技术越来越密集，技术岗位越来越多的情况，许多国家都计划调整军队人员构成比例。俄军分三个阶段提高征召合同制军人的比例，第一阶段（1993 年）使合同制军人占士兵总数的比例达到 10%；第二阶段（1994—1995 年）达到 30%；第三阶段（至 2000 年）达到 50%。法国陆、海、空三军 2000 年裁减 3 万多人，但志愿兵数量增加 7480 人，军官、士官数量增加 1255 人。

（四）注重兵员储备，加强预备役建设

美国在 20 世纪末裁减的现役人员比预备役人员多 4.2%。英国既压缩现役兵力，也压缩预备役兵力，但前者的压缩幅度比后者高 2.3%。日军扩大预备役规模，到 20 世纪末达到 10 万人。法军在 2000 年，把预备役人员的数量由 34 万人增至 50 万人。

六、建立精干的、集中与自主相结合的指挥体制

（一）建立精干的指挥机构

精干、高效是各国在指挥体制的调整上所追求的目标。为此，许多国家都准备进一步裁减高级指挥机关。俄军计划将目前的 5 大军种改为 4 大军种或 3 大军种，国防部机关人员在已经裁减 27% 的基础上，再裁减 33%。英国国防部和国防参谋部将撤并 10% 的处级单位，裁减 10% 的机关工作人员，陆、海、空军高层指挥机构将裁员 20% 左右。根据 1995 年 4 月出台的《国防组织改编案》，韩国国防部联合参谋本部和各军种部等高层指挥机关裁减人员 15% ~16%。

在精简的基础上，针对高技术战争，特别是信息战的特点，发达国家强调建立高度集中与高度自主相结合、横宽纵短的指挥体制。所谓高度集中，指的是适应未来联合作战的要求，强调必须进一步加强高层统一决策和指挥；高度自主，是指着眼于未来作战节奏加快，战场情况变化急剧的特点，强调让战场指挥官拥有更多的机断处置权和自主决策权。因为从技术发展上讲，由于 C^4I 技术以及战场信息管理与控制技术的发展，使得战场指挥逐渐由分层式结构向非分层式结构过渡。纵向相通，横向相连的战场互联网络式通信系统既能保证战场指挥官及时掌握战场的全部情况，了解统帅部的意图，从而根据战场的变化迅速自主决策；也能保证统帅部适时了解各战区、各战场的情况，甚至能与一个单兵通话，保证了从全局上的决策和指挥。

（二）集中与自主相结合的指挥体制

为达到建立高度集中与高度自主相结合的指挥体制的目标，一些国家准备采取的措施是：

1. 赋予战区和战场指挥官更大的自主权

在继续加强统帅部集中决策的同时，赋予战区和战场指挥官更大的自主权。最高决策机

构以"任务式指挥"方式规定下级必须完成的任务，而如何完成任务，则由战区和战场指挥官自主决策，目的是缩短信息的流程，提高反应速度，充分调动下级指挥官的主观能动性。

2. 减少指挥层次，形成横宽纵短的指挥体制

美国和其他一些西方国家通过取消军种部指挥权的办法，已经减少了战区至国家最高指挥当局之间的层次。在取消军种部指挥权后，美军目前常设的指挥系统分为国家级指挥系统和联合司令部(战区级)与特种司令部指挥系统两级。一般情况下，总统和国防部长通过这两级系统指挥全军，紧急时，可越级指挥第一线部队。C^4I 系统大量装备部队后，美军将进一步减少战区以下部队的指挥层次。俄军随着军一旅制的实行，将减少战役、战术级的指挥层次。

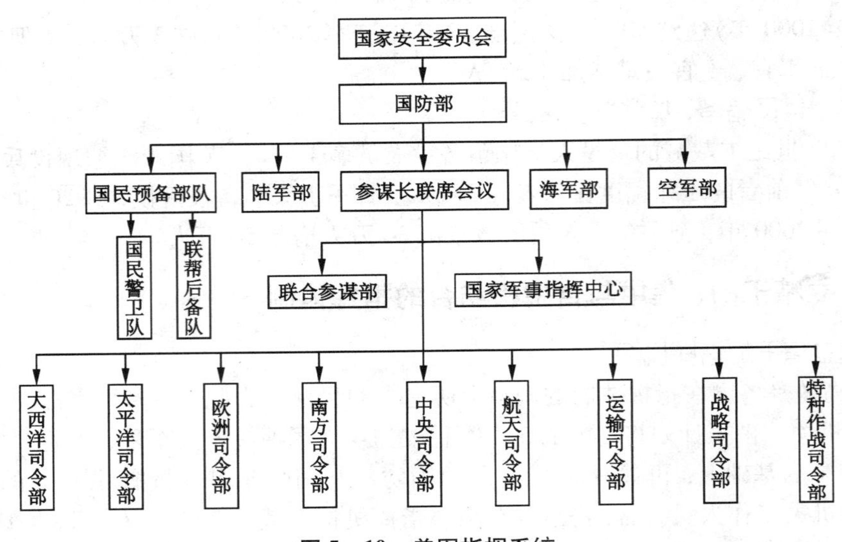

图 5－10　美军指挥系统

3. 提高指挥机构的合成程度

一些国家准备按地区和任务，重新调整指挥体制，以提高部队的整体作战能力。俄军决定设立方向指挥部，就是出于这种考虑。其计划是：设立 4 个方向指挥部，统一指挥辖区内除战略核力量之外的所有军兵种部队。法国准备进一步突出三军参谋长在军事指挥中的核心地位，成立直属三军参谋长的诸军种 联合参谋部，统一对三军的协调与指挥，而陆、海、空军军种参谋长和军种各大司令部今后将不再负责作战指挥。日本。韩国也都计划进一步强化总部(参联会或联合司令部)对三军的联合作战指挥职能。

七、调整军事技术政策，提高武器系统的整体效能

虽然许多国家都打算进一步削减军队员额，甚至减少军费开支，但对发 展武器装备的热情却并未降低，纷纷从制定新的军事技术政策人手，调整思路，重点发展 C^4I 系统和精确制导武器，继续完善核武器，推行"横向技术一体化"。

(一)瞄准未来战场，制定适合国情的军事技术政策

近年来，各国针对未来战争的特点，普遍修订了军事技术政策。美国防部为使美军保持

"技术优势"和打赢信息战，颁布了新的国防科技战略，根据"七大军事能力需求"，确定了"七大重点技术领域"，即全球监视与通信技术、精确打击技术、空中优势与防空救术、海上控制与水下优势技术、先进陆战技术、综合仿真环境技术和改善经济承受力技术。俄罗斯制定了为期10年的"俄军武器发展长期规划"和"21世纪军人装备计划"，明确规定俄军事技术政策的核心是"减少数量，提高质量"，以高科技为主导，发展"高精度武器装备"，巩固军事领域"关键技术的科技优势"，英、法等国根据未来战争的要求，将采取自主研制与联合研制相结合的方针，重点发展高技术常规武器，实现由高、中、低技术武器结合，向高、中技术武器结合的转变。日本把"始终不断追求最高军事技术水平"，定为未来军事技术政策的目标，确定了重点研制对付高技术局部战争武器和提高现有武器高技术含量的方针。我国周边的印度、韩国、东盟各国都把实现装备的高技术化作为一项重点任务，将采取逐年增加投入，自行研制与外购引进相结合的方针，优先改善海、空军装备。

（二）突出重点，发展以信息技术为核心的未来战争骨干装备

在军费有限的情况下，许多国家都削减和重新调整了常规武器发展项目，强调突出重点，集中力量发展能打赢高技术战争的武器装备。主要是：①C^4I系统。发达国家在已建成的C^4I系统的基础上，将向更高层次发展，进一步提高C^4I系统的时效性和准确性，抗干扰、抗打击和再生能力，以及一体化程度，实现陆地、海上、空中、空间的广泛网络。②精确制导武器与作战平台。包括各种制导炸弹、制导炮弹、巡航导弹等智能弹药，以及信息技术含量很高的新型飞机、舰艇、坦克等作战平台。③超常规武器。包括非致命武器、空间武器，定向能武器、生物工程武器及其他新概念武器。这类武器虽然在未来10～15年内还难以成为主战兵器，但有极大的发展潜力。

（三）继续发展和完善核武器

各国都认为，直至21世纪中叶，核武器在政治上仍然是大国的象征，力量的体现，在军事上也仍能起到强大的威慑作用。鉴此，许多国家仍将发展和改进核武器。

2014年4月7日，美俄经过1年困难重重的谈判，在捷克布拉格签署削减和限制进攻性战略武器的新条约。双方均声称这一条约是"历史性"的，但两国仍保留足以毁灭对方的核武库，而且在导弹防御等问题上分歧依旧。美国总统奥巴马签署后，形容这是向"无核武世界"迈出重要一步。俄罗斯总统梅德韦杰夫表示，这是一份双赢协议，为俄美合作掀开新一页。美俄目前拥有全球95%的核武，在有效期10年的新条约下，双方同意7年内削减核武30%，其中核弹头限制在各自1550枚；各自部署的洲际弹道导弹、潜射弹道导弹及重型轰炸机数量上限为700件；各自部署和未部署的核武器发射架上限为800件。

美、俄两个核大国虽然签署了限制战略核武器条约，但未来仍不打算放弃核威慑。美国强调"要继续保持强大的战略核威慑力量"。俄罗斯把核武器作为"弥补国家在经济、技术、人口和国家其他力量不足的手段"，认为核武器可以"有效地遏制对俄发动的大规模常规战争，局部战争和地区冲突"。美、俄两国除继续改进第二代核武器外，将发展第三代核武器。英、法两国仍强调坚持核威慑与常规力量运用相结合的政策，将继续加强以导弹核潜艇为主体的核力量建设，其中英国到上世纪末用于建造新型导弹核潜艇的费用计划达105亿英镑，法国1995～2000年期间为核力量的建设拨款总额为1298亿法郎。巴基斯坦、以色列等国也把发展和谋求拥有核武器等强威慑性武器，作为维护国家利益的有效手段。印度2000年开始拥有轰炸机、陆基弹道导弹和潜射导弹三位一体的核力量。从目前发展趋势来看，将来拥

有核武器或掌握核武器制造技术的国家可能达到20个以上。

（四）以提高装备建设效益为目的，大力推行“横向技术一体化”

“横向技术一体化”是指利用现有的技术，特别是数字通信技术，使用共同的软件、标准，程序，从横向上对现有武器系统进行改造，使其具备通用性和“联动性”。其好处：一是可以成倍地提高武器装备和作战系统的整体效能，从而实现系统的综合和力量的倍增；二是可以充分利用原有的武器装备，大幅度提高装备建设效益。美军本世纪初，通过“横向技术一体化”使10个陆军师的装备实现数字化，投入约20亿美元。如果为这10个师研制全新装备，并达到数字化师的战斗力水平，每个师需耗资100亿美元。在实行“横向技术一体化”上，美军的做法是给主战装备加装数字通信设备、敌我识别装置、第二代前视雷达和全球定位系统，使装备横向联网。俄军也把提高武器装备的通用化、标准化，减少武器的种类，作为装备建设的一项重要方针。

八、强化教育训练，造就高素质的人才

在新技术的发展日新月异，作战空间越来越广阔，交战距离越来越远，面对面的厮杀越来越少的未来高技术战场上，人的作用不仅不会降低，而且会越来越高。但需要的是高素质的人。美陆军提出的“全维作战理论”中就明确提出：高素质的士兵是打赢未来信息战的关键，搞好训练和战备是赢得胜利的首位要求。如何造就适应21世纪战争要求的高素质的军人——这成为各国军事决策者们关注的焦点。各国普遍认为，造就高素质的军人的关键是搞好教育训练。在教育训练方面，各国普遍重视内容的革新，设施的改善，并重视采用新的训练方式。

（一）根据未来战争要求，调整教育训练内容

根据未来军队以应付局部冲突和突发事件为主，打赢信息战将逐渐成为制胜的关键的特点，一些国家在教育训练内容的调整上准备采取的主要措施是：

1. 在院校教育中增加有关信息战的内容

美国国防大学成立了“信息资源管理学院信息战与战略系”，为高级军官和地方领导人开设以信息战为主要内容的课程，并在其他院校为在校生开设信息战高级研修班，以培养通晓信息战的人才。在此基础上，美军计划在院校中逐步建立起信息战学科体系。

2. 加强快速反应和特种科目训练

北约规定，今后70%的训练演习都应为与对付局部战争有关的快速反应和特种科目方面的内容，以提高应付突发事件的能力。俄军根据“全方位防御”的理论，结合机动部队的建设，强调加强对付各种突发事件的应急作战训练。

3. 突出合成训练

美军在“21世纪部队全维作战构想”中提出，“21世纪初期的美军地面作战将是完全一体化的、所有军种参加的联合作战，而且大多数情况下是多国部队作战”。美军要求各级部队必须突出合成训练，指挥官必须掌握联合作战、合同作战的理论和战法，指挥机关必须演练统一指挥与控制的方法和程序。在训练经费的分配上，联合作战训练的费用在整个训练费用中的比例也在逐年提高。俄军也强调要突出合成训练。

（二）改善训练设施，发挥训练中心的作用

许多军事专家都认为，未来部队训练系统应能为部队和单兵提供高难度的、逼真的和适

时的训练，并且能够保证进行多军种的多部门的、多种作战方式的甚至多国的联合训练，而能够满足上述要求的，是训练中心。目前，世界主要国家的军队都建立了各种训练中心。美、英、法都强调在未来部队训练中，充分发挥训练中心的作用。为此，它们将改建原有的训练中心，包括扩大训练场地，增加训练器材，加强假设敌部队等。苏军从20世纪80年代中期开 始，加快了训练中心的建设，要求所有部队都要在训练中心进行训练。俄军建军后，计划再建立若干个大型训练中心。日军也开始利用“训练评定保障中心”进行军事训练和演习，“中心”设有演习场、导演设施、演习指导保障系统、导演保障系统、研讨会保障系统和管理保障系统。印度、东盟等第三世界许多国家，也都计划加强训练中心的建设。

图5-11　在“欧文堡国家训练中心”训练的美军士兵

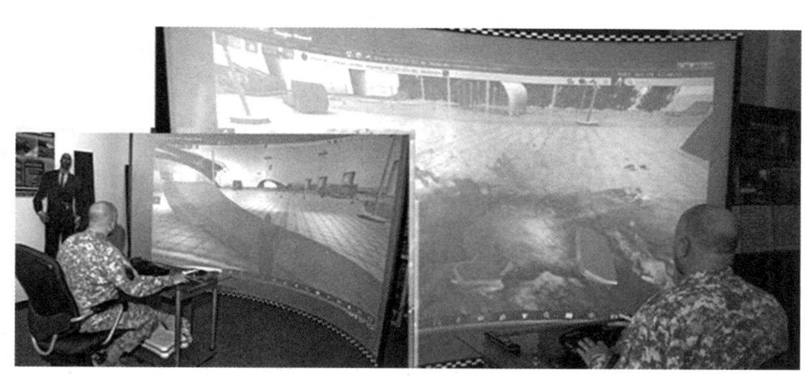

图5-12　美军模拟训练

（三）采用模拟技术，改革训练方式

大力推行模拟训练，是美、俄等发达国家准备推行的训练方式上的一项重要改革。利用“模拟现实技术”，可以人工制造“未来作战环境”，根据军事战略的要求，指挥官和部队可提出各种战役、战术设定；可对一种作战行动的多种作战方案进行评估；可进行各种条件下的演练。其好处是：可以解决武器越先进越难训练的难题；不动实兵，没有硝烟，可减少环境的污染，降低消耗，节约费用；受训人员可感受到酷似实战的气氛，如“身临其境”；可以在短时间内演练多种科目，训练效率高；可进行单兵、分队、部队、诸军兵种合同演练，在系统联网后还可实施全球范围的合同作战训练。

美陆、海、空三军已分别制定了实施模拟训练的长期计划，为研制、发展新的模拟训练系统将耗资数十亿美元。俄军也已把发展模拟训练系统列入建军计划，准备先在空军建立高水平的、能够实施各种规模“空中电子战”的计算机模拟训练系统。印度打算进一步自行研制和引进多种模拟训练设备。但外军也强调，模拟训练并不能完全取代实兵训练，只有同其他训练方式相结合，才能收到良好效果。

如果把世界各国的军队建设比做一个竞技场的话，那么，21 世纪好比一条新的起跑线，“选手们”都集合在这条起跑线上，跃跃欲试，准备发起一轮新的冲击。虽然“选手”的实力各有不同，所追求的目标不同，但在新的选择和新的机遇面前却是平等的，所谓“机不可失，时不再来”，谁都不想在新的一轮竞争中落后，在新时期战略方针已定的情况下，如何迎接挑战，使我军建设再上一个层次，以崭新的面貌出现在世界面前，实现中华民族的复兴，是个值得认真思考的问题。把握世界各国军队建设发展趋势，了解外军建设的思路和做法，无疑会对我军未来建设起到有益的借鉴和参考作用。

思考题

1. 信息技术在现代战争的应用有哪些?
2. 什么是现代战争的“空天一体化”?
3. 为什么要坚持“积极防御”军事战略方针?
4. 什么是“新军事变革”?

第六章　解放军条令教育与队列训练

教学目标： 了解中国人民解放军三大条令的主要内容，掌握队列动作的基本要领，养成良好的军人作风，增强组织纪律观念，培养集体主义的精神。

第一节　《内务条令》教育

条令，是中央军委以简明条文的形式发布给军队的命令，是军队正规化建设的依据，是军队行动的准则。《中国人民解放军内务条令》《中国人民解放军纪律条令》和《中国人民解放军队列条令》(简称《内务条令》《纪律条令》《队列条令》)三大条令，是全军的共同条令，是军人必须遵守的法典。

一、《内务条令》的概念和作用

《内务条令》是以法规的形式规定军人职责、军队内部关系、日常制度、管理和勤务规则的条令，是全军行政管理工作和军事生活的基本准则。它为军队建设正规的生活、工作、训练和战备秩序提供了重要依据，为军人的行为规定了准则，是我军正规化建设的一项重要法规，在我军建设中具有极为重要的地位和作用。

现行《内务条令》于2018年5月1日颁布施行。它生动地体现了我军新时期建军方针、原则，进一步强调了坚持党对军队的绝对领导，坚持依法治军、从严治军的方针，继承和发扬我军优良传统，反映了我军内务制度建设的新情况、新问题，是我军多年来部队管理实践的理论概括和内务建设经验的科学总结，是我军在新的历史条件下，行政管理工作和军事生活的准则。认真贯彻《内务条令》，必将有力地推动我军正规化建设，促进我军革命化、现代化建设。

二、《内务条令》的主要内容

2018年4月，中央军委主席习近平签署命令，发布新修订的《中国人民解放军内务条令》，自2018年5月1日起施行。

新修订的《内务条令》，由原来的21章420条，调整为15章325条，明确了内务建设的指导思想和原则，坚持政治建军、改革强军、科技兴军、依法治军，聚焦备战打仗，着眼新体制新要求，调整规范军队单位称谓和军人职责，充实日常战备、实战化军事训练管理内容要求；着眼从严管理科学管理，修改移动电话和互联网使用管理、公车使用、军容风纪、军旗使用管理、人员管理等方面规定，新增军人网络购物、新媒体使用等行为规范；着眼保障官兵权益，调整休假安排、人员外出比例和留营住宿等规定，新增训练伤防护、军人疗养、心理咨询等方面要求。其主要内容可归纳为以下几个方面：

（一）条令总则

总则是条令基本精神和原则的高度概括，是条令的总纲，其内容有很重的分量和深刻的含义。《内务条令》总则除规定制定《条令》的目的和依据外，主要规定了以下几个方面的内容：

1. 规定了我军的性质和要求

中国人民解放军的内务建设，必须坚持人民军队的性质。实践全心全意为人民服务的宗旨，实行官兵一致、军民一致、军政一致的原则，实行政治民主、经济民主、军事民主，保证军队忠于党，忠于人民，忠于国家，忠于社会主义。

2. 重塑了内务建设的指导思想和原则

《内务条令》总则将“党在新时代的强军目标”“建设世界一流军队”“全面从严治军”“推进治军方式根本性转变”“‘四铁’过硬部队”“‘四有’新时代革命军人”等重要思想和论述写入条令，充分体现了习主席政治建军、改革强军、科技兴军、依法治军和备战打仗等重大战略思想。

3. 规定了内务建设的基本原则

中国人民解放军的内务建设，必须坚持继承和发扬优良传统。在管理教育工作中应当做到：服从命令，听从指挥；官兵一致，尊干爱兵；发扬民主，依靠群众；严格要求，赏罚严明；说服教育，启发自觉；公道正派，不分亲疏；艰苦朴素，廉洁奉公；干部带头，以身作则；团结紧张，严肃活泼；拥政爱民，军民团结。在继承和发扬优良传统的基础上，应当根据新时期国家和军队建设的发展以及军事斗争的需要，探索新特点，充实新内容，创造新方法。

4. 规定了内务建设的基本任务

中国人民解放军的内务建设，必须坚持依法治军、从严治军。严格遵守国家法律、法规，按照军队的条令、条例统一内务建设的各项工作和规范军人的行为，实施正规的严格管理，增强军队的组织性、计划性、准确性、纪律性，保持军队的高度稳定和集中统一。

（二）军人宣誓

军人宣誓是军人对自己肩负的神圣职责和光荣使命的承诺和保证。《内务条令》规定公民入伍后，必须进行军人宣誓。

1. 条令规范了军人誓词

服从中国共产党的领导，全心全意为人民服务，服从命令，严守纪律，英勇顽强，不怕牺牲，苦练杀敌本领，时刻准备战斗，绝不叛离军队，誓死保卫祖国。

2. 规范了军人宣誓的基本要求

宣誓时间，应当在新兵政治审查和身体检疫复查合格之后，但不迟于入伍（入校）后90天。军人宣誓，部队以连（营、团）为单位，由连（营、团）首长主持召开大会实施；军队院校由学员队或者院校首长主持召开大会实施。军人宣誓前，部队（分队）首长应当对宣誓人进行中国人民解放军性质、宗旨、任务、军人使命等教育。宣誓必须庄重严肃，着装整齐。宣誓地点尽可能选择在具有教育意义的场所。以团为单位进行宣誓时，通常举行迎军旗和送军旗仪式。军人宣誓，可以结合授衔、授装进行。宣誓结束后，宣誓人应当在所在连队的宣誓名册上签名。连队首长将宣誓名册呈交部队首长，由部队首长签名后交司令部存档。

3. 军人宣誓大会的程序

条令要求按照规定的程序开好军人宣誓大会。军人宣誓大会的程序通常是：①宣誓大会开始。②奏唱军歌。③主持人讲话（简要说明宣誓的意义，讲解誓词的基本精神）。④宣读誓词。（宣誓人立正，右手握拳上举，由预先指定的一名宣誓人在队前逐句领读誓词，其他人高声复诵）⑤宣誓人代表讲话。⑥其他代表致词。⑦首长讲话。⑧奏唱《三大纪律八项注意》歌。⑨宣誓大会结束。

图 6－1 军人宣誓

（三）军人职责

军人职责是军人在各自岗位上行使的职权和应当承担的责任与义务。《内务条令》共有六章五十二条涉及并规范了军人职责。条令对军人职责的规定分为三类：一是士兵、军官、首长职责；二是主管人员职责；三是值班、值日、值勤人员职责。

（四）军队内部关系

主要是军人相互关系、官兵关系、机关相互关系、部队（分队）相互关系。

（五）军人的行为举止和日常管理制度

《内务条令》对军人在日常生活中的言行举止，如礼节、军容风纪、对外交往，作了明确的规定。

第二节 《纪律条令》教育

一、纪律的概念、性质和作用

纪律，是各种组织要求其成员共同遵守的行为规则。纪律是一定阶级意志的体现，是为一定阶级利益服务的。在社会主义制度下，纪律反映人民群众的共同意志，维护人民群众的共同利益，是执行党的路线、方针、政策、搞好社会主义建设的重要保证。

我军纪律是建立在政治自觉基础上的严格的纪律，是军队战斗力的重要因素，是坚持人民军队的性质、宗旨，团结自己，战胜敌人和完成任务的保证。军队的一切行动，都离不开纪律，严明的纪律可以统一全军意志，规范全军行动。

二、《纪律条令》的主要内容

现行《纪律条令》共7章、179条、8个附录，其基本内容为四大部分：总则、奖励、处分和维护纪律的有关措施。经2010年5月4日中央军委常务会议通过，自2010年6月15日起施行。

(一)总则

主要规定了我军纪律的基本内容、性质和作用，维护和巩固纪律的原则与要求，军人在维护纪律中应尽的责任和义务。

中国人民解放军纪律的基本内容：执行中国共产党的路线、方针、政策；遵守国家的宪法、法律、法规；执行军队的条令、条例和规章制度；执行上级的命令和指示；执行三大纪律、八项注意。

中国人民解放军的纪律，是建立在政治自觉基础上的严格的纪律，是军队战斗力的重要因素，是坚持人民军队的性质、宗旨，团结自己、战胜敌人和完成一切任务的保证。

维护和巩固纪律，主要依靠经常性的理想、道德和纪律教育，依靠经常性的严格管理，依靠各级首长的模范作用和群众监督，使官兵养成高度的组织性、纪律性。

军人在任何情况下，都必须严格遵守和自觉维护纪律。本人违反纪律被他人制止时，应当立即改正；发现其他军人违反纪律时，应当主动规劝和制止；发现他人有违法行为时，应当挺身而出，采取合法手段坚决制止。

(二)奖励

主要规定了奖励的目的和应遵循的原则，奖励的项目和条件，奖励的权限，奖励的实施。

奖励的目的在于维护纪律，鼓励先进，调动官兵的积极性、创造性，发扬爱国主义、共产主义和革命英雄主义精神，保证作战、训练和其他各项任务的完成。奖励应当坚持下列原则：严格标准，按绩施奖；发扬民主，贯彻群众路线；以精神奖励为主，物质奖励为辅。

对个人和单位的奖励项目：嘉奖；三等功；二等功；一等功；荣誉称号。奖励项目依次以嘉奖为最低奖励，荣誉称号为最高奖励。

奖励的条件：个人或者单位遵守纪律，在作战、训练或者其他工作中的某一方面表现突出，取得优良成绩或者被评为优秀士兵的，给予嘉奖。单位和个人遵守纪律，按照规定给予记功。个人或者单位遵守纪律，在作战或者其他方面，功绩卓著，有特殊贡献，在军区级单位、全军、全国有重大影响和推动作用，堪称楷模的，可以授予荣誉称号。

奖励必须根据个人和单位执行任务的客观条件、事迹、作用和影响的大小，全面衡量，按照本条令规定的奖励项目、条件和程序，及时、正确地实施。奖励决定，以书面或者口头方式下达，在队列前或者会议上宣布，也可以书面传阅或者只向受奖者宣布。书面下达的奖励决定，嘉奖和三、二、一等功采取通令形式；荣誉称号采取命令形式。对个人的奖励宣布后，应当将《奖励登记(报告)表》、奖励通令或者命令，以及其他有关的奖励材料归入本人档案。获得三等功以上奖励的个人，应当及时向其家庭所在地人民政府或者入伍前所在工作单位寄发受奖通知书，并向其家庭寄发喜报。

(三)处分

主要规定了处分的目的、项目、条件、实施处分的权限与程序等。

处分的目的在于严明纪律，教育违纪者和部队，加强集中统一，巩固和提高部队战斗力。

处分应当坚持依据事实，惩戒恰当；惩前毖后，治病救人；纪律面前人人平等原则。

对士兵的处分项目：有警告；严重警告；记过；记大过；降职或者降衔；撤职或者取消士官资格；除名；开除军籍。处分项目，依次以警告为最低处分，开除军籍为最高处分。

对军官、文职干部的处分项目：警告；严重警告；记过；记大过；降职(级)或者降衔(级)；撤职；开除军籍。处分项目，依次以警告为最低处分，开除军籍为最高处分。

对违纪者应当及时处理，一般在发现违纪行为四十五日以内给予处分。情节复杂或者有其他特殊情况，需要延长时限时，应当报上级批准。处分决定宣布前，应当同受处分者见面，听取本人意见。受处分者如果对处分不服，可以在处分决定宣布后十日内提出申诉。在申诉期间不停止处分的执行。处分决定以书面或者口头下达，在队列前、会议上宣布，也可以书面传阅或者只向受处分者宣布。书面下达的处分决定采取通令形式。处分宣布后，应当将《处分登记(报告)表》、处分通令以及其他有关的处分材料归入本人档案。对受处分者应当说服教育，热情帮助，做好思想工作，不得歧视、侮辱，严禁打骂、体罚或者变相体罚。

(四)维护纪律的有关措施

行政看管：行政看管是维护秩序，制止严重违纪行为和预防事故、案件发生的措施。对有打架斗殴、聚众闹事、酗酒滋事、持械威胁上级或者他人、违抗命令、严重扰乱正常秩序等行为的人员，或者确有迹象表明可能发生逃离部队、自杀、行凶等问题的人员，可以实行行政看管。行政看管的时限，一般不超过七日，如需要延长时间，应当报上级批准，但累计不得超过十五日。

控告和申诉：控告和申诉是军人的民主权利，其目的在于充分发挥群众的监督作用，保护军人的合法权益，维护军队严格的纪律。军人对违法违纪者有权提出控告；认为给自己的处分不当或者合法权益受到侵害，有权提出申诉。

首长责任和纪律监察：各级首长负有维护纪律的直接责任。各级首长应当以身作则，严于律己，严格遵守和执行纪律；经常对部属进行纪律教育，增强官兵的法纪观念；有针对性地进行作风纪律整顿，解决本单位在纪律建设方面存在的突出问题。各级首长应当对下级实施纪律监察，并自觉接受上级的监察以及下级和群众的监督。对发现违纪行为制止不力或者不予制止的，应当给予批评或者给予处分；对带头违反纪律的，应当从重给予处分。

第三节 《队列条令》教育

一、队列的概念、性质和作用

队列，自古有之。可以说，自从产生了军队就有了队列。队列有广义和狭义之分，从广义上讲，泛指排成行列的队伍；从狭义上讲，特指军队进行集体活动时按一定的顺序列队的组织形式。在军队的训练、工作和生活中，队列是必不可少的。队列伴随着军队的发展而发展。

《队列条令》是规范全军队列动作、队列队形、队列指挥的军事法规，是全军官兵必须共同遵循的行为规范。新中国成立以来，我军先后颁发了 8 次《队列条令》。最新条令自 2010 年 6 月 15 日起施行。在军队的建设发展中，《队列条令》有着十分重要的地位和作用。

二、《队列条令》的主要内容

《队列条令》主要规范了全体军人和部(分)队队列活动的有关内容，共11章、71条、4个附录。

第一章　总则：包括制定本条令的目的、适用范围、作用与意义、首长机关的责任、队列纪律；

第二章　队列指挥：包括队列指挥的位置、队列指挥的方法、队列指挥的要求；

第三章　队列队形：包括队列基本队形，队列的间距，班、排、连、营、团各级的队形要求；

第四章　单个军人队列动作：包括单个军人立正、跨立(即跨步站立)、稍息、停止间转法(向右、左、后转)、行进(齐步、正步、跑步、便步、踏步、移步、礼步、携枪行进、携便携式折叠写字椅行进、立定、步法变换)、行进间转法、坐下、蹲下、起立、脱帽、戴帽、宣誓、整理着装、操枪；

第五章　班、排、连、营、团的队列动作：包括集合、离散、整齐、报数、出列、入列、行进、停止、队形变换、架枪、取枪；

第六章　分队乘坐汽车、火车、舰(船)艇和飞机：包括乘车舰(船)艇和飞机的准备、乘车舰(船)艇和飞机实施和行进中的调整；

第七章　敬礼：包括敬礼的种类，敬礼、礼毕的动作及单个军人和分队、部队敬礼；

第八章　国旗的掌持、升降和军旗的掌持、授予与迎送；

第九章　阅兵：包括阅兵的权限、阅兵的形式、阅兵的程序、师以上部队阅兵及军兵种部队和院校阅兵；

第十章　晋升(授予)军衔、授枪和纪念仪式；

第十一章　附则：包括本条令的参照执行范围，本条令的解释权和本条令的生效时间及附录。

其中，队列指挥、队列队形和队列动作，是《队列条令》基本内容，也是军人、分队和部队队列活动的三个基本要素。

图6－2　军人队列

第四节 军人队列动作训练

一、单个军人队列动作训练

（一）立正、跨立、稍息

1. 立正

立正是军人的基本姿势，是队列动作的基础。军人在宣誓、接受命令、进见首长和向首长报告、回答首长问话、升降国旗、奏国歌等严肃庄重的时机和场合，均应当自行立正。

口令：立正。

要领：两脚跟靠拢并齐，两脚尖向外分开约60度；两腿挺直；小腹微收，自然挺胸；上体正直，微向前倾；两肩要平，稍向后张；两臂自然下垂，手指并拢自然微屈，拇指尖贴于食指的第二节，中指贴于裤缝；头要正，颈要直，口要闭，下颌微收，两眼向前平视（图6－3）。

2. 跨立

跨立主要用于军体操、执勤等场合。可与立正互换。

口令：跨立。

要领：左脚向左跨出约一脚之长，两腿挺直，上体保持立正姿势，身体重心落于两脚之间。两手后背，左手握右手腕，拇指根部与外腰带下沿（内腰带上沿）同高；右手手指并拢自然弯曲，手心向后（图6－4）。携枪时不背手。

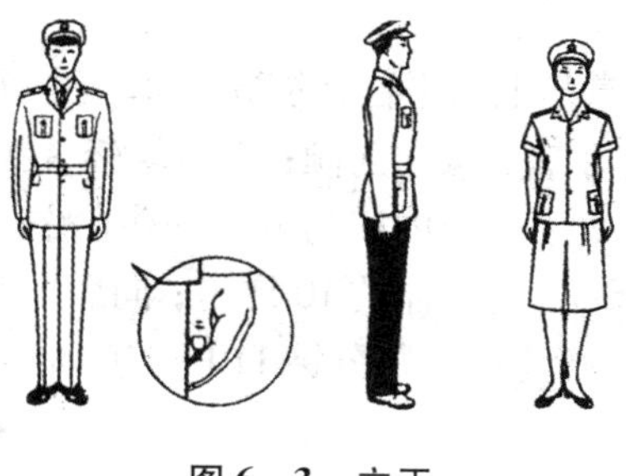

图6－3 立正

图6－4 跨立

3. 稍息

主要用于长时间站立。

口令：稍息。

要领：左脚顺脚尖方向伸出约全脚的三分之二，两腿自然伸直，上体保持立正姿势，身体重心大部分落于右脚。稍息过久，可自行换脚。

（二）停止间转法

停止间转法，是停止间变换方向的方法。

1. 向右（左）转

口令：向右（左）——转。

要领：以右（左）脚跟为轴，右（左）脚跟和左（右）脚掌前部同时用力，使身体和脚一致向右（左）转90度，身体重心落在右（左）脚，左（右）脚取捷径迅速靠拢右（左）脚，成立正姿势。转动和靠脚时，两脚挺直，上体保持立正姿势。

2. 向后转

口令：向后——转。

要领：按向右转的要领向后转180度。

3. 半面向右（左）转

口令：半面向右（左）——转。

要领：按向右（左）转要领半面向右（左）转45度。

（三）行进

行进的基本步法分为齐步、正步和跑步，辅助步法分为便步、踏步和移步。

1. 齐步

齐步是军人行进的常用步法。

口令：齐步——走。

要领：左脚向正前方迈出约75厘米着地，身体重心前移，右脚照此法动作；上体正直，微向前倾；手指轻轻握拢，拇指贴于食指第二节；两臂前后自然摆动，向前摆臂时，肘部弯屈，小臂自然向里合，手心向内稍向下，拇指根部对正衣扣线，并与最下方衣扣同高（着夏季作训服时，与第四衣扣同高），离身体约25厘米；向后摆臂时，手臂自然伸直，手腕前侧距裤缝线约30厘米。行进速度每分钟116~122步。

2. 正步

正步主要用于分列式和其他礼节性场合。

口令：正步——走。

要领：左脚向正前方踢出（腿要绷直，脚尖下压，脚掌与地面平行）约75厘米，适当用力使全脚掌着地，同时身体重心前移，右脚照此法动作；上体正直，微向前倾；手指轻轻握拢，拇指贴于食指第二节；向前摆臂时，肘部弯屈，小臂略成水平，手心向内稍向下，手腕下沿摆到高于最下方衣扣约10厘米处（着作训服时，约与第三衣扣同高），离身体约10厘米；向后摆臂时（左手心向右，右手心向左），手腕前侧距裤缝线约30厘米。行进速度每分钟110~116步。

3. 跑步

跑步主要用于快速行进。

口令：跑步——走。

要领：听到预令，两手迅速握拳（四指蜷握，拇指贴在食指第一关节和中指第二节上），提到腰际，约与腰带同高，拳心向内，肘部稍向里合（图6-5）。听到动令，上体微向前倾，两腿微弯，同时左脚利用右脚掌的蹬力跃出约80厘米，前脚掌先着地，身体重心前移，右脚照此法动作；两臂前后自然摆动，向前摆臂时，大臂略直，肘部贴于腰际，小臂略平，稍向里合，两拳内侧各距衣扣线约5厘米；后摆臂时，拳贴于腰际（图6-6）。行进速度每分钟170~180步。

图6－5　跑步预备姿势

图6－6　跑步姿势

4. 便步

便步用于行军、操练后恢复体力及其他场合。

口令：便步——走。

要领：用适当的步速、步幅行进，两臂自然摆动，上体保持良好姿态。

5. 踏步

踏步用于调整步伐和整齐。

停止间口令：踏步——走。

行进间口令：踏步。

要领：两脚在原地上下起落(抬起时，脚尖自然下垂，离地面约15厘米；落下时，前脚掌先着地)，上体保持正直，两臂按齐步或跑步摆臂的要领摆动。

踏步时，听到"前进"的口令，继续踏两步再换齐步或跑步。

6. 立定

口令：立——定。

要领：齐步和正步时，听到口令，左脚再向前大半步着地，两腿挺直，右脚取捷径迅速靠拢左脚，成立正姿势。跑步时，听到口令，再跑两步，然后左脚向前大半步(两拳收于腰际，停止摆动)着地，右脚靠拢左脚，同时将手放下，成立正姿势。踏步时，听到口令，左脚踏一步，右脚靠拢左脚，原地成立正姿势(跑步的踏步，听到口令，继续踏两步，再按上述要领进行)。

持枪立定时，在右脚靠拢左脚后，迅速将托底钣轻轻着地。其余要领同徒手。

(四)步法变换

1. 齐步、正步互换

口令：同齐步、正步。

要领：齐步行进中，听到"正步——走"的口令，右脚再向前一步，即从左脚开始按正步要领进行；正步行进中，听到"齐步——走"的口令，右脚再向前一步，即从左脚开始按齐步要领行进。

2. 齐步、跑步互换

口令：同齐步、跑步。

要领：齐步行进中，听到"跑步"的预令，两手迅速握拳提到腰际，两臂前后自然摆动；听到"走"的口令，即从左脚开始按跑步要领行进。跑步行进中，听到"齐步——走"的口令，继续跑两步，从左脚开始按齐步的要领行进。

3. 齐步或跑步与踏步互换

口令：踏步，前进。

要领：齐步或跑步换踏步时，听到“踏步”的口令，即从左脚开始换踏步；踏步换齐步或跑步时，听到“前进”的口令，继续踏两步，再从左脚开始换齐步或跑步前进。

（五）坐下、蹲下、起立

1. 坐下、起立

坐下、起立主要用于集会、休息等场合。

口令：坐下、起立。

要领：听到“坐下”的口令，左小腿在右小腿后交叉，迅速坐下，两手自然放在两膝上，上体保持正直。听到“起立”的口令，全身协力迅速起立，成立正姿势。

2. 蹲下、起立

口令：蹲下、起立。

要领：听到“蹲下”的口令，右脚后退半步，前脚掌着地，臀部坐在右脚跟上（膝盖不着地），两腿分开约60度，两手自然放在两膝上，上体保持正直（图6－7）。蹲下过久，可自行换脚。听到“起立”的口令，全身协力迅速起立，成立正姿势。

图6－7　蹲姿

（六）敬礼

敬礼表示军人之间相互团结友爱，表示部属与首长、下级与上级的互相尊重。敬礼分为举手礼、注目礼和举枪礼。

1. 举手礼

口令：敬礼、礼毕。

（1）停止间徒手敬礼

要领：听到“敬礼”的口令，上体正直，右手取捷径迅速抬起，五指并拢，自然伸直，中指微接帽檐右角前约2厘米处（戴无檐帽或不戴军帽时微接太阳穴，与眉同高）。手心向下，微向外张（约20度），手腕不得弯屈，右大臂略平，与两肩略成一线，同时注视受礼者（图6－8）。听到“礼毕”的口令，将手放下。

图6－8　举手礼

（2）行进间徒手敬礼

要领：在距受礼者5～7步处转头向受礼者行举手礼（图6－9），并继续前进，待受礼者还礼后，将手放下。

2. 注目礼

要领：携枪或未戴军帽等不便行举手礼时，面向受礼者成立正姿势，同时注视受礼者，并目迎目送（右、左转头不超过45度），待受礼者还礼后礼毕携手枪或背枪时行举手礼。

3. 举枪礼

要领：右手举枪提到胸前，枪身垂直对正衣扣线，枪面向后，离身体约 10 厘米，枪口与眼同高，大臂轻贴右肋；左手接握表尺上方，小臂越平，大臂轻贴左肋；转头向右注视受礼者，并目迎目送（转头不超过 45 度）（图 6－10）。

图 6－9　徒手行进间敬礼

图 6－10　举枪礼

二、分队队列动作训练

（一）集合、离散

1. 集合

集合，是单个军人、分队、部队按照规范队形聚集起来的一种队列动作。

集合时，指挥员应当先发出预告或者信号，如“×连（或者×排）注意”，然后，站在预定队列中央前，面向预定队形成立正姿势，下达“成××队——集合”的口令。所属人员听到预告或者信号，原地面向指挥员成立正姿势；听到口令，跑步到指定位置面向指挥员集合（在指挥员后侧的人员，应当从指挥员右侧绕过），自行对正、看齐，成立正姿势。

（1）班集合

口令：成班横队（二列横队）——集合。

要领：基准兵迅速到班长左前方适当位置，成立正姿势；其他士兵以基准兵为准，依次向左排列，自行看齐（图 6－11）。

成班二列横队时，单数士兵在前，双数士兵在后。

口令：成班纵队（二路纵队）——集合。

要领：基准兵迅速到班长前方适当位置，成立正姿势；其他士兵以基准兵为准，依次向后排列，自行对正（图 6－11）。

成班二路纵队时，单数士兵在左，双数士兵在右。

（2）排集合

口令：成排横队——集合。

要领：基准班在指挥员前方适当位置，成班横队迅速站好；其他班成班横队，以基准班为准，依次向后排列，自行对正、看齐(图 6－12)。

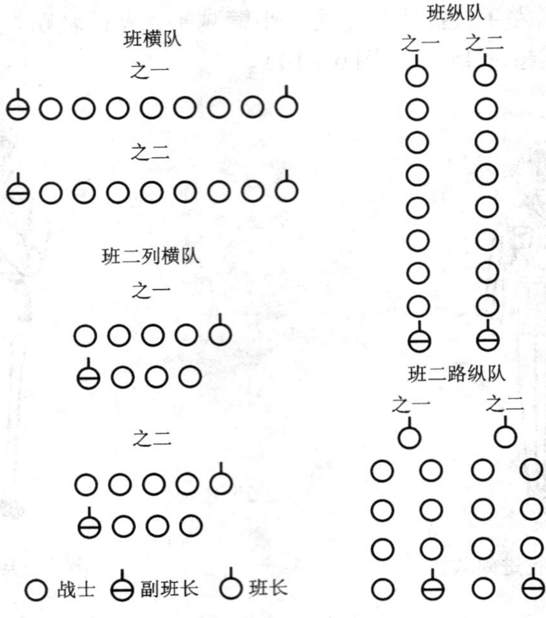

图 6－11　班的队形

口令：成排纵队——集合。

要领：基准班在指挥员右前方适当位置，成班纵队迅速站好；其他班成班纵队，以基准班为准，依次向右排列，自行对正、看齐(图 6－12)。

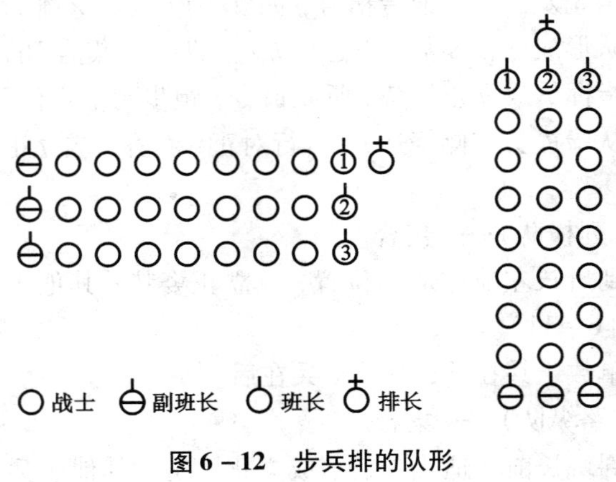

图 6－12　步兵排的队形

(3)连集合

口令：成连横队——集合。

要领：队列内的连指挥员或者基准排，在指挥员左前方适当位置，成横队迅速站好；各排和连部成横队，以连指挥员或者基准排为准，依次向左排列，自行对正、看齐(图 6－13)。

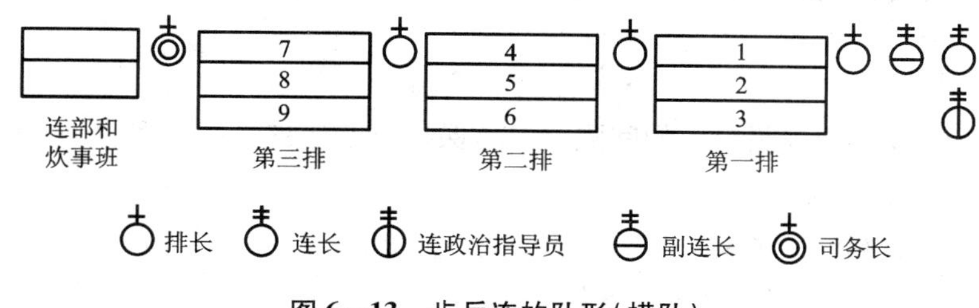

图 6－13　步兵连的队形(横队)

口令：成连纵队——集合。

要领：队列内的连指挥员或者基准排，在指挥员前方适当位置，成纵队迅速站好；各排和连部成纵队，以连指挥员或者基准排为准，依次向后排列，自行对正、看齐。

口令：成连并列纵队——集合。

要领：队列内的连指挥员或者基准排，在指挥员左前方适当位置，成纵队迅速站好；各排和连部成纵队，以连指挥员或者基准排为准，依次向左排列，自行对正、看齐(图 6－14)。

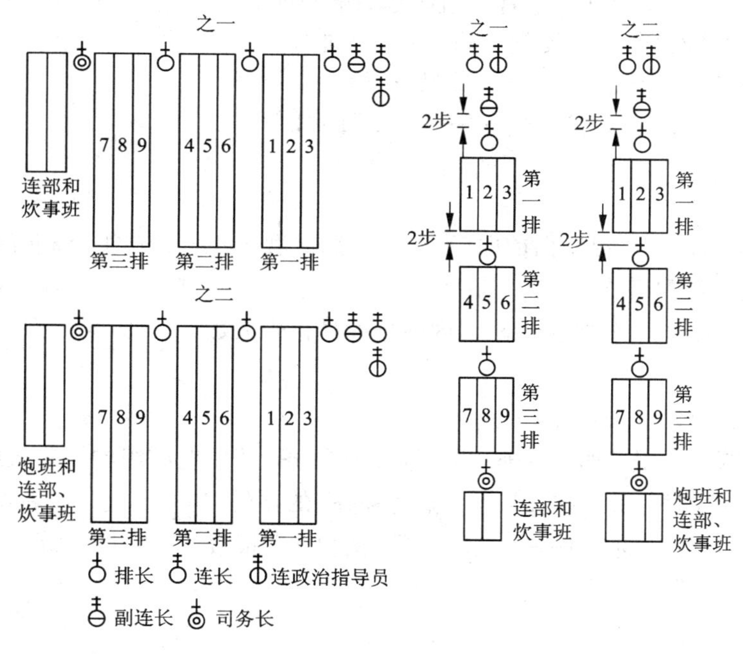

图 6－14　步兵连的队形(并列纵队)

2. 离散

离散，是使队列的单个军人、分队、部队各自离开原队列位置的一种队列动作。

(1)离开

口令：各营(连、排、班)带开(带回)。

要领：队列中的各营(连、排、班)指挥员带领本队迅速离开原列队位置。

(2)解散

口令：解散。

要领：队列人员迅速离开原列队位置。

（二）整齐、报数

1. 整齐

整齐，是使列队人员按照规定的间隔、距离保持行、列齐整的一种队列动作。整齐分为向右（左）看齐和向中看齐。

口令：向右（左）看——齐。

向前——看。

要领：基准兵不动，其他士兵向右（左）转头（持枪时，听到预令，迅速将枪稍提起，看齐后自行放下），眼睛看右（左）邻士兵腮部，前四名能通视基准兵，自第五名起，以能通视到本人以右（左）第三人为度。后列人员，先向前对正，后向右（左）看齐。听到"向前——看"的口令，迅速将头转正，恢复立正姿势。

口令：以×××为准，向中看——齐。

向前——看。

要领：当指挥员指定"以×××为准（或者以第×名为准）"时，基准兵答"到"，同时左手握拳高举，大臂前伸与肩略平，小臂垂直举起，拳心向右。听到"向中看——齐"的口令后，其他士兵按照向左（右）看齐的要领实施。听到"向前——看"的口令后，基准兵迅速将手放下，其他士兵迅速将头转正，恢复立正姿势。

一路纵队看齐时，可以下达"向前——对正"的口令。

2. 报数

口令：报数。

要领：横队从右至左（纵队由前向后）依次以短促洪亮的声音转头（纵队向左转头）报数，最后一名不转头。数列横队时，后列最后一名报"满伍"或者"缺×名"。连集合时，由指挥员下达"各排报数"的口令，各排长在队列内向指挥员报告人数，如"第×排到齐"或者"第×排实到××名"。

必要时，连也可以统一报数。

要领：连实施统一报数时，各排不留间隔，要补齐，成临时编组的横队队形。报数前，连指挥员先发出"看齐时，以一排长为准，全连补齐"的预告，尔后下达"向右看——齐"口令，待全连看齐后，再下达"向前——看"和"报数"的口令，报数从一排长开始，后列最后一名报"满伍"或者"缺×名"。

（三）出列、入列

单个军人和分队出列、入列通常用跑步（五步以内用齐步，一步用正步），或者按照指挥员指定的步法执行；然后，进到指挥员右前侧适当位置或者指定位置，面向指挥员成立正姿势。

1. 单个军人出列、入列

（1）出列

口令：×××（或者第×名），出列。

要领：出列军人听到呼点自己姓名或者序号后应当答"到"，听到"出列"的口令后，应当答"是"。

位于第一列(左路)的军人，按照本条上述规定，取捷径出列。

位于中列(路)的军人，向后(左)转，待后列(左路)同序号的军人向右后退一步(左后退一步)让出缺口后，按照本条的上述规定从队尾(纵队时从左侧)出列；位于“缺口”位置的军人，待出列军人出列后，即复原位。

位于最后一列(右路)的军人出列，先退一步(右跨一步)，然后，按照本条有关规定从队尾出列。

(2)入列

口令：入列。

要领：听到“入列”口令后，应当答“是”，然后，按照出列的相反程序入列。

2. 班(排)出列、入列

(1)出列

口令：第×班(排)，出列。

要领：听到“第×班(排)”的口令后，由出列班(排)的指挥员答“到”，听到“出列”的口令后，由出列班(排)的指挥员答“是”，并用口令指挥本班(排)，按照本条的有关规定，以纵队形式从队尾(位于第一列的班取捷径)出列。

(2)入列

口令：入列。

要领：听到“入列”的口令后，由入列班(排)指挥员答“是”，并用口令指挥本班(排)，以纵队形式从队尾(位于第一列的班取捷径)入列。

(四)行进、停止

横队和并列纵队行进以右翼为基准，纵队行进以左翼为基准(一路纵队行进以先头为基准)

1. 行进

指挥员应当下达“×步——走”的口令。听到口令，基准兵向正前方前进，其他士兵向基准翼标齐，保持规定的间隔、距离行进。纵队行进时，排、连通常成三路纵队，也可以成一、二路纵队。行进中，需要时，用“一二一”(调整步伐的口令)、“一二三四”(呼号)或者唱队列歌曲，以保持步伐的整齐和振奋士气。

2. 停止

指挥员应当下达“立——定”的口令。听到口令，按照立定的要领实施，分队的动作要整齐一致。停止后，听到“稍息”的口令，先自行对正、看齐，再稍息。

(五)队形变换

队形变换，是由一种队形变为另一种队形的队列动作。

1. 横队和纵队的互换

横队变纵队：

停止间口令：向右——转。

行进间口令：向右转——走。

纵队变横队：

停止间口令：向左——转。

行进间口令：向左转——走。

要领：停止间，按照单个军人向右（左）转的要领实施。行进间，按照单个军人向右（左）转走的要领实施。分队动作要整齐一致。队形变换后，排以上指挥员应当进到规定的列队位置。

2. 停止间班横队和班二列横队，班纵队和班二路纵队互换

（1）班横队变班二列横队

口令：成班二列横队——走。

要领：变换前，先报数。听到口令，双数士兵左脚后退一步，右脚（不靠拢左脚）向右跨一步，左脚向右脚靠拢，站到单数士兵之后，自行对正、看齐。

（2）班二列横队变班横队

口令：间隔一步，向左离开。

成班横队——走。

要领：听到“间隔一步，向左离开”的口令，取好间隔；听到“成班横队——走”的口令，双数士兵左脚左跨一步，右脚（不靠拢左脚）向前一步，左脚向右脚靠拢，站到单数士兵左侧，自行看齐。

（3）班纵队变班二路纵队

口令：成班二路纵队——走。

要领：变换前，先报数。听到口令，双数士兵右脚右跨一步，左脚（不靠拢右脚）向前一步，右脚向左脚靠拢，站到单数士兵右侧，自行对正、看齐。

（4）班二路纵队变班纵队

口令：距离两步，向后离开。

成班纵队——走。

要领：听到“距离两步，向后离开”的口令，取好距离；听到“成班纵队——走”的口令，双数士兵右脚后退一步，左脚（不靠拢右脚）站到单数士兵之后，自行对正。

3. 连纵队和连并列纵队的互换

（1）连纵队变连并列纵队

停止间口令：成连并列纵队，齐步——走。

行进间口令：成连并列纵队——走。

要领：连指挥员或者基准排踏步，其他排和连部逐次进到连指挥员或者基准排左侧踏步并取齐，然后，听口令前进或者停止。

连、排指挥员位置的变换方法：听到口令，连长左脚继续踏一步，右脚向右前一步，进到政治指导员前方仍踏步，政治指导员继续踏步，副连长向前两步（未编有副政治指导员时，副连长向左前两步），进到连长左侧，副政治指导员向左前一步，进到政治指导员左侧，排长、司务长进到预定列队位置，继续踏步并取齐。

（2）连并列纵队变连纵队

停止间口令：成连纵队，齐步——走。

行进间口令：成连纵队——走。

要领：连指挥员或者基准排照直前进，其他排和连部停止间和行进间均踏步，待连指挥员或者基准排离开原位后，各排按照排长、连部和炊事班按照司务长的口令依次跟进。

连、排指挥员位置的变换方法：听到口令，连长向左前一步，进到副连长前方踏步，政治

指导员向前两步，进到连长右侧继续踏步，副政治指导员向右前一步，进到副连长右侧继续踏步（未编有副政治指导员时，副连长右跨半步并踏步），排长、司务长进到预定列队位置继续踏步，取齐后照直前进。

三、阅兵

阅兵，分为阅兵式和分列式。通常进行两项，根据需要，也可以只进行一项。

阅兵，分为上级首长检阅和本级首长检阅。当上级首长检阅时，由本级军事首长任阅兵指挥；当本级军政主要首长检阅时（由一人检阅，另一名位于阅兵台或者队列中央前方适当位置面向部队），由副部队长或者参谋长任阅兵指挥。在阅兵式开始前进行升国旗、迎军旗仪式。

（一）升国旗

国旗由一名掌旗员掌持，两名护旗兵护旗，护旗兵位于掌旗员两侧。掌旗员和护旗兵应当具备良好的军政素质和魁梧匀称的体形。

1. 掌持国旗的姿势为扛旗

扛旗要领：右手将旗扛于右肩，旗杆套稍高于肩，右臂伸直，右手掌心向下握旗杆，左手放下。听到“齐步——走”的口令，开始行进。

2. 国旗的升降

要领：升旗时，掌旗员将旗交给护旗兵，由两名护旗兵协力将国旗套（挂）在旗杆绳上并系紧，掌旗员将国旗抛展开的同时，由护旗兵协力将旗升至旗杆顶。

降旗时，由护旗兵解开旗杆绳并将旗降下，掌旗员接扛于肩。

下半旗时，先将国旗升至旗杆顶，然后徐徐降至旗顶与旗杆顶之间的距离为旗杆全长的三分之一处；降旗时，先将国旗升至旗杆顶，然后再降下。

升、降国旗时，掌旗员应当面向国旗行举手礼。

（二）迎军旗

将展开的军旗持入队列时，部队应当整队举行迎军旗仪式。迎军旗时，通常成营横队的团横队。特殊情况下，可以由机关和指定的分队参加，按照部队首长临时规定队形列队。

迎军旗时，主持迎军旗的指挥员下达“立正”、“迎军旗”的口令。听到口令后，掌旗员（扛旗）、护旗兵齐步行进。当由正前或者左前方向本团右翼进至距队列 40～50 步时，主持迎军旗的指挥员下达“向军旗——敬礼——”的口令。听到口令后，位于指挥位置和阅兵台的军官行举手礼，其余人员行注目礼；掌旗员（由扛旗换端旗）、护旗兵换正步，取捷径向本团右翼排头行进。当超过队形时，主持迎军旗的指挥员下达“礼毕”口令，部队礼毕；掌旗员（由端旗换扛旗）、护旗兵换齐步。军旗进至团指挥员右侧 3 步处时，左后转弯立定，成立正姿势。

军旗由部队首长指派一名掌旗员掌持，两名护旗兵护旗，位于掌旗员两侧。

掌旗员通常由连、排级军官或者士官充任，护旗兵由士兵充任。掌旗员和护旗兵应当具备良好的军政素质和魁梧匀称的体形。

1. 掌旗姿势

掌持军旗的姿势分为持旗、扛旗和端旗。

持旗要领：立正时，右臂自然下垂，右手持旗杆，使旗杆垂直立于右脚外侧。稍息时，持旗姿势不变。

扛旗要领：听到“齐步——走”的预令后，左手握旗杆套下方约10厘米处，两手协力将旗上提，扛于右肩，旗杆套稍高于肩，右臂伸直，右手掌心向下握旗杆，左手放下。听到动令，开始行进(图6－15)。

图6－15　掌持军旗的姿势

端旗要领：右手握旗杆套下约10厘米处，右臂向前伸直，右手约与肩同高，左手握旗杆下部，左小臂斜贴于腹部。

2. 扛旗、端旗互换

(1)扛旗换端旗

口令：正步——走。

要领：听到“正步——走”的口令后，在左脚落地时，左手在右手腕处握旗杆；在右脚落地时，右手移握距旗杆套约10厘米处；再出左脚的同时，右臂向前伸直，左手向后压，两手协力转换成端旗姿势，继续行进。

(2)端旗换扛旗

口令：齐步——走。

要领：听到“齐步——走”的口令后，在左脚落地的同时，收右臂，左手前推，将旗扛于右肩；在右脚落地时，右手移握旗杆下部，右臂伸直；再出左脚的同时，左手放下，换齐步行进。

(3)掌旗员、护旗兵行进中变换方向时，以掌旗员为轴。迎送军旗时，其行进、转弯、步法变换和停止的口令由掌旗员下达。

(三)阅兵式

团阅兵式的队形，通常为营横队的团横队，或者由团首长临时规定。

阅兵式程序：

1. 阅兵首长接受阅兵指挥报告

当阅兵首长行至本团队列右翼适当距离时或者在阅兵台就位后(当上级首长检阅时，通常由团政治委员陪同入场并陪阅)，阅兵指挥在队列中央前下达“立正”的口令，随后跑到距阅兵首长5～7步处敬礼，待阅兵首长还礼后礼毕并报告。例如：“首长同志，第×团列队完毕，请您检阅”。报告后，左跨一步，向右转，让首长先走，尔后在其右后侧(当上级首长检阅时，团政治委员在团长右侧)跟随陪阅。

2. 阅兵首长向军旗敬礼

阅兵首长行至距军旗适当位置时，应当立正向军旗行举手礼(陪阅人员面向军旗，行注目礼)。

3. 阅兵首长检阅部队

当阅兵首长行至团机关、各营部、各连及后勤分队、装备分队队列右前方时，团机关由副团长或者参谋长、各营部由营长、各连由连长、后勤分队和装备分队由团指定的指挥员下达“敬礼”的口令。听到口令后，位于指挥位置的军官行举手礼，其余人员行注目礼，目迎目送首长(左、右转头不超过45度)；阅兵首长应当还礼，陪阅人员行注目礼。当首长问候：

“同志们好！”或者“同志们辛苦了！”，队列人员应当齐声洪亮地回答：“首——长——好！”或者“为——人民——服务！”，当首长通过后，指挥员下达“礼毕”的口令，队列人员礼毕。

4. 阅兵首长上阅兵台

阅兵首长检阅完毕后上阅兵台，阅兵指挥跑步到队列中央前，下达“稍息”口令，队列人员稍息。当上级首长检阅时，团政治委员陪同首长上阅兵台，然后跑步到自己的列队位置。

5. 分列式

团分列式队形由团阅兵式队形调整变换，或者由团首长临时规定。

团分列式，应当设4个标兵。一、二标兵之间和三、四标兵之间的间隔各为15米，二、三标兵之间的间隔为40米。

分列式程序：

(1)标兵就位

分列式开始前，阅兵指挥在队列中央前，下达“立正”、“标兵，就位”的口令。标兵听到口令，成一路纵队持(托)枪跑步到规定的位置，面向部队成立正姿势。

(2)调整部(分)队为分列式队形

标兵就位后，阅兵指挥下达“分列式，开始”的口令，然后，跑步到自己的列队位置。听到口令后，各分队按照规定的方法携带武器(掌旗员扛旗)，团、营指挥员分别进到团机关和营部的队列中央前，各分队指挥员进到本分队队列中央前，下达“右转弯，齐步——走”的口令，指挥分队变换成分列式队形。

(3)开始行进

变换成规定的分列式队形后，团机关由副团长或者参谋长下达“齐步——走”的口令。听到口令后，团指挥员、团机关人员齐步前进，其余分队依次待前一分队离开约15米时，分别由营长、连长及后勤分队、装备分队指挥员下达“齐步——走”的口令，指挥本分队人员前进。

(4)接受首长检阅

各分队行至第一标兵处，将队列调整好。进到第二标兵处，掌旗员下达“正步——走”的口令，并和护旗兵同时由齐步换正步，扛旗换端旗(掌旗员和护旗兵不转头)。此时，阅兵首长和陪阅人员应当向军旗行举手礼。副团长或者参谋长和各分队指挥员分别下达“向右——看”的口令，队列人员听到口令后(可以呼喊“一二”)，按照规定换正步(81式自动步枪手换端枪)行进，并在左脚着地的同时向右转头(位于指挥位置的军官行举手礼，并向右转头，各列右翼第一名不转头)不超过45度注视阅兵首长(6－16)，此时，阅兵台首长应当行举手礼。

图6－16 接受首长检阅的士兵

进到第三标兵处，掌旗员下达“齐步——走”的口令，并与护旗兵由正步换齐步，同时换扛旗；其他分队由上述指挥员分别下达“向前——看”的口令，队列人员听到口令后，在左脚着地时礼毕(将头转正)，同时换齐步(81式自动步枪手换提枪)行进。

当上级首长检阅时，团长和团政治委员通过第三标兵后，到阅兵首长右侧陪阅。各分队通过第四标兵，换跑步到指定的位置。待最后一个分队通过第四标兵，阅兵指挥下达“标兵，撤回”的口令，标兵按照相反顺序跑步撤至预定位置。

(5)阅兵首长讲话

分列式结束后，阅兵指挥调整好队形，请阅兵首长讲话。讲话完毕，阅兵指挥下达“立正”口令，向阅兵首长报告阅兵结束。当上级首长检阅时，由团政治委员陪同阅兵首长离场。

6. 送军旗

送军旗(图6－17)，在阅兵首长讲话后或者分列式结束后进行。将军旗持出队列时，部队应当整队举行送军旗仪式。

图6－17　送军旗

主持送军旗的指挥员下达“立正”、“送军旗”的口令。听到口令后，掌旗员(成扛旗姿势)、护旗兵按照迎军旗路线相反方向齐步行进。军旗出列后行至团机关队形右侧前时，主持送军旗的指挥员下达“向军旗——敬礼——”的口令。听到口令后，掌旗员(由扛旗换端旗)、护旗兵换正步，全团按照迎军旗的规定敬礼。当军旗离开距队列正面40～50步时，主持送军旗的指挥员下达“礼毕”的口令，部队礼毕；掌旗员(由端旗换扛旗)、护旗兵换齐步，返回原出发位置。

四、学生军训内务、纪律条令

(一)一日生活制度

1. 起床

听到起床号(信号)后，全体人员立即起床(连值班员当提前10分钟起床)，按照规定着装，迅速做好出操准备；各类值班(值日)人员按照规定认真履行职责；卫生员检查有无病号，对患病者根据情况处理；因集体活动超过熄灯时间1小时，可以确定推迟次日起床时间。

2. 早操

除了休息日、节假日之外，通常每日出早操，每次时间通常为30分钟，主要进行队列训练和体能训练。除担任公差、勤务的人员和经医务人员建议并经领导批准休息的伤、病员外，都应当参加早操。听到出操号(信号)后，各班、排迅速集合，检查着装和携带的武器装备，跑步带到连集合场，向连值班员报告。连值班员整理队伍，清查人数，向连首长报告，由连首长或者连值班员带队出操；结合早操每周进行一至二次着装、仪容和个人卫生的检查，每次不超过10分钟。

3. 整理内务和洗漱

早操后，整理内务、清扫室内外卫生和洗漱，时间不超过30分钟。值班人员协助检查并整理本班的内务卫生。连值班员检查全连的内务卫生。连首长每周组织一次全连的内务卫生检查。

4. 开饭

按照规定时间准时开饭，开饭时间通常不超过30分钟。听到开饭号(信号)后，以班、排或者连为单位带到食堂前，由连值班员整队，按照连值班员宣布的次序依次进入食堂，就餐时保持肃静，餐毕自行离开。

5. 操课

操课前，根据课目内容做好准备。听到操课号（信号）后，连（排、班）迅速集合整队，清查人数，检查着装和装备、器材，带到课堂（训练场、作业场）；操课中，按照训练计划周密组织，严格课堂（训练场、作业场）纪律，严防事故；课间休息（操课通常每小时休息十分钟，野外作业和实弹射击时根据情况确定休息时间），由连值班员发出休息信号；休息完毕，发出继续操课信号；操课结束后，检查装备，清理现场，集合整队，进行讲评；操课往返途中应当队列整齐，歌声嘹亮。

6. 午睡（午休）

听到午睡号（信号）后，除执勤人员外均应当卧床休息，保持肃静，不得进行其他活动，连值班员检查全连人员午睡情况。午休时间由个人支配，但不得私自外出，不得影响他人休息。

7. 点名

连队通常每日点名，休息日和节假日必须点名。点名由一名连首长实施。每次点名不得超过 15 分钟；点名通常以连为单位于就寝前或者其他时间队列进行（也可以排为单位进行）。点名的内容通常包括清点人员、生活讲评、宣布次日工作等。

8. 就寝

连值班员在熄灯号（信号）前 10 分钟，发出准备就寝信号，督促全体人员做好就寝准备。就寝人员应当放置好衣物装备，听到熄灯号（信号）立即熄灯就寝，保持肃静；休息日的前一天可以推迟就寝，时间通常不超过 1 小时；休息日和节假日可以推迟 30 分钟起床。起床后，整理内务，清扫室内外。早饭后至晚饭前，主要用于整理个人卫生，处理个人事情。

（二）着装和整理军容制度

1. 着军训服时，应当戴军训帽。戴大檐帽、军训帽时，男学生帽檐前缘与眉同高，女学生帽稍向后倾；大檐帽饰带应当并拢，并保持水平。大檐帽风带不用时应当拉紧并保持水平。大檐帽松紧带不使用时，不得露于帽外。

2. 军训服应当保持整洁，配套穿着，不得混穿。不得在军训服外罩便服。不得披衣、敞怀、挽袖、卷裤腿。扣好领钩、衣扣。着长袖衬衣（内衣）时，下摆扎于裤内。军训服内着毛衣、绒衣、棉衣等内衣时，下摆不得外露。内衣领不得高于外衣领。

3. 操课和集体活动时通常着解放鞋，不得赤脚穿鞋。

4. 参加训练、集会、检阅等活动的着装，按照主管（主办）单位规定执行。

5. 参加执勤、操课、检阅时，通常扎腰带，其他场合需扎外腰带时，由主管（主办）单位规定。

（三）请销假制度

1. 外出必须按级请假，按时归队销假；未经领导批准不得外出。在执勤和操课（工作）时间内，无特殊事由不得请假。

2. 请假外出时，由连值班员负责登记，检查着装和仪容，交代注意事项；归队后，必须向连值班员销假，连值班员应当将外出人员的归队情况，报告领导。

3. 请假人员续假，因特殊情况经批准后方可以续假。未经批准，超假或者逾假不归者，应当予以追究。

(四)值守及内务整理制度

1. 哨兵守则

(1)按照规定着装。

(2)熟悉任务和警卫区域内的地貌、地物等情况，熟记并正确使用口令、信号。

(3)时刻保持警惕，严密监视警卫区域。在任何情况下都必须坚守岗位。

(4)精神饱满，姿态端正，不得有任何影响卫兵形象和警卫任务的行为。

(5)向接班人员交代执勤情况、上级的指示和哨位的器材。

2. 连值日员职责

(1)看管营房、营具和设备。

(2)维护室内外环境卫生。

(3)纠察军容风纪。

(4)接待来队人员，并负责登记。

3. 整理“内务”及摆放好连队宿舍物品

(1)床铺应当铺垫整齐。被子要叠成“豆腐块”——竖叠三折，横叠四折；叠口朝前，置于床铺一端中央。战备(枕头)包通常放入被子上层，也可以放于被子一侧或者床头柜内。

(2)蚊帐悬挂应当整齐一致，白天可以将外侧两角移挂在里侧两角上，并将中间部分折叠整齐；也可以取下叠放。

(3)穿着大衣的季节，白天不穿大衣时，应当折叠整齐，置于被子上(下)面。大衣长久不穿时，应当统一放在储藏室内。

(4)经常穿用的鞋置于床下的地面上，有条件的放在床下的鞋架上。鞋子放置的数量、品种、位置、顺序，应当统一。

(5)衣帽和腰带通常按照腰带、军衣、军帽的顺序放在衣帽钩上，也可以置于床铺上。

(6)洗漱用具通常放在宿舍内，有条件的也可以放在洗漱室内，毛巾统一晾置在绳、架上。

(7)背包带通常缠好压在床铺一端褥子下面，也可以放于床头柜内。挎包、雨衣统一放在柜内，摆放的顺序、位置应当统一。

(8)暖瓶、水杯、墨水、胶水瓶、报纸等物品的放置应当统一。

(9)小凳放置位置应当统一，可以集中放在各自床下一端。

(五)枪支管理制度

1. 保管好军训用的枪支弹药

(1)加强对训练器材、教具和设备的管理，严格保管制度，认真维护保养，适时检查，正确使用，防止丢失和损坏。

(2)兵器室集中保管的轻武器，每周擦拭或者分解一次；随身携带的轻武器每日擦拭一次；用于训练、执勤的轻武器，每次使用后擦拭和每周分解擦拭一次。擦拭武器包括对武器配套的器材进行清洁、润滑、调整和更换油液，由班、组和使用人员实施。

(3)发现装备损坏(伤)，应当及时上报，并根据损坏(伤)程度及时组织修复；如本单位不能修复，按照上级要求组织送修或者就地修理。

(4)轻武器通常存放在兵器室内。兵器室应当设置完备的安全设施，并设双锁(钥匙由主管人员和保管员分别掌管)；枪、弹应当分室或者分柜存放，每周清点数量不少于两次。

(5)存放的装备、弹药必须账物相符，严禁留存账外装备、弹药。

(6)装备的交接和送修，应当严格手续，及时登记、统计。装备的损失、消耗如实上报。

2. 军训用枪制度

(1)军训使用的枪支必须加强管理，严格出入库手续，建立交接登记制度。

(2)军训使用枪支原则上按照训练的要求进行，由各连首长签名登记，统一领取，使用完后，擦拭干净及时送回并以注销。

(3)使用装备，必须掌握其技术性能，严格遵守操作规程和安全规定。

(4)弹药的使用遵循“用旧存新，用零存整”的原则，严格执行启封规定，注意节约弹药。

五、军训中的安全事故预防工作

(一)紧急救护常识

1. 中暑

中暑一般有以下三种情况：一种是长时间在高温环境下，身体散热难，热量积蓄体内，体温调节发生障碍，使人发烧，同时出现头晕、胸闷、口渴、恶心等症状。另一种是出汗过多引起的，因为每100毫升的汗水里约含有200～500毫克的盐，大量出汗会使身体排出许多盐。盐少了，肌肉就会酸痛，甚至发生痉挛，还有一种是由于太阳光直接照射头部，使脑膜和大脑充血、水肿，引起头痛、头晕、耳鸣、眼花，严重者可以昏迷、抽筋。发现中暑病人，应尽快让其到阴凉的地方休息；发烧的病人，可用冷水毛巾敷头部，给病人服一些仁丹、十滴水，喝一些带盐的茶水，病情严重者，应立即送医院抢救。预防中暑主要措施包括：通风、降温、及时补充水份等。

2. 食物中毒

食物中毒一般是由进食不洁或污染食物后引起，其症状是：头痛、头晕、胃痛、恶心，有时呕吐、上腹有压痛等。此时，必须立即把有毒的食物从胃里吐出来。可先让患者喝5～6杯加盐或苏打水，然后用两个指头伸到嘴里，抵住舌根催吐。若是严重中毒，上述方法要重复好几次。若患者已失去知觉，就要把患者的头偏到一边，以免呕吐物倒吸入呼吸道。对患者进行初步急救处理后，迅速将其送往医院。

3. 外伤出血

外伤出血是指有明显外伤造成的出血。一般分为外伤后骨折或软组织损伤和外伤引起内脏破裂出血两大类。大腿股骨和骨盆骨折可导致大出血。股骨骨折出血可达500毫升至2000毫升；骨盆出血可多达500毫升，也就是说相当一个成人全身的血液量。其他部位骨折出血虽较少，但是如不及时处理，也会影响身体的健康。对于四肢远段骨折出血，可以采取局部包扎压迫和固定，一般是可以止住血的。骨盆骨折和股骨骨折是一种严重骨折，应该及时转送医院。如果外伤引起内脏出血，一般比较危险。例如左上肢肋部外伤后可以引起脾出血；右上肢肋部外伤可引起肝破裂，这时病人不仅外伤部分疼痛，而且有满腹痛，脉搏快，血压下降，如果进行腹腔穿刺可吸出血。内脏出血需要手术止血。一般来说，只要及时就医，是完全可以治愈的。

(二)预防事故

1. 预防武器伤人事故

(1)加强武器弹药的管理。严禁私存武器、弹药，严禁私带武器外出，严禁私自将武器借给他人。

(2)枪支擦拭和使用前后，应当认真验枪。平时枪内不得装填子弹。

(3)严禁摆弄武器和随意动用他人武器，严禁持枪打闹和枪口对人。

(4)严密组织实弹射击和实爆作业。场地的选择与设置应该符合安全要求。

(5)认真清查收缴剩余弹药。对瞎火弹按照规定处理。教练弹练习弹和实弹不得混放，发放教练弹、练习弹时，严格检查，防止混入实弹。

2. 预防触电和雷击事故

(1)输电线路、用电设备和避雷设施的安装，应当符合安全要求，有专人管理，经常检修。

(2)禁止私拉、移动电线和私装用电设备，禁止将电话线、广播线与输电线混架或者捆绑在一起，禁止在输电线上搭、晒东西。

(3)发现有人触电，应当立即切断电源或者用绝缘物挑开电缆。

(4)雷雨时，不得站在室外突出的高处，不得在大树、电线杆和高压线下避雨或者逗留。

3. 预防煤气中毒事故

(1)使用火炉、燃气灶前应当认真检查和试烧，使用过程中应当经常检查，发现漏烟、漏气，及时修理。

(2)用炉火取暖的房间，必须安装烟筒的风斗，并经常清理烟筒，保持烟道通畅，封火时不得堵塞烟道。

(3)查铺时应当认真检查炉火和室内通风情况。

4. 预防中暑事故

(1)炎热季节，应当适当控制人员的活动量，在任务允许的情况下，尽量缩短在烈日下的活动时间，注意劳逸结合。

(2)训练和劳动时，应当有饮水供应，并适量饮用淡盐水。

(3)室内或者车、船内注意通风。

5. 预防冻伤事故

(1)严寒条件下训练等，应当准备御寒的被装和防冻药品。

(2)注意保持衣、帽、鞋、袜、手套的干燥和清洁，注意手、脚、耳、鼻的保护。

(3)操练、作业休息时，不得静立或者坐卧过久，乘坐车辆的人员，注意适时活动。

(4)必要时缩短哨兵每次执勤时间。

思考题

1. 什么是《内务条令》，作用是什么？
2. 什么是《纪律条令》，作用是什么？
3.《队列条令》的主要内容有哪些？
4. 学生军训早操的要求有哪些？
5. 单个军人队列动作有哪些？
6. 简述阅兵的程序。

第七章 轻武器射击

教学目标：了解轻武器的战斗性能和基本射击理论，掌握半自动步枪射击的动作要领，完成第一练习实弹射击。

第一节 武器常识

轻武器是指枪械及其他各种由单兵或班组携行战斗的武器，又称“轻兵器”。主要装备对象是步兵，也广泛装备于其他军种和兵种。轻武器的主要作战用途是杀伤有生力量，毁伤轻型装甲车辆，破坏其他武器装备和军事设施。轻武器主要包括枪械和手榴弹、枪榴弹、榴弹发射器、火箭发射器和无坐力发射器，此外还有轻型燃烧武器和单兵导弹等。轻武器的主体是枪械。

一、武器概述

武器，又称为兵器，是用于攻击的工具，也因此被用来威慑和防御。当武器被有效利用时，它应遵循期望效果最大化、附带伤害最小化的原则。任何可造成伤害的事物(甚至可造成心理伤害的)都可称为武器。只要用于攻击，武器可以是一根简单的木棒，也可是一枚核弹头。随着新军事变革深入发展，推进军事转型，构建信息化军队，打赢信息化战争，已经成为世界各国发展武器装备的目标牵引。军事大国正加紧调整军事战略，以信息技术推动信息化武器装备的发展。

武器与战争进程息息相关，并很大程度上影响到一个时代的世界政治进程。第一次世界大战中，以战壕和机枪群为基础的防守，证明防守优于进攻，因此一战主要以阵地僵持战为主。一战期间，防守的武器优于进攻武器，冲锋枪、火炮、毒气、战列舰的成熟，主导了战局。在一战后期出现的新式武器，坦克、飞机还有众多不完善之处，只能是一战的战场插曲。到了第二次世界大战的时候，情况就逆转过来了。坦克、飞机、航母、潜舰为主的陆海空新式武器的优势得到了发挥，主导了战局，这一时局被证明是进攻强于防守。纳粹基于坦克与飞机集群的闪电战、美日以航母为主的突击战法取得了巨大的成功，使得二战呈现出整片整片的大陆来回易主，整个战线具有极大的流动性，也造成了甚于一战的破坏性、毁灭性结果。

二战后的60年，攻防武器都有很大的发展。总的来说，防御型武器的发展更令人振奋，防御型武器的成长往往和和平关联在一起。雷达技术的成熟，各类反坦克武器、防御型导弹、反导系统的成熟，单兵武器系统的成熟，以及热门话题“导弹防御体系”的出现，都帮助武器的攻防系统，从二战一边倒的局面，逐步向防御型武器平衡。进攻型武器上除了导弹技术的成熟，卫星、定位技术的成熟，最重要的一个革命是无人作战系统的出现。机器人战争可能就在不远的未来在这片大陆上出现。

武器家族，成员众多，随着科技的进步，新的成员层出不穷，各有特色。由于武器是在矛与盾的对抗中发展起来的，所以呈现出名目繁多，相互兼容的特点，给武器分类带来了许多困难。从大的方面讲，按战争中的作用可分为战略武器、战役武器、战术武器；按毁坏程度和范围，可分为大规模的杀伤破坏武器和常规武器；按使用的兵种可分为陆军武器、海军武器、空军武器、防空部队武器、海军陆战队武器、空降部队武器和战略导弹部队武器等。

按照人们的习惯划分，武器可分为14种类型(表7-1)。

表7-1　武器分类表

序号	类型	名称
1	枪械	包括手枪、步枪、冲锋枪、机枪、特种枪和散弹枪
2	火炮	包括加农炮、榴弹炮、火箭炮、迫击炮、高射炮、坦克炮、反坦克炮、航空炮、舰炮和海岸炮等
3	装甲战斗车辆	包括坦克、装甲输送车和步兵战车等。
4	舰艇	包括战斗舰艇(航空母舰、战列舰、巡洋舰、驱逐舰、护卫舰、潜艇、导弹舰等)、两栖作战舰艇(两栖攻击舰、两栖运输舰、登陆舰艇等)、勤务舰艇(侦察舰船、抢险救生舰船、航行补给舰船、训练舰、医院船等)
5	军用航天器	包括军用人造卫星、宇宙飞船、空间站和航天飞机
6	军用航空器	包括作战飞机(轰炸机、歼击机、强击机、反潜机等)，勤务飞机(侦察机、预警机、电子干扰机、空中加油机、教练机等)直升机(武装直升机、空中运输直升机等)无人驾驶飞机、军用飞艇等
7	化学武器	包括装有化学战剂的炮弹、航空炸弹、火箭弹、导弹弹头和化学地雷等
8	防暴武器	包括橡皮子弹、催泪瓦斯、炫目弹、高压水枪等
9	生物武器	包括生物战剂(细菌、毒素和真菌等)及其施放装置等
10	弹药	包括枪弹、炮弹、航空炸弹、手榴弹、地雷、水雷、火炸药等
11	核武器	包括原子弹、氢弹、中子弹和能量较大的核弹头等
12	精确制导武器	包括导弹、制导导弹、制导炮弹等
13	隐形武器	包括隐形飞机、隐形导弹、隐形舰船、隐形坦克等
14	新概念武器	包括定向能武器(激光武器、微波武器、粒子束武器)、动能武器(动能拦截弹、电磁炮、群射火箭)、军用机器人和电脑“病毒”等

二、枪械发展史

(一)前装枪时期

中国在世界上最早发明了火药。据史料记载，早在南宋时期(1259年)，中国首先使用以竹制成身管，用黑火药发射小弹丸的突火枪，这是世界上最早的管形射击火器。13世纪末，中国又发明了世界上最早的金属管形射击火器——火铳，并在元代和明代军队中大量装备。中国人发明的火药传到西方后，14世纪欧洲也有了通过枪管尾部与枪膛相通的火门枪，射速很低，射击精度也差。15世纪欧洲出现了通过转动杠杆使得引燃着的浸过硝酸钾的火绳头

接 近火门孔点燃发射药的火绳枪。16 世纪初，德国出现了依靠带发条的钢转轮摩擦燧石发火的燧石枪。16 世纪末又出现了利用撞击使燧石发火的火燧石腔，它的结构比较简单，使用比较方便，也提高了射速，加上生产工艺的改进，口径减小到 17 毫米，质量减小 到 5 ~6 千克。17 世纪中叶，作为步枪使用的火燧石枪，开始装上刺刀，利用步枪可以进行拼刺搏斗。由于后装枪难于闭塞火药燃气，因而早期的枪都是前装滑膛枪，装填发射药和弹丸都很困难。

（二）后装枪时期

1807 年，英国人福赛斯发明了含雷汞击发药的火帽，打击火帽即可引燃膛内的发射药，继而出现了将弹头、发射药和带金属底火纸弹壳连成一体的定装式枪弹，使用定装弹大大简化了从枪管尾部装填枪弹的操作，便于密闭火药燃气，为后装枪的普遍使用创造了条件，是枪械发展史上一次重大的突破。早在 15 世纪已经有人在前装枪的枪膛内刻上直线型膛线，以便于从枪口装入弹丸，而螺旋形膛线由于前装弹丸很费事，一直到发明定装弹并改用后装枪之后，才广泛采用便于弹头旋转稳定以提高精度和最大射程的螺旋形膛线。1835 年，德国研制成功德莱西步枪，它采用螺旋形膛线，用击针打击枪弹底火，发射定装式枪弹，称为击针枪。它使战斗射速提高到每分钟 6 ~7 发，任何姿势都可重新装弹。19 世纪中叶，出现了预先压上底火的整体金属弹壳，并且出现了可存放 8 发枪弹的管形弹仓。射击时，射手可将弹仓中的枪弹一个接一个射出，又显著提高了战斗射速。1884 年，法国研制成功无烟火药，减少了火药燃烧后的残渣，加上金属深孔加工技术的改进，步枪口径进一步减少到 8 毫米以下，并提高了弹头的初速。

（三）自动装枪时期

在 19 世纪末期，当时不少守旧的将军认为马克沁机枪 是浪费枪弹的武器，但是在多次战斗中，它成功地消灭了进攻的战士。因此在 20 世纪初开始，各国竞相研制成功不同自动原理、不同结构的机枪、手枪和步枪。随着对枪的结构和自动原理认识的不断深化，涌现了许多新发明，枪械的 结构逐渐趋向成熟。1833 年，英籍美国人马克沁以膛内火药燃气作动力，采用枪管短后坐自动原理，曲柄连杆式闭锁机构，布料弹链供弹，用水冷却枪管的机枪，使理论射速提高到每分钟 600 发，能长时间连续射击，成为世界上第一支成功的自动武器，是枪械发展史上又一次重大技术突破，从此开始了近代自动枪械的发展。19 世纪中叶以后，出现了许多机械化的连发枪械，如美国人加特林发明了手摇式机枪，它用 6 根口径为 14.7 毫米的枪管，按圆周排列装在转轮上，射手摇动曲柄，通过机构传动进行重新装填枪弹，由 6 根转动的枪管依次发射枪弹。它依靠射手的体力操作机构动作和发射，最高射速可达每分钟 300 ~350 发。现代也有采用电力或液压加特林原理带动机构动作的航空自动武器，最高射速可达每分钟 6000 发。

三、枪械常识

轻武器的主体是枪械，一个国家枪械（尤其是步枪）的发展水平，可以看作是其轻武器发展水平的标志。枪械通常包括手枪、冲锋枪、步枪、机枪和特种枪（霰弹枪、防暴枪、救生枪、信号枪）等。手榴弹的基本弹种是杀伤手榴弹，另外还有反坦克、燃烧、烟幕等弹种。枪榴弹主要有杀伤、破甲、烟幕、燃烧和照明等类型。榴弹发射器可分为枪械型和迫击炮型两大类。枪械型又有结合在步枪枪管下面的枪挂式榴弹发射器、步枪式肩射榴弹发射器（也称榴弹枪）和机枪式架射自动榴弹发射器（也称榴弹机枪）之分；迫击炮型可抵地发射，主要包括掷弹筒和弹射榴弹发射器。火箭发射器包括各类火箭筒、枪发大威力攻坚火箭弹和其他小型火箭发射装置。无坐力发射器有后喷火药燃气式和平衡抛射式两种。轻型燃烧武器包括便携式喷火器及其他一些专用燃烧器材。便携式喷火器是一种单兵使用的喷射火焰射流的近距火攻武器，主要用于消灭依托工事据守的有生力量，抗击冲击的集群步兵，特别适于攻击坑道、洞穴和火力点等坚固工事。单兵导弹为一种单兵可以携行使用的导弹，主要用于反坦克或防低空飞行目标作战。

英文“small arms”最初仅指可供单兵携带的枪械，如手枪、冲锋枪、步枪等 ，后经发展才包括了各种大小口径的机枪 、榴弹发射器、火箭发射器和无坐力发射器等。中国现代的轻武器主要包括枪械和手榴弹、枪榴弹、榴弹发射器、火箭发射器和无坐力发射器，此外还有轻型燃烧武器和单兵导弹等。中国学术界习惯上将上述各种轻武器概括分为两大类，但有两种观点：一种观点认为轻武器可分为枪械和近战武器；另一种观点认为轻武器应当分为枪械、榴弹武器和其他类型轻武器。两种观点都可见于某些轻武器专著、文件、标准或辞书中。

（一）枪械的组成部件

枪械主要由枪管、闭锁机构、供弹机构、击发机构、发射机构、退壳机构、和瞄准装置等部分组成，每个部分有着各自的功能和特点。

1. 闭锁机构

闭锁机构是为了保证自动武器可靠地发射弹丸，并使其获得规定的初速，应当在推弹之后关闭弹膛、并顶住弹壳，以防止弹壳在高膛压时因后移量 过大而发生横断和火药燃气的早期向后逸出；在弹头出枪口之后能及时打开枪膛，以完成后继的自动循环动作。闭锁机构一般由枪机（或机头）、枪机框（或节套）与枪管等组成。

闭锁机构按闭锁时后枪管与枪机的连接性质可以分为惯性闭锁和刚性闭锁两大类。惯性闭锁在闭锁时枪管和枪机没有扣合，或虽然有扣合但是在壳机力作用下能自行开锁的闭锁方式。惯性闭锁机构有三种：枪机纵动式、楔闩式和滚柱式。刚性闭锁在闭锁时枪管与枪机有牢固的扣合，射击时壳机力不能直接使枪机开锁，必须在主动件（枪机框或枪机体）强制作用下才能开锁的一种闭锁方式。这类闭锁机构工作可靠，可根据武器的设计要求安排结构尺寸与质量，所以被广泛采用在管退式和导气式武器中。主要有四种形式：回转式、偏转式、枪管偏移式和横动式。

2. 供弹机构

供弹机构一般包括容弹具，输弹机构和进弹机构三部分。输弹机构的作用是把容弹具中的弹药输送到进弹口；进弹机构的作用是把进弹口的弹药送入弹膛。弹仓包括弹匣、弹鼓和弹箱。弹仓供弹的输弹能源常是外能源，所谓外能源就是非火药燃气能源；弹链供弹机构的能源可以是火药燃气，也可以是外能源，或部分是外能源。

3. 击发机构

击发机构一般由击针、击锤（或击铁）、击针（锤）簧等组成。其作用是产生机械冲量，并把该机械冲量传给枪弹底火的一种机构。根据击发机构的结构特点和受力件的运动形式以及所受外力作用的特点和能量来源的不同，可以分为击针式和击锤式两大类。击针式击发机构其击针能量直接由击针簧或复进簧获得。它又可以分为击针簧击针式击发机构和复进簧击针式击发机构。

击针簧式击发机构的优点是：由解脱击针到击发的时间短，撞击小，对提高武器的射击精度有利，特别是单发射击和第一发射击时，效果颇为显著。其缺点是：击针的尺寸大，因而影响枪机的强度或使枪机的尺寸增大。同时，复进时待击会影响武器的可靠性；而后坐时待击，在许多闭锁机构中又不易实现，或者使结构复杂。

利用复进簧能量的击针式击发机构复进簧兼作击针簧，枪机、枪机体或枪机框又起击针体的作用，闭锁 构通常又是击发机构的保险机构。这种机构常用在枪机停在后方而成待击的连发武器上。它的优点是：结构简单，击发可靠。其缺点是：第一发射击时解脱枪机至击发的时间长，对快速运动目标的射击不利，并且撞击大，因而影响首发精度。其中固定击针最简单，但进弹和退壳条件可能因受击针尖的妨碍而变坏。54 式 7.62 毫米冲锋枪，击针装在枪闩上，当枪闩靠复进簧的能量复进到位时，使击针撞击底火而击发。53 式 7.62 毫米轻机枪，击针为活动形式，击针不固定在枪机上，与机体之间有相对运动。比如勃朗宁手枪复进簧式击针击发机构，击针就是可以活动的。

4. 发射机构

发射机构是控制击发机构进行击发或呈待发的机构。发射机构中还包含有保险机构。有些武器还利用发射机构作为降低射击频率的减速机构。发射机构一般由扳机、扳机簧，阻铁、阻铁簧和保险杆等零件以及发射机座等组成。发射机构可以分为连发发射机构、单发发射机构、单连发发射机构、点射发射机构、双动发射机构和电控发射机构。1956 年式 7.62 毫米半自动步枪的击发机构如图 7－1 所示：利用击锤的回转运动来完成强制分离，使扳机与阻铁自行滑脱，以实现单发。

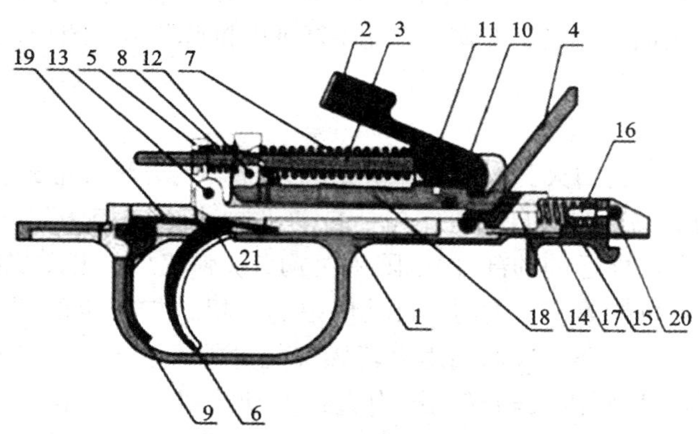

图 7－1　56 式半自动步枪击发机构

1—发射机支架；2—击锤；3—击锤簧杆；4—自动击发杆；5—击发连杆；6—扳机；7—击锤簧；8—扳机簧；9—扳机保险；10—击锤轴；11—击锤簧；12—自动击发杆轴；13—击发连杆轴；14—阻铁；15—阻铁簧；16—阻铁簧杆；17—弹仓盖卡笋；18—单发杠杆；19—保险簧；20—发射机支架销；21—扳机轴

5. 退壳机构

在射击过程中，把击发过的弹壳从膛内抽出，并把它抛出武器之外，这一工作过程称为退壳。退壳机构除了担当退壳任务外，还应当具有退弹能力，所以退壳机构应既能可靠地将击发过的弹壳从膛内抽出，并抛出武器之外；又能顺利地把处于待发位置的枪弹从膛内抽出，并抛出武器之外。为了完成退壳与退弹任务，退壳机构应具有抽壳和抛壳两种功能，相应由抽壳机构和抛壳机构两部分组成。其中，抽壳机构主要包括抽壳钩和抽壳钩簧；抛壳机构主要是抛壳挺。如枪机是纵向运动的武器，枪机带动拉壳钩从膛内抽出弹壳，后退一段距离后，退壳挺顶弹底缘的另一边形成力偶，使弹壳从抛壳窗抛出，这种方式称为顶壳式。这种退壳机构由抽壳机构和抛壳机构两部分组成。

抽壳机构的作用，是把击发过的弹壳或处于待发位置的枪弹从膛内可靠地抽出。为此，要求抽壳钩齿在推弹进膛后，能顺利地跳过弹壳底缘，并以一定抱弹力将弹壳从膛内抽出，而又不会滑落。抛壳时弹壳能绕钩齿回转，并朝一定方向将弹壳抛出。

抛壳机构主要是抛壳挺，按抛壳动作有无弹簧缓冲，可分为刚性抛壳挺和弹性抛壳挺。

6. 瞄准装置

赋予枪管射向的操作称为瞄准，瞄准装置的作用是使枪膛轴线形成射击命中目标所需的瞄准角和提前角。按照瞄准装置的观测系统不同可分为简易机械瞄准装置和光学瞄准装置。其中简易机械瞄准装置主要是由准星和带照门的表尺组成，瞄准角和提前角的装定是靠移动表尺照门实现。而光学瞄准装置是由光学元件组成，瞄准角和提前角由分划板上的分划实现，或由分划与机械传动部分共同组成。按射击对象的不同又可以分为对地面目标瞄准装置和对空目标瞄准装置。另外还有在光线暗淡和夜间用的夜视瞄具，如主动式红外瞄具、被动式红外瞄具、微光瞄具、激光瞄具和热成像仪等。

7. 枪械射击

在每一次射击循环中，枪械一般要完成以下 7 个动作：击发：手扣扳机后，击针打击枪管弹膛内的枪弹底火，引燃发射药发射弹头；开锁：枪管和枪机解脱连锁，打开枪管弹膛；后坐：枪机向后运动并压缩复进簧；退壳：枪机后坐时从膛内抽出弹壳，将其抛出机匣；复进：在复进簧的推动下枪机向前运动；进弹：枪机在复进中推弹入膛；闭锁：枪机与枪管连锁，关闭枪管弹膛。

8. 自动方式

自动方式，是自动机利用火药燃气能量完成自动循环的方法和形式。自动武器发射时完成自动动作的各机构的总称叫做自动机。包括自动机原动件（自动机中直接承受火药燃气能量，并带动其它机构或构件运动的部件）、闭锁机构、供弹机构、击发机构、发射机构、退壳机构、复进装置和保险机构等。发射时，自动机中的各机构按规定的顺序协调配合，分别进行各自的动作，完成自动循环。根据利用火药燃气能量的方法不同，自动方式可分为：枪机后坐式 枪机后坐式是利用膛内火药燃气压力直接推动枪机后坐的自动方式。武器自动循环动作的全部能量，来自枪机的后坐运动，根据枪机在运动是有无制动措施，分为自由枪机式和半自由枪机式。枪管后坐式，又称管退式，是利用火药燃气的膛底压力，推动枪机并带动枪管后坐的自动方式。根据枪管与枪机分离时枪管的不同行程，可以分为枪管长后坐式和枪管短后坐式两大类型。导气式是利用导出的膛内火药燃气，使枪机后坐的自动方式。根据导气 装置的不同结构，可以分为活塞式和导气管式。混合式是数种自动方式组合而成的自动方式。85 式 12.7 机枪是导气与枪机后坐混合式。击发后，火药燃气推动机体向后运动，当机体走完自由行程后，此时膛内还有较高的压力，机头在弹壳底部火药燃气压力作用下滑脱开锁加速后坐（占后坐能量 30%）和机体被火药燃气推动向后（占后坐能量 70%）共同作用下完成自动动作。

（二）枪械技术要求

一般可以分为以下五个方面：射击威力的要求，机动性的要求，工作可靠性的要求，勤务性的要求和生产经济性的要求。

1. 射击威力的要求

武器的射击威力是指武器对目标的杀伤和破坏的能力。枪械射击威力的大小，决定于射击距离的远近、弹头是否命中目标、弹头命中目标后对目标的作用效果以及单位时间内命中目标的弹头数量的多少。简单地说就是武器的射程、射击精度、弹头对目标的作用效果和武器的射速。

2. 机动性的要求

枪械的机动性是指在各种条件下使用灵活、开火与转移迅速的程度，包括运动灵活性、火力机动性以及使用适应性三者。运动灵活性是指武器携带和运行方便，能到山地、水沼、森林、沙漠等任何地方进行战斗。火力机动性是指武器能迅速开火及转移火力。使用适应性是指武器在各种条件下都能发挥其作用。

3. 工作可靠性的要求

武器的工作可靠性的要求包括安全，动作灵活可靠，使用寿命长，对外界条件抵抗性强等。武器必须使用安全，以保证战士集中精力杀伤敌人。武器动作必须灵活可靠，保证动作确实和连续，没有故障或极少故障，在出现故障时易于排除。武器的使用寿命是指武器所能承受的而不失去主要战斗性能的最大发射弹数。另外武器在使用过程中，经常可能遇到不利的环境，如河流、风雪、尘土、泥沙、严寒和酷暑等，通过障碍地区时、搬运时或空投时遇到碰撞，行军途中经受剧烈的颠簸，战斗中还可能被弹片击中。对于这些外界不利条件，武器要有较强的抵抗性能，以保证能随时投入战斗。

4. 勤务性的要求

武器勤务性的要求包括供应简便、分解结合保管保养简便、射击准备简便、训练简便等。

5. 生产经济性的要求

经济性是指在保证枪械预定功能的条件下，使设计、生产、使用、修理、维护及储存成本低。

四、56 式半自动步枪

（一）56 式半自动步枪介绍

56 式半自动步枪（图 7－2），生产于 1956 年，是苏联 SKS 半自动步枪的仿制品，为中国人民解放军第一支制式列装的半自动步枪，和 56 式轻机枪、56 式自动步枪统称 56 式枪族。1985 年，56 式半自动步枪正式撤装，由 81 式步枪或 56 式冲锋枪取代，但 56 式半自动步枪仍装备民兵部队。目前，我国军队中仅保留了少数 56 式步枪作仪仗队的礼仪用枪。

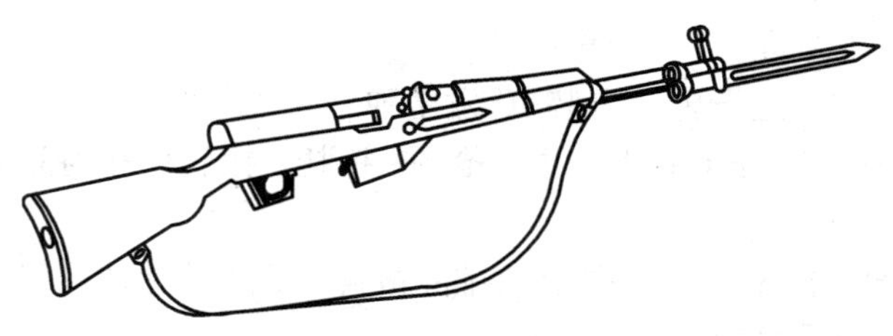

图 7－2　56 式半自动步枪

56式半自动步枪是步兵使用的单人武器，它以火力、刺刀及枪托杀伤敌人。56式半自动步枪是步兵分队在近战中消灭敌人有生力量的主要武器。它对400米内的单个目标射击效果最好，集中火力可射击500米内的飞机、伞兵和杀伤800米内的集团目标，弹头飞行到1500米仍有杀伤力。战斗射速每分钟35~40发。使用56式普通弹，在100米距离上能射穿6毫米厚的钢板，15厘米厚的砖墙，30厘米厚的土层和40厘米厚的木板。

(二)主要机件名称和用途

56式半自动步枪口径7.62毫米；重3.85千克；长1.33米；普通弹初速735米/秒；弹头最大飞行距离约2000米。

1. 主要部件

半自动步枪由枪刺(刺刀)、枪管、瞄准具、活塞及推杆、机匣、枪机、复进机、击发机、弹仓、木托十大部件组成。另有一套附品。

(1)枪刺(刺刀)用以刺杀敌人。

(2)枪管用以赋予弹头的飞行方向。枪管内是枪膛和线膛。弹膛用以容纳子弹，线膛能使弹头在前进时旋转运动，以保持飞行的稳定性。线膛有四条右旋膛线(阴膛线)，两条膛线间的凸起部分叫阳膛线，两条相对的阳膛线间的距离是枪的口径、枪管外有导气箍，用以引导火药气体冲击活塞。

(3)瞄准具由表尺和准星组成，用以瞄准。表尺上有缺口和游标，并刻有1~10的分划，每一分划相应100米；“Ⅱ”“D”或“3”是常用表尺分划，与表尺3相同。表尺座上有固定栓扳手，用以固定活塞和推杆。准星可拧高、拧抵，准星移动座可左右移动。准星移动座和准星上各有一条刻线，用以检查准星位置是否准确。

(4)活塞及推杆活塞装在活塞筒内，用以传导火药气体压力推压推杆向后；活塞筒上有护木。推杆及推杆簧装在表尺座内，推杆能将活塞的推力传送到机栓上。推杆簧能使推杆和活塞回到前方位置。

(5)机匣用以容纳枪机和复进机，固定击发机和弹仓。机匣外有机匣盖和连接销。机匣内有枪机阻铁，当弹仓内无子弹时，能使枪机停在后方位置。机匣内还有闭锁卡槽和拨壳凸笋等。

(6)枪机由机栓和机体组成。用以送弹、闭锁、击发和退壳，并能使击锤向后成待发状态。机栓上挂钩，用以与机体挂钩相连并带动机体运动。机栓上还有闭锁凸出部、机柄、复进机巢和弹夹槽。

(7)复进机用以使枪机回到前方位置。

(8)击发机用以使枪机相互作用形成待发和击发。击发机上有击发控制杆，能在枪机闭锁枪膛前，防止击锤松回。保险机，可限制扳机向后，保险机扳到前方为保险。击发机上还有击锤、弹仓盖卡笋和扳机等。

(9)弹仓用以容纳和托送子弹。可装10发子弹。

(10)木托便于操作。木托上有下护木、枪颈、枪托、托底板和附品筒巢。

2. 附品

附品用以分解结合、擦拭上油、携带和排除故障。附品包括擦拭杆、鬃刷、铳子、附品筒、通条、油壶、背带和子弹袋。

（二）子弹

1. 子弹的各部名称和用途

子弹由弹头、弹壳、底火和发射药组成（图 7－3）。弹头，用以杀伤敌人有生力量；弹壳用以容纳发射药，安装弹头和底火；底火，用以点燃发射药；发射药，用以产生火药气体，推送弹头前进。

2. 子弹的种类、用途和标志

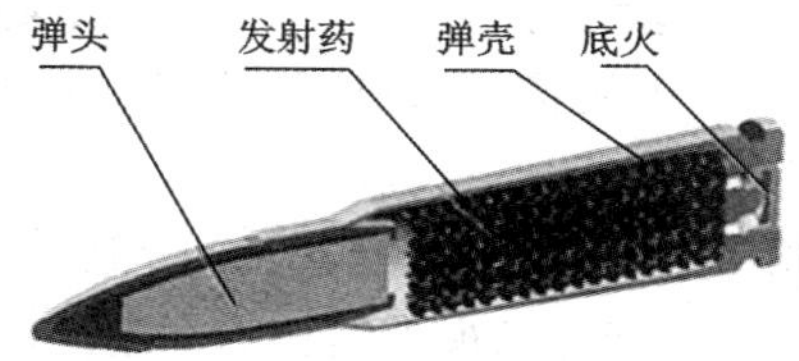

图 7－3　子弹剖面图

普通弹：用以杀伤敌人有生力量。

曳光弹：主要用以试射、指示目标和作信号。命中干草能起火。曳光距离可达 800 米。弹头头部绿色。

燃烧弹：主要用以引燃物体。弹头头部红色。

穿甲燃烧弹：主要用以射击飞机和轻装甲目标（在 200 米距离上穿甲厚度为 7 毫米），并能在穿透装甲后引燃汽油。弹头头部黑色并有一道红圈。

五、81 式自动步枪

（一）81 式自动步枪介绍

81 式枪族是 1979 年开始研制，于 1981 年设计定型，在 1983 年正式投入大量生产。其研制目标是要用一个班用枪族取代正在装备的 56 式半自动步枪、56 式冲锋枪和 56 式轻机枪，但仍采用 56 式 7.62 毫米枪弹。由于在 1978 年已经正式决定我国将来会采用 5.8 毫米口径的小口径自动步枪，所以研制 81 式枪族的目的是在装备小口径步枪之前提供一种过渡型武器。但通过实战证明，81 式枪族是一种性能优良的武器，精度好、动作可靠、操作维护简便，在老山前线的战斗中表现良好。

81 式自动步枪作为要求在短时间内完成设计的过渡枪型，81 式枪族全部采用成熟技术和设计。采用短行程活塞式导气系统，这一点是 81 式与 56 式冲锋枪最大的不同之处。因此 81 式不是 AK 系步枪，其它结构与 56 式冲锋枪类似。81 式步枪全长为 950 毫米，枪管长 440 毫米，介于 56 式半自动步枪和 56 式冲锋枪之间。

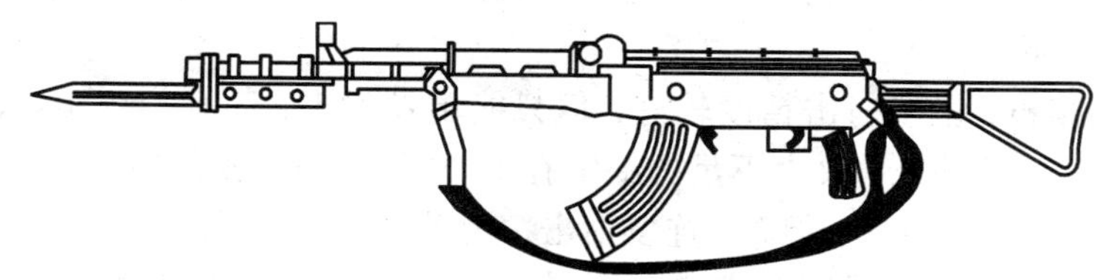
图 7－4　81 式自动步枪

（二）性能介绍

81 式自动步枪自动方式采用导气式，枪机回转式闭锁，可实施单、连发射击，使用 56 式 7.62 毫米枪弹，用 30 发弹匣供弹，弹头初速 720 米/秒，固定的枪榴弹发射具能用空包弹发射 60 毫米反坦克枪榴弹，也可用实弹发射 40 毫米枪榴弹系列。

81 式步枪准星座比较 AK47 后移让出一段枪管，供发射枪榴弹之用。不过，设计单位却忽略了使用机率，枪口防火帽的设计应更为实用与更有效益；并且 81 式步枪瞄准基线亦有过短的缺点。但是，其射击精度优于 56 式冲锋枪，这是因为 81 式有较长枪管、制造精度与短行程活塞。

81 式枪族设计时，通过了严寒、酷暑、风沙、泅度江河、浸泡海水等严格条件的考验。在研制阶段浸水试验就做了 26 次，经过部队装备作战的实践，故障极少。早期曾经出现过早发火、发射枪榴弹时机匣盖脱落、表尺自动跳码等问题，但都经过改进得到了解决。在大量生产中质量稳定，每次抽枪寿命试验，步枪在 15000 发射弹过程中达到了无任何故障、无零部件裂纹、无任何功能失效的状况。

81 式步枪忽视了结构的先进性，新材料、新工艺也不多，未要求安装光学瞄准具。连外观造型也没有独自的特点，有时国外就称其为 81 式 AK，甚至影响了外贸出口。产生这个问题的原因是有其历史背景的，因为在论证时已经给 81 式枪族定了位，就是一种“过渡性武器”，不需要更多新工艺、新设备、新技术投入，只要求能够较快的试制投产，要对原有产品有较好的工艺经济性和继承性。经过近 10 年的生产考核，在当时工艺、技术、设备落后的条件下，能够满足大批量生产并保证稳定的质量要求。设计上固然未能采用更多的新材料、新工艺、新技术，但其工艺经济性也是个符合中国国情的优点。

（三）与 56 式步枪相比的改进处

56 半式自动步枪和后期改进的 56 式冲锋枪装三棱刺刀，不能拆卸，只能折叠，而且只有单一刺杀功能，又增加了枪的附加重量。81 式的刺刀兼作匕首使用，但不具备其他功能。刺刀作一个独立部件，由刺刀、刀鞘、挂带组成。刀刃部分为剑形，长 170 毫米，不开刃口。刺刀的两面有纵向加强突筋，突筋两边呈凹形血槽，表面镀乳白铬。刀柄为褐色塑料柄。刺刀全长 300 毫米，重量 0.22 公斤。刀鞘为军绿色塑料壳，重量 0.072 公斤。该刀的刚度极好，虽说原设计不是多功能刺刀，但作战部队经常把该刺刀用于挖、刨、攀登、撬开罐头等。

81 式步枪在简化结构方面富有成效，例如自动机、发射机、机匣等都比 56 式冲锋枪简单。以机匣为例，同样是冲铆机匣，81 式的机匣的刚度、强度、制造工艺要好得多。机匣体由厚度 1.5 毫米 50 钢板冲压而成，盒形断面，形状简单，两侧突出大筋增加了刚度，前部与节套铆接，中部有中衬铁支撑，后部有尾座固定，机匣的刚度、强度得到保证，使用和生产中没有变形。机匣的导轨、创造性的只用一层，在机匣体冲压时形成，取消了一般枪机匣上均具有的下导轨，方便了生产。

56 式半自动步枪，虽然射击精度较好，但只能单发射击，弹仓容弹 10 发，不能更换弹匣，只能打完之后才可补充，火力不足的缺陷在 1979 年自卫反击战中已经暴露出来。56 式冲锋枪虽然火力猛、动作可靠，但单、连发射击精度差。

81 式自动步枪设计要求是同时代替 56 式半自动步枪和 56 式冲锋枪，把猛烈火力和射击精度结合起来。据装备了 81 式枪族的部队反映，该枪射击精度好。作战部队也反映，曾在一百多米的距离上，用两支 81 式自动步枪压制敌方碉堡的枪眼，使其无法开火。

（四）81 式自动步枪参数

81 式自动步枪由刺刀（匕首）、枪管、瞄准具、活塞及调节塞、机匣、枪机、复进机、击发机、弹匣和枪托 10 大部组成（图 7－5），另有一套附件。

口径：7.62×39 毫米钢芯子弹

初速：750 米/秒

理论射速：600 ~ 750 发/分钟

枪重：3.4 ~ 3.5 公斤

全枪枪长：955 毫米(不加刺刀)，1104 毫米(加刺刀)

弹匣容量：30 发(通用弹夹)

有效射程：400 米单个目标，500 米集团目标(弹头飞行到 400 米仍可以穿透 A3 钢板 8 毫米，松土层 40 厘米) 2000 米内弹头具有杀伤力

自动方式：枪机回转式闭锁

零件制造：冲压零件

瞄准系统：柱形准星、表尺，缺口式照门。

瞄准基线：315 毫米，准星高 40 毫米

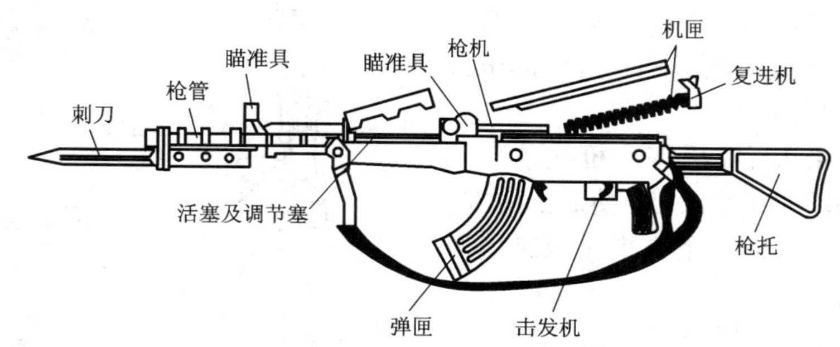

图 7－5　81 式自动步枪 10 大部件

(五)81 式自动步枪的分解和结合

1. 分解

分解结合是为了擦拭、上油、检查和排除故障。分解前必须验枪，分解结合应按次序和要领进行，不要强敲硬卸。分解下来的机件应按次序放在干净的物体上(图 7－6)。结合后，应拉送枪机几次，检查机件结合是否正确。

(1)卸下弹匣：左手握护木，枪面稍向左，右手握弹匣，拇指按压弹匣卡笋(也可右手掌心向上握弹匣，以手掌肉厚部分推压卡笋)，前推取下弹匣。

(2)拔出通条和取出附件盒：左手握护木，右手向外向上拔出通条。然后，用中、食指顶压附件盒底部，使卡笋脱离圆孔，取出附件盒，并从附件盒内取出附件。

(3)卸下机匣盖：左手握住枪托前部，以拇指按机匣盖卡笋，右手将机匣盖上提取下。

(4)抽出复进机：左手握住枪托前部，右手向前推导管座，使其脱离凹槽，向后抽出复进机。

(5)取出枪机：左手握住枪托前部，右手拉枪机向后到定位，向上向后取出，左手转压机体向后，使导笋脱离导笋槽，再向前取出机体。

(6)卸下护盖：右手握上护木，左手将表尺转轮定到“1”上，再向左拉转轮装定在“0”上，然后左手握下护木，右手向上向后卸下护盖。

(7)卸下活塞及调节塞：左手握下护木，右手将活塞向右(左)转动到定位，压缩活塞杆簧，使调节塞前端脱离导气箍，向前卸下活塞及调节塞，并将活塞及调节塞分开。

2. 结合

(1)装上活塞及调节塞：将调节塞、活塞簧套在活塞上，左手握下护木，右手将活塞杆插入表尺座的圆孔内，压缩活塞簧，使调节塞前端进入导气箍，并向左转动调节塞，使下凸起进入导气箍限制槽。

(2)装上护盖：左手握下护木，右手将护盖前端两侧卡在导气箍上，按压护盖后部到定位。左手转动表尺转轮使分划“3”对正定位点。

(3)装上枪机：右手握枪机，使导笋槽向上；左手将机体结合在机栓上，使导笋进入导笋槽并转到定位。左手握住枪托前部，右手将枪机从机匣后部装入机匣，前推到定位。

(4)装上复进机：左手握住枪托前部，右手将复进机插入复进机巢内，向前推压，使导管座进入凹槽内。

(5)装上机匣盖：左手握住枪托前部，右手将机匣盖前端对正半圆槽，使后部的方孔对正机匣盖卡笋，向前下方推压机匣盖，使卡笋进入方孔内。

(6)装上附件盒和通条：将附件装入附件盒内，左手握护木，右手将附件盒装入附件盒巢内，用中、食指顶压附件盒底部，使附件盒卡笋进入圆孔。然后，将通条插入通条孔内，并使通条头进入通条头槽。此时，拉送枪机数次检查机件结合是否正确，扣扳机，关保险。

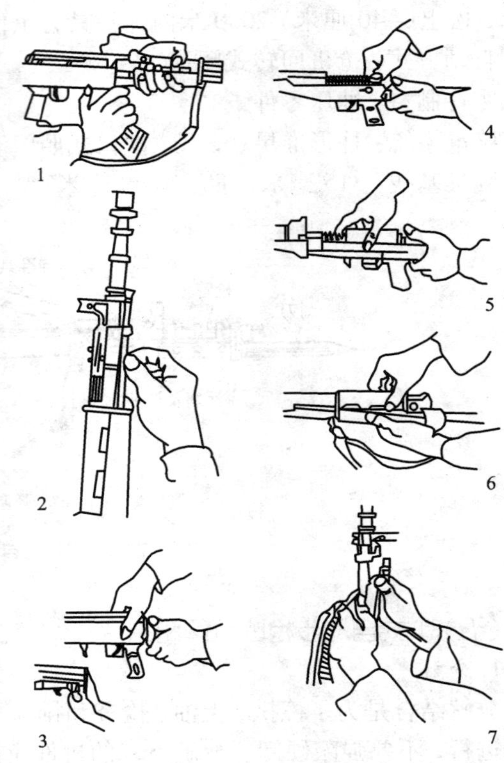

图 7-6　81 式自动步枪分解

(7)装上弹匣：左手握护木，枪面稍向左，右手握弹匣并将弹匣口前端插入结合口内，扳弹匣向后，听到响声为止。

第二节　简易射击学理

射击，简单点来说，就是标尺、准星和目标三点一线。标尺和准星所确定的直线，基本上就是弹道，而目标处于这个基准线上时，就可以射击了，这样就形成了三点一线。不过实际射击当中，并不会真正的三点一线去瞄准，这是因为标尺虽然可以修正一定距离上的子弹高度，但却对于横风以及目标的运动，无法做出修正。在射击时，是要根据目标的运动，做出相应的身位修正。实际射击时，并不是三点一线，而是经过了左右修正。

一、发射

火药气体压力将弹头从膛内推送出去的现象，叫发射。发射的过程是：击针撞击子弹底火，使弹壳底缘内的起爆药发火，火焰通过导火孔引燃发射药，产生大量火药气体，在膛内形成很大的压力，迫使弹头脱离弹壳沿膛线旋转加速前进，直至推出枪口。

（一）发射过程

可分为四个阶段：

1. 第一阶段（准备阶段）

由发射药开始燃烧起在弹头开始运动时为止。击针撞击子弹底火，使起爆药发火，火焰通过传火孔引燃发射药。发射药燃烧，产生大量火药气体，在膛内形成很大压力，作用于弹头底部的压力迫使弹头嵌入膛线。开始发射药在等容积条件下燃烧，气体压力不断增加。当气体压力足以克服弹头的运动阻力时，弹头即从静止转入运动。弹头完全嵌入膛线所需要的气体压力，称为起动压力。各种枪的起动压力为250～500千克/平方厘米（81式自动步枪的起动压力为300千克/平方厘米）。

2. 第二阶段（基本阶段）

自弹头开始运动到发射药燃烧完为止。此阶段内发射药在迅速变化的容积内燃烧，膛内压力随着火药气体的增加迅速增加，弹头开始运动并逐渐加速。当弹头在膛内前进6～8厘米时，膛内压力最大，此时的压力称为最大膛压。各种枪的最大膛压为1400～3400千克/平方厘米（81式自动步枪的最大膛压为2800千克/平方厘米）。随着弹头速度的增加，弹头后部的容积逐渐增大，当容积增大的速度超过了发射药燃烧产生火药气体的速度时，膛压开始下降。发射药燃烧完毕时，火药气体对弹头仍保持一定的压力，弹头随火药气体作用时间的增长继续加速前进。

3. 第三阶段（气体膨胀阶段）

自发射药燃烧完到弹头底部脱离枪口前切面时止。这一阶段中，虽然发射药燃烧完毕，新的火药气体不再生成。但由于火药气体的压力还很高，仍能膨胀做功，弹头速度继续，火药气体压力不断降低，直至弹头脱离枪口。弹头飞离枪口时的压力称为枪口压力。各种枪的枪口压力为200～600千克/平方厘米。

在枪械中，发射药燃烧的结束位置接近枪口前切面；在短枪管武器中，发射药燃烧的结束位置几乎在枪口以外，所以在短身管的武器中有时在膛内不存在发射的第三阶段。严格地讲，各种枪械的发射药在膛内都是未燃烧尽的。

4. 第四阶段（火药气体作用的最后阶段）

自弹头从底部脱离枪口前切面时起到火药气体停止对弹头作用时止。弹头飞离枪口时，火药气体形成一股气流，从膛内喷出，其速度大于弹头的速度。因此，在距枪口一定距离内（各种枪为5～50厘米），火药气体仍然能继续对弹头施加压力，加大弹头的速度，直至火药气体压力与空气阻力相等时为止。此时，弹头达到最大速度。这一阶段亦称为武器的后效阶段。

从发射的四个阶段可知，膛压的变化规律是：从小急剧增大，而后逐渐下降。弹头速度的变化规律是：由静到动，由慢到快，始终是加速运动。

（二）枪管的堪抗力和寿命

1. 枪管的堪抗力

膛壁承受枪膛内一定火药气体压力而不变形的能力，称为枪管的堪抗力。枪管都具有一定的备用堪抗力，使它能承受比最大膛压大半倍到一倍的压力。射击时，枪管内如塞有杂物

(布条、沙子、泥土、弹头等),就会影响弹头的运动,使膛压超过枪管的堪抗力,枪管就会产生膨胀或炸裂现象。

2. 枪管寿命

枪管能正常发射一定数量子弹的能力,称为枪管的寿命。一般轻武器规定的枪管寿命为:54式手枪、64式手枪、77式手枪1500发,自动步枪15000发,56式冲锋枪1500发,81式轻机枪20000发,56—1式轻机枪25000发。

衡量枪管寿命的标准:散布特征量的增大到新枪的2.5倍;在规定的射程上,小口径枪弹的椭圆孔或横弹达到20%,大口径枪弹达到50%;初速下降15%。

(三)子弹的初速

1. 初速

弹头脱离枪口前切面瞬间运动的速度,称为初速。

初速以米/秒单位表示。

54式手枪的初速为420米/秒,64式手枪、77式手枪的初速为310米/秒,81式自动步枪的初速为710米/秒,81式班用轻机枪的初速为735米/秒,88式狙击步枪初速910米/秒,95式自动步枪初速915米/秒,95式班用轻机枪初速945米/秒。

计算表明,56式普通弹发射药释放的能量全部用来推动弹头飞行,其理论速度可达1235米/秒,但实际上56式普通弹用81式自动步枪发射,其实际速度仅为710米/秒。因为火药气体的能量除了推动弹头前进外,还要克服枪膛阻力、加热膛壁并使其膨胀、武器后坐、带动自动机工作等。因此,只有很少一部分能量被变成了有用功。

弹头要杀伤目标,必须具有相当的能量,这个能量一般以枪口动能来表示。衡量一支武器的杀伤力和侵彻力都是以弹头命中目标时所具有的活力来判定的,通常规定弹头通过枪口前切面时所具有的能量称为枪口活力,常用千克·米来表示,而运动物体的动能可以表示为:

$$E=1/2mv$$

式中:E为能量;m为物体质量,以千克为单位;v为速度,以米/秒为单位。

公式表明,运动物体的能量主要取决于飞行物体的质量及其飞行的速度。对于子弹来讲,弹头质量是一定的,因此,弹头的速度就成了衡量其动能的唯一因素。弹头在后效作用结束后是依靠惯性飞行的,其初速越大,飞行距离就越远、弹头动能就越大。因此,提高初速就可以增大弹头的飞行距离,提高侵彻力和杀伤力,同时弹道更加低伸。

2. 决定初速大小的条件

(1)弹头的重量

在其他条件都相同的情况下,弹头轻,初速大;弹头重,初速小。如7.62毫米弹和5.8毫米枪弹。

(2)装药的重量

在其他条件都相同的情况下,装药量多,所产生的火药气体多,压力大,弹头的初速也就大;相反,如果装药量少,其初速也小。

(3)枪管的长度

在其他条件都相同的情况下,用同样的子弹,在一定限度内加大枪管的长度,则初速提高。因为枪管长,能延长火药气体对弹头的作用时间,使火药气体做更多的有用功。例如,发射56式普通弹，81式班用轻机枪枪管长520毫米，初速为735米/秒；81式自动步枪枪管长440毫米，初速为710米/秒。但是，过分增长枪管反而会降低弹头的初速，并使武器重量增加，影响枪的其他使用性能。

(4)发射药燃烧的速度

在其他条件都相同的情况下，发射药燃烧的速度越快，火药气体对弹头的压力增加也就越快，从而使弹头在膛内运动的速度加快，初速也就越大。一般短身管武器适宜选用速燃火药，以使发射药尽可能在膛内燃完，有利于提高弹头的射击精度，而长身管的武器则尽可能选用缓燃火药。

3. 初速的实用意义

初速大小是判定武器战斗性能的重要因素之一。在弹头相同的条件下，初速大的实用意义：

(1)能增加弹头的飞行距离；

(2)弹道更为低伸；

(3)能减少外界条件对弹头飞行的影响；

(4)能加大弹头的侵彻力和杀伤力。

二、后坐

发射时，武器向后运动的现象，叫后坐。

从力学观点看，力是一个物体对另一个物体的作用。所以，只要有力的作用，就一定有两个物体同时存在，也就是作用力和反作用力同时存在，并且它们的大小相等、方向相反。发射时，子弹以一定的速度飞出，其反作用力作用于武器，因此使武器向后运动，这样就形成了后坐。

(一)形成后坐的原因

发射药燃烧时，产生气体同时作用于各个方向，作用于膛壁周围的压力为膛壁所抵消；向前作用于弹头后部的压力推送弹头前进；向后作用于弹壳底部的压力经过枪机传给整个武器，使武器向后运动，形成后坐。武器的后坐和弹头的运动是同时开始的。在弹头脱离枪口瞬间，大量的火药气体随弹头后部从膛内向外喷出，形成了反作用力，使武器后坐更加明显。

(二)后坐对命中的影响

后坐对单发(连发首发)射击的命中影响极小。因为弹头在膛内运动的时间极短，约千分之一秒，并且枪身比弹头重得多，所以弹头在脱离枪口前，枪的后坐距离只有一毫米左右，而且是正直向后运动的，加之衣服和肌肉的缓冲，射手是感觉不出来的。射手感觉到的后坐，主要是弹头在脱离枪口的瞬间，火药气体猛烈向枪口外喷出形成的反作用力造成的。此时，弹头已脱离枪口。因此，后坐对单发(连发首发)射击的命中影响极小。

后坐对连发射击的命中有一定的影响。因为连发射击时，第一发子弹发射后，由于枪的明显后坐改变了原来的瞄准线，所以对第二发以后的命中有一定的影响。但只要射手据枪要领正确，适应连发武器射击的后坐规律，就能减小后坐对连发命中的影响，提高射击精度。现代新式武器多采用枪口制退器，它对减小武器后坐也有一定的作用。

(三)减小后坐对命中影响的方法

身体与射向的角度尽量要小，概略在一线上，以适应后坐规律。

射手抵肩要确实。使枪托和身体结为一体，两手用力协调一致方向正直向后，力量不宜过大，使枪在射击时，不发生角度摆动。

轻、重机枪架枪位置的土质软硬要适当。架枪时，枪架要在一线上，同时要在一个水平面上。利用依托时，枪的重心尽量放在依托物上。

射手在击发时，要不加外力，保持姿势、力量不变，不耸肩，不松臂。

三、瞄准

武器的瞄准具(镜)，根据射击对象的不同，可分为对地面目标射击的普通瞄准具(镜)和对空中运动目标射击的高射瞄准具(镜)；根据构造的不同，又可分为机械瞄准具和光学瞄准镜。尽管现有的瞄准具(镜)千姿百态，形状各异，但其作用是相同的。

(一)瞄准概述

根据弹头在膛外运动的规律，对一定距离上的目标射击，要使弹头准确地命中目标，必须赋予枪身一定的射角和射向。射角的大小可由各种枪械的基本射表查出。射角的大小，是根据射弹在不同距离上的降落量来确定的。距离越远，降落量越大，所需要的射角也就越大；距离越近，降落量越小，所需要的射角也就越小。

瞄准具(镜)就是根据上述原理设计成的。由于缺口上沿到火身轴线的高度大于准星尖到火身轴线的高度，射击时，是通过缺口上沿中央和准星尖的平正关系对目标进行瞄准的。因此，要抬高枪口，使火身轴线与火身口水平面之间构成了一定的射角。表尺位置高，射角就大，相应的射击距离就远；表尺位置低，射角就小，相应的射击距离就近。各种枪械的表尺钣上都刻有不同的表尺分划。装定表尺分划，就是改变表尺的高低位置，实际上也就是装定射角。

由此可见，瞄准具的作用，就是对一定距离上的目标射击时赋予武器相应的瞄准角和射向。射击时，只要按照目标的距离装定相应的表尺分划瞄准射击就能命中目标。因此，正确地选定表尺分划，对准确命中目标有着决定性的意义。

(二)瞄准具及瞄准要素

1. 机械瞄准具

机械瞄准具由表尺、缺口和准星组成，其特点：结构简单，体积小，坚固耐用，制造简便，成本低廉，勤务性好，操作使用方便。

2. 光学瞄准镜

光学瞄准镜精度高，功能范围广，使用方便，有一定的夜间使用能力。

3. 瞄准要素

瞄准基线：缺口的上沿中央(觇孔中央)到准星尖的直线。

瞄准线：视线通过缺口上沿中央(觇孔中央)和准星尖的延长线。

瞄准点：瞄准线所指向的一点。

瞄准角：射线与瞄准线的夹角。

高低角：瞄准线与火身口水平面的夹角(目标高于火身口水平面时，高低角为“+”；目标低于火身口水平面时，高低角为“-”)。

瞄准线上的弹道高：弹道上任何一点到瞄准线的垂直距离。

落点：弹道降弧与瞄准线的交点。

弹着点：弹道与目标表面或地面的交点。

命中角：弹着点的弹道切线与目标表面或地面所夹的角。命中角通常以小于90度的角计算。

表尺距离：起点到落点的距离。

（三）瞄准技术

1. 选定表尺分划和瞄准点

为了使射弹更准确地命中目标，射击时，射手应根据目标距离、目标大小和武器的弹道高，正确地选定表尺分划和瞄准点。其方法(图7－7)：定实距离表尺分划，瞄目标中央。目标距离为百米整数时，可根据目标的距离，装定相应的表尺分划，瞄准点选在目标中央。

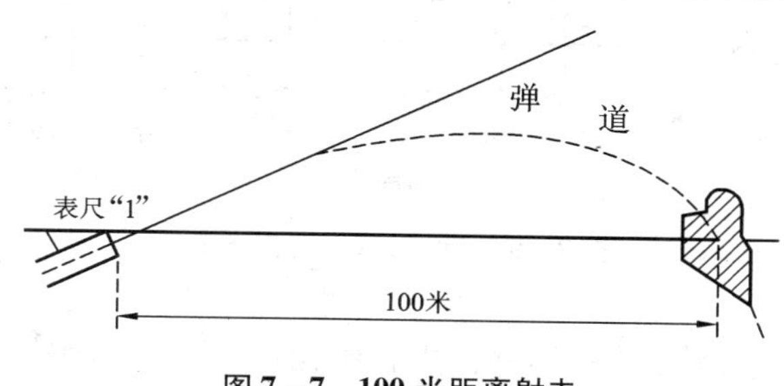

图7－7 100米距离射击

2. 定大于或小于实距离表尺划，适当降低或提高瞄准点

目标距离不是百米整数时，通常选定大于实距离表尺分划，根据武器在该距离上的弹道高，相应降低瞄准点射击；也可选定小于实距离的表尺分划，根据武器在该距离上的负弹道高相应提高瞄准点射击。

如81式班用机枪在250米距离上对人胸目标射击时，定表尺“3”，在250米处的弹道高为21厘米，这时，瞄准目标下沿中央射击，即可命中目标中央。(图7－8)

也可选定小于实距离的表尺分划，根据武器在该距离上的负弹道高，相应提高瞄准点射击。和81式自动步枪对250米距离上的人头目标射击时，定表尺“2”，在250米处的弹道高为负18厘米。此时，瞄准目标头顶中央射击，即可命中。

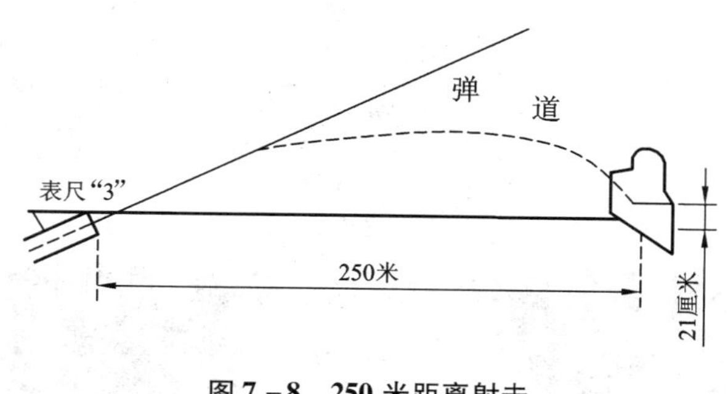

图7－8 250米距离射击

3. 常用表尺分划，小目标瞄下沿中央，大目标瞄下部中央

步机枪对常见目标射击时，如果直射距离为300米，那么，定表尺“3”。对300米距离以

内的目标射击时，大目标瞄下部中央、小目标瞄下沿中央射击，即可命中目标(图 7 -9)。如 81 式自动步枪定表尺“3”，对 300 米以内的人胸(高 50 厘米)目标射击，瞄目标下沿中央，则整个瞄准线上的弹道高不超过 35 厘米，没有超过目标高，目标在 300 米以内，都会被杀伤。

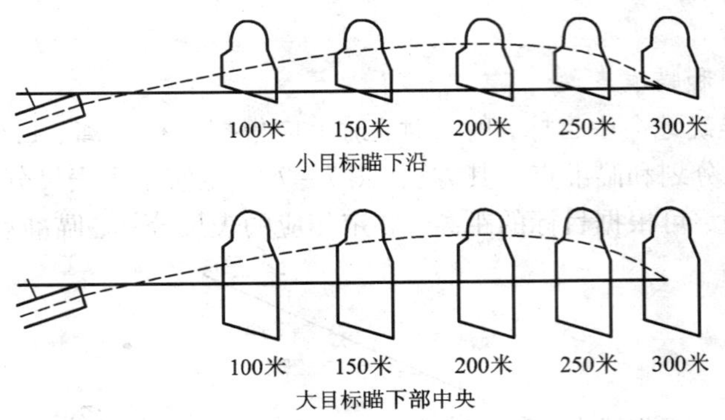

图 7 -9　300 米以内射击修正

在战场上，目标出现突然，大小不一，且距离不断变化。用此种方法，对 300 米以内的目标不需要变更表尺分划即可实施射击。这样可以争取时间，提高战斗射速，增大射击效果。因此，这种方法在实战中有着重要的实用意义，是战斗中经常使用的一种方法。

四、射击修正

(一)阳光对瞄准的影响及克服方法

1. 阳光对瞄准的影响

阳光对瞄准的影响主要表现在使用机械瞄准具的武器上。在阳光下瞄准时，由于阳光的照射，缺口部分产生虚光，形成三层缺口(图 7 -10)：虚光部分，真实缺口，黑实部分。如果不能辩明真实缺口的位置，就容易产生误差，使射弹产生偏差。

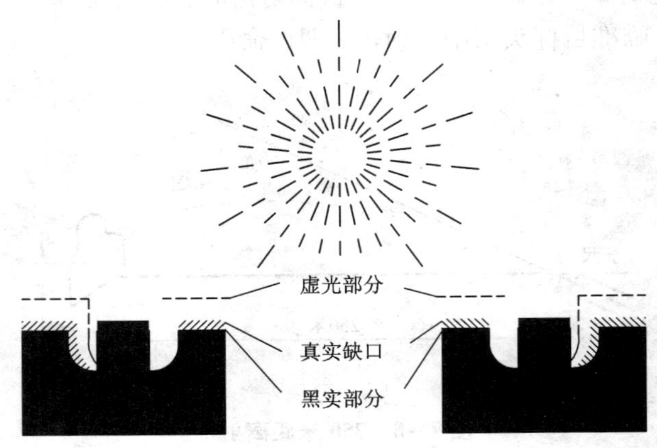

图 7 -10　阳光下射击修正

若用虚光瞄准，射弹就偏向阳光照来的方向。阳光从右上方照来时，缺口左边和上沿产生虚光，用虚光部分瞄准，准星实际上偏右上，因此，射弹偏右上。

若用黑实部分瞄准，射弹就偏向阳光照来的相反方向。阳光从右上方照来时，用黑实部分瞄准，准星实际上偏左下，因此，射弹偏左下。阳光从左上方照来，射弹则偏右下。

在阳光照射下，缺口和准星尖同时产生虚光时，若用虚光部分瞄准，射弹偏低；若用黑实部分瞄准，射弹偏高。

2. 克服的方法

平时要保护好瞄准具，使其磨亮反光。武器的准星和缺口均有珐琅层保护，一般不反光。但是，由于使用不当或保护不好，会使珐琅层脱落，造成瞄准具反光，如果不能克服阳光对瞄准的影响，射弹就会产生偏差。

正确辨清真实缺口。可在不同的阳光照射下练习瞄准，采用不遮光瞄准，遮光检查；遮光瞄准和不遮光检查的方法，反复练习，直到能熟练地辨清真实缺口的位置和正确瞄准的景况。

注意合理地保护视力。瞄准时间不宜过长，否则，容易造成视神经疲劳、视力模糊，而产生偏差。

（二）气温对射弹的影响及修正

1. 气温对射弹的影响

气温升高时，空气密度减小（稀薄），射弹在飞行中受到的空气阻力就小，射弹就打得远（高）。

气温降低时，空气密度增大（稠密），射弹在飞行中受到的空气阻力就大，射弹就打得近（低）。

2. 修正方法

气温修正是可用公式求：

距离（高低）修正量 =（气温差/10）×气温每增减 10 度时的距离（高低）修正量。

（三）高低角对射弹的影响修正

1. 高低角对射弹的影响

射击时，当目标高于或低于火身口水平面时，就产生了高低角。在有高低角的条件下射击时，射弹会打远（高）。

当高低角变化时，地心引力的方向与弹道切线所成的角度起了变化，从而使地心引力对射弹的作用也起了变化。随着高低角的逐渐增大，地心引力的方向与弹道切线之间的角度就逐渐减小。

2. 修正方法

各种枪在高低角不超过正（负）20 度的条件下射击时，弹道形状变化很小，用同一瞄准角射击，其斜距离约与水平射程相等。因此，不必修正。高低角超过正（负）25 度射击时，可根据高低角对射弹影响的大小，适当地减小尺分划或降低瞄准点。

（四）风对射弹的影响及修正

1. 风向、风力的判定

按风向与射向所成角度可分为：横风、斜风、纵风（顺风和逆风）按风力大小可分为：

强风风速 8 ~ 12 米/秒，相当于 5 ~ 6 级风。现象：旗帜刮成水平并哗哗响，草倒于地面，粗树枝摇动，烟被吹成水平并很快散开。

和风风速 4 ~7 米/秒，相当于 3 ~4 级风。现象：旗帜展开并飘动，草不停地摆动，细树枝晃动，烟被吹斜但未散开。

弱风风速 2 ~3 米/秒，相当于 2 级风。现象：旗帜微微飘动，草微动，细枝树微动，烟稍斜上升。

2. 横(斜)风对射弹的影响及修正

横风会使射弹产生方向偏差，风力越大，距离越远，射弹偏差就越大。射击时，为了准确地命中目标，必须将瞄准点或横表尺向风吹来的方向修正。修正时，以横方向的和风修正量(图 7 - 11)为准，强风加一倍，弱风减一半。斜方向的强(和)风，应按横方向的强(和)风修正量减一半。修正量从目标中央算起。横表尺修正后瞄准点不变。

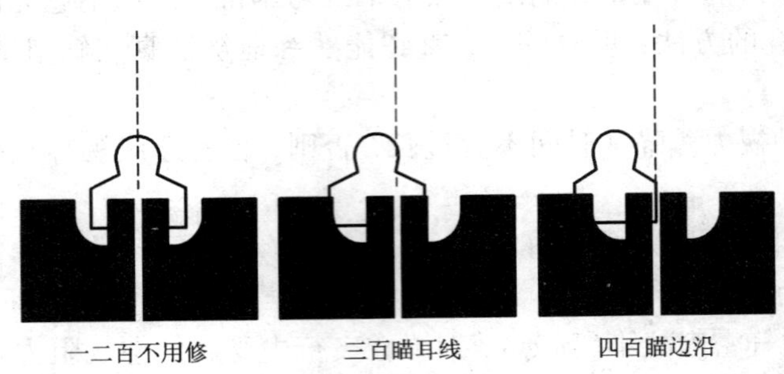

图 7 - 11　横(斜)风射击的修正

3. 纵风对射弹的影响及修正

纵风会使射弹打高或打低，但风速小于 10 米/秒时，影响就较小，在 400 米内不必修正。如对远距离射击时，可稍降低或提高瞄准点。修正时，应注意风向风力的不断变化，灵活运用。

五、射击动作和方法

(一)验枪

听到"验枪"口令后，以右脚掌为轴，身体半面右转，左脚顺势向前迈出一步(两脚约与肩同宽)，同时右手将枪向前送出，左手接握下托木，左大臂紧靠左肋，枪托贴于胯骨，枪刺尖略与眼同高，右手打开保险和弹仓盖，移握机柄。

指挥员检查时，拉枪机向后。验过后，自行送回枪机，关上弹仓盖，扣扳机，关保险，移握枪颈。听到"验枪完毕"口令后，右手移握上护木，同时身体半面左转，右脚靠拢左脚，恢复持枪姿势。

(二)射击准备

听到"卧姿——装子弹"口令后，右手将枪提起稍向前倾，左脚向右脚尖前迈出一大步(也可以右脚顺脚尖方向迈出一大步)，左手在左(右)脚尖前支地，顺势卧倒，以身体左侧、左肋支持全身，右手将枪向目标方向送出，左手接握表尺下方，枪托着地，右手拉枪机到定位(图 7 - 12)。

解开弹袋扣，取出一夹子弹，插入弹夹槽，以食指或拇指将子弹压入弹仓，取出弹夹，送弹上膛。在右手拇指和食指按压游标卡笋，移动游标，使游标前切面，对正所需的表尺分划。

图 7－12　卧姿装子弹

然后，右手移握枪颈，全身伏地，两脚分开约与肩同宽，身体与射向约成 30 度角，枪刺离地，目视前方，准备射击。

听到“退子弹——起立”口令后，稍向左侧身，右手打开弹仓盖，接住落下的子弹，装入弹袋，拇指拉机柄向后，余指接住从膛内退出的子弹（图 7－13），松回枪机，将子弹装入弹袋并扣好，关上弹仓盖，打开保险，扣扳机，关保险，复表尺，移握上护木，将枪收回，同时左小臂向里合，屈小腿于右腿下。

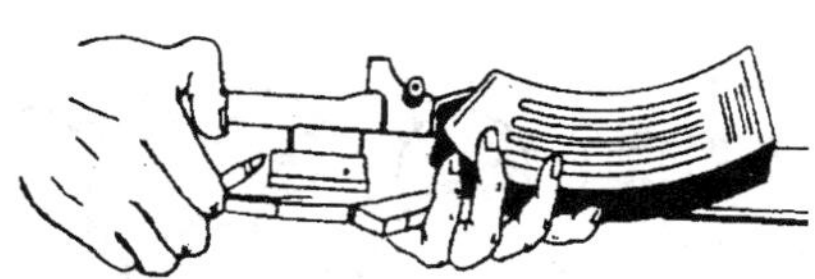

图 7－13　退子弹

以左手和两脚撑起身体，右脚向前一大步，左脚再向前一步，右脚靠拢左脚，恢复持枪姿势。

（三）据枪、瞄准、击发

据枪、瞄准、击发是互相联系着和互相影响的动作。稳固的据枪，正确一致的瞄准，均匀正直的击发，三者正确地结合，是准确射击的关键。因此，必须刻苦练习，熟悉掌握。

1. 有依托据枪

卧姿据枪时（图 7－14），下护木放在依托物上，左手托握表尺下方，手背紧靠依托物，也可将手背垫在依托物上，左肋向里合。右手握枪颈，食指第一节靠在扳机上，大臂略成垂直。两手协同将枪确实抵于肩窝，头稍前倾，自然贴腮。

图 7－14　卧姿有依托据枪

2. 瞄准

瞄准时，应首先使瞄准线自然指向目标。若未指向目标，不可迁就而强扭枪身，必须调整姿势。需要修正方向时，卧姿可左右移动身体或两肋，跪、立姿可左右移动膝或脚。需要修正离低时，可前后移动整个身体或两肘里合、外张，也可适当移动左手托枪的位置。

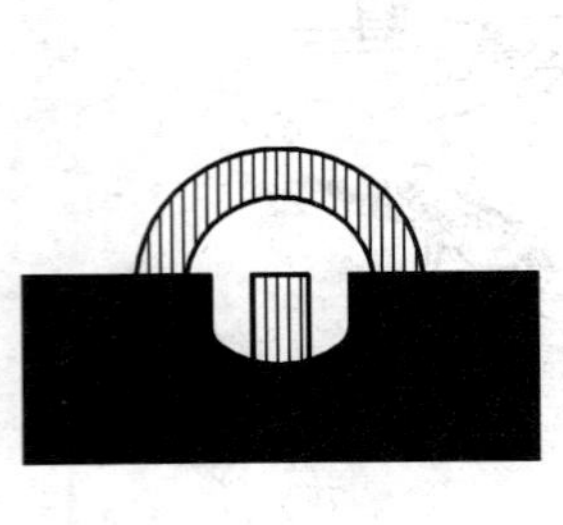

图 7－15　准星与缺口

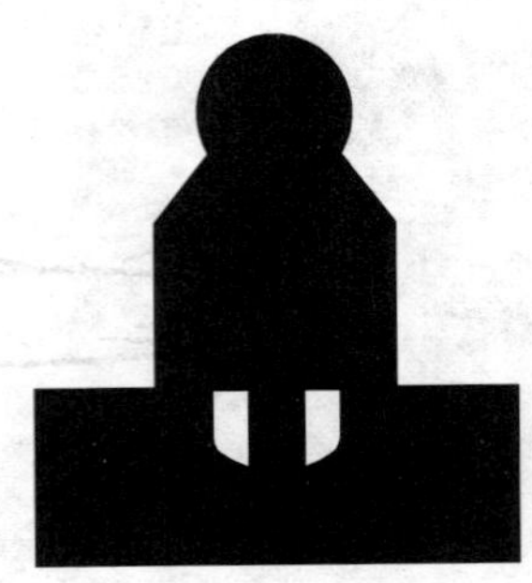

图 7－16　正确的瞄准

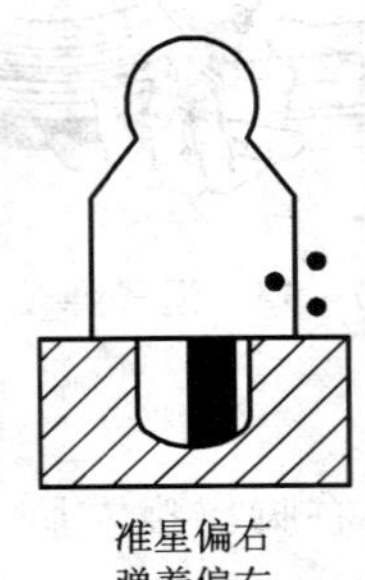

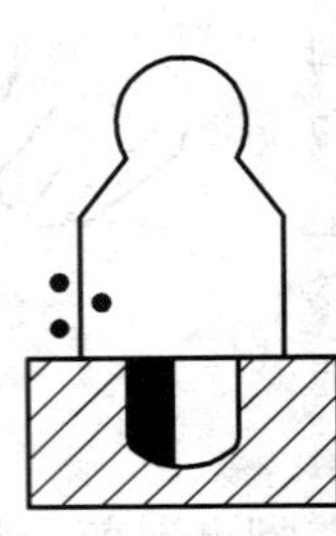

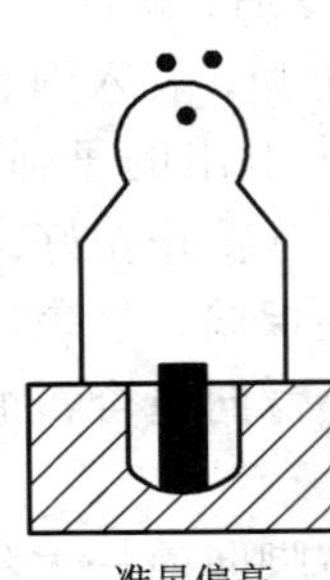

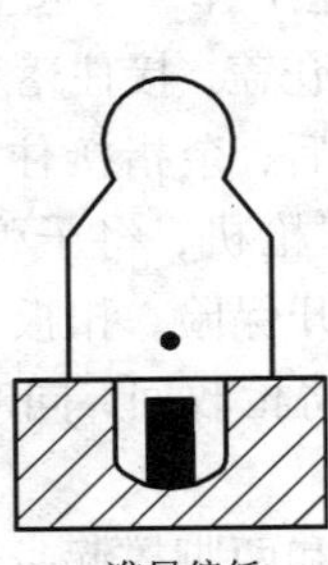

图 7－17　准星与缺口瞄准对命中的影响

3. 击发

击发时，用右手食指第一节均匀正直向后扣压扳机(食指内侧与扳机应有不大的空隙)，余指力量不变。当瞄准线接近瞄准点时，开始预压扳机，并减缓呼吸。当瞄准线指向瞄准点或在瞄准点附近轻微晃动时，应停止呼吸，果断地继续增加对扳机的压力，直至击发。击发瞬间应保持正确一致的瞄准。若瞄准线偏离瞄准点较远或不能继续停止呼吸时，则应既不松开也不增加对扳机的压力，待修正瞄准或换气后，再继续扣压扳机。

第三节　实弹射击

一、实弹射击训练准备

为确保新生军训实弹射击训练工作做到安全、有序，应做好充分准备工作，制定实施方案，实施方案包括的内容如下：

(一)成立实弹训练总指挥部

总指挥：一般由军训部队副团长、参谋长担任；副总指挥：由承训教官总领队及学校有关负责人担任；成员：包括各承训教官领队、各学院副书记。

（二）确定实弹射击训练时间和地点

实弹射击时间最好一天或两天之内能够完成，以方便借还枪支弹药。地点一般应选取部队的正规靶场，或当地军分区的训练靶场。

（三）组织工作

组织工作一般由指挥部会同学校相关处室和各教学院系共同完成，一般分工如下：

1. 学生工作处

负责组织各二级学院、系副书记、辅导员和新生班班主任；负责新生从各校区至射击场安全区之间的上、下车站点的组织、引导工作；按照学生运送批次的时间安排，协同连、排长一起组织本连队的学生按指定的站点有序上、下车并带到射击场安全区等候；射击完后随本连学生一起返校。

2. 武装部或保卫处

负责提供靶场分区和靶位设立用材料（包括石灰粉、射击靶、靶号牌、沙包、彩旗、帐篷等），并配合承训部队做好相关工作；负责安排换弹员收发弹夹；负责靶场外围安全警戒工作（承训部队根据靶场周围情况，提出警戒点设置建议）。

3. 后勤处

协同指挥部按运送学生批次安排及射击训练用车情况，做好车辆的保障工作；负责射击现场的医疗保障工作；根据指挥部的射击训练计划，做好射击场工作人员中午工作餐供应和射击后返校的师生、教官的就餐供应，中午各食堂要安排人员值班，保障射击返校师生、教官随时就餐；负责提供靶场工作人员饮用水。

4. 宣传部、实训中心

负责做好射击训练的录像、拍照、宣传工作。

（四）实弹射击训练分工

1. 军训部队

（1）按规定提供军训所需的枪支、子弹。

（2）瞄准训练用枪由学校武装部或保卫处派人当天借取，当天归还。

（3）实弹射击当天的枪支、子弹由军训部队派人运送和保管。

（4）压弹员由军训部队派人担任，并做好射击时的安全工作。

2. 承训教官

（1）负责对射击训练场进行规划，划分并标明安全区、待命区、装弹区、射击区和靶位的设立（军训指挥部派学生配合，提供分区用材料，包括石灰粉、射击靶、靶号牌、沙包等）。

（2）负责安排教官担任靶场内安全警戒员。

（3）负责安排教官担任靶位安全员（每个靶位1名安全员，共设25个靶位）。

（4）指定教官将安全区的学生编组（每组25人），分批整队有序带入待射区。

（5）指定射击发令指挥官，统一指挥在待射区的学生对号进入靶位、卧倒、射击，射击完后，整队跑步由撤离线路带出射击区。

二、实弹射击程序与注意事项

（一）实弹射击程序

1. 将安全区学生按 25 人为一组编组整队，由指定教官带入待射区；

2. 发令指挥官对待射区学生整队调整对准靶位；

3. 发令官指挥学生对号进入靶位；

4. 各靶位安全员以举手为信号报告本靶位准备就绪，（验枪、装弹夹、关保险）发令官下达“卧倒”口令；

5. 发令官下达“瞄准”“射击”口令（安全员将保险打至单发位置，同时手按住枪护木位置，防止学生因过度紧张和因枪后坐力过大导致枪口左偏或右偏或上扬）；

6. 学生射击完毕后，以举手为信号，报告 × × 靶位射击完毕。安全员卸下弹夹、验枪、关好保险（注意，不准学生提枪）；

7. 一组学生全部射击完毕，发令官下达“停止射击，起立”口令，并将学生整队跑步撤离射击区（此间，换弹员迅速跑步收发弹夹）。

（二）实弹射击注意事项

1. 参加射击训练的全体人员，必须服从现场指挥官的指挥，坚守岗位，在没有接到指挥员下达的“进入射击预备地线”命令前，不得擅自进入。

2. 射击训练过程中，各警戒点、各靶位安全员遇到非正常情况，要及时向指挥官报告，不得擅自处理。

3. 进入“射击预备地线”后，要按口令统一验枪，领取子弹，按照要求装入弹匣。

4. 听到进入“射击地线”的口令后，按规定进入射击位置，然后再按口令装弹。

5. 装弹后，应按规定关上“保险”，等候指挥员下达射击命令，再打开“保险”进行射击。

6. 射击过程中，如发现意外情况，要立即中止射击并将武器关上“保险”放置在射击位置后，及时向指挥员报告。

7. 射击中，要尽量使用手中的武器，不应借用他人武器；射击完成后，要向指挥员报告，听到“起立”的口令后再起来。

8. 使用武器前和武器使用完毕后，都要验枪。

9. 无论在什么情况下，都严禁枪口对人，或者用武器开玩笑，这一点必须引起高度重视。

思考题

1. 56 式半自动步枪主要部件有哪些？

2. 射击修正的方法有哪些？

3. 实弹射击有哪些注意事项？

第八章　战　术

教学目标：了解战斗的基本类型和基本样式，掌握战术基本原则的主要内容，学会单兵战术的基本动作要领。

第一节　战术理论

其主要内容包括：基本战术原则，兵力部署、协同动作、战斗指挥和战斗行动的方法以及各种保障的措施。按类型，分为进攻战术和防御战术；按军兵种，分为合同战术、军种战术和兵种战术；按规模，分为兵团战术、部队战术、分队战术等。在中国古代，《孙子兵法》以"用兵之法"表述战术、作战方法。在西方，"战术"一词源于希腊文"布阵的艺术"。战术是指进行战斗的方法。

一、战术学

战术学，是研究战斗规律和指导战斗实践的学科，分为合同战术学、军种战术学、兵种战术学。它随着战斗的产生而产生，随着战斗的发展而完善，已走过了几千年的历史。中国远在西周时期的《军志》《军政》等兵书就有反映作战规律的内容；春秋战国时期的《孙子兵法》提出了至今仍有指导意义的作战原则与方法，包括了初期的战术学理论。在外国，公元前 4 世纪的一些军事历史著作已开始论述战法。18 世纪后，随着科学技术的进步和武器装备的发展，以及作战规模的扩大并日趋复杂，军事家们正式把军事科学划分为战略理论和战术理论。第一次世界大战至第二次世界大战时期，合同战术学以及一些军种和兵种战术学应运而生。战术学包含了战斗的性质、类型、特点和规律，战斗的组织与实施等丰富的内容。其主要原则是知己知彼，打有把握之仗；积极消灭敌人，有效保存自己；集中优势兵力，各个歼灭敌人；争取主动，力避被动；出其不意，攻其不备；密切协同，互相支援；建立和掌握强有力的预备队；实施全面保障等。中国人民解放军的战术学，是在总结以劣势装备战胜优势装备之敌、从游击战斗发展到现代合同战斗的实践中形成和发展起来的，是以人民战争为基础的灵活机动的战术，全面地反映了在敌强我弱情况下指导战斗的规律。土地革命战争时期和抗日战争时期，以袭击为基本战术，以奔袭、伏击、急袭、破袭和袭扰为基本样式；解放战争时期，以运动战的战术为主，阵地战中的攻防战术也得到很大发展。当历史进入到 20 世纪后期，随着科学技术的飞速发展，以信息技术为代表的高技术武器装备在战斗中得到了广泛的运用，战斗反映出新的特点，战术学的内容有了新的发展。传统的战斗原则注入了新的内涵，产生了新的战斗原则，形成了新的战法，为战术学研究开拓了新领域，充实了新内容，战术学研究将朝着系统化、科学化的方向发展。

二、战斗

“战斗”一词，在中国始见于《左传·昭公二十五年》中的“喜有施舍，怒有战斗”。战斗的目的是歼灭或击溃敌人，攻占或扼守地区和目标。战斗从属于战役，但战斗又有其独立性，依据情况和需要，可独立进行。通常由准备和实施两部分组成。战斗的理论和实践属于战术范畴。战斗是敌对双方兵团、部队、分队进行的有组织的作战行动。按基本类型，分为进攻战斗和防御战斗；按空间，分为地面战斗、海上战斗、空中战斗；按参战的军兵种，分为单一兵种的战斗和诸军兵种的合同战斗。战斗与战争的历史一样悠久，其内容和形式伴随着兵器的发展而发展。冷兵器时代，主要是白刃格斗；火器出现后，火力逐渐成为决定战斗胜负的重要因素。第一次世界大战时期，军队大量装备机枪、火炮，并开始使用坦克、飞机，出现了合同战斗；第二次世界大战时期，大量坦克、飞机用于战场，使合同战斗进一步得到发展。战后，由于现代军事技术的迅速发展，导弹、核武器和新型坦克、步兵战斗车、火炮、飞机、舰艇、防空兵器以及电子、红外、激光等技术器材成为战斗双方交战的重要手段。尤其是20世纪80年代以后，随着技术武器装备的不断发展和运用，战斗将在地面、空中和前沿、纵深、后方同时展开；从远距离开始，在激烈的空中打击和电子对抗中进行；战斗的突然性、快速性、连续性增大；战斗样式和方法增多，转换迅速；杀伤破坏性强，战场上部队的生存力受到严重的威胁，消耗增加；情况变化快，指挥协同复杂，保障任务艰巨等。严密组织对核、化学、生物武器袭击的防护和电子对抗，以及与精确制导武器作斗争等，已成为现代合同战斗的重要内容。

三、战术

战术随着战斗的出现而产生，随着军事技术的进步和战斗实践的发展而发展，由古代的徒兵方阵，逐渐演变为诸军兵种合同战术。冷兵器时代，敌对双方列成方阵以白刃格斗进行对抗。火器时代，产生了火力杀伤与冲击相结合的线式战术、纵队战术、散兵线战术等。第一次世界大战时期，随着坦克、飞机的出现，产生了合同战术。第二次世界大战时期，军种战术、兵种战术和合同战术得到了全面的发展。战后，战术核武器、导弹、直升机与其他常规武器的大量发展，部队的机械化、装甲化，又使合同战术进入了高速度、大纵深、立体化的新阶段。航天、电子、激光、夜视器材等各种武器装备的迅速发展，使现代战术的发展变革大大加快。中国人民解放军在长期的革命战争中，进行了数以万计的战斗，逐步形成了一整套以人民战争为基础、以劣势装备战胜优势装备之敌的灵活机动的战术。

现代合同战术指诸军兵种协同进行战斗的方法。其基本原则主要有：目的明确，知己知彼，集中兵力，主动灵活，出敌不意，密切协同，全面保障等。

科学技术的进步和武器装备的发展，将对战术的发展产生重大影响，原有的基本原则将不断充实新的内容，还将形成一些新的原则。

第二节　战斗类型和战斗样式

战斗类型，是按照战斗性质所做的分类。目前我军高技术条件下战斗的基本类型分为两类：进攻战斗、防御战斗。

战斗样式，是指战斗的式样和形式，是在战斗类型基础上所做的进一步分类。基本上分为：进攻战斗样式、防御战斗样式。

一、进攻战斗

进攻战斗是指主动攻击敌人的战斗，是战斗的基本类型之一，目的是歼灭敌人，攻占重要地区或目标，分为对防御之敌的进攻战斗、对驻止之敌的进攻战斗和对运动之敌的进攻战斗。其中，对防御之敌的进攻战斗，有对野战阵地防御之敌的进攻战斗、对仓促防御之敌的进攻战斗、对坚固阵地防御之敌的进攻战斗；对驻止之敌的进攻战斗，有袭击战斗、破袭战斗；对运动之敌的进攻战斗，有伏击战斗、遭遇战斗、追击战斗。根据地形、天候等条件，还有登陆战斗、渡江河进攻战斗、城市进攻战斗、山地进攻战斗、荒漠草原地进攻战斗、水网稻田地进攻战斗、热带山岳丛林地进攻战斗、高寒地进攻战斗以及夜间进攻战斗等。进攻战斗随着武器装备的变革和战术的发展而发展，经过了古代徒兵的进攻战斗到现代的合同进攻战斗的发展过程。最初的进攻战斗是以徒兵用冷兵器格斗。公元前 11 世纪，车战成为进攻战斗的主要样式。公元前 6 世纪后，进攻战斗通常由步兵、骑兵、车兵配合进行，出现了迂回包围、穿插分割、袭击、伏击、钳制等战法。火器用于作战后，进攻战斗中开始注重发挥火器的威力。第一次世界大战时期，出现了诸兵种合同进攻战斗。第二次世界大战时期，进攻战斗逐渐立体化，进攻的正面、纵深加大，火力、机动、突击结合紧密。战后，进攻战斗强调实施高速度、大纵深的连续突击。现代条件下的进攻战斗，将在使用核、化学、生物武器或在其威胁下进行，正面和纵深将进一步扩展，进攻速度提高，并将在地面和空中，前沿和纵深，有时还可包括海上（水下）、空中同时展开，突然性和速决性增强，电子斗争更趋尖锐激烈，兵力、兵器将更趋疏散，机动将更为广泛。

进攻战斗的优势：进攻者掌握行动的主动权；进攻者可以形成兵力兵器对比的优势；进攻者可以预先做好战斗准备；进攻者可以达到战斗的突然性，可以在敌人意想不到的时间、地点，捕捉或创造战机，采取敌人意想不到的战法，给敌人出其不意的攻击；有利于提供进攻者的士气。

进攻战斗的任务：突破敌人的阵地，消灭防御之敌，夺取重要地域或目标；攻歼驻止、运动之地；破袭敌人的交通运输线或重要目标；夺占敌纵深要点，割裂敌部署，断退敌路，阻止增援，配合主力围歼敌人。

二、防御战斗

防御战斗，是抗击敌人进攻的战斗，是战斗基本类型之一，目的是大量杀伤、消耗敌人，扼守阵地，争取时间，为转入进攻或反攻创造条件。按目的、任务，分为阵地防御战斗（包括野战阵地防御战斗、坚固阵地防御战斗）和运动防御战斗；按准备时间，分为有准备的防御战斗和仓促防御战斗；按地形、天候等条件，分为山地防御战斗、荒漠草原地防御战斗、热带山岳丛林地防御战斗、高寒地防御战斗、城市防御战斗、海岸防御战斗、岛屿防御战斗、江河防御战斗和水网稻田地防御战斗以及夜间防御战斗等。冷兵器时代，防御战斗多在城邑、要塞进行。19 世纪后，随着线膛火器的出现和火炮射程的增大，野战阵地防御战斗的地位提高。第一次世界大战时期，防御战斗发展为诸兵种协同实施的合同战斗，防御体系逐渐完善。第二次世界大战时期，防御战斗的合同程度进一步提高，纵深增大，工事构筑更加完善，障碍物种类增多、密度增大，并加强了防坦克障碍物的设置，出现了防坦克支撑点；打坦克火力和防空火力成为火力配系的重要内容，形成了炮兵火力为骨干、以防坦克为主的火力配系。战后，防御战斗加大了掩护地带的纵深，更强调以广泛的机动挫败敌人的进攻，反坦克成为防御战斗的主要内容，并注重对核、化学、生物武器袭击的防护，反空降成为防御战斗的重要组成部分。现代条件下的防御战斗，防御纵深将进一步扩大；机动在防御战斗中的作用不断提高，样式更加灵活多样；火力突击的连续性将增强，打击手段越来越多，将从不同高度、不同距离和不同方向对进攻之敌实施全纵深打击。

防御战斗的优势：防御者能够依托有力的地形和阵地条件进行战斗；防御者能够实施有效的伪装；防御者能够以逸待劳；防御者便于实施兵力兵器机动。

防御战斗的任务：保卫重要地域或目标；迟滞、消耗、钳制、吸引敌人，创造歼敌的有力战机或掩护主力进攻；阻敌增援、突围或退却；巩固占领的地区，抗击敌人反冲击或保障主力侧翼安全；掩护主力集中、机动或休整。

三、特殊地形的战斗

特殊地形条件下的战斗，是在山地、沙漠戈壁草原、热带山岳丛林、海拔高而寒冷、江河、水网稻田等地区所进行的战斗的总称，包括山地战斗、荒漠草原地战斗、热带山岳丛林地战斗、高寒地战斗、江河和水网稻田地战斗等样式。公元前204年，汉军巧借潍水歼灭楚齐联军的潍水之战，是较早的江河战斗。公元228年，三国时期的街亭之战以及三国后期的魏灭蜀的战斗，都是较早的山地战斗。公元635年，唐将领李靖为保障边境的安全，在青海湖附近及以西地区歼灭吐谷浑的战斗，属于高寒地战斗。1877年，清军将领左宗棠率军收复新疆的战斗，属于荒漠草原地战斗。1885年，冯子材率清军在镇南关大败法军的战斗，属于热带山岳丛林地战斗。中国人民解放军进行过多次特殊地形条件下的战斗，如1962年的中印边境自卫反击作战中，许多战斗就属于典型的高寒地战斗；1979年的中越边境自卫还击作战中的战斗，都属热带山岳丛林地进行的战斗。1973年的第四次中东战争中，埃及军队在沙丘中隐蔽设伏，全歼以色列王牌一九〇坦克旅的战斗，是一次现代条件下的荒漠草原地战斗。

特殊地形及气象条件，对战斗具有重大的影响。如山地和江河，易守难攻，部队机动受限，指挥、协同和保障困难；荒漠草原地易攻难守，便于部队机动，便于指挥、协同，但不便隐蔽和防护，给水等保障困难；高寒地，人员体力消耗大，武器、车辆等效能降低，机动、指挥、协同不便，各种保障困难；热带山岳丛林地，便于部队实施穿插分割、迂回包围，利于隐蔽行动和达成进攻的突然性，便于部队凭险扼守和进行伏击和袭击，但指挥、协同不便，运输和补给困难；水网稻田地，利于部队凭借江河、湖泊、居民地等组织防御，但不便指挥、协同，部队机动受限。

现代条件下，随着军队机动力、突击力和火力的增强，特别是高技术武器装备的广泛使用，特殊地形条件下战斗的突然性、纵深性、立体性和速决性将进一步增强，但各种保障更加复杂，要求也更高。

第三节　战术基本原则

战术基本原则，是组织与实施战斗的根本法则，是一切战斗行动的基本依据和指南。同时，战术基本原则又随着武器装备、作战对象、战场环境的变化而不断发展，因而又具有时代特征。在新的历史时期，我军着眼于高技术条件下战斗的特点，在合理继承传统战斗原则的基础上，从不同层次提出并确立了相应的战术基本原则，为在高技术条件下进行战斗任务指明了行动的方向。

一、知彼知己与战斗目的

（一）知彼知己

知彼知己，就是熟悉敌情我情和战场环境等多方面的情况，通过周密细致的综合分析和判断，找出优劣，权衡利弊，并在此基础上审时度势，实施正确灵活的指挥，找出克敌制胜的方法。

“知彼”，就是全面掌握敌人的情况，对敌情了如指掌，这是掌握主动权和实施正确指挥的前提。“知己”，则是要掌握己方的各种情况，这对实施正确指挥同样十分重要。因此，指挥员必须精通有关军兵种的各种高技术武器装备的特长、性能和使用原则，了解上级和友邻可能对本级战斗的支援和配合情况。在此基础上，定下正确的决心，实施及时、正确的指挥，夺取战斗的胜利。军队指挥员在贯彻运用这一原则时，必须着重把握以下问题。

1. 正确把握情报需求的重点和情报获取的方法

在掌握全面情况难度大的条件下，指挥员应围绕定下决心的需要，重点判明敌人的兵力、部署、企图及强弱点，我上级意图、本分队的任务、配属与支援分队的战斗力及运用要求，便于我利用的有利地形和时机等。在此基础上，如情况允许，再进一步了解和掌握其他情况。为了切实达成判明情况的目的，必须灵活运用多种方法与手段。对我情，主要应通过现场调查、观察、询问等进行了解，并综合运用无线电、有线电、运动通信、简易通信、自动化指挥等手段传递信息，做到“明于知己”。对敌情，主要应通过组织侦察与观察、研究上级敌情通报、询问居民、审讯俘虏、研究缴获的敌军文件资料，以及必要时组织火力侦察，在战斗中边打边侦察等方法，做到“暗于知彼”。对地形及其有关的情况，主要应通过现地勘查、研究地图和航空照片、调查询问、查阅有关资料等方法，做到“知天知地”。同时，应将判明情况贯穿于战斗全过程，以便及时掌握战场情况的发展变化，预测战斗发展趋势。此外，无论对敌情、我情还是其他情况，都必须尽量通过多种渠道加以多方验证，认真核实，以确保情况真实、具体。

2. 科学判断求真情

一般地讲，指挥员通过侦察获取的情报，尤其是敌情，多是表象性情况，往往是明暗相交，真伪并存。因此，还须对这些情报资料进行整理、加工和分析判断。即进行去粗存精、去伪存真、由此及彼、由外及里的思索和判断，找出其中带规律性的实质内容，并将各方面的情况联系起来进行综合分析和判断，引出正确的结论。分析判断应力求定性分析与定量分析相结合，以确保情况判断的准确性。高技术条件下的战斗，战场情况复杂多变，更加具有

“突然性”，在要求判明情况贯穿于战斗始终的同时，也必然要求将分析判断贯穿于战斗全过程。为此，在战斗中要依据发展变化的情况，构成新的判断，及时修正既定决心或定下新的决心，以便使战斗行动始终建立在符合客观实际的基础上。

3. 依据真情求对策

作为一个完整的指挥决策过程，求真情不是目的，而是要在对战斗各方面的情况全面准确掌握的基础上，寻求制胜敌人的有效对策。这里的关键问题是因势利导，正确指挥战斗，使战斗朝着利于已而不利于敌的方向发展。当战场态势利于我而不利于敌时，应更多地着眼如何进一步发挥己方优势制定对策，以便不断发展我之胜利，陷敌于更为被动的境地；当战场态势利于敌而不利于我时，应更多地着眼于如何暴露敌之弱点或造成敌之失误制定对策，以便我在被动中争取主动，逐步改变不利地位。战场态势在一定条件下是互相转化的，指挥员在制定对策时，应从最困难、最复杂的情况出发，针对可能发生的意外情况制定多个应急方案，以便遇事快速反应，处置及时。

（二）战斗目的

战斗目的，是一切战斗行动的着眼点，也是贯彻战斗始终的指导原则，战斗一定要目的明确。消灭敌人，保存自己，是一切战斗的基本目的，也是一切战斗行动的着眼点和出发点。它普及于所有的战斗样式，贯彻于战斗的始终。

随着各种高技术兵器的使用，虽然消灭敌人的效能不断增大，保存自己也随之增加了困难，但这并未改变战斗的本质，消灭敌人，保存自己，仍是我们在战斗中应当贯彻的指导原则。军队指挥员在贯彻运用这一原则时，必须着重把握以下问题。

1. 消灭敌人与保存自己

消灭敌人与保存自己，是辩证统一的关系，两者是相辅相成的。消灭敌人是主要的，是第一位的，只有大量消灭敌人，才能有效保存自己；保存自己是第二位的，只有有效地保存自己，才有可能不断地消灭敌人，二者互为作用，相互依存。但在一定时期和一定的条件下，也可以保存自己为主，以夺取和保卫重要的目标和地域为主要目的。

2. 消灭敌人应坚持以打击敌关节点为主

高技术武器装备的系统性，必将导致敌人战斗部署的系统性和整体性。针对敌整个战斗系统，着眼于对其关节点的打击与破坏，往往可以起到毁其一“点”而瘫痪其整个系统的作用。这与逐次歼敌、积小胜为大胜的传统方法相比，可以小的代价获取大的战斗效益。因此，只要条件具备，军队就应力求将敌战斗体系中的关节点作为首选目标，实施重点打击。这类关节点，主要是指对敌战斗体系起联结、控制，或对敌战斗全局起平衡、凝聚作用的关键目标（部位），如敌高技术兵器、通信设施、指挥所、战斗勤务支援设施，以及在主要方向、关键时节行动的兵力等。

3. 切实加强自身防护

主要方法有加强伪装，充分利用阵地、工事、有利地形、黑夜及不良天候，切实隐蔽企图，以“藏”求防护；利用有利良机，灵活实施兵力、兵器机动，适时集中与分散，造成敌发现和攻击的困难，以“动”求防护；积极采取佯动、迷盲、反常用兵等手段，迷惑、欺骗敌人，使其难以准确掌握我行动规律，以“骗”求防护。此外，还应打、防结合，特别是注重充分利用上级火力掩护和电子干扰的效果，快速实施分队既定的战斗行动。这既是消灭敌人的需要，也是保存自己的需要。在切实搞好人员、武器装备防护的同时，还应注重隐蔽使用指挥通信手段，特别是搞好电磁频谱的隐蔽与防护，以降低这类“无形”因素的暴露概率，这也是力求保存自己的一个重要方面。

二、主动灵活与集中兵力

（一）主动灵活

主动灵活，把握战机，是夺取和保持主动权的重要方法。战争实践证明，主动权是军队的行动自由权，而行动自由则是军队的命脉。主动灵活是指挥员基于对情况的正确判断，审时度势，灵活地使用力量，巧妙地运用和变换战斗方法。这样才能牢牢掌握主动权，把握瞬息万变的战机，置敌于不利地位。军队指挥员在贯彻运用这一原则时，必须着重把握以下问题：

1. 正确选择兵力、火力机动的方式、方法和时机

可利用上级压制与杀伤敌人的效果及时机动，也可相互交替掩护机动，并迅速、隐蔽地突然行动，周密组织各种保障，使兵力机动与火力机动紧密结合。

2. 主动灵活地实施包围、迂回、穿插、分割

恰当变换集中火力打击目标，使火力、运动和突击浑然一体，迅速、隐蔽、突然地对敌方弱部位实施坚决的打击，夺取和控制主动权。

（二）集中兵力

集中兵力，是我军以劣势装备战胜优势装备敌人的传统战法，是克敌制胜的根本法则。古今中外的军事家都十分强调集中兵力，并将其作为最重要的作战原则之一，指导自己的部队行动。集中兵力主要是为了重点打击，两者是辩证统一的关系。“集中兵力”是作战的原则和手段，“重点打击”则是目的和方法。高技术条件下战斗的胜负同样取决于敌对双方整体力量的强弱，集中优势兵力，以对敌形成局部优势. 有利于夺取主动地位，破坏其整体平衡，使敌整体陷于被动地位。军队指挥员在贯彻运用这一原则时，必须着重把握以下问题。

1. 正确把握“集中”的内容

在集中兵力和火力的同时，注重集中电子对抗、信息对抗等力量，确保战斗力诸要素的质量优势，并要充分利用天时、地利等综合因素，通过战术与技术、物质力量与精神因素的有机结合，形成整体战斗威力，在局部上改变敌我力量对比，为争取主动奠定可靠的物质基础。

2. 正确把握集中的方式与方法

以空间上的集中为主，为空间与时间上的集中相结合。一是在决定性的时间和空间，突然、快速、短暂地在局部集中优势战斗力制敌，得手后迅速分散隐蔽，或转歼他敌。二是要集中战斗力于一个主要方向，并在该方向使用战斗力较强的分队，给其以较多的加强，赋予较窄的战斗正面和较浅的任务纵深，以形成对冲击目标兵力和火力的优势，或有效抗击敌人主要冲击所必需的兵力、火力密度。即使分队在战斗正面上已形成较大的兵力、火力优势，也须明确区分主要目标和次要目标，或一个目标的主要部分和次要部分以及对目标实施打击的先后顺序，并恰当分配兵力、火力。三是战斗中要根据敌情变化，适时进行集中点的转移，做到敌变我变，先变于敌。为此，应掌握必要的机动力量，并配置在适当的位置，以便需要时快速用于新的集中点，形成新的重点。

3. 采取有效措施破坏敌人的集中

严密监视和发现敌实施集中的征候，以多种手段实施积极打击，限制敌集中行动，粉碎敌集中企图。为免遭敌集中火力对我造成伤害，要灵活地实施兵力、兵器机动，以避开或防敌火力的集中突击；要积极采取兵力佯动、电子欺骗等措施，吸引调动敌人，诱敌分散兵力、火力；要适时请求上级对敌实施空地火力突击和电磁打击；掩护和支援我集中行动，以利于各个歼灭敌人。

三、密切协同与出敌不意

(一)密切协同

战争经验表明，作战的胜负不仅取决于敌对双方力量的对比，而且取决于双方力量的使用和整体功能的综合发挥。因此，充分发挥参战的各军兵种和部、分队的协同战斗的整体威力，以整个战斗系统的合力打击敌人，对夺取战斗的胜利具有重要的意义。高技术条件下的合同战斗，参加战斗的军兵种越来越多，武器装备越来越复杂，要形成强大的整体威力，指挥员必须将建制的、配备的以及支援的各种力量合理编组，使之形成真正的合力。同时，参加战斗各分队，应充分发挥各自的积极性和主动性，既要善于根据上级的战斗意图，独立自主地完成任务，又要积极主动地配合和支援友邻战斗，这对于保持不间断协同动作，夺取战斗的胜利更具有特殊的意义。军队指挥员在贯彻运用这一原则时，必须着重把握以下问题。

1. 强化整体意识

整体意识，就是严守协同纪律和注重充分发挥参战的各个兵种、各种力量的效能，形成整体威力，合力打击的意识。这里需要特别强调的是，必须善于根据战斗的具体情况，灵活运用协同原则。在处理步兵与其他兵种的关系问题上，既要坚持以步兵为主，又要积极主动帮助配属和支援的其他兵种分队解决困难，为其提供完成任务的有利条件，以自身的行动支援、配合和保障其他兵种战斗。

2. 实施统一指挥

指挥员要根据上级指示(计划)和自己的决心，周密组织协同动作，并要确立统一的战术思想和协同原则，奠定合力破敌的认识基础和行动准则。要坚持集中指挥与分散指挥相结合，特别是对主要方向、关键时节、重要行动要实施集中统一指挥和协调，并要发挥好分散指挥的效能，确保从整体到局部的协调一致。在必要时应根据上级的指示建立统－的指挥协调机构，从组织上提供协调一致的条件。

3. 坚持全程协调

周密组织协同动作，不仅是组织战斗阶段的工作，而且是贯穿于战斗全过程的指挥活动。特别是战斗中协同失调或遭到破坏时，指挥员应采取有效措施，及时调整和恢复协同，或根据新的情况建立新的协同。各分队应当充分发挥积极性和主动性，在统一意图上独立自主地完成预定任务，并主动配合，相互支援，以确保协调一致的行动贯彻战斗始终。

(二)出敌不意

出敌不意，就是在敌人意想不到的时间、地点，运用敌人意想不到的战法和手段给敌以意想不到的打击。这是夺取和保持主动权的重要方法，是积极创造和捕捉战机，夺取战斗胜利的重要条件。高技术条件下的战斗，敌人装备有先进的侦察、监视器材，获取情报的手段多样化，给我军隐蔽突然地行动，出敌不意地打击增加了困难。但是也要看到，无论怎样先进的侦察器材，其性能都是有限的，只要通过我们主观积极努力，给敌人造成错觉，达成出敌不意是完全有可能的。

指挥员要善于机动行事，在抓住敌人的弱点和失误时，要及时指挥分队实施快速机动，先敌反应，打敌措手不及。在情况急剧变化又与上级中断联系的情况下，应根据上级总的意图和战斗的实际情况，机断行事，大胆负责，果断地采取适合于当时情况的措施，克敌制胜。当处于被动地位时，应及时采取有效措施，迅速机动兵力和火力，摆脱被动，恢复主动。军队指挥员在贯彻运用这一原则时，必须着重把握以下问题。

1. 掌握敌人规律，发现和利用敌之弱点

在平时加强敌军研究的基础上，结合战场情况和战斗实践，不断总结敌人的行动规律，利用分队直接靠近敌人的有利条件，综合运用多种侦察手段，掌握敌情的第一手资料，并结合上级通报的情况，综合分析判断，发现敌人的弱点，利用敌人的失误，果断采取相应的战斗行动。多种方法手段并用，造成敌之错觉和失误。要充分利用分队装备轻便、机动灵活、目标较小、行动便捷的优势，采取巧用计谋、广施机动等方法和手段，积极主动地调动敌人，造成敌人的错觉与失误。虽然高技术条件给这些手段的运用造成了一定的困难，但只要用心，且不循常规，善择战机，总是可以奏效的。

2. 切实隐蔽行动企图，突然勇猛攻击

高技术条件下，虽然战场透明度提高，但是远未达到“疏而不漏”的境地。因此，分队应训练和养成勇猛、迅速、严守纪律的作风，熟练战术技术，提高战斗能力。在进入战斗前，一切行动必须力求迅速、隐蔽，队形必须尽量疏散，以降低敌各种侦察手段的发现率，减少敌各种兵器的杀伤率，最大限度地保存战斗力和保持行动的突然性。在进入战斗时，必须在需要的时间点，突然集中兵力和火力猛烈打击敌人，力求在敌人作出有效反应之前速战速决，达到目的后，再次迅速隐蔽疏散。

3. 严密防范，防敌突然袭击

出其不意，攻其不备，是战胜对手的通则，尽可能择机而用之。为此，战斗中指挥员必须以敏锐的洞察力和巧妙的手段，对敌人可能实施的兵力、火力袭击，保持高度警惕，做好充分准备，组织分队严密防范，并适时采取积极有效的战斗行动，挫败敌人的袭击。

四、勇猛顽强与近战夜战

(一)勇猛顽强

勇猛顽强，士气高昂，是形成和发挥战斗力的重要因素，是我军战胜敌人的根本优势之一。战争是暴力的激烈对抗和角逐，其残酷性决定了军队勇猛顽强的战斗精神和高昂的士气，是取得战斗胜利的重要条件。

1. 勇猛顽强是夺取战斗胜利的重要因素

高技术条件下，战斗激烈、残酷，人员精神压力和体力消耗明显增大。尤其是战斗分队，与敌短兵相接，长时间处于敌密集火力的直接威胁下，战斗环境险恶，因而更需要发扬勇敢顽强的战斗精神。为此，要充分发挥党、团组织和干部的骨干作用，加强思想政治工作，对分队进行爱国主义、革命英雄主义、无产阶级战争观和优良战斗作风教育，树立不怕艰难困苦、不怕流血牺牲的精神；要提高官兵的政治思想觉悟和战术技术水平，培养严守纪律、令行禁止和主动协同、勇猛顽强的战斗作风。

2. 高昂士气是夺取胜利的保障

战争实践无不证明，在必要的物质力量的基础上，始终保持高昂、旺盛的士气，能在很大程度上弥补武器装备和其他方面的不足，才有可能经受艰难困苦，乃至生死存亡的严峻考验，从而努力去克服一切困难，寻求克敌制胜的方法，并把战斗引向胜利；没有勇猛顽强的战斗精神和高昂的士气，即使拥有先进的武器装备，也难以充分发挥其作用和赢得战斗的胜利。战斗中，全体指战员要敢于面对强敌和艰巨任务，积极求战；善于打硬仗，打恶仗；冲锋在前，退却在后；前赴后继，勇往直前；重伤不哭，轻伤不下火线；连续作战，独立战斗。各级指挥员要发挥模范带头作用，特别是在态势对我极为不利的情况下，在保证对部队指挥与控制的基础上，要将身先士卒、勇敢顽强与智慧谋略相结合，积极带领部队坚决完成战斗任务。

（二）近战夜战

近战和夜战是我军的传统战法。在历次革命战争中，我军发扬近战和夜战的传统，取得了重大胜利。未来高技术条件下的局部战争中，近战和夜战仍将是我军的重要战法。近战、夜战效益，取决于人的觉悟和勇敢精神。

1. 近战

近战，是敌对双方在直射武器有效射程内的作战，是歼灭敌人的一种有效战法。它能充分发挥人的勇敢精神和近战兵器的威力，减少或避免敌远战火力的杀伤。冷兵器时代，近战主要以刀、枪、剑、戟等进行白刃格斗和战船撞击等。火器出现以后，近战则先由远距离火力战开始，而后以冲击和白刃格斗来决定胜负。19 世纪末，随着速射武器的出现和发展，近战主要以火炮、机枪、步枪的抵近射击和以手榴弹为主来杀伤敌人。第二次世界大战期间，以坦克或坦克引导步兵冲击成为近战的主要内容，并出现了飞机冲撞战术。苏联飞行员在卫国战争中对德军飞机进行过六百多次冲撞攻击。现代条件下，近战通常由步兵、炮兵、坦克兵、攻击直升机协同实施，增强了近战的合同性。近战具有短兵相接、行动迅速、紧张激烈、在短时间内解决战斗等特点，多发生在向敌冲击、歼灭防御工事中的残敌，以及抗击敌人冲击、实施阵前出击和反冲击、坚守工事等场合。第四次中东战争中，双方 1800 辆坦克进行了会战，出现了坦克冲撞的近战。

2. 夜战

夜战，是夜间进行的作战。它能有效地隐蔽行动企图，减少伤亡，出敌不意，近战歼敌，是消灭敌人的有效战法。冷兵器时代，军队常在夜幕的掩护下，实施偷袭，摸营劫寨。《孙子兵法》中提出了“夜战”方法。公元前 478 年，中国吴越笠泽之战，越军主力乘夜暗，出其不意地偷袭吴军，大获全胜。火器时代，线膛枪和速射武器运用于战场，夜战以偷袭和强攻相结合的方法近战歼敌。第二次世界大战时期，夜战中开始大量使用坦克、飞机和火炮，规模不断扩大。战后先进的夜视器材极大地增加了夜间的“透明度”，夜战更为广泛。现代条件下，夜战更依赖先进的夜视器和电子侦察器材，昼夜作战的差距日趋缩小，与敌夜视、电子侦察器材的斗争将更趋尖锐复杂。夜战具有武器射击效果降低、观察和指挥受限、协同复杂、保障困难，但易达成战斗突然性、出奇制胜、近战歼敌的特点。

五、强攻袭击与全面保障

（一）强攻袭击

强攻，是集中兵力、火力对防御之敌实施的强行攻击，主要用于对坚固阵地防御、野战阵地防御之敌的进攻和城市进攻作战。袭击指乘敌不意或不备突然实施攻击的作战，目的是打敌措手不及，快速歼敌，以小的代价换取大的胜利。

1. 强攻

在中国古代，强攻多为对城池防御之敌的强行攻击。战国时期，主要使用抛车、壕桥、云梯等，强行突入城内进行白刃格斗。宋代的宋金、宋蒙战争中，开始出现霹雳炮等火器，配合步兵、骑兵强攻夺取城寨。太平天国创造了对壕作业的“穴地攻城”战法，用以夺取城市。19 世纪初，西方一些国家的军队，采取编组强攻纵队，在炮兵、骑兵的火力掩护下，强攻敌堡垒和要塞。第一次世界大战时期，强攻部队多为诸兵种合成编组。第二次世界大战时期，强调充分发挥航空兵、坦克兵和炮兵的作用，火力、机动、突击紧密结合，实施连续纵深突破，有时还有战术空降配合。现代高技术条件下，强攻时将更加注重火力、机动与突击紧密结合，力求空中火力突击与地面强攻和空降突击紧密结合。

2. 袭击

按敌人态势，袭击分为对驻止之敌的袭击战和对运动之敌袭击战。其主要样式包括伏击、急袭、奔袭、破袭和袭扰等。中国春秋战国时期，燕军抗击郑军的北制之战和郑抗北戎之战，是较早的袭击战。汉代，出现了运用骑兵集团进行大规模机动作战的远程奔袭。火器广泛使用后，出现了火力袭击战。20 世纪以来，随着新式武器的出现，诸兵种协同袭击战和从空中、海上实施的袭击及火力袭击，被广泛采用。现代条件下，袭击战的空间范围不断扩大，手段增多，火力袭击战的地位将提高，空降袭击战、空中机动奔袭战和电子袭击战将被广泛采用。

（二）全面保障

全面保障包括战斗保障、后勤保障和装备保障。战斗保障，通常包括侦察、警戒、通信、电子防御、工程、伪装、气象、水文以及对核、化学、生物、燃烧武器袭击的防护等。

后勤保障，主要包括经费保障、物资保障、卫生保障和交通运输保障等。

装备保障，主要包括对武器装备及其零部件的供应、保养、检查、维修、改装等。

有重点地组织战斗保障、后勤保障和装备保障，是顺利实施和夺取战斗胜利的重要保证。高技术条件下的战斗，战场空间扩大，武器杀伤破坏力增强，物资器材消耗巨大，各种保障任务艰巨。因此，严密组织好各种保障，才能保障部队有持续的战斗能力。军队指挥员在贯彻运用这一原则时，必须着重把握以下问题：

1. 强化战斗效能意识

首先是强化各类战斗行动及其相关行动的整体效益意识。基本行动和保障行动有机结合，围绕战斗目的的达成，密切配合，协调一致地展开。其次是强化战斗的效费比意识，科学合理地确定武器弹药、油料及其他战斗物资的消耗限额，尽可能地减少和防止因人为因素而造成的无谓消耗和浪费，以获取最佳战斗效益。再次是强化严格管理出效益、出战斗力的意识，严格战场纪律，以保持战斗行动的有序性，保证战斗力的效能充分发挥，使军队始终立于不败之地。

2. 战斗力与保障力组合

受编制装备制约，部队专业保障力量和能力有限，因而应注意了解上级提供的各种保障的内容、方法和程度，以保证与上级保障相沟通，获得及时保障。在此基础上，着眼战斗任务的需要，对部队自身实行战斗力要素的优化组合，让各种战斗编组既具备相应的攻防战斗能力，又具备一定的自我保障能力，以便战斗中一旦出现意外情况时，部队能够以自身的力量实施应急保障。此外，部队上级还应采取相应方法，及时为下级提供有效保障。

3. 把握保障和管理重点

要着眼分队的任务和地位，以及不同战斗类型、样式和时节，分别确定不同的保障和管理重点；进攻战斗发起前，应重点做好与隐蔽、伪装和战斗难备有关的各项保障和管理；战斗发起后，应重点做好与机动、通信、兵器使用和与人员伤亡相关的各项保障；防御战斗发起前，应重点做好与反侦察相关的保障、工程保障、阵地管理和对敌火力击的防护；战斗过程中，应重点搞好弹药、给养等物资的补充，加强技术保障，及时救护伤员。为及时恢复和保持战斗力，必须善于利用战斗间隙和其他一切可以利用的时间，及时调整组织，补充给养和兵员，抢救伤员、组织休息，以恢复和保持部队的战斗力，保证连续执行战斗任务。情况允许时还应当总结战斗经验，改进战术技术，以利再战。

第四节　单兵战术动作

单兵通常在班(组)内行动，主要任务是以手中武器消灭敌步兵。在战斗中，单兵必须发扬优良的战斗作风，巧妙地利用地形，以灵活机动的战斗动作，坚决完成战斗任务。

一、持枪

持枪是士兵在战斗中为了运动、观察、便于射击，携带武器的方法。在不同的地形和距离条件下，根据敌情和任务应采用不同的持枪动作。其内容包括：单手持枪、单手擎枪、双手持枪、双手擎枪。

(一)单手

1. 单手持枪

通常在肩枪的基础上进行，听到持枪的口令后，右手迅速握提把，背带自然下落。右臂微屈，右手虎口向前抓握提把，背带顺肩自然下落，用五指的握力将枪身固定，枪身轴线与地面略成45 度，枪身距身体约10 厘米。左臂自然下垂，运动时自然摆动。

要领：单手持枪时，右手抓握提把的位置和枪身轴线与地面成45 度。

单手持枪分为三步：一是右手迅速移握上提把，背带自然脱落；二是右手将枪向前送出、左手接握下护盖或小握把、右手将背带上挑；三是右手抓握提把将枪收回。左手迅速放下。

2. 单手擎枪

右手正握握把，食指微接扳击，将枪置于身体的右侧，枪口向上，提把末端贴于肩窝，枪身微向前倾，枪面向后，右大臂里合，枪托贴于右肋，背带自然下垂，目视前方，左手自然下垂或攀扶，运动时自然摆动。

要领：单手擎枪时，左手向右后上推枪的路线和右小臂自然上移。

单手擎枪分为两步：一是两手协力将枪向上向后送；二是左手迅速放下。

(二)双手

1. 双手持枪

左手托握下护盖或小握把，右手握握把，食指微接扳击，将枪身置于胸前，枪口向前，枪身略成水平，背带自然下垂或挂在后颈上。

要领：双手持枪时，枪的运动路线和左手接握下护盖或小握把的位置。

双手持枪分为两步：一是右手将枪向前送出，左手接握下护盖或小握把；二是右手移握大握把。

2. 双手擎枪

在单手擎枪基础上，左手托握下护盖或小握把，枪身略低，枪口对向前上方，背带自然下垂或压于左手下，身体射向略成30度。

要领：双手擎枪时，左手托握下护盖和小握把使枪身略低、身体与射向成30度。

双手擎枪分为两步：这两步通常是连贯进行，一是身体半面向右转；二是左手托握下护盖或小握把。

(三)注意事项

重点掌握单手持枪和双手持枪的动作，动作迅速、协调、连贯。

1. 单手持枪时，枪身不正。纠正方法：首先是在肩枪换持枪时，右手自然握提把，不要有意识的向后抓握；其次是将枪收回时，手腕稍微向左转。

2. 单手持枪换双手持枪时，动作不连贯，出枪不稳。纠正方法：一是右手出枪的同时跨左步，二是左手接握护盖动作要快，左大臂夹紧，右大臂里合。

3. 双手持枪换单手擎枪时，枪下沉，枪身不能微向前倾。纠正方法：左大臂自然里合将枪向右后上托枪至略感不适为止，右大臂夹紧，小臂随枪身的运动自然上移。

4. 单手擎枪换双手擎枪时，动作不连贯，枪身不能略低。纠正方法：首先是转体、跨步、抓握下护盖或小握把要同时进行；其次是在左手抓握下护盖或小握把时，左大臂要自然下垂夹紧，同时枪身下落，右小臂随枪身运动。

二、卧倒、起立

卧倒是在原地或跃进过程中，有情况出现时所采取的一种动作。起立是在卧倒的基础上需跃起时所采取的一种动作。在战场上，士兵如突遭敌火力射击，应迅速卧倒。卧倒可分为三种基本动作：双手持枪卧倒、单手持枪卧倒和徒手卧倒。

(一)卧倒

1. 双手持枪卧倒

双手持枪卧倒时，左脚向前一步，上体前倾，重心前移，按左膝、左肘、左小臂的顺序着地，然后转体，在全身伏地的同时，两手协力将枪向目标方向送出(图8－1)。地面松软时也可按双膝、双肘、腹部的顺序扑地卧倒。

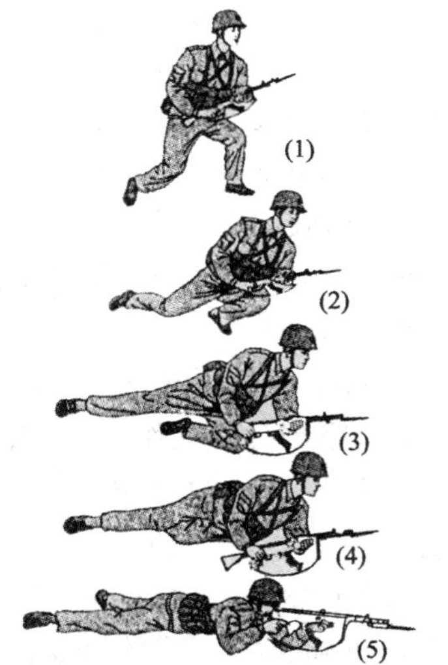

图8－1 双手持枪卧倒

要领：左脚上步体前曲，左膝着地左肘移，全身伏地把枪向目标方向送出。

2. 单手持枪卧倒

单手持枪卧倒时，左脚(也可右脚)向前迈出一大步，同时身体前倾，按膝、手、肘的顺序着地，右手同时将枪向目标方向送出，左手接握下护盖或小握把，全身伏地据枪射击。

要领：持枪上左步，同时臂伸出，膝、手、肘着地，转体把枪出。

3. 徒手卧倒

徒手卧倒时的动作与单手持枪卧倒动作基本相同，只是卧倒后，两手掌心向下放置于头部的两侧或交叉于胸前，两腿自然伸直，分开约与肩同宽。

(二)起立

1. 双手持枪起立

双手持枪起立时，应首先观察前方情况，尔后迅速收腹、提臀，用肘、膝支起身体，左脚先上步，右脚顺势跟进，双手持枪继续前进。

要领：收腹提臀曲身体，右脚上步往前移。

2. 单手持枪起立

单手持枪起立时，右手移握提把收枪，同时左小臂曲回、曲左腿于右腿下并侧身，尔后用臂、腿的协力撑起身体，右脚向前一大步，左脚顺势跟进，继续携枪前进。

要领：三收一提起，臂腿支撑起，上步快前移。

3. 徒手起立

徒手起立时，按单手持枪的动作进行。也可双手撑起身体，同时左(右)脚向前迈步起立，尔后继续前进。

(三)动作要求

重点掌握单手持枪卧倒、起立的动作：动作迅速，迈步要大，姿势要低，出枪要快。

1. 单手持枪和徒手卧倒、起立

(1)卧倒分解动作“一、二、三”

当听到“一”的口令，右手持枪，左脚向右脚前迈出一大步，同时，左臂伸出；当听到“二”的口令，“按照膝、手、肘的顺序着地；当听到“三”的口令，转体出枪，据枪射击，徒手时两手交叉或放于头的两侧。

(2)起立分解动作“一、二、三”

当听到起立“一”的口令，收枪、收手、曲左腿于右腿下(徒手时右臂自然收回伸直)；当听到起立“二”的口令，利用臂、腿的撑力支撑身体；当听到“三”的口令，右脚向前一大步左脚顺势跟进。

2. 双手持枪卧倒、起立

(1)卧倒分解动作“一、二、三”

当听到“一”的口令，左脚向前一步，上体前倾，当听到“二”的口令，按左膝、左肘、左小臂的顺序着地；当听到“三”的口令，全身伏地，据枪射击。

(2)起立分解动作“一、二”

当听到起立“一”的口令，收腹、提臀；当听到起立“二”的口令，左脚先上一步，右脚顺势跟进。

(四)注意事项

(1)单手持枪和徒手卧倒时，姿势太高，有左手蹭地和胯部坐地的现象。纠正方法：注意左脚迈一大步，左手前伸，上体尽量前倾。

(2)单手持枪卧倒时出枪不稳。纠正方法：要用右手虎口的压力和四指的握力将枪旋转着向目标方向送出，右臂打直将枪紧贴右臂内侧。

(3)双手持枪卧倒时身体向左偏，纠正方法：在强调快速的同时，身体向右下(内)扣。

(4)单手持枪和徒手起立时，收手和收枪动作不快，右手不能将枪提起。纠正方法：应反复练习右臂、左手、左腿的协调性，右臂加大对枪的力量。

(5)双手持枪起立时，收腹提臀不够迅速。纠正方法：起立时，腰部用力，使两肘、两膝协调支撑身体。

三、前进

前进分屈身前进和匍匐前进两种。

(一)屈身前进

屈身前进是战场上接敌最常用的一种运动动作，可分为屈身慢进和屈身快进两种姿势。

1. 屈身慢进

屈身慢进，通常是在距敌较远，有超过人身高或超过大部人体高的遮蔽物，以及敌情不明或敌火威胁不大的情况下采用。运动时，通常是双手持枪(也可单手持枪)，上体前倾，两腿弯曲，屈身程度视遮蔽物的遮蔽程度而定，头部一般不可高出遮蔽物。前进时，注意观察敌情，保持正常速度前进。

2. 屈身快进

屈身快进(图 8－2)，也可称为跃进，通常是在距敌较近，通过开阔地或敌火力控制区时采用。快进前，应先观察敌情和地形，选择好路线和暂停位置，尔后起立快速前进。运动中，通常是单手持枪(也可双手持枪)，枪口朝向前上方，并注意继续观察敌情。前进的距离以 15～30 米为宜。当进至暂停位置或运动中遇敌火力威胁时，应迅速就地隐蔽或卧倒，做好射击或继续前进的准备。

图 8－2　屈身快进

要领归纳：两眼视敌，姿势略低；合理携枪，大步(快步)前移。

由于动作较简单，通常不进行分解。特殊情况可分为两步进行：一是停止间的屈身持枪；二是选择运动姿势后向前移动。

(二)匍匐前进

士兵在敌火力威胁较大、自身处于卧倒状态下，如发现近处(10 米以内)有地形和遮蔽物可利用时，可采用匍匐前进的运动姿势向其靠近。根据地形和遮蔽物的高低，匍匐前进又分为低姿匍匐、侧身匍匐、高姿匍匐三种姿势。

1. 低姿匍匐

低姿匍匐是身体平趴于地面并降低至最低程度的运动方式，一般是在前方遮蔽物高约 40 厘米时采用。

低姿匍匐是右手掌心向上，虎口向前，拇指在机柄后 10 厘米处，余指在大握把后侧握枪身和背带，将枪置于右小臂内侧(图 8－3)；行进时，身体正面紧贴地面，头稍微抬起，屈回右腿，伸出左手，用右脚的蹬力和左手的扒力使身体前移，然后再屈回左腿，伸出右手，用左脚的蹬力和右手的扒力使身体继续前移，依次交替前进。

图 8－3　低姿匍匐

低姿匍匐可分为两步：一是屈回右腿，伸出左肘，用右脚的蹬力和左手的扒力使身体前移；二是屈回左腿，伸出右手，用左脚的蹬力和右手的扒力使身体交替前移。

徒手的低姿匍匐动作与持枪的动作基本相同。

要领归纳：手扒脚蹬腹着地，手脚交替向前移；注视敌方要隐蔽，动作迅速姿势低。

2. 侧身匍匐

侧身匍匐是在前方的遮蔽物高约 60 厘米时所采用的一种运动方式。其特点是运动的速度稍快，但姿势偏高。

携自动步枪运动时，右手前伸移握护盖将枪收回，同时侧身，使身体左侧着地，左小臂前伸着地，左大臂支撑身体，左腿弯曲，右脚收回靠近臀部着地，以左大臂的扒力和右脚的蹬力带动身体前移(图 8－4)。

图 8－4　侧身匍匐

如果前方遮蔽物高约 80～100 厘米时，也可采取高姿侧身匍匐。动作是：左手和左小腿外侧着地，以左手的支撑力和右脚的蹬力使身体前移。

高姿匍匐可分为两步：一是屈回右膝，伸出左肘；二是屈回左膝，伸出右肘，依次交替使身体前移。

徒手侧身匍匐动作与持枪侧匍匐动作大体相同。

要领归纳：侧身匍匐为：身体左侧要着地，右臂要低枪提起；左脚回收右脚蹬，左臂前扒向前移。高姿侧身匍匐为：侧身高姿，左臂撑身，左膝着地，手膝并用，快速前移。

3. 高姿匍匐

高姿匍匐一般是在前方的遮蔽物高约 80 厘米时采用。

持枪前进的动作是，左手握护盖，右手握枪托，将枪横托于胸前，枪口离地，用两肘和两膝支撑身体，然后，依次前移左肘和右膝、右肘和左膝，如此交替前移。有时也可采用右手掌心向上，虎口向前握护盖携枪的方法(图 8－5)。

徒手的高姿匍匐动作与持枪高姿匍匐动作基本相同。

要领归纳：两眼目视敌，肘膝撑身体；肘扒膝又蹬，交替向前移。

图 8－5　高姿侧身与高姿匍匐

（三）注意事项

1. 低姿匍匐易犯毛病及纠正方法

臀部太高，腹部不能紧贴地面。纠正方法：一是向前移动时，臀部下沉，二是稍做挺腹；向前运动的速度太慢。

纠正的方法：一是屈腿时要尽量往前收。二是手要借助脚的蹬力尽量往前伸，交替要快。

2. 侧身匍匐易犯毛病及纠正方法

前移速度受限时，一是用力不够；二是动作不协调，蹬、扒、收时机掌握不好。

纠正方法：一是右手尽量将枪提起；二是尽是让右脚跟靠近臀部。

3. 高姿匍匐易犯毛病及纠正方法

前移速度受限，一是用力不够；二是动作不协调，肘、膝配合不当。

纠正的方法：主要是加快肘、膝运动的频率。

四、利用地形地物

地形是地物和地貌的总称。地物是分布在地面上的固定物体，如房屋、树木等。地貌是指地面上高低起伏的状态，如高山、平原。地形对战斗和行动有直接影响，灵活巧妙地利用地形地物在于隐蔽身体，发扬火力，捕捉消灭敌人，查明情况。利用地形地物应做到"三便于三不要一避开"，即便于观察射击；便于隐蔽身体；便于接近和离开。不要妨碍班（组）长的指挥和邻兵的动作；不要几个人拥挤在一起；不要在一点上停留过久。避开独立、明显、易燃、易倒塌的物体和较难以通行的地段。利用地形地物一般分三个环节：接近、占领、离开。以下是对常见地形地物的利用方法。

（一）对土包、坟包的利用

土包的分类：单包、双包、集团包。利用的位置：单包通常利用其右侧。右侧不便于观察、射击或受敌威胁时可利用其左侧或顶端，双包利用其鞍部。

1. 接近

在卧倒的基础上，听到"跃进"口令后，迅速跃进。当听到"敌火射击"的口令后，左脚向前一大步，迅速卧倒。根据前右遮蔽物的高低和敌情大小，采取适当姿势和方法迅速接近。如前方土包约为60厘米，通常采用侧身匍匐或高姿匍匐接近。

图8－6 利用土包

2. 利用

利用土包的要领是：由下而上的占领，周密细致的观察，隐蔽迅速的出枪（图8－6）。

观察的方法是：由左至右，由近至远，观察周密。

出枪的方法有两种：一是单手出枪。其要领是：右手握护木，以四指的顶力，虎口的压力，小臂的推力，将枪向目标方向送出，同时左手接握弹匣，右手移握握把，准备射击。二是双手出枪。其要领：左手握护木，右手握握把，两手协力，将枪向目标方向送出，同时枪面向上，左手握弹匣。出枪时应做到：快、稳、准、正。

3. 离开

当听到“敌火转移”的口令后，应迅速选择好路线，以适当方法离开。离开的方法有三种：一是跨步离开，是在火敌力威胁不大时采用。其要领是：迅速隐蔽的收枪，同时身体下塌，左腿屈于右腿下，用两脚和左手支撑身体，迅速跃起，向右或向左迅速前进。二是移动离开，是在敌火力威胁较大时采用。其要领是：收枪的同时身体下塌，左腿屈于右腿下成侧卧，然后以小臂，臀部左侧和右脚协力向预定方向移动，突然跃起，迅速离开。三是滚动离开，是在直接受敌火力威胁时采用。要领是：迅速收枪关上保险，按照滚进动作要领向左或向右滚动，当滚动到预定位置时，身体左侧着地，右脚向前，将身体撑起，迅速前进。离开动作应做到：迅速、突然、出其不意。

当听到“停”的口令后，左脚向前一大步成肩枪立正姿势。

要领：迅速隐蔽的接近，由下而上的占领，周密细致的观察，不失时机的出枪，机智灵活的离开。

(二)对土坎的利用

坎有纵向、横向和高低之分。横向坎要利用背敌面隐蔽身体，纵向坎要利用弯曲部、残缺部或顶端的一侧隐蔽身体，以其上沿做射击依托(图 8－7)。对土坎最好利用残缺部，对堤坎要利用凹陷部。根据坎的高度可采取立、跪、卧等姿势。

图 8－7　利用土坎

接近坎时，通常应采用跃进的方法。当进至坎的最大遮蔽界后，迅速卧倒，再匍匐至坎的底部，视情况可左右移动，选择好利用的部位。占领时，应由下而上地占领，隐蔽地观察，需要射击时，应迅速出枪。占领后，应不断观察战场，选择好前进的路线和暂停的位置。转移时，迅速收枪缩体，视情况可采取左右移动、扬土、施放烟幕等方法欺骗、迷惑敌人，突然跃起(出)前进。当敌火力被我压制时，可直接跃起(出)前进。

1. 接近

在卧倒的基础上，听到“跃进”的口令后迅速跃进。当听到“敌火射击”的口令后，迅速卧倒。根据前方土坎的高低和敌情大小，采取适当姿势接近。前方土坎高 80 厘米采用高姿侧身匍匐接近。

2. 利用

到达土坎后，应由下而上的占领，周密细致的观察，不适时机的出枪。前方土坎高 80 厘米，应采用跪姿射击。

3. 离开

当听到“敌火转移”的口令后，应迅速离开。

(三)对土坑、沟渠的利用

对土坑通常利用其前切面隐蔽身体，利用其上沿作射击依托(图 8－8)，按其深浅、大小、以跳、跨、匍匐等方法进入，取立、跪、卧等姿势射击。跳入通常是在进入较深的坑时采用。其要领是右手持枪，左手撑坑沿顺势跳入坑内。跨入通常是在进入较浅的坑时采用。其要领是接近至坑沿时，左脚迅速跨入，顺势侧卧于坑内。滚入的要领是卧倒后迅速以滚到坑沿，观察后再进入。转移时，应根据坑的深浅，采取不同的方法，突然跃起前进。对沟渠通常利用其沟渠壁或拐弯处隐蔽身体，利用其上沿或拐角作射击依托。

进入坑、渠的方法：跳、滚、匍匐进入。跳入时，应根据坑、渠的深浅，采取不同方法，较浅时，右脚踏坑、渠沿，左脚迈出的同时收枪，以右脚掌的弹力，顺势跳入坑、渠内，两脚着地的同时(或下落中)劈枪。较深时，右手持枪紧贴右侧，左手扶坑、渠沿，左脚踏坑、渠沿，以左手的撑力和左脚和蹬力，顺势跳入坑、渠内。在坑、渠内运动时，根据深浅，通常采取直身或屈身前进。其要领是：右手持枪紧贴身体右侧，左手扶装具，目视前方，隐蔽地前进。运动中做到：姿势低，速度快，不断地观察敌情和前进路线，同时，防止枪托碰撞坑、渠壁。

图 8－8　利用土坑、沟渠

1. 接近

在卧倒的基础上，听到“跃进”的口令后，迅速跃进。当听到“敌火射击”的口令后，迅速卧倒。根据沟渠的深度，迅速进入我前方土坑(渠)，坑(渠)深 50 厘米应采用滚进进入坑内。

2. 利用

到达土坑、渠后应观察、占领后出枪。前方坑深 50 厘米，应采取卧姿射击。

3. 离开

当听到“敌火转移”的口令后，应迅速离开。

(四)对树木的利用

对树木通常利用其背敌面隐蔽身体，依其右后侧作射击依托(图 8－9)。利用大树时，可取立、跪、卧等姿势；利用小树时，通常采取卧姿。对高苗地、丛林地通常应尽量利用靠近敌方的边缘内侧，以便观察和射击。接近时，右手持枪，左手分开高苗侧身前进。利用部位：树通常利用其右后侧。

图 8－9　利用树木

1. 接近

在卧倒的基础上，听到“跃进”的口令后，迅速跃进。

当听到"敌火射击"的口令后，应迅速卧倒根据树木的粗细和敌情大小，采取不同姿势迅速接近。前方树木粗60厘米可直接接近。

2. 利用

到达树木后仔细观察，迅速出枪射击。如立姿射击，要领是：尽量将身体左侧、左大臂(左小臂)、左膝紧靠树木，右腿稍向后跳蹬。如卧姿射击，要领是：将左小臂紧靠树木或以树的根部为依托，两脚自然并拢，身体尽量隐蔽在树后侧。

3. 离开

当听到"敌火转移"的口令后迅速离开。

(五)对墙和门窗的利用

利用墙壁时，根据其高度取适当姿势。对矮墙可利用顶端或残缺部作射击依托。墙高于人体时，可将脚垫高或挖射击孔。转移时，可绕过或跃过。利用墙角时，通常利用其右侧作射击依托。射击时，左小臂外侧紧靠墙角，取适当姿势。利用门时，通常利用其左侧，右臂依靠门框进行射击，利用窗时，通常利用其左下角，也可利用其左侧下角，也可利用其左侧或下窗框射击(图8－10)。

1. 接近

在卧倒的基础上，听到"跃进"的口令后，迅速跃进。

当听到"敌火射击"的口令后，迅速接近墙角，通常以跃进方式接近。

2. 利用

到达墙角后，利用其右侧，左小臂紧靠墙角，取适当姿势，通常采用跪姿和立姿射击。

3. 离开

当听到"敌火转移"的口令后迅速离开。

图8－10　利用墙角和门窗

思考题

1. 战术的含义是什么？
2. 战斗类型有哪些？
3. 什么是进攻战斗？
4. 怎样利用地形地物前进？

第九章　军事地形学

教学目标：了解地形对作战行动的影响，掌握地形图的基本知识，学会现地使用地形图的方法。

第一节　地图基础知识

军事地形学是军事上研究和利用地形的一门学科，是军事训练的共同科目之一。主要研究地形对战斗行动影响的规律，军用地图和航空、航天相片的识别与应用原理，战场简易测量方法以及使用地图的要领等。军事地形学所研究的内容，都是围绕研究利用地形而选定的。随着现代战争的需要和军事测绘技术及其新成果的不断发展，特别是地图品种的增多，将为军事地形学增添新的内容。

一、地图概念与分类

地图是一个社会文明的象征，也是一个国家政治、经济、外交和文化教育的缩影。地图作为人类认识世界，了解社会、改造世界的必备工具，它的应用已经从最基本的地名、路线查询，发展到基于地图分析和处理的更广阔的领域，从政府决策到市政建设，从知识传播到企业管理，从移动互联到电子商务，以及数字地球、数字中国等等，无一能脱离地图。特别是电子地图的问世，网络的出现、地理信息系统、全球定位系统的发展与应用，使得作为测绘终端产品的地图，其应用已渗透到我们生活、学习和工作的方方面面。地图测制精度和成图数量、质量，是衡量一个国家测绘科学技术发展水平的重要标志之一。

（一）地图概念

地图就是依据一定的数学法则，使用制图语言，通过制图综合在一定的载体上，表达地球（或其他天体）上各种事物的空间分布、联系及时间中的发展变化状态的图形。地图表示的对象是地球表层上的事物。所谓地球表层，是指上至对流层，下至岩石圈的广大空间。在地球表层上的事物和现象，如可见的居民地、道路、水系、植被，还有深埋地下的矿藏、地质构造，可测不可见的气温、气压等气候现象，或明或隐的行政界线，以及人口、工农业产值等人文要素，已消逝的历史事件等均可用地图表示。

（二）地图分类

按区域范围分类：分为世界图、国家图、分区图、省图、市县图、乡镇图（见图9－1）等；

按内容：分为普通地图、专题地图。普通地图是表示地球表面上的自然地理和社会经济要素（基本要素包括居民地、交通网、水系、地貌、境界、土质植被等）的地图。其中详细表示各基本要素的叫地形图；内容比较概略，但主要目标很突出的地图称为地理图；介于两者之间的叫地形地理图。专题地图是以普通地图作为底图基础的，重点反映某一种或几种专门的要素，可分为自然地理图、社会经济地图和工程技术图。

按比例尺大小分为大、中、小比例尺地图；大比例尺地形图：1:5 千 ~1:2.5 万比例尺；中比例尺地形图：1:5 万 ~1:25 万比例尺；小比例尺地形图：1:50 万 ~1:100 万比例尺地形图。

按用途分为参考图、教学图、地形图、航空图、海图、海岸图、天文图、交通图、旅游图等。

按使用形式分为挂图、桌面图、地图集(册)等。

按表现形式分为缩微地图、数字地图、电子地图、影像地图等。

二、地物符号

(一)地物符号图形

地面上的物体，种类繁多，千姿百态，因受比例尺的限制，测图时不可能按照它们的形状全部描绘在图纸上，只能把有军事意义的重要地物表示出来，有些不需要的物体，还要舍弃。为了使地图简明、美观，便于识别物体，判定方位和图上量测计算，制定了一些图形和注记，分别来表示实地某种物体，这些图形和注记，就叫地物符号。

在制定地物符号时，通常要考虑到以下几个原则和特点：一是符号要有统一性。没有统一的规定，不仅不利于测制、生产地图，也不利于使用地图。二是图形要形象醒目，容易识别记忆。符号的图形，尽可能地反映地物的外形和特征，使用图者一目了然，很容易联想到它所代表的地物。

地物符号在构图上力求做到三点：

1. 与地物的平面形状相似，如居民地、公路、湖泊等，它们的图形与实地地物的平面轮廓对应相似，这种符号，称为轮廓符号或正形符号；

2. 与地物的侧面形状相近，如突出树、烟囱、水塔等符号的图形与实地地物的侧面形状相似，比较形象、直观，这种符号，称做侧形符号；

3. 与地物的有关意义相应，如气象台的风向标、矿井的锤子等，这种符号，称为象征性符号(图 9 -1)。了解了它们的特点，用图时，只要注意看图形、想意义，就容易识别记忆了。

(二)地物符号的分类

符号要合理分类，能反映地图内容的有机联系和区别，保证图面清晰，易于识别。

1. 依比例尺表示的符号

实地上面积较大的地物，如居民地、森林、江河、湖泊等，其外部轮廓都是按比例尺测绘的，叫做依比例尺表示的符号(图 9 -2)。这类符号，可以在图上量取其长、宽和面积，了解其分布和形状。

2. 半依比例尺表示的符号

对长度很长，宽度很窄的线状地物，如道路、长城、土堤、垣栅、小的河溪等，其长度是按比例尺测绘的，因宽度太窄若按比例尺缩绘，就表示不出来，就只能放大描绘，所以叫半依比例尺表示的符号(图 9 -3)。这类符号，在图上只能量取其相应实地的长度，而不能量取它们的宽度和面积。

类别	特点	符号及名称		
正形图形	与地物的平面形状相似	街区	河流、苗圃	公路、车行桥
侧形图形	与地物的侧面形状相近	突出阔叶树	烟囱	水塔
象征图形	与地物的有关意义相应	变电所	矿井	气象台

图 9－1　地物符号图形

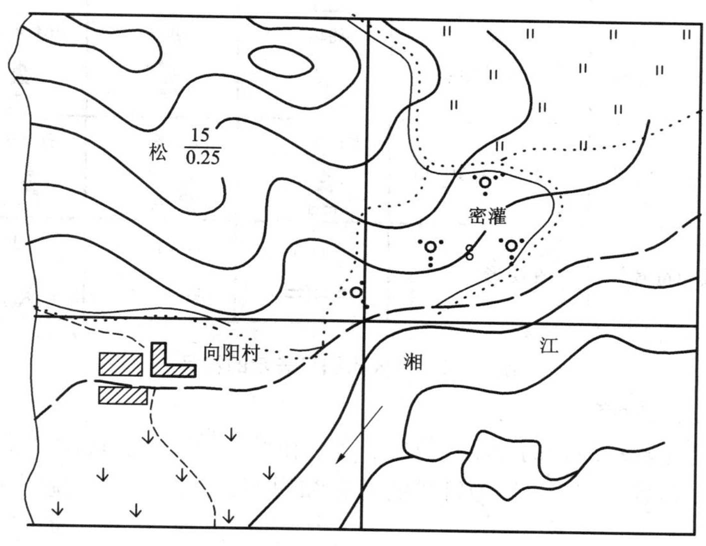

图 9－2　依比例尺表示的符号

以符号的中心线表示其真实位置	以符号的底线表示其真实位置
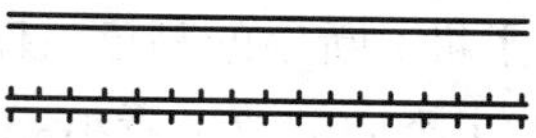	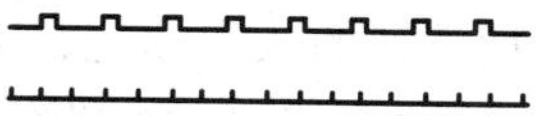

图 9－3　半依比例尺表示的符号

3. 不依比例尺表示的符号

地面上很小的独立地物，如亭子、独立房、宝塔、纪念碑、路标、石油井等，这类地物若按比例尺缩绘到图上，就表示不出来；但在军事上，对判定方位、指示目标、炮兵联测战斗队形、实施射击、指挥作战等都有重要作用。因此，就采用规定的符号在不同比例尺图上，按不同的大小绘出。所以，叫不依比例尺表示的符号(图9-4)。这类符号不能用来判定地物的大小，只能表明物体的性质和准确位置。它们对应实地的准确位置，是在图形的那一点上，这是根据图形的特点规定的。

类　别	定位点	符号及名称		
有一点的符号	在该点上	三角点	亭	窑
几何图形符号	在图形中心	油库	独立房屋	发电厂
底部宽大符号	在底部中点	水塔	气象站	碑
底部直角符号	在直角顶点	路标	突出阔叶树	突出针叶树
组合图形符号	在主体图形中心	变电所	散热塔 散	石油井 油
其他符号	在图形中心	车行桥	水　闸	矿　井 煤

图9-4　不依比例尺表示的符号

(三)注记和说明符号

地物符号，只能表示地物的形状、位置、大小和种类，但不能表示其质量、数量和名称。因此，还需要文字和数字注记，作为符号的补充和说明，称为注记和说明符号。注记和说明符号的形式有三种：

1. 地理名称的注记，如市、镇、村、山、河、湖、水库，各类道路和行政区的名称等，是用各种不同大小的字体来表示。

2. 说明地物质量特征的文字注记，如井水的咸淡，公路路面质量、桥梁性质，渡场、森林种类，塔形建筑的性质等，均用细等线体以略注形式配在符号的一旁。

3. 说明地物数量特征的数字注记，如三角点、土堆、断崖的高度，森林密度和树的平均高、粗，道路的宽度，河流的宽、深和流速等均用大小不同的数字表示。

此外，有些地物的分布较零乱，如沙地、石块地、梯田坎、疏林、行树、果树等，很难表示它们的具体位置和数量，就采取均匀配置的图案形式表示，所以叫做配置符号。这种符号，只表示分布范围，不代表具体位置。只要我们掌握了符号的特点，再识别地物符号就比较容易了。

(四)地物符号的颜色

我国出版的地图均为四色。具体规定如下:

黑色:人工物体——居民地、独立地物、管线、垣栅、道路、境界及其名称与数量注记等。

绿色:植被要素——森林、果园等的普染;1978 年后出版图的植被符号及注记等。

棕色:地貌要素——等高线及其高程注记、地貌符号及其比高注记、土质特征、公路普染等。

蓝色:水系要素——河流、湖泊、海洋、沟渠、河岸线、单线河及其注记和普染、雪山地貌等。

三、地形图比例尺

(一)概述

图上某一线段的长度与实地相应水平距离之比(即图上长与实地长之比),就叫做地图比例尺。比如,图上甲、乙两点间长一厘米,该两点间在实地的水平距离为五万厘米,地图比例尺就是五万分之一;实地为十万厘米,比例尺就是十万分之一。地形图上比例尺的表示形式,常见的有三种:数字比例尺、直线比例尺、经纬线比例尺。

1. 数字比例尺

用数字表示时,也有两种。一是分式,用分子"1"表示图上长,分母表示实地相应水平距离,如 1/5000、1/100000;另一种是比式,如 1∶5 万、1∶10 万;也有用文字表示的,如五万分之一,十万分之一。

2. 直线比例尺

为便于直接在地图上量测距离,免除计算的麻烦,地图上都绘有图解式的比例尺。因为这种比例尺是用直线表示,所以称为直线比例尺。直线比例尺的制作方法,是在一直线上,以 1 厘米或 2 厘米为基本单位,作为尺头;截取若干与尺头相等的线段作为尺身;再将尺头等分十小格,然后以尺头与尺身的接合点为零,分别注记相应实地的水平距离,即成直线比例尺。

3. 经纬线比例尺

主要用在小比例尺地图上,如一国、一洲或世界地图。地球表面是个不可展的曲面,为了消除投影变形对图上量测的影响,制图人员就按照经纬线投影后的特性绘制了一种比例尺,叫做经纬线比例尺。1∶250 万《中华人民共和国全图》上所绘的比例尺,就是这种比例尺。由于小比例尺地图变形较大,并且一幅地图上各处变形并不一致,用纬线比例尺虽然可以消除一部分误差,但仍不能用于精确量测。比例尺小于百万分之一的地图,在图例中都绘有经纬线比例尺,同时还注有数字比例尺。数字比例尺也叫主比例尺,它是表示没有变形地方的比例尺,也就是标准纬线上的比例尺。

(二)不同比例尺的作用

地图比例尺的大小,是按比值的大小来衡量的。比值的大小则是依比例尺分母(后项)确定的,分母越大,则比值越小,比例尺就越小;分母越小,则比值越大,比例尺也就越大。就像两个人分一个苹果就比四个人分一个苹果分的多的道理一样。

1. 地图比例尺的大小决定着实地范围在地图上缩小的程度

例如一平方公里面积的居民地,在 1∶5 万地形图上为四平方厘米,可以表示出居民地的轮廓和细貌；在1:10万图上为一平方厘米，有些细貌就表示不出来了；在1:20万图上，只有0.25平方厘米，仅能表示出一个小点。这就说明，当地图幅面大小一样时，对不同比例尺来说，表示的实地范围是不同的。比例尺大，所包括的实地范围就小，反之，比例尺小，所包括的实地范围就大。

2.地图比例尺的大小，决定着图上量测的精度和表示地形的详略程度

由于正常人的眼睛只能分辨出图上大于0.1毫米的距离，图上0.1毫米的长度，在不同比例尺地图上的实地距离是不一样的，如1:5万图为5米，1:10万图为10米，1:20万图为20米，1:50万图为50米。由此可见，比例尺越大，图上量测的精度越高，表示的地形情况就越详细。反之，比例尺越小，图上量测的精度越低，表示的地形情况就越简略。

（三）比例尺量算距离的方法

1.依直线比例尺量取距离

用直线比例尺量取距离时，先用两脚规（或纸条、草棍等）量出两点间的长度，并保持此长度，再到直线比例尺上比量；使两脚规的一端对准一个整公里数，另一端放在尺头部分，即可读出两点间的实地距离。

2.依数字比例尺计算距离

根据比例尺的意义，我们可以得出图上长、相应实地水平距离和比例尺三者之间的关系式：实地距离 = 图上长 × 比例尺分母。这是我们计算距离的基本公式。具体计算时，先用直尺在图上量取两点间的厘米数，然后将该厘米数代入公式，就得出两点间实地距离。如在1:5万图上量得甲、乙两点为3.4厘米，则实地距离为：3.4厘米 ×50000 ÷100厘米 =1700米。

3.用指北针里程表量取距离

当图上两点间的距离是弯曲距离时，可以用指北针上的里程表来量取。里程表是由表盘、指针和滚轮三部分组成的。表盘上注有不同比例尺的分划圈，每个分划相当于实地一千米。量取距离时，先转动滚轮，使指针对准“零”分划；右手拿指北针，表盘向里，使滚轮对正起点，沿线路滚动，直至终点；然后从相应比例尺的刻划圈上，读出指针所指的分划数，就是实地的千米数。

4.距离的校正

从图上量得的距离，不论是直线距离还是弯曲距离，都是两点间的水平距离。但是，实地地形是起伏不平的，道路的弯曲情况在图上表示得也是很概略的，从图上量得的距离总是要比实地距离小一些，所以，对图上量得的距离要加个校正数。究竟要加多大的校正数？由于实地地形情况比较复杂，很难提出一个最准确的校正数，只能根据部队实验的结果，提供一个校正参考数据。这个数据是：坡度为0°~5°时，加校正数3%；坡度为5°~10°时，加校正数10%；坡度为10°~15°时，加20%；坡度为15°~20°时，加30%；坡度为20°~25°时，加40%；坡度为25°~30°时，加50%。这只是个实验平均数，有的地方可能大于这个数，有的地方可能小于这个数，使用时要加以注意。

四、地形图的坐标系统

提起“坐标”这个词，有些读者可能有点陌生，其实，在我们生活中还是经常碰到的，只是不这么称呼罢了。比如我们到体育馆看球赛，去礼堂听报告，入场券上就有×排×号，按照这个排、号，就能找到自己的座位。这种用排和号两个数确定座位的方法，在数学上就叫做坐标

法。为了使用地图的方便，制图人员就把这个坐标法搬到了地图上，成为确定地面点位的方法。因为地球比较大，坐标的起算点、计算的方法和表达的方式就必须有一系列的规定，这些规定，就是坐标系统。地图上的坐标系统分为两种，即平面直角坐标系和地理坐标系。

（一）地理坐标

确定地球表面上某点位置的经度和纬度数值，就是该点的地理坐标。为了使用方便，在1∶20万、1∶50万和1∶100万地图上，按照一定的间隔绘有经线和纬线，构成地理坐标网；图廓线的四周有经、纬度数值注记。在大于1∶10万图上，只是在内图廓外绘有分度带，每个分划为一分；在内图廓的四角注有经、纬和值。需要用经纬度指示目标时，只要把南图廓与北图廓、东图廓与西图廓上分度带的相应分划连接起来，就构成了地理坐标图。

地理坐标是世界各国通用的。在海上、空中、边防或外交斗争中，通常采用地理坐标指示目标。例如，知道了地理坐标为北纬25°02.5′，东经121°31′，就可以从图上找到这是台北市（图9－5）。反之，找到了图上位置，也可以求出这一点的地理坐标。

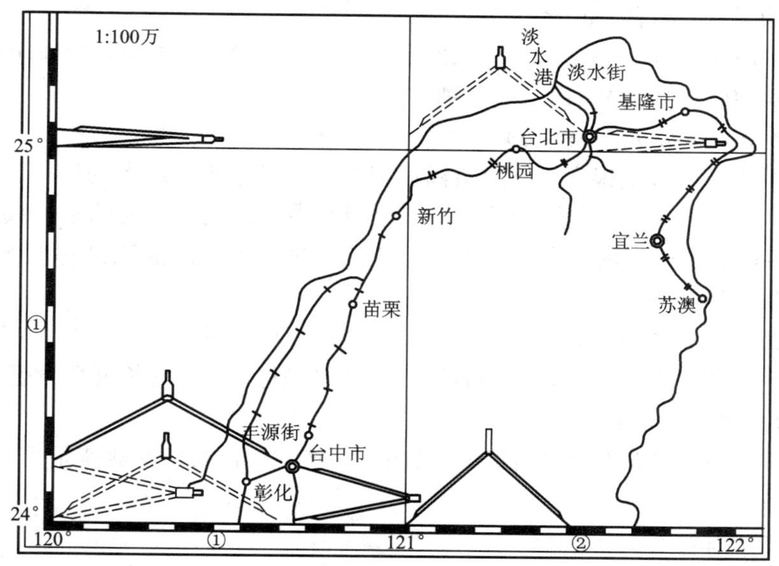

图9－5　依地理坐标量读台北市位置

（二）平面直角坐标

由于经纬线在图上多是弧线，不便于图上作业，更不便于距离和角度的换算，因此，在大比例尺图上都绘有平面直角坐标网。

确定平面上某点位置的长度数值，就是该点的平面直角坐标。平面直角坐标的值是用公里和米表示的。

1. 平面直角坐标的构成

平面直角坐标，是在图上由两条垂直相交的直线建立起来的坐标系统。纵线为纵轴，以“X”表示；横线为横轴，以“Y”表示；两直线的交点为坐标原点，以“0”表示。确定某点的位置时，以该点到横轴的垂直距离为纵坐标（X），到纵轴的垂直距离为横坐标（Y）。并规定，X值在横轴以上的为正，以下的为负；Y值在纵轴以右的为正，以左的为负。如甲点的坐标：X

=250，Y =300。用这种方法确定点位的，就叫平面直角坐标法。

2. 图上平面直角坐标的起算

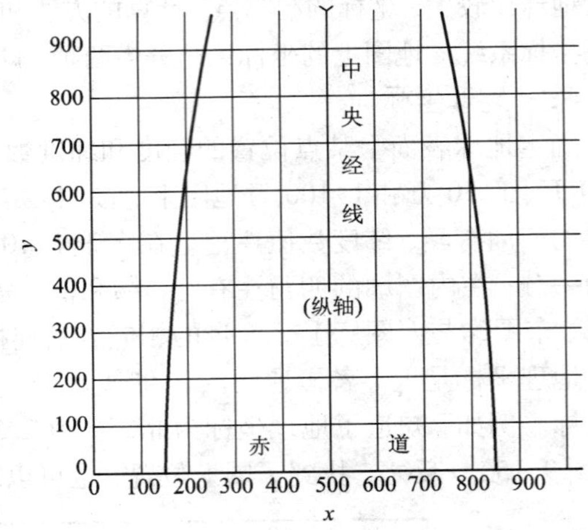

图 9－6　直角坐标的起算

我国地形图上的平面直角坐网，是按高斯投影构成的。高斯投影是以 6° 为一带，每个投影带的中央经线是直线，与中央经线相垂直的另一条直线是赤道。地形图上的平面直角坐标，就是以中央经线为纵轴(X)，以赤道为横轴(Y)，其交点为坐标原点(0)，这样，每个投影带便构成一个独立的坐标系。我国领土位于赤道以北，所以纵坐标(X)值均为正值；横坐标(Y)值，位于中央经线以东的为正，位于中央经线以西的为负。为了计算方便，消除负数，又将横坐标(Y)值均加上五百公里常数，(即等于将纵轴西移 500 千米)横坐标以此纵轴起算，Y 值也就全是正数了(图 9－6)。

因为一个投影带的范围很大，分的图幅也很多，为能迅速确定点的坐标，制图时，就用平行线的办法，以一千米(或两千米)为单位，分别作中央经线和赤道的平行线，构成正方形方格网，叫做平面直角坐标网。在 1∶5 万地形图上，每个方格的面积是一平方千米(平方公里)，所以又叫方里网。

3. 图上平面直角坐标的注记

地图上纵向的线(即中央经线的平行线)，都叫纵坐标线，它的长度数值是由南向北增加的，注记在左右图廓间(千米数)。

地图上横向的线(即赤道的平行线)，都叫横坐标线，它的长度数值是由西向东增加的，注记在上下图廊间(千米数)。

4. 平面直角坐标的作用

平面直角坐标网的作用，主要是指示目标和确定目标在图上的位置，也可以估算距离和面积。利用坐标指示目标时，可以用概略坐标，也可以用精确坐标。例如，报告山的概略坐标，只要指出山所在方格左下角的坐标值即可。报告坐标的顺序是：先纵坐标值，后横坐标值，切记不要报错。

为了避免报错顺序，可用曲尺度量地形图，最简便的方法是：用左手的虎口对正这个方格的左下角，先沿拇指方向找出纵坐标值(X)为 85，再沿食指方向找出横坐标值(Y)为 49。口头报告时，先说坐标，后说地名，如：85、49，山。如果在文件中，就写成：“山(85、49)”(图 9－7)。

炮兵射击，常常需要精确坐标，此时应先找出概略坐标，再加上该点到下边和左边方格线的垂直距离的米数即可。最方便的办法是用坐标尺量读。量读的方法是：使坐标尺的纵边与纵坐标线密合，横边通过所量地物之定位点，即可读出纵、横坐标的米数，然后与概略坐标的公里数相加，就是精确坐标。例如发射点的精确坐标为：X85620，Y49300。反之，用同样的方法，知道了坐标值，也可以确定目标点在图上的位置。

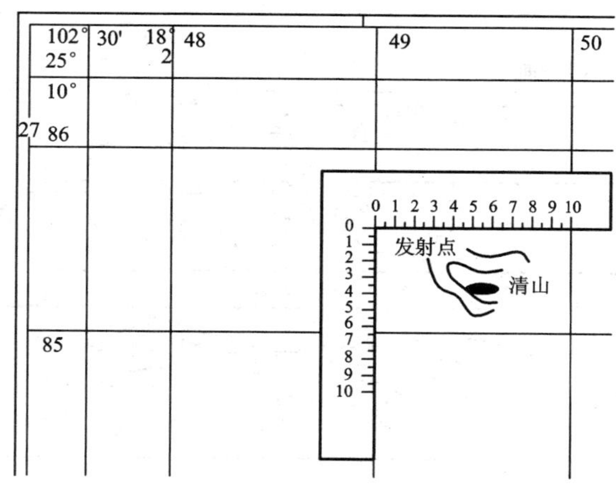

图9－7　量取点的坐标

五、地貌的表示方法

地球表面是起伏不平的，有高山，有深海，有丘陵和平原，有沙漠和草原，还有江河和湖泊等等，这些高低不平，形状各异的地貌是怎样表示在平面图纸上的呢？

地貌的表示方法是人们在实践中不断积累经验的基础上，逐渐完善和丰富起来的。在公元前六百多年的时候，我国的制图先驱是用∩∩图形表示山峰位置和山脉大体走向的，直到清朝初期，才开始采用等高线表示地貌的方法。

用等高线表示地貌，能精确地反映地面的高低、斜坡形状和山脉走向，我们的基本比例尺地形图，主要是用这种方法表示地貌的。这种方法存在的主要问题是缺乏立体感。

随着科学的发展，人们对地图的要求提高了，希望能一目了然地看出广大区域的地势总貌，迅速得到高程分布和高差对比的印象。于是，在等高线的基础上又出现了分层设色和晕渲表示地貌的方法。

分层设色法，就是将地貌按一定的高度分出层次，每层普染为不同的颜色。用图时就可以根据颜色迅速判别高度。我们常见的地图册以及航空图，小比例尺图，多是采用这种方法。

晕渲法，就是按一定的光源方向和地形起伏，用青钢色（或彩色），在坡或背光坡上涂绘暗影，以构成地势起伏的立体形象，给用图者在视觉上以生动形象、蜿蜒起伏、景观自然的感觉。地貌图、游览图多是采用这种方法。分层设色和晕渲法如与等高线配合使用，效果将会更好，不但便于识别地貌，也便于图上计算高程。

（一）等高线表示地貌的原理

为了说清楚这个原理，让我们先回忆一下某些自然景观。在水库的岸坡上，有一道道的水涯线痕迹，一条条，一层层，随着山形的凹凸，蜿蜒曲折，像雕刻家专门刻画的一样。其实，那是水平面从最高水位的变化过程中，撞击岸坡留下的标记。再看海岛，在岛的四周陡坡上，和水库一样，这是海水涨潮和落潮时留下来的痕迹。想想水涯线的痕迹，再看等高线表示地貌的原理，就容易理解了。

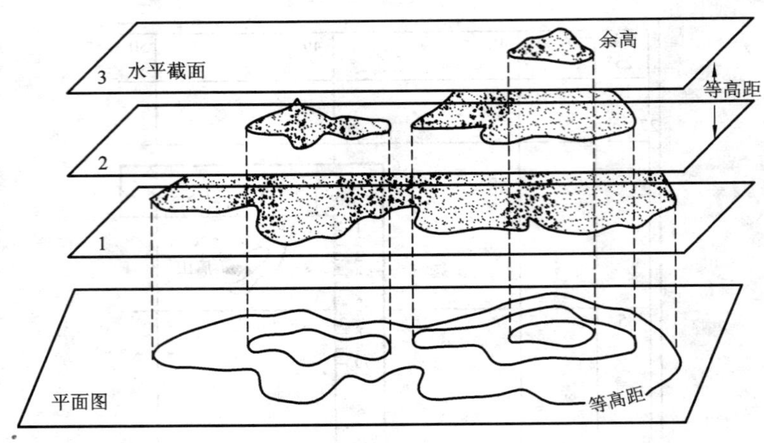

图 9－8　等高线表示地貌的原理

等高线表示地貌的原理是：假设把一座山，从底到顶，按相等的高度，一层一层地水平横截该山，则山的表面便会留下一条一条的弯曲截口痕迹线，再将这些截口痕迹线垂直投影到一个平面上，便呈现出一圈套一圈的曲线图形（图 9－8）。因为每条曲线上各点的高度都相等，所以这种曲线叫等高线；各相邻的两条等高线间的垂直距离相等，叫等高距。地形图就是根据这个道理来表示地貌的。

（二）等高线的特点

根据等高线表示地貌的原理，可以看出这样几个特点：等高线都是闭合曲线，同一条等高线上任何一点的高程都是相等的；等高线多，山就高，等高线少，山就低；等高线密，坡度陡，等高线稀，坡度缓；等高线的弯曲形状和相应实地地貌形态保持水平相似的关系。对于同一地形而言，等高线的多少，取决于等高距的大小。等高距大，等高线就稀少，地貌显示就简略；等高距小，等高线就密集，地貌显示就详细。为了制图方便，利于用图，应选择适当的等高距。我军基本比例尺地形图的等高距规定为：比例尺 1∶1 万为 2.5 米；1∶2.5 万为 5 米；1∶5 万为 10 米；1∶10 万为 20 米；1∶20 万为 40 米等高距，一般按规定增大一倍。

（三）等高线的种类（图 9－9）

在地形图上，我们所看到的等高线，为何有细的，有粗的，还有断续的。这是为了更好地表示地形和用图的方便而规定的。

1. 首曲线

凡是按规定的等高距测绘的等高线，都叫基本等高线，又称首曲线，是用细实线表示的。

2. 计曲线

为了便于计算高程，把首曲线每逢 5 条或 10 条加粗描绘一条，叫做加粗等高线。例如，一座一千米的高山，在 1∶5 万图上，就要画 100 条首曲线。计算高程时，如果一条一条地数，就很不方便，有了加粗等高线，就能一五一十地数，计算就方便了，所以，又叫计曲线。

3. 间曲线

因为地貌起伏变化多端，用首曲线往往不能详细表示地貌的细部特征，就在首曲线的中间加绘长虚线，表示其细部，这叫半距（基本等高距的二分之一）等高线，也叫间曲线。

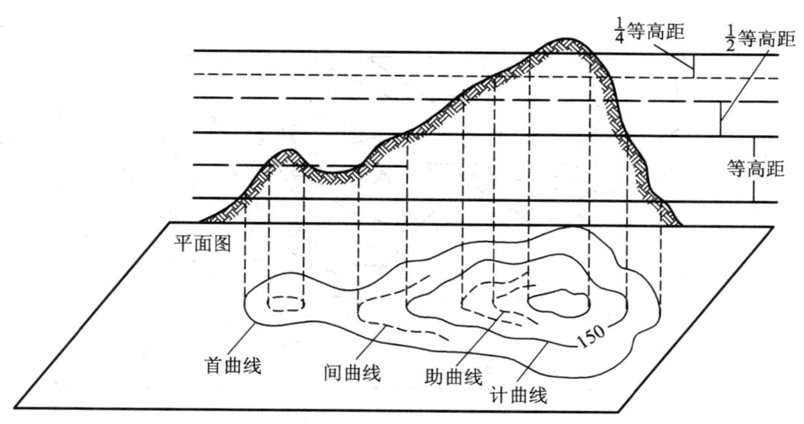

图9-9 等高线的种类

4. 助曲线

有些地方的细貌，用间曲线仍然显示不出来时，就在四分之一等高距的位置上用短虚线表示其细貌，补助间曲线的不足，所以叫做补助等高线，又叫助曲线。

助曲线的线段不长，只在倾斜变换和地形复杂的地方用，如丘陵地区的地图上使用较多。

用等高线表示地貌，是一种比较科学的方法，具有图形简单、便于计算、清晰醒目等优点。但也有不足之处，例如，因为等高线是按一定的等高距测绘的，有些细貌可能被舍去；不能完全逼真地反映地貌的细部和景观；立体感不够明显，给判读带来一定的困难。用图时，既要掌握它的特点，也要知道它的不足之处，才能更好地发挥地形图的作用。

(四)怎样识别地貌

我们懂得了等高线表示地的原理和特点，就有了判读地貌的基础。但是，由于地貌类型复杂，要正确认识地貌，仍有不少困难。

尽管每座山都有自己的特点，形态万千，但只要我们认真分析一下，仍然可以找出它们的共同特征。概括地说，它们都是由山顶、凹地，山背、山谷、鞍部、山脊等构成。只要抓住这些基本特征，识别地貌就比较容易了。

在识别这些特征时，只要联想一下等高线表示地貌的原理和特点，就能立刻认出。凡是最小的闭合小圆圈都是山顶。根据这些圆圈的大小和形状，还能分辨出是尖顶山、圆顶山或平顶山。凹地也是小圆圈，怎么和山顶区别呢？这个问题，制图人员早就想到了，就是在圆圈上加上个垂直小短线，它是指示下方向的，叫做示坡线。如果你看到示坡线是在圆圈的外面，就是山顶，示坡线是在圆圈的里面，就是凹地了。

以山顶为准，等高线向外凸出的是山背；等高线向里凹入的，就是山谷。两个山顶之间，两组等高线凸弯相对的是鞍部，若干个山顶与鞍部连接的凸起部分就是山脊。

另外，由于地壳的升降，剥蚀和堆积作用，使得一些局部地区改变了原来的面貌，如在黄土高原上，植被稀少，由于雨水冲刷形成的冲沟；陡峭的崖壁，坡度在70°以上，象广西桂林的陡石山；山坡受风化作用而崩落的崩崖等。这些地形，军事上统称为变形地。因为这种地形面积很小，形状奇特，用等高线不太好表示，只好用符号来表示。

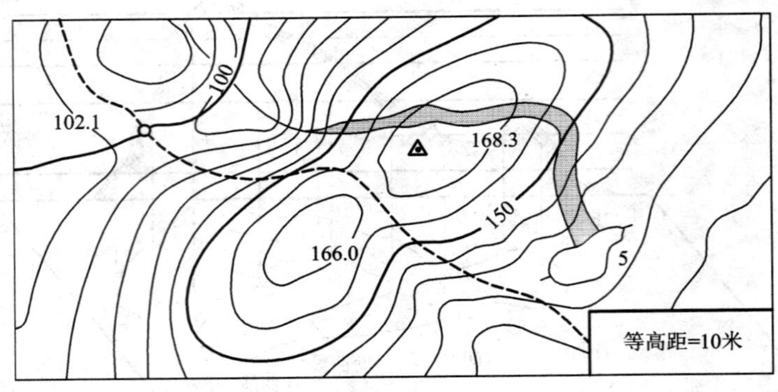

图 9－10　高程的注记

地形图的高程注记有两种：一种是高程点的注记，用黑色；一种是等高线的注记，用棕色（图 9－10）。根据等高线表示地貌的原理和特点，结合变形地符号，再考虑到自然习惯，如河水总往低处流，等高线上高程注记的字头总是朝上坡方向，示坡线指向下坡，进行判读，地貌的总体和细部就清清楚楚了。

（五）怎样判定高程和高差

我们在使用地图时，经常要判定点位的高程。如炮兵射击，为了确定高低角，就要知道炮兵阵地、射击目标和观察所的高程。

在图上主要是根据高程注记和等高线来推算点位的高程（图 9－11）。例如：点位恰在等高线上时，该等高线的高程，就是这个点位的高程；点位在两条等高线之间时，先查出下边一条等高线的高程，再按该点在两等高线间隔中的位置目测出高度；点位在没有高程注记的山顶时，一般应先判定最上边一条等高线的高程，然后再加上半个等高距。知道了两点的高程，然后相减，所得结果，就是两点的高差。

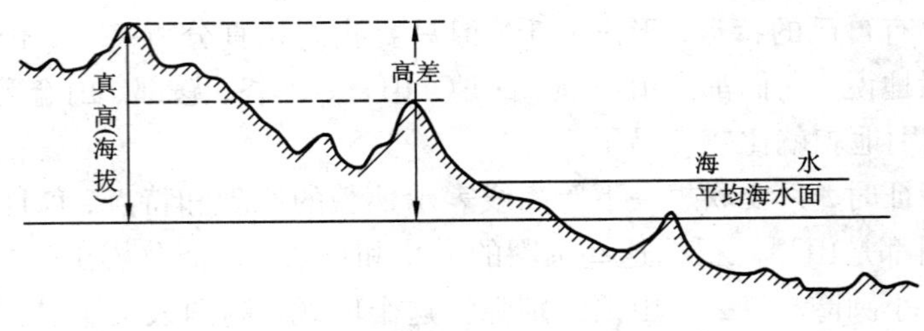

图 9－11　高程的判定

（六）怎样判定斜面形状和坡度

部队构筑山头阵地，总要观察一下斜面情况，是否有利于发扬火力。军队行军，经常遇到上坡下坡，不同的斜面和坡度，对军队战斗行动带来不同的影响。比如汽车的爬坡能力是 15 度，如果道路的纵坡度大于 15 度，汽车就不便通行了。所以，我们使用地图，要学会从图上判定斜面的形状和坡度（图 9－12）。

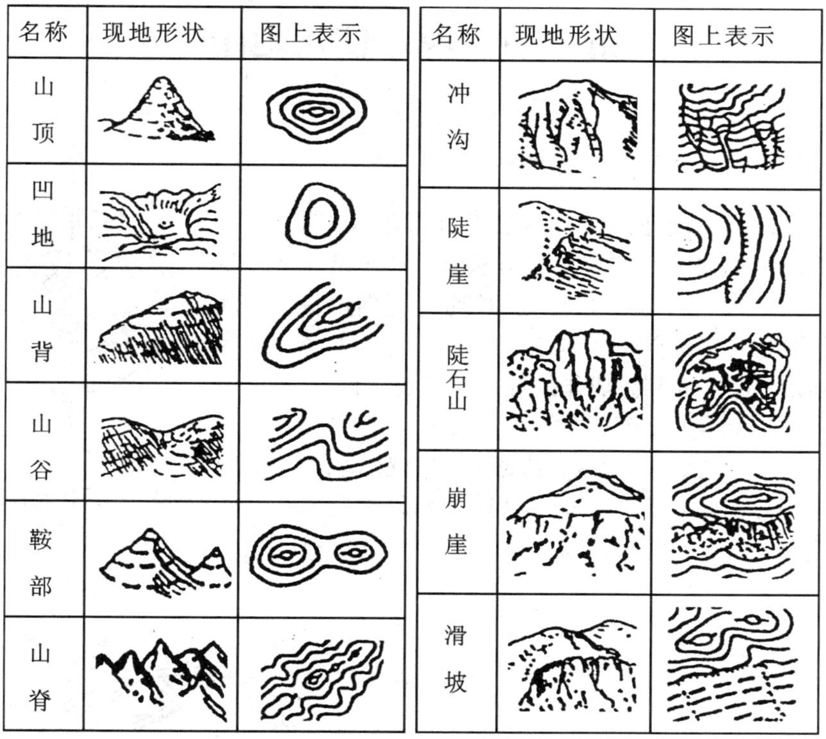

名称	现地形状	图上表示
山顶		
凹地		
山背		
山谷		
鞍部		
山脊		

名称	现地形状	图上表示
冲沟		
陡崖		
陡石山		
崩崖		
滑坡		

图 9－12　山的形态在图上表示

所谓斜面，就是从山顶到山脚的倾斜部分。就拿敌对双方控制的高地来说，朝向对方的斜面叫正斜面，背向对方的斜面为反斜面。斜面有几种？它们在地形图上是怎样表示的呢？

等齐斜面：坡度基本上一致，站在斜面顶部可以看到全部，便于发扬火力的称为等齐斜面。在图上，各等高线的间隔大致相等。

凸形斜面：在实地，上面缓下面陡，站在斜面顶部看不见下部，形成观察射击的死角，称为凸形斜面。在图上，等高线的间隔上面稀，下面密。

凹形斜面：与凸形斜面相反，上面陡，下面缓，站在斜面的顶部能看到斜面的全部，便于发扬火力，称为凹形斜面。在图上等高线的间隔是上面密，下面稀。

实地的斜面：多数是凸凹互相交错的形状，但是，总离不开上面说的三种形状。使用地图时，只要注意等高线间隔的疏密情况，就能很容易地判明斜面的形状。

那么斜面的坡度，又怎样从地图上量取呢？

量取坡度时，要先用两脚规量取图上两条（或六条）等高线间的宽度，再到坡度尺上比量，在相应的垂线下边就可以读出它的坡度。

第二节　现地使用地图

一、判定方位

判定方位是研究在现地如何辨明东西南北方向，明确站立点与周围地形的关系位置。其方法有：利用指北针、北极星、太阳和时表判定，依据地物特征、导向设备判定，还有利用地图和航空相片判定等。掌握这些方法是正确利用地形，保证顺利完成作战任务的前提条件。

(一)利用指北针判定方位

判定方位时，将指北针平放，待磁针完全静止后，磁针北端所指的方向就是北方(图 9－13)。如果测定方位的人面向北方，则他的背后是南，右边是东，左边是西。

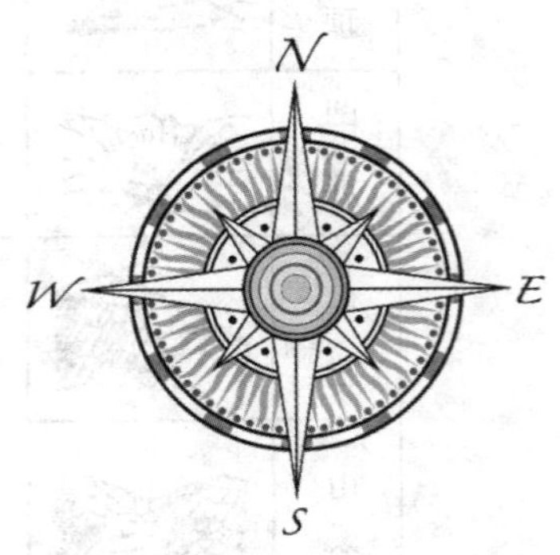

图 9－13　利用指北针判定方位

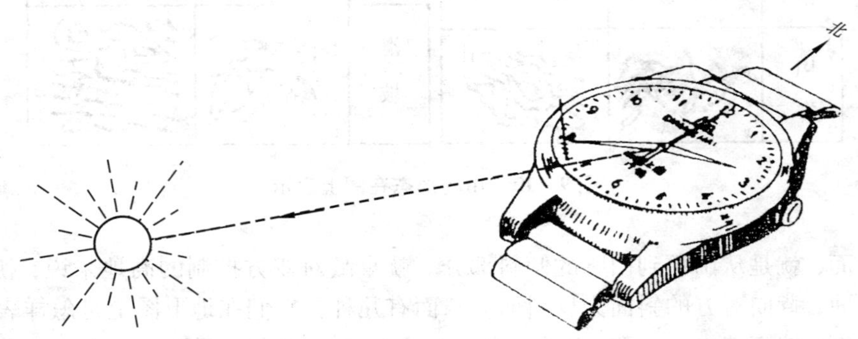

图 9－14　利用太阳和手表判定方位

(二)用太阳和手表判定方位

一般情况下，上午时，太阳在东方；12 点时，太阳在正南方；18 点时，太阳在西方。根据这一规律，可以概略地判定方位。口诀是：时数折半对太阳(每天以 24 小时计算)，12 字头指北方。如在下午 14 时 40 分，应以 7 时 20 分对准太阳，12 字头所指的方向就是北方(图 9－14)。为便于判定，还可在时数折半的位置处，垂竖一草棍或火柴棍，转动表盘，使其影子通过表盘中心。

北京标准时间是以东经 120 度经线的时间为准，如在远离 120 度经线的地方判定方位时，应将北京时间换算成当地时间。如果在北回归线(北纬 23 度 26 分)以南地区的夏季，因太阳垂直照射，不宜采用此种方法。

(三)利用北极星判定方位

北极星是在正北方天空的一颗较明亮的恒星，夜间找到北极星，就很容易找到北方。北极星位于小熊星座的尾端，因小熊星座比较暗(除北极星)，故通常根据大熊星座，也就是北凌晨星(人称勺子星)，以及仙后星座(即女帝星座，人称W星)来寻找。

大熊星座由7颗明亮的星组成，形状像一把勺子，将勺端甲、乙两星的连线向勺子口方向延长，约在两星间隔的5倍处，有一颗比大熊星座略暗的星，它就是北极星。仙后星座是由5颗明亮的星组成，形状很像英文字母W。在W字母的缺口方向为缺口宽度2倍处的那颗星，就是北极星，面向北极星的正前方就是北方(图9－15)。

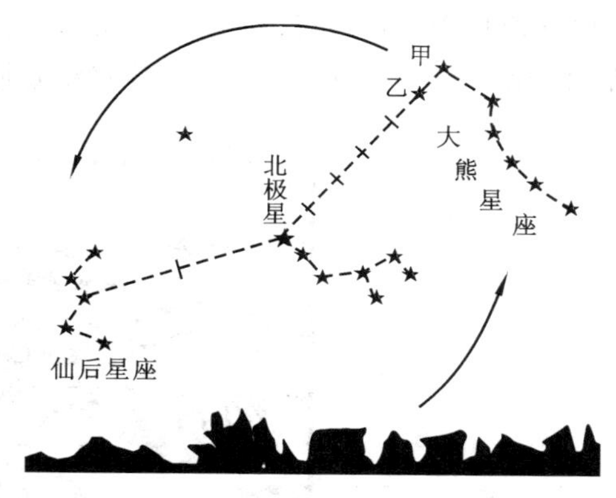

图9－15　利用北极星判定方位

(四)利用自然特征判定方位

有些地物因受阳光、气候等自然条件的影响，形成带有方向性的特征，因而可以用来概略地判定方位。利用树木判定方位。通常情况下，树木南面枝繁叶茂，树皮光滑，而北面枝叶稀少，树皮粗糙。独立大树砍伐后，树上的年轮通常北面间隔小，南面间隔大。

利用突出地面的物体判定方位。通常土堆、土堤、建筑物等突出物的南面干燥，春草早生，冬雪早化；北面则潮湿，夏长青苔，冬存积雪。土坑、林中空地的特征正好相反。

利用房屋正门判定方位。我国北方较大庙宇的正门、农村房屋的正门多朝南开。

二、地图与现地对照

图9－16　利用直长地物标定地图

地图与现地对照，就是将地图上的各种符号和等高线图形，与相应的实地地形对应起来。

(一)标定地图

标定地图就是使地图与实地的方位一致，标定地图的方法有以下几种：

1. 概略标定

先在实地判明方位，方位确定后，将地图的上方对向实地的北方，地图即已标定好了。

2. 用指北针标定

先用指北针的直尺切于地图子磁子午线，并使准星的一端朝向北图廓，然后水平转动地图，使磁针对正指标，即刻度盘的“0”分划，地图就标定好了。

3. 利用直长地物标定

直长地物是指开头直长的线状地物，如铁路、公路、电线等。首先在图上找到直长地物符号，对照两侧地形，使地图与现地的关系位置概略相符，再转动地图，使图上的直长地物符号与现地的直长地物方向一致，地图即已标好(图9－16)。

4. 利用明显地形点标定

首先确定站立点在图上的位置，再从远方选定一个现地和图上都有的明显地形点，如山顶、独立地物等，并用直尺切于图上的站立点和该地形点上，然后转动地图，使远方地形符号在前，通过直尺，向远方实地相应地形点瞄准，地图即已标定(图9－17)。

图9－17　利用明显地形点标定地图

5. 利用北极星标定

标定时面向北极星，并使地图上方概略朝向北方，然后通过东(西)图廓瞄准北极星，地图方位就标定好了。

(二)确定站立点

确立站立点，就是把自己的实地位置在图上找到。通常有以下几种方法：

1. 利用明显地形点确定

当站立点在明显地形点上时，从图上找到该地形点的符号，即是站立点在图上的位置。当站立点在明显地形点附近时，先标定地图，然后根据站立点与明显地物的相互位置关系，判定出站立点在图上的位置。

2. 利用截线法确定

当站立点位于道路、河渠等线状物上时，先标定地图，在线状物的一侧选择图上和现地都有的明显地形点，然后将直尺边切于图上该地形点上，转动直尺，瞄准现地地形点，并瞄画方向线，方向线与线状地物符号的交点，就是站立点在图上的位置。

3. 利用后方交会法确定

首先标定地图，在远方选择两个图上和现地都有的明显地形点，将直尺分别切于图上两个明显地形点符号的定位点上，再依次瞄准现地的相应地形点，并向后画出方向线，两方向线的交点就是站立点在图上的位置。

4. 利用磁方位角交会法确定

先攀上便于通视远方的树上，在远方选定现地和图上都有的两个明显地形点，分别测出到这两个点的磁方位角。然后在树下近旁标定地图，将指北针直尺边依次切于图上的两相应地形点的定位点上，转动指北针，使磁针北端指向所测得的相应的磁方位分划，并沿尺边分别画方向线，两方向线的交点就是站立点在图上的位置。

5. 现地对照地形

现地对照地形，一般是在标定地图和确立了站立点的基础上进行。其顺序是：先主要方向，后次要方向；先对照大而明显的地形，后对照一般的地形；由左至右(或相反)，由近及远；从图上到现地，再从现地到图上；以大带小，由点到面，逐段分片进行对照。对照地形，主要根据站立点与目标点及其附近地形的相互关系位置，分析比较，反复验证。当地形重叠不便观察时，应变换位置或登高观察。

三、按图行进

（一）做好行进准备

按图行进，就是利用地图选定行进路线，并在行进中不断与现地对照，以保证沿选定的路线到达预定地点的行进方法。

1. 选择路线

在行进前必须要事先选准好行进路线。选择路线时，应充分考虑和研究行进路线上可能对行进造成影响的地形因素，如地貌起伏，沿线居民地，桥梁等。部队行进时，通常要选择多条路线，以便分路行进。选择线路时应注意把握以下原则：一是有路不越野。尽可能利用道路行进，这样不仅省力，而且不易迷失方向；二是选近不选远；三是提前绕行。在起伏大、树林密集、多障碍的地段，应提前选择绕行线路。

2. 做出标记

路线选定后，应将路线及沿线选定的较明显的地物、地貌作为方位物，如转弯点、桥梁、居民地等，并用彩笔在图上做出标记，以便行进时快速查找。

3. 按序行进

路线和方位选定后，应按行进的顺序，把每段的里程、时间，经过方位物的顺序、数量、名称、关系位置和地形特征记熟，力求做到“心中有图，未到先知”。

（二）行进的方法步骤

行进途中，应边走边对照地形，预知前方要通过的方位物。在经过每个岔口、转弯点、居民地进出口等，应仔细对照地形，随时了解自己在图上的位置，做到“人在实地走，心在图上移”。具体的行进方法步骤是：

1. 靠记忆行进

按行进的顺序，采取分段或连续或一次记忆的方法，记住路线的方向、距离、经过的地形点。通过记忆，使现地的情景能够不断地与记忆内容“迭影”、印证。通常情况下，对初学者，易采用分段行进法，即在最佳线路上能通视的地段，不对照地形，而选择在辅助目标点上对照，这样一段一段对照前进；对有一定基础者可用连续行进法，即把各辅助目标点要做的工作提前，在将要到达一个辅助目标点之前，边行进边分析下段能通视地段的地形，在图上找到下一个辅助目标点，然后不作停留，连续行进；对于经验丰富者可用一次记忆行进法，即在出发点，把在地图上选择的从出发点到第一目标点的最佳线路一次性记住，不再选择辅助目标点，在将要到达第一目标前，又一次性记住到下一个目标点的最佳线路，直至终点。

2. 依点、线行进

当目标点位于高大、明显的点和线状地形或其附近时，在明确站立点后，可利用这些易于辨认的地形，作为行进的引导。

3. 按磁方位角行进

按方位角行进是按图行进的辅助方法。在地形起伏不大，无道路，有固定植被，观察不便或夜间、浓雾、风雪等不良天候条件下的地区行进，可在图上测出站立点到目标点的磁方位角，然后量出两点之间的实地距离并换算成复步数或时间（复步数 = 实地距离的米数/复步长，复步长一般为1.5米）。出发时，首先平持指北针，转动身体，使磁针北端指向下一点的方位角，这时沿照门至准星的方向就是前进的方向，然后按照方位物的方向，照直前进。行进中，随时用指北针检查前进方向，记清复步数或时间。到达目标点后，再按上述要领逐段前进，直到终点。

4. 纠错方向

行进中，如果走错路线，应立即对照地形，确立站立点在图上的位置，回忆走过的路线，然后选择迂回路或原路返回，待回到正确的线路后，再继续前进。如果条件允许，也可选择新的行进路线，向预定目标前进。

第三节　地形对军队战斗的影响

地形对战争起着至关重要的作用，是指挥部队作战的重要因素之一，对部队作战有着很大的影响。以下就我国七种常见地形的特点和对战斗起的作用作简单介绍。

一、平原与丘陵

（一）平原

地面平坦宽广，海拔一般在2000米以下的地区叫平原。它以较小的高度区别于高原，以较小的起伏区别于丘陵。我国平原的面积约占国土总面积的12%，主要有东北平原、华北平原、长江中下游平原。

1. 平原地形的特点

地面平坦、交通发达人烟稠密、物产丰富，大部分为耕种地。因其地理位置不同，特点也不同。

北方平原，如华北平原、东北平原。地势平坦开阔，起伏和缓，间有小的岗丘、垄岗，高差一般在50米以下；道路成网，四通八达，村镇之间也有公路相连；江河湖泊较少，水量变化大，雨季洪水暴涨，河水较深，枯水季节河水较浅；耕地多为旱田，夏季高秆作物生长茂盛，冬季无农作物生长；居民地多属集团式，房屋多为砖瓦结构，地下水位低。

南方平原，如长江三角洲、珠江三角洲。地形平坦开阔，除公路外，乡村小路多切多弯曲多桥梁；江河湖泊遍布，沟渠纵横；耕地多为水田；村镇小而分散；地下水位较高。

2. 平原对战斗行动的影响

军队在平原地区作战，便于机动，尤其是北方平原，更能发挥装甲、机械化部队的机动性能，有利于军队组织指挥。而在雨季，江河会对双方都形成障碍。

平原展望良好，视界、射界开阔，便于观察射击，能较好地发挥各种武器的效能，但因地面平坦，不易选择观察所，直射武器不便于超越射击。冬春季一般隐蔽伪装困难，军队在行军、集结和机动方面容易暴露意图；炮兵不易寻找良好的遮蔽阵地。夏秋季高秆作物繁茂，便于隐蔽伪装，但观察和射击又受到了限制。

北方平原有利于构筑工事，修筑野战机场；南方平原由于水稻多，地下水位高，不利于构筑地下工事。平原地区还为军队宿营、后勤补给提供了比较好的条件。

平原地区地形平坦开阔，一般无险可守，所以，居民地经常成为防御的重要依托，而独立高地、高大的土堆、土堤以及高大的建筑物则经常成为攻防双方争夺的焦点。

平原地区一般来说是易攻难守的，不过只要善于利用和改造地形，注意战场建设，就可以弥补防御的不足。

（二）丘陵地

地面起伏较缓，高差一般在200米以下的高地叫丘陵。许多丘陵错综连绵的地区就叫丘陵地。我国丘陵地分布比较广，约占国土总面积的10%，较大的有东南丘陵地、胶东丘陵地和辽西丘陵地。

1. 丘陵地的地形特点

高差不大，山顶圆浑，谷宽岭低，坡度平缓，断绝地少，山脚附近多为耕地梯田和谷地，是介于山地与平原之间的过渡地形。接近平原的地区，其高差较小，丘陵分布不多，且由于天然冲积和人工垦殖，逐渐成为不显著的波状起伏地形；接近山区的地区则高差比较大，丘陵分布密，坡度比较陡，与山交错，我国沿海各省多为此地形。

丘陵地地区一般人烟稠密，居民地多依靠山谷建立，大的城镇则多在广阔的谷地和水陆交通要冲；交通发达，仅次于平原，江河水流平缓，河面较宽，河道弯曲多浅滩。

北方丘陵地多为土质丘陵，形状圆浑，谷宽岭低，坡度平缓，树木、草丛少，斜面及山脚多为旱地、梯田，有的几乎都是旱地。

南方丘陵则多为石质丘陵，呈尖顶，坡度陡，山脊、山背狭窄，地形起伏凌乱复杂，丘陵上多为茶林、竹林、灌木和草从，部分地区还有陡坡和断绝地，山脚多为水田、梯田。

2. 丘陵地对战斗行动的影响

丘陵地对军队的机动和各武器装备的使用，一般限制较小。因为丘陵地形有起伏，所以具备一定的隐蔽条件，并且通行条件好，有利与各兵种组织指挥、通信联络、隐蔽机动、协同作战；展望良好，射界开阔，有利于选择良好的制高点、指挥所、观察所和各种射击、前进阵地；土层厚实，材料丰富，有利于构筑野战工事。

丘陵地不论攻击防御都有利于部署兵力，攻击方可以隐蔽接近敌方实施迂回包围，防御方则可以利用丘陵地形起伏较多实施多纵深多层次、支撑点式环形防御。

丘陵地与平原一样适合大集团部队作战，而且由于丘陵地地貌起伏多，作战不会像平原那样以争夺居民地为主，而是利用错综复杂的丘陵，占领制高点，以争夺高地为主的战斗。

二、山地与高原

（一）山地

地面起伏显著，高差一般在200米以上的高地叫山。群山连绵交错的地区叫山地。中国山地分布很广，约占国土总面积的33%，其中较大的有：东北的大、小兴安岭和长白山（图9－18），北部的阿尔泰山、阴山和燕山，西部的天山、昆仑山、唐古拉山和喜马拉雅山，西南的横断山脉，东南的南岭和武夷山，中部的秦岭、太行山和大别山。

地势高而地面比较平缓宽广，海拔一般在500米以上的地区叫高原，我国有青藏高原、云贵高原、内蒙古高原。

1. 山地的地形特点

山地的特点是：山高坡陡谷深，地形断绝，山顶高耸，山背、山脊纵横起伏。中国山地高度多在1000米以上，西部山地更是大多在4000米以上，山地的高度差一般在500～1500米，

图 9－18　长白山

有的地方达到了 2000～4000 米，坡度一般为 30～50 度，有的高达 50 度以上。道路稀少，多为乡村小路、隘路，有的地方还是栈道，道路质量不高，弯多坡大，河床窄小，水流湍急，落差大，人烟稀少，物资匮乏，在高山地区空气稀薄，气象变化大，山顶与山脚之间、昼夜之间温差变化大。

山地由于所处地理位置不同，其特点也各不相同。沿海地区山地海拔不高，高差却显著，坡度比较陡，人员也比较密集，道路多，气候温和。高原山地除少数地区起伏平缓外，大多山是很高的，且高度差大，人烟稀少，交通不便，气候、温差变化大，山上常年积雪，山下则是温暖如春。南方山地一般是顶尖坡陡，谷窄岭狭，山形凌乱，丛林密布，峡谷中多河流，河岸陡峭，夏季经常爆发山洪，道路多沿河而筑，水源充足，北方山地一般山顶圆浑，山脊延伸变化不明显，斜面坡度较缓，谷宽林少石多，河流少，水源不足。

2. 山地对战斗行动的影响

军队在山地作战，由于山地起伏急剧，形成地形割裂断绝，军队运动困难，装甲部队、炮兵、机械化部队只能沿公路、平坦谷地行动，大集团行动也受道路限制，人员体力消耗增大。由于高山多，判定方位困难，容易迷失方向，观察、射击死角多，联络、指挥协同会比较困难，不过有利于选择良好的制高点、指挥所，有利于隐蔽伪装。

土质山地容易构筑坚固的坑道工事，而石质山地挖掘艰难，作业效率低，且道路少而小，运送不容易。山地的制高点、山垭口和隘路经常是山地战双方争夺的要点，占领这些地方对本方战术的实施、作战的支援都能起到至关重要的作用。

山地进攻利用山间谷地、丛林，有利于隐蔽集结、突然攻击，有利于实施穿插迂回、包围和埋伏；还有利于熟悉山地作战的部队进行近战、夜战、独立作战和开展游击战等特长（山地地形割裂，部队机动困难，不利于指挥和联络，所以需要有熟悉山地作战的部队）。

山地防御以构筑坑道工事为主，野战工事辅助而结合的环形阵地，可以依靠山势驻守，也可以利用山洞、丛林和其他具有隐蔽条件的地段设置隐蔽的火力点，还能利用山洞、隧道和坑道隐蔽部队和储备物资。山地由于自身结构不能构建连续相连的防御阵地，因为这样容易形成间隙和暴露自己的侧翼。

总而言之，山地地形对攻防双方都是有利有弊的，不过一般来说还是易守难攻。而专业的山地部队的建立更是必需的。

（二）高原

1. 高原的地形特点

地势高，地面平坦开阔，多为盆地，少数为宽谷地。高原地区空气稀薄，气象多变，气压低，温差大。大多数地区地广人稀，道路少，还有些地区气候寒冷，风多且风向不定，多风暴和雪崩。

2. 高原对战斗行动的影响

高原地区视野广阔，而且由于交通不便，部队机动困难，特别是技术兵器使用受到了限制；而空气稀薄，对部队成员的体力消耗很大，难以进行大运动量的活动。不过有些汽车可以越野行驶的盆地，地形开阔有利于各兵种协同机动。高原地区的通信联络和工程作业难度很大。

在高原地区作战的部队，人员都会出现不同程度的高原反应，并且容易发生冻伤、雪盲、呼吸和消化系统的疾病，由此引发的非战斗减员时有发生。同时武器和技术兵器的效能也会受到一定的影响。由于高原地区无法就地补给，所以必须依靠自己的后勤体系，而此地区的地形也决定了其后勤保障是艰难的。

三、岛屿和海岸

（一）岛屿

岛屿是散列于海岸、江、湖中的陆地。面积大小不一，通常大的叫岛，小的叫屿。我国岛屿众多，其中台湾岛最大，海南岛次之，其他还有常山列岛、舟山列岛、万山群岛和南沙群岛等，面积在500平方米以上的有6500多个。

海水面与陆地接触的滨海地带叫海岸，海水面与陆地相接触的分界线叫海岸线（通常是指海边多年的大潮高潮时所形成的海水痕迹线）。我国大陆海岸线北自鸭绿江口，南至中越边境的北仑河口，总长18400多千米。

1. 岛屿的地形特点

四面环水，面积狭小，多为列岛或群岛，少数为孤岛。一般岛上多山，坡度陡峭，地形复杂，海岸线弯曲，岸陡滩狭，道路少，居民少，淡水缺乏，多数岛上土壤贫乏，植被较少，不过热带地区的岛上丛林茂盛。岛屿气象复杂多变，夏季台风威胁大，有些岛屿之间水浅礁多，航道狭小。岛屿对战斗的影响主要由岛屿的位置、形状、大小、岛上的地形以及港湾、交通和给水条件决定。岛屿是捍卫大陆的天然屏障，是海军作战的重要依托，也是战略反攻和追击敌人的前进基地。

2. 对战斗行动的影响

一般来说，岛屿是不利于进攻的。因为岛上多山，地形险要，利于登陆的地点少，便于守军依托有利地形，构筑以坑道为主的坚固的防御阵地；并且岛屿四面环水，部队机动和补给受限，通信联络上也是受到限制，协同指挥困难。在进攻岛屿时，由于岛屿内多险峻山地，沿海海岸岸陡滩狭，登陆战受很大的限制。而航渡时，战斗队形容易暴露于海面，遭受到来自空中、海上和岛屿上的火力攻击。海洋气候多变，风浪和海潮也会对部队的航渡造成影响，并增加疲劳。

（二）海岸

1. 海岸地形的特点

海岸是抵抗敌对方入侵的前沿阵地，它对部队行动的影响主要取决于海岸的曲折程度，港湾的大小、滨海地形、近岸岛屿以及潮汐等。

海岸依照性质可分为泥岸、岩岸和沙岸。

2. 对战斗行动的影响

泥岸多与平原相连，其特点是岸滩多淤泥，岸线直、岸坡缓，涨落潮界线距离远，不利于部队登陆，并且泥岸泥泞多水，技术兵器很难发挥作用，构筑工事也非常困难。

岩岸多为山地延伸入海，特点是岸高且陡，岸线曲折，土质坚硬，近岸多岛屿、礁石，滨海地形起伏大，港湾多。这种海岸的登陆地段小，不利于展开和靠岸，技术兵器的使用也受到限制，向纵深发展困难。对于防守来说则是优良的防御阵地，可以依托要点进行纵深梯次防御。

沙岸多由丘陵延伸入海，特点是岸线比较曲折，港湾多，岸坡短平，地形隐蔽。这种海岸可以用于登陆的地段就比较多，舰船也容易靠近，可以有规模的使用技术兵器，有利于向纵深发展。对防御来说则有利于控制要点和隐蔽机动兵力和兵器。港湾是舰船抛锚、停靠和装卸物资的地方，是海军作战的依托，也是战争双方的主要争夺目标。海岸突出部、沿岸高地和近岸岛屿是防御的重点。

四、沙漠与戈壁

在地表面覆盖厚薄不一的沙层而形成广阔的沙砾地区叫沙漠。在硬土层上覆盖这砾石的广阔荒漠地区叫戈壁。它不同于沙漠，但戈壁内部往往有沙漠。中国的沙漠与戈壁大多分布在西北地区，约占全国总面积的30%。

我国较大的沙漠有：塔克拉玛干沙漠（图9－19）、古尔班通古特沙漠、巴丹吉林沙漠、腾格里沙漠、毛乌素沙漠、乌兰不和沙漠、库不齐沙漠和枯木他格沙漠。戈壁一般对分布在大沙漠的边缘地区，但也有独立分布的。比如内蒙古阴山山脉以北和以东地区，居延海以西地区，河西走廊，柴达木盆地（图9－20）和新疆的广大地区。

图9－19　塔克拉玛干沙漠

（一）沙漠与戈壁的地形特点

沙漠地形多为平坦的沙地和在风力作用下形成的各种沙丘、沙垄和沙质洼地。一般分为固定沙丘、半固定沙丘和流动沙丘。

固定沙丘：沙丘一般高 10～30 米，坡度 20 度左右，泥土成分较多，土质松软，夏秋季节杂草、灌木丛生，各沙丘之间有比较平坦的草甸和小面积的沼泽，部分草甸中有水井。

半固定沙丘：沙丘一般高 10～40 米，坡度 20 度以上，风蚀严重，沙丘形状常随风力部分改变，有一定的泥土成分，下限力小。且沙丘植被覆盖面积约 40% 到 50%，杂草和灌木丛多成小片分布在沙丘上。

流动沙丘：面积较小，高度也不一定，外部轮廓常随风改变，位置移动，春季为活动期，夏季为稳定期。

戈壁地区，地势平坦，表明布满一层大小不一有棱角的石块或卵石，砾石粗沙混杂，地面不生长植物或只生长一些草类，缺少水源，但在积雪融化而成河流的流经地区水源较好。道路少，但地表坚硬。

沙漠与戈壁地区是属于干燥气候地带，气温变化剧烈，夏季酷热，温度高达摄氏 50～60 度，冬季严寒，温度低达摄氏零下 20～30 度，昼夜温差大；并且雨量少，大多数地区全年降水量不到 250 毫米；风多且大，特别是风口地带，狂风到来，飞沙走石。

图 9－20　柴达木盆地

（二）沙漠与戈壁对战斗行动的影响

沙漠、戈壁地形特殊，气候恶劣，温度变化大，多暴风沙，水源缺乏和交通不便，是影响部队行动的主要因素，给部队行动带来了许多不便和困难。

沙漠和戈壁地形开阔，视野、射界良好，但是部队隐蔽和伪装困难。由于缺乏方位物，部队在沙漠地区行动判定方位困难，加上风沙弥漫，极易迷失方向，经常需要用方位角维持方向，有时飓风卷起尘沙，不但通行、视野困难，而且有被流沙淹没的危险。戈壁地面坚硬，便于机械化部队行动。沙漠地面松软，车辆通行困难，人员行动体力消耗增大。沙漠和戈壁气温变化急剧，昼夜温差大，容易使部队中暑和冻伤；气候干燥、风沙大对人体黏膜部分危害很大，武器、车辆机件也容易受损；并且水源缺乏，宿营补给困难，后勤保障任务很重。

五、居民地

人们按照生产和生活需要而形成的集聚定居的地区叫做居民地。根据性质和人口可以分为城镇和村庄。

(一)居民地的地形特点

城镇一般都是某一地区的政治、经济和文化中心，又多是交通枢纽，一般依山傍水、临河或临海、临湖而建，人口众多，房屋密集，建筑物高大而坚固，还拥有地下建筑和防空工事设施，街道排列整齐，纵横交叉，交通方便，有机场、港口、铁路、公路等运输设施。城市之间都是公路、铁路相连接的。村庄则是较小的居民地，人口不多，房屋比较矮小，有村级公路相连。

(二)居民地对战斗行动的影响

居民地对战斗行动的影响程度取决于它的大小、所在位置、建筑物状况和附近地形条件等一系列因素。

大的居民地通常是战场的争夺点，是双方航空兵、炮兵、导弹的主要攻击目标。特别是那些地处交通要道，且战略位置极其重要的城市，更是战争双方争夺的焦点。居民地有利于构建坚固的防御阵地，适于近战、巷战和小分队作战。可以利用城市现有通信设备组织部队通信联络，也有利于部队宿营和后勤补给，但侦察、指挥和协同不便，战斗队形容易被分割。城市附近的高地、交通枢纽、桥梁、渡口和机场、火车站、发电厂、水源以及重要的工业区经常都是战争双方的争夺目标。

思考题

1. 常用地形图的比例尺有哪些?
2. 什么是地形图的坐标系统?
3. 判定方位的方法有哪几种?
4. 按图行进的注意事项有哪些?

第十章　综合训练

教学目标：了解行军、宿营的基本程序、方法，培养野外生存能力。

第一节　行军

综合训练是大学生军事训练工作的重要环节，一般采取野营拉练的形式。野营拉练是大学生集中军训的一个重要项目，它借助这一形式让大学生走出校园，通过行军、野营、战术演练等内容，提高大学生在各种复杂的条件下，快速集合，快速运动，锻炼其走、吃、住的本领及野外生存能力；重点检验大学生长途行军的能力，培养大学生过硬的军事作风，加强组织纪律观念，磨炼大学生的意志；同时全面考察教官和带队老师的组织能力和工作能力，提高集体凝聚力和战斗力。野营拉练包括行军、宿营、野外生存等训练内容。

行军是军队成纵队沿指定路线进行的有组织的移动，是军队机动的基本方法。行军的方式，有徒步行军、乘车行军和两者结合的行军；按行军的强度分，有常行军、强行军。作战时，善于行军对争取主动，形成有利态势，保障顺利完成任务具有重要意义。

行军的方式和强度，根据任务、敌情、地形和部队行军能力而定。常行军，徒步日行程为25～35千米，时速为4～5千米/小时；乘车日行程为150～250千米，昼间时速为20～25千米/小时，夜间时速为15～20千米/小时。强行军，以加快行军速度和延长行军时间的方法实施。如1947年晋察冀野战军在清风店战役中，一昼夜走了120余千米，为抓住和歼灭敌人创造了有利条件。

行军通常在敌地面、空中的火力威胁下实施，应保持充分的战斗准备，周密组织计划，加强各种保障措施，迅速、隐蔽、安全、按时到达指定地域。行军部署，是根据任务、地形、敌情，将部队编成一至数个行军纵队，便于指挥、行进和迅速展开。各个纵队区分为前卫、本队、后卫、侧卫等部分，必要时还应派出先遣支队，以先敌占领重要地形和要点，查明情况，掩护主力行动。加强各种行军保障措施，就是全面组织侦察、警戒、伪装、电子对抗、防空，以及对核、化学、生物武器袭击的防护，加强技术保障、道路与工程保障、后勤保障、调整勤务等。行军过程中，应严格遵守规定的序列、速度、距离、安全和隐蔽措施；适时组织大休息和小休息。行军部队除特殊情况外，不能互相超越。行军纵队如互相交叉时，要根据情况、任务急缓程度，指挥调整通过。

现代作战，战场范围广阔，军队的机动更为频繁，行军的地位更加重要。由于航空兵、远射程武器和电子侦察技术的广泛运用，远距离发现和监视目标能力的提高，空中威胁的增大，行军企图不易隐蔽，指挥通信容易中断，道路、桥梁易遭破坏，给行军带来新的难题。

图 10－1　大学生军训中的行军

一、行军的组织与准备

大学生军训中的行军，应在完成所有训练任务的基础上在最后期安排。通常昼间组织实施。根据行军人数、道路状况、天候季节，日程按 25～30 千米、时速 4～5 千米/小时为宜。充分做好行军的组织与准备，是完成行军任务的重要环节。行军的组织与准备通常应包括正确选择行军路线；周密制订行军计划；合理编成行军队形；做好充分的思想动员。

（一）正确选择行军路线

选择行军路线时，要根据校区所在的位置和参加行军的人数以及天候、季节等特点合理选择行军路线，应尽量选择离市郊最近、路口和车辆最少的路线，以便使队伍尽快走出市区，保证正常的行军。同时，应考虑选择便于安排大、小休息点，便于行军保障车通行，便于选择返回路线和便于设置各种情况的路线。

（二）周密制订行军计划

选择好行军路线后，首先应组织有关人员实地行走，勘察已选定的行军路线，了解途经地形、路况、桥梁、路口、河流、坡度等有关情况，制订适合学生的行军计划。在制订行军计划时，要注意以下几个环节：一是要明确行军总里程，计算各不同路段的长度、宽度和坡度，以便合理掌握行军速度；二是要规定每段的行军队形、行军序列和行军速度，以便保证正常的行军；三是要明确大小休息点和具体时间，以保证大学生的休息和保持体力；四是要明确各级指挥员和医疗保障组的位置；五是要明确行军中各种联络方法和信、记号的规定；六是明确设置各种情况（炮火封锁区、雷区、染毒地段、防敌侦察等）的具体位置和范围；七是要明确遇到各种突然情况时的处置方法等。

（三）合理编成行军队形

行军队形，是指队伍在行军中所采用的各种队形。通常有一路纵队、二路纵队或三路纵队、四路纵队。行军队形的编成应根据行军人数、路况、地形、桥梁、路口等综合因素而定。在市区通过路口时可采取四路纵队或三路纵队快速通过。在一般乡村公路可采取二路纵队（左、右各一路），在乡村小路可采取一路纵队。在编排行军队形时，应尽可能按原有的建制编排，各级指挥员位于本部(分)队的先头，带队老师或班长位于本分队的最后，以便管理和指挥。编排行军队形时，应训练在行进间各种队形的变换方法。如，一路纵队变换成二路纵队、二路纵队变换成四路纵队，四路纵队变换成三路、二路纵队，再从二路纵队变换成一路纵队等，以便在行军中根据需要随时变换行军队形。

(四)做好充分的思想动员

根据大学生的特点，集中进行专门的行军动员。通过动员，使大学生明确行军的目的、意义；树立吃苦耐劳、勇于克服困难的勇气和信心；加强集体主义、革命英雄主义精神；增强互相帮助、互相关心、互相爱护、助人为乐思想；提高遵守纪律的自觉性。同时应专门制订和宣布行军纪律和注意事项，使学生有充分的思想准备；要明确统一的着装、个人应携带的物品、各专业需要准备的物品、行军指挥组应准备的器材、后勤保障组需要保障的事项、医疗保障组应准备的各种药品；明确遇到各种突然情况时的报告和处置方法；明确各种信、记号的规定等。行军动员应按全校、学院、专业、班级的顺序进行。

二、行军的各种保障

为了顺利完成行军任务，防止各种事故的发生，必须做好行军的各种保障工作。

(一)通信保障

行军中，必须保障通信畅通，使指挥员随时了解行军中的所有情况，以保证正确的组织和指挥，一般可采用对讲机或其他移动通信器材。

(二)医疗保障

行军中因天气、饮食、体力等原因，可能会发生各种伤、病等情况。因此，必须安排医疗保障人员跟随，并配备各种常用药物，以保证及时处置临时的医疗问题。

(三)车辆保障

行军中，要安排指挥车、收容车和应急车辆。收容车和应急车应在行军队伍的后面跟进，负责收容掉队人员和及时送重病号到医院。

(四)安全保障

行军中，各级都要组建安全组，负责车队的安全工作，随时清点人数，发现问题及时报告，妥善处理中暑、中毒、受伤、掉队等意外情况，保证整个行军的安全无事故。

(五)宣传保障

行军中，各级都要成立宣传组。利用标语、口号等多种形式进行宣传、鼓动，活跃气氛，消除疲劳，鼓励全体人员坚持到底不掉队。

三、行军的管理与指挥

(一)遵守行军规定

1. 遵守行军时间

分队在上级的行军纵队编成内行军时，应准时到达出发点，加入上级规定的行军序列。应按上级要求准时出发，准时通过各调整点，准时到达目的地。

2. 保持规定的行军速度、距离和序列

行军中，因一些特殊情况，延误了行军时间或不能保持平均时速时，应当适时调整行军速度，保证按时到达目的地。要加强前后联络，当与前面拉大距离时，不要急于追赶，要适当加快速度，逐步赶上，不得随意超越或停下，以保持规定的行军序列。

3. 严格遵守行军纪律和交通规则

未经上级允许不得随意改变行军路线。在通过桥梁、渡口、隘口、岔路口等道路被堵塞时，不得争先抢行，应按照上级规定的顺序和调整哨的指挥迅速通过。如无专人负责调整、指挥时，分队指挥员应及时查明原因，妥善处理，尽快恢复正常的行军。

（二）正确掌握行军路线

行军中，指挥员应用行军路线图（地图），随时对照地形，不断查看沿途的标志点及路标，随时判明所到位置，正确掌握行军路线。当通过交叉路口时，应弄清所要前进的方向和道路。当对行军路线产生怀疑时，应当立即停止前进，利用地图仔细与现地对照或询问居民，待明确正确行军路线后继续前进，必要时可请向导带路行进，以防走错路。

（三）适时组织休息

行军中的休息，应由行军总指挥员按行军计划统一掌握。小休息，一般在开始行军30分钟后进行，其时间为15分钟，这时人员要抓紧时间检查，调整携带的装具和物品，以便转入正常的行军，以后约为50分钟休息一次，每次10分钟。大休息，通常在完成当日行程一半以上后进行，应离开道路，以营（连）为单位，进入指定地域疏散休息和用餐，使人员保持饱满的战斗情绪，做好迅速转入行军的准备。

休息时，人员不准随意离队。出发前，应清点人数、打扫卫生、消除痕迹。

（四）果断处置各种情况

遇敌空袭时，指挥员应指挥队伍迅速向道路的一侧或两侧疏散隐蔽。如果空袭情况不严重或行军任务紧迫时，分队则应以疏散队形，增大距离，加快速度前进。

遭敌核、化学武器袭击时，指挥员应指挥人员就近利用地形防护，人员应迅速穿戴防护衣罩，就近隐蔽防护。

通过受染地段时，指挥员要指挥分队尽量绕过受染区。当时间紧迫又无法迂回时，应增大距离，以最快的速度通过。通过时，人员除穿戴好防护衣、罩外，还应对武器和携带物品进行防护（可用毛巾、塑料布等就便器材进行防护）。通过后，应及时洗消检查，人员要口服抗辐射药物，喝足开水，排泄大小便。

第二节　宿营

宿营，是部队离开常驻地执行各种任务时的临时住宿，宿营可采取舍营、露营或两者结合的方式进行。

一、宿营地的选择

大学生军训需在外住宿时，一般应采取舍营，即专用帐篷宿营，或住宿在居民家。舍营通常根据人数（包括男生人数、女生人数）预先联系安排。宿营地通常符合下列条件：

1. 避开大的集镇、交通枢纽等明显目标；
2. 避开易发洪水、崩塌、泥石流等危险区域；
3. 避开疫区、传染病流行村落；

图 10－2　大学生军训中的宿营

4. 方便生活，尽量靠近有水源的地方；
5. 有畅通的进出道，便于疏散、隐蔽、集结的区域。

二、宿营的安排与管理

宿营地点选择好后，宿营负责组应提前到达宿营地与当地乡、镇、村和当地武装部、公安部门联系，得到他们的支持和帮助。根据各系、各专业男、女生人数和当地老百姓分散居住的实际情况合理安排住宿，每户不得少于 5 人，并指定每户的负责人。负责人通常由部队教官、带队老师和学生干部担任。入住前应告知每个学生总指挥部、医疗保障组、各系、各专业负责人所住的位置和通信联络方法，以及第二天集合的场所等相关事宜。

宿营安排结束后，各级指挥员应组织学生做清理垃圾、打扫卫生、挑水等群众工作，同时深入各宿营点检查住宿、伤病等情况，及时妥善处理，并督促学生尽快休息。离开宿营地时要清扫住地，支付相关费用，征求群众意见，检查群众纪律，并向群众道谢。

第三节　野外生存

野外生存，就是人在食宿无着的山野丛林中的求生。无论是任何条件下，任何人遇到任何困境时，掌握野外生存知识越多，生存几率就越大。因此，即使没有战争，学习和掌握一些野外生存的相关知识也是十分必要的。

一、露营

所谓露营，就是指在无居民及农作物可利用的山岳、丛林、沙漠、戈壁、草原、沼泽地等环境下的设营。

(一)山地露营

山地露营时，应把露营地选择在避风、有水、防洪、防崩、防塌的区域，应避开任何危险地段。通常用制式器材和就便材料架设帐篷或搭建草棚。搭棚时通常以班或组为单位组织，不能成片砍伐林木，破坏天然伪装。帐篷、草棚周围要挖排水沟，铲除杂草，必要时撒些草木灰。

在高山区，特别是在有可能吹倒帐篷或草棚的暴风雪地，最好构筑地窖式简易草棚。

(二)沙漠、戈壁、草原的露营

在沙漠、戈壁、草原露营时，露营地应选择在绿洲或具有水源的地方。露营时，以制式器材和就便材料架设帐篷或搭草棚为主，结合垒石墙、挖土壕(坑)设置露营地。搭设帐篷时，应避开风口，避开迎面风，帐篷应尽量低下，多设固定钢杆和拉索，用土或雪尽量将帐篷布下角埋设压紧，以防被风吹倒。根据不同的地形和季节，注意防洪水、防暴风雪(沙)、防泥石流等，并注意节约燃料和用水。

(三)酷暑条件下的露营

在酷暑条件下露营时，可采用搭遮棚或搭设吊床的方法露营。搭遮棚时，位置应选择在干燥、通风的缓坡上，要避开大树、陡崖峭壁，以防雷击或塌方。遮棚和吊床周围要挖排水沟，铲净杂草，必要时撒些草木灰，以防毒蛇、毒虫的侵扰。就地取材时，应注意不要成片砍伐草木，以保护天然伪装。

(四)严寒条件下的露营

在高寒地区露营时，人员应尽量减少在外停留的时间，以防冻伤。通常采用搭帐篷、建草棚、挖雪洞、堆雪墙、筑雪房等方法。有条件时，还可在棚舍内燃火取暖，但必须指定值班员，以防火灾、一氧化碳中毒或棚房(墙)的倒塌等事故的发生。露营时，应尽量吃热食、喝热汤或热开水，以增加热量。睡觉前应多用雨衣(布)、干草等隔潮材料铺设地铺，以防潮和保暖。睡觉时，注意避风和防寒，可采取两人合睡的方法，同盖棉被、大衣相互依靠取暖。

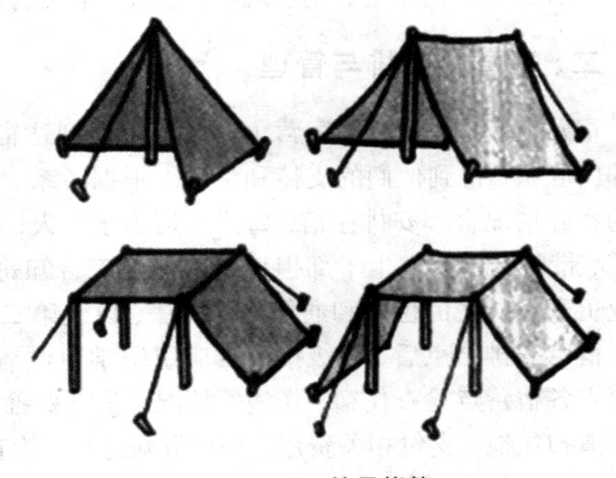

图 10－3　简易帐篷

二、简易帐篷、草棚及吊床的架设

(一)简易帐篷

夏季，使用简易帐篷在野外露营，其样式较多。可用雨衣、塑料薄膜、盖布、军毯、帆布等，搭设成屋顶形、一面坡形、伞形等简易帐篷(图 10－3)。简易帐篷的形状，可根据装备和就便用材料大小、数量和人数灵活确定。例如，可以将方形雨布连接起来，将绳子或背包带在两树之间固定就可搭成屋顶形、单面形等简易帐篷。

(二)临时遮棚

临时遮棚一般是在夏季有树林、蒿草、高秆农作物的地方，利用自然条件搭设的各种遮棚。例如利用树干为支架搭设的屋顶形草棚，利用断崖、断壁等地形、地物以木杆搭设的斜面形的草棚，利用蒿草、树枝搭设的偏厦等。在冬季，棚围应用雨衣、篷布、柴草等围盖，棚顶和周围空隙用草堵实，再加盖一层积雪或草皮，以便保暖和伪装。

（三）吊床

丛林地带地面潮湿，毒蛇、毒虫多，在地面搭铺易受其侵害，因此，吊床非常适用(图10－4)。若无制式的吊床，可用帆布、毛毯、伪装网等制作简易的吊床。吊床的两端拴在两棵树上，上面再拉一根绳子，搭上方块雨布，四角用绳子系牢，便形成一个吊床帐篷。

图10－4 吊床

三、野炊

野炊，就是在野外将自身携带的食物以及野外采觅到的食物进行处理和加热，供人们更好地食用的过程，是野外生存的一项重要内容。

（一）野炊位置的选择

野炊时，野炊位置通常应选择在隐蔽条件好、附近有良好水源的地方，最好选择在山坡、沟坎、水渠、森林、居民地等。

（二）锅灶的设置

野炊时，锅灶设置可采取自备野炊灶、就地挖灶、就地垒灶三种方法进行。

当无制式炊具时，可利用就便器材进行，如钢盔、饭盒、脸盆、罐头盒、石板、铁板等，用来煮饭、煮面、熬汤、烙饼等。

（三）野炊的组织

组织野炊时，应根据地形、器材、人员构成、可食食物等情况合理分组，各组要明确分工。如挖灶、架锅、取水、拾柴、烧火、操作等，充分发挥每个人的特长，齐心协力，在最短时间内完成野炊。

四、野生食物的识别与食用

野生食物，是在野外生存的重要食物来源，通常包括：野生植物、动物、昆虫、鱼类等。

识别野生食物，主要是鉴别野生动、植物是否有毒。在野生动物中，除海洋中外形奇特的鱼类、贝壳、鲨鱼和少数江河中的河豚，以及部分动物的内脏有毒不能食用外，其他均可食用。可食野生动物，一般应除去皮毛和内脏后，煮熟其肉食用。猎捕野生动物，需要在专家的指导下经过训练和实践方可逐步掌握。另外，昆虫也是野外生存能获取的动物性食物资源。全球可食用的昆虫超过1900种，通常可食用的昆虫有蚂蚁、蝉、蟑螂、蟋蟀、飞蛾、蝗虫、蚱蜢、螳螂、蜜蜂等(图10－5)。

图10－5 可食用昆虫

在野生植物中，很多植物可食用。在我国就有2000多种可食用植物，可食用植物可分为三大类，即根茎类、野菜类和野果类。松树、柳树、杨树、榆树、白桦树的内皮也可食用。

鉴别有毒、无毒，可食、不可食植物，需要在专家的指导下经过长时间训练才能掌握。这里介绍几种简单的鉴别野生植物有毒或无毒的方法，供紧急情况下使用。

1. 将采集到的植物割开一个小口子，放进一小撮盐，然后仔细观察是否改变原来的颜色，通常变色的植物不能食用。

2. 挤榨一些植物的汁液涂在体表（如前上臂、肘部）等敏感部位，如起疹或肿胀不适时，就不能食用。

少量试尝不能确定的植物的果、球根、块茎、叶枝等，如食后感觉喉咙痛痒，有很强的烧灼感或刺激性疼痛等时，应弃之；反之，即可认为这种植物能够食用。

五、获取饮用水的方法

生命离不开水，水对人的生存至关重要。在野外获取饮用水时，要组织人员寻找水源或采集、处理用水，以弥补水的不足。

（一）寻找水源

寻找水源是野外大量取水的唯一方法。一旦找到充足的水源，不仅解决了野外所需的饮用水，而且解决了其他生活用水。所以，在野外应尽可能地寻找和利用大自然提供给我们的水源。寻找水源的方法很多，主要有，根据地形找水源，根据植物生长特点寻找浅层水，根据动物生活习性寻找水源等。

1. 根据地形找水源

地形、地貌反映了地下水的储存场所和运动的特点，因而我们可以根据某一地区地形、地貌的特点，来判断该地区有无地下水以及发现地下水的位置。

根据地形寻找水源的方法，可以归纳为以下几句顺口溜：

万山丛中一盆地，寻找水源较容易。
洼地连成串，暗河在下边。
崇山峻岭水源多，山谷岸边有清泉。
山区平原交界线，多有储藏地下水。
探寻承压水，多找平原和盆地。
岩溶地形水源多，地貌迹象是线索。
群山抱洼地，地下水富集。
山扭头，有水流。

2. 根据植物生长特点寻找浅层水

植物生长与水息息相关。因此，我们可以将某地区植物的生长和分布作为寻找地下水源的线索。通常植物生长茂盛之地往往有水源。另外，观察树林的生长状况也可判断有无地下水。如正常生长的树，生长正直良好的地方，地下水埋藏深一般在 1 ~ 2 米；树木生长东倒西歪，除了树木本身有病外，大部分是因地下水忽多忽少所致；树木上部歪，这是由于缺水而根扎不下去的缘故；树生长时自然形成的倾斜，表明倾斜方向有水流。另外，与地下水串通的大裂隙、落水洞口的石头，其表面经常潮湿，常常长满苔藓，而与地下水无关的石头则没有苔藓。因此茂盛的苔藓也是寻找地下水的标志。同样，植物在季节变化过程中呈现出的与众不同的特点，也是寻找水源的依据。在通常情况下，地下水出露或地下水埋藏浅的地方，冬春之季积雪融化快，春来早，树芽早萌，树叶先绿，尤其柳树更为明显；夏天受旱时，则有水处草木耐旱，不易枯萎；秋末冬初，地下水丰富的地方，树叶落得迟，花草枯得晚。久旱时，“遍野一点绿”现象也是找水线索，在这样的地方是很容易找到地下水的。

3. 根据动物生活习惯寻找水源

在各个地区，除草木生长分布特征外，鸟兽虫等的出没活动，也常常可以给寻找浅层地下水提供一些线索。

昆虫聚集，找水有利。在地下水埋藏浅的地方，往往出现下列征候：地面经常潮湿，蚂蚁（尤其是黄蚂蚁）、蜗牛、螃蟹等喜欢在此做窝聚居；冬天，青蛙、蛇等动物喜欢在此冬眠；夏天晚上因潮湿凉爽，蚊虫喜欢在此盘旋。上述征候，可作为寻找地下水的线索。

大鱼出洞，水源丰富。大裂隙、溶洞及地下河都是鱼类生存活动的场所。尤其在我国南方，许多溶洞、地下河中都有鱼。常见到的有油鱼、连拐鱼、无鳞鱼、突尾鱼等。这些鱼往往从地下河出水口跳出溶洞。这说明此地有丰富的地下水源。

鸟兽停留地，必有露天水。各种鸟类经常停留或栖息的地方会有露天水，尤其是候鸟（雁、燕等）飞行时停留或栖身的地方，定会有丰富的水源。

动物足迹，指向水源。野生动物的生存，离不开水源。寻找野生动物的足迹，判断多数野生动物运动的方向，顺着方向寻找水源，定会有收获。

（二）取水方法

1. 提取植物中的水

砍断新鲜植物枝叶放在大塑料袋里，在太阳的照射下利用蒸腾作用从中提取水分。

2. 日光蒸馏法

蒸腾取水，在地面挖一适当大小的坑，坑底中央放一收集皿，坑上悬一块塑料膜。因光线作用产生水气，水气变成水珠，下滑至收集皿中。

3. 收集雨水

雨水通常可直接饮用。下雨时，可用雨布、塑料布大量收集雨水；也可用空罐头盒、杯子、钢盔等容器收接雨水；也可挖坑收集。

4. 冰雪化水

融冰、融雪可获取所需的用水。融冰比融雪容易，只需较少热量，可以更快、更多地化出水来。如果只能用雪，应先融化小块，然后逐渐加雪即可。

5. 应急措施

在实在无水条件下，小便也可以应急解渴。实际上，小便并不污秽，只是因为心理作用，总觉得难以咽下。有条件可以做一个过滤器，在竹筒的底部开一小孔，由上顺序放入小石子、沙、土、碎木炭，将小便排泄于此，下面小孔就会流出过滤过的水。

（三）饮用水的净化

净化水可以用饮水消毒片、漂白粉精片以及明矾等药品进行，其方法为：

1. 使用净化水药片

一般情况下，一片净化水药片足够净化一升清水，两片可净化一升浊水。净化后的水在使用前，要让其沉淀 30 分钟。

2. 使用漂白剂

可以在每升清水中滴 1 ~2 滴，浊水滴 4 滴，不能立即饮用，要把水摇动一会，沉淀 30 分钟后用。因为漂白剂含有亚氯酸盐钠，净化后的水会有很淡的亚氯酸盐钠味。

3. 使用碘酒

在每升清水中加2～3滴碘酒。如果是浊水，那就要加倍滴碘酒，加了碘酒后不能立即饮用，要把水摇和一会等它沉淀30分钟后才能饮用。

4. 加炭煮沸

把水煮沸3～5分钟，这种方法能将水净化。在水中加一点炭，再加上一小撮盐，可在煮沸水同时去掉异色。

在野外，没有相应条件的情况下，也可以用一些含有黏液质的野生植物净化浑浊的饮用水。如榆树的皮、叶、根，木棉的枝和皮，仙人掌和霸王鞭的全株，水芙蓉的皮和叶，都含有黏液质，都含有糖类高分子化合物。这些植物与钙、铁、铅、镁等二价以上的金属盐溶液化合，形成絮状物，在沉淀过程中能吸附悬浮物质沉淀，起到净化浑水的作用。

第四节　野外救生常识

一、野外常见伤病的防治

（一）蛇虫伤害

1. 毒蛇咬伤

在山野丛林活动时，一旦被毒蛇咬伤，应立即用绳子、布条等在伤口上方2～10厘米处结扎，以减少毒液回流（以后每隔15～20分钟放松1～2分钟，以免被扎肢体因血阻坏死）。随即排除毒液，冲洗伤口，现场用药，而后马上送医院进一步治疗。

2. 蚊虫叮咬

在野外应尽量采取各种措施防止蚊虫叮咬，当被蚊虫叮咬时，可用氨水、肥皂水、盐水、小苏打水、氧化锌软膏等涂抹患处止痒消毒。

3. 蚂蟥叮咬

遇到蚂蟥叮咬时不要硬拔，而是用手拍打或用肥皂液、盐水、烟油、酒精滴在其前吸盘处或用烧着的香烟烫，让其自动脱落，然后压迫伤口止血，并用碘酒洗净伤口，以防感染。

4. 蜇伤

被蝎子、蜈蚣、黄蜂等毒虫蜇伤时，要先挤出毒液，然后用肥皂水、氨水、烟油、醋等涂擦伤口，还可内服外用蛇药。

（二）意外伤害

1. 昏厥

摔伤、疲劳过度、饥饿过度等都可能引起昏厥。遇到这种情况时，不要惊慌，一般过一会儿便会苏醒。醒来后，应喝些热水并注意休息。

2. 中毒

遇到中毒情况时，快速喝下大量的水，用手指触咽部使其呕吐，进行洗胃。而后，继续喝水，加速排泄，必要时立即送医院救治。

3. 中暑

当出现中暑情况，应立即在阴凉通风处平躺，解开衣裤带，使全身放松，再服十滴水、仁丹等药。如昏迷不醒，可掐人中穴、合谷穴使其苏醒。苏醒后，要补充适量的盐水和休息。

4. 冻伤

遇到冻伤，应用手或干燥的绒布摩擦冻伤处，促进血液循环，以减轻伤情。轻度冻伤用辣椒泡酒，涂擦便可见效。

5. 出血

如发生出血，应立即采取指压、包扎等方法进行止血，而后清洁伤口，进行消毒。伤情严重时应马上送医院进行救治。图 10－6、图 10－7、图 10－8 分别标注了止血点和指压区，以对不同的出血部位进行有效止血。

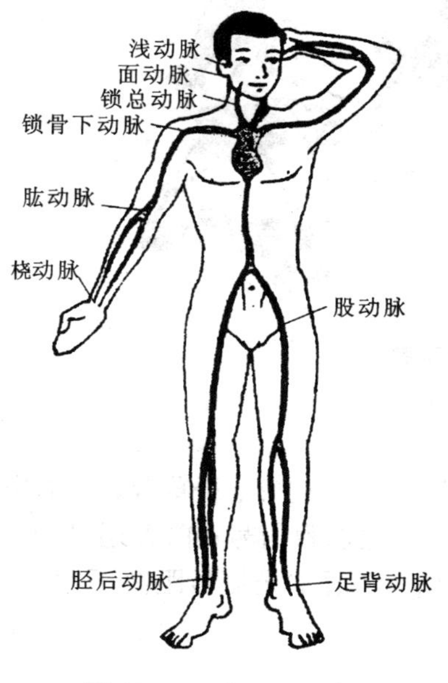

图 10－6　止血压迫点

图 10－7　前臂止血点和指压区

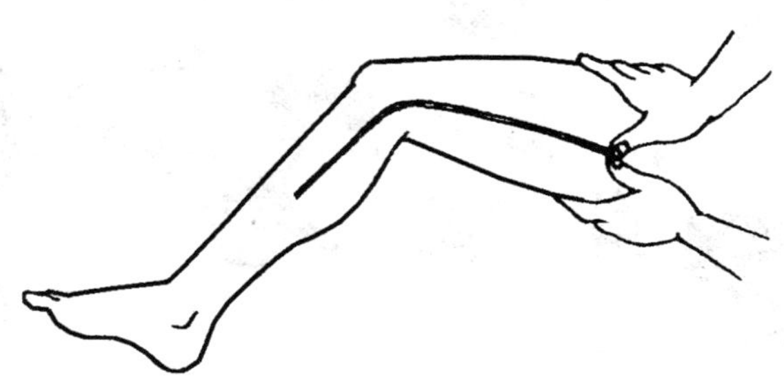

图 10－8　下肢出血止血点和指压区

6. 骨折

发生骨折时，应立即设法给予临时固定，限制活动，以防止骨折处的尖端将其周围组织的血管或神经刺伤，致使疼痛加剧和造成不良后果。

二、野外求救的方法

(一)利用声音、旗语求救

当陷入低洼的地方、密林中、塌陷物内或遇大雾、暗夜等情况需要求救时，间断性地呼救是十分必要的，也可就地取材，利用哨声、击打声呼救(图10－9)。不少类似遇险者，意志坚强，不断地呼救，最后终于获救。

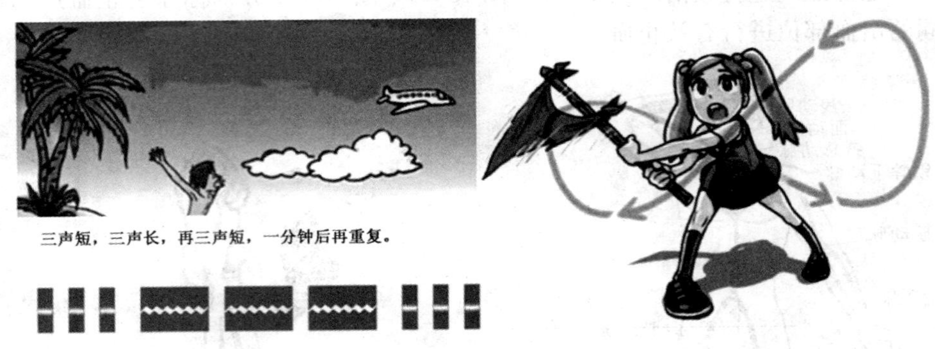

图10－9　声音、旗语求救

(二)利用烟火、光求救

在大漠、荒岛、丛林等处遇险时，白天可点燃树枝、树皮、树叶、干草等，用烟作为求救信号；夜间用火，向可能获救的方向点三堆火，用火光传送求救信号；白天还可用镜子、眼镜、玻璃片等借阳光反射，向空中救援飞机发出求救信号，通常光信号距离可达20多千米(图10－10)。

图10－10　烟火、光求救

(三)利用求救信号求救

利用求救信号求救，就是利用当今高科技的一些产品发出求救信号。现代科学的发展，各种现代化的工具如手机、电脑、卫星电话等都可以十分方便快捷地发出求救信号。最广为人知的是“SOS”国际通用的求救信号。“SOS”是“Save Our Soul”(救救我们)的缩写，在荒原、草地、丛林的空地上都可以用各种形式写上“SOS”大字求救(图 10－11)，往往能够取得良好的效果。

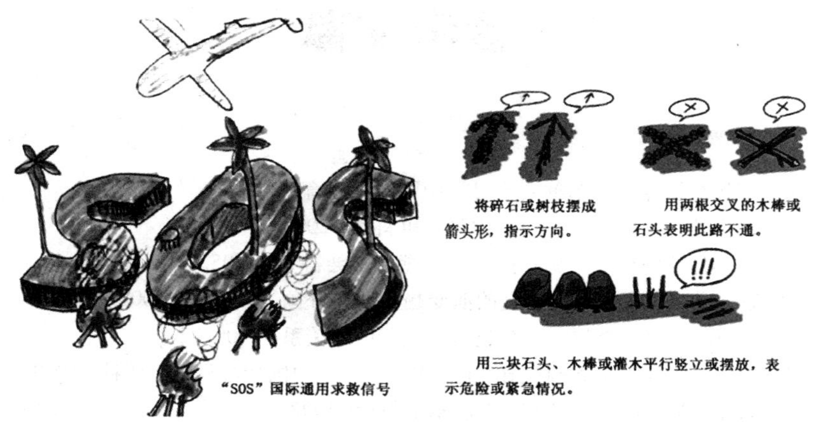

图 10－11 求救信号求救

思考题

1. 简述行军的组织与准备工作。
2. 宿营地的选择应注意哪些问题?
3. 露营应注意哪些安全问题?
4. 获取饮用水的方法有哪几种?
5. 野外蛇虫伤害怎样处理?
6. 野外求救的方法有哪些?

参考文献

[1] 许和震. 开展创新教育培养新型军事人才[J]. 中国军事教育，2002.06

[2] 张炜. 关于中国军事外交的理论探讨[J]. 中国军事科学，2004.03

[3] 郭真. 当代美国军事外交的传统与调整探析[J]. 湖北社会科学，2005.10

[4] 杨晨，文秋. 冷战结束以来大国军事外交的演变趋势[J]. 外国军事学术，2007.12

[5] 韩献栋，金淳洙. 中国军事外交与新安全观[J]. 现代国际关系，2008.02

[6] 编辑委员会编. 当代中国军队的军事工作(上)[M]. 北京：中国社会科学出版社，1989

[7] 朱如珂. 军事教育学. 第2版[M]. 北京：解放军出版社，1992.

[8] 王文荣，张伊宁. 邓小平新时期军队建设思想述要[M]. 北京：国防大学出版社，1993

[9] 张炜. 中国海防思想史[M]. 北京：海潮出版社，1995.

[10] 刘华秋主编. 军备控制与裁军手册[M]. 北京：国防工业出版社，2000

[11] 沈伟光主编. 中国信息战[M]. 北京：新华出版社，2005

[12] 贾晓炜. 一体化作战知识读本[M]. 北京：长征出版社. 2005

[13] 奚纪荣，张国清. 军事理论教程[M]. 上海：同济大学出版社，2006

[14] 王军，刘小力. 军事理论基础知识学习指南[M]. 北京：蓝天出版社，2007

[15] 李凤旺编. 大学军事训练教程[M]. 杭州：浙江大学出版社，2008

[16] 季建成，罗远标，纪海云主编. 大学军事教程[M]. 北京：人民出版社，2009

[17] 左惟主编. 大学军事教程[M]. 南京：东南大学出版社，2009

[18] 中国中央军事委员会编. 中国人民解放军内务条令[M]. 北京：军事科学出版社，2010

[19] 中国中央军事委员会编. 中国人民解放军纪律条令[M]. 北京：军事科学出版社，2010

[20] 中国中央军事委员会编. 中国人民解放军队列条令[M]. 北京：军事科学出版社，2010

[21] 刘明福. 坚持依法从严治军[M]. 北京：人民武警出版社，2010

[22] 盛欣，曲向丽编. 2012世界军事形势分析[M]. 北京：国防大学出版社，2012

[23] 斯德哥尔摩国际和平研究所著，中国军控与裁军协会译. SIPRI年鉴2013：军备. 裁军和国际安全[M]. 北京：时事出版社，2014

[24] 中共中央宣传部. 习近平总书记系列重要讲话读本[M]. 北京：学习出版社，人民出版社，2013

[25] 徐建军，贺少华主编. 现代军事教育(第4版)[M]. 长沙：中南大学出版社，2014

[26] 王和中，吕冀蜀. 大学军事教程[M]. 北京：清华大学出版社，2014

[27] 高校军事理论教程编写组编. 高校军事理论教程[M]. 武汉：武汉大学出版社，2014

[28] 刘亚洲. 刘亚洲文集[M]. 武汉：长江文艺出版社，2014

后　记

本书是应探索开展通识教育教学改革之需而编写的一本理论性和应用性较强的教材。2010 年以来，湖南大众传媒职业技术学院为加强学生通识教育，积极整合校内相关的教学资源，把《国防教育》纳入人才培养计划，制定教学计划、并将大学生军训与《国防教育》教学结合在一起计算学分，这应该是我校加强通识教育的一种尝试。从授课的效果来看，《国防教育》课程因具有开阔视野、增长见识、贴近生活等特点，受到广大同学的普遍好评。既然是探索，是尝试，做起来就比较难。但是，为了巩固教学实践成果，学院教授委员会在确定教材主题、拟定编写大纲和具体章节方面，做了大量艰苦细致的工作。本书由湖南大众传媒职业技术学院教授委员会根据教育部、总参谋部、总政治部于 2007 年重新颁发《普通高等学校军事课教学大纲》的通知精神拟定编写大纲，组织《国防教育》课教学第一线的教师和国防科技大学转业的专家、学者共同编写，由教授委员会进行审定。

后 记

图书在版编目(CIP)数据

国防教育教程/刘爱国主编. --长沙:中南大学出版社,2016.7
ISBN 978-7-5487-2285-4

Ⅰ.国… Ⅱ.刘… Ⅲ.国防教育—高等职业教育—教材
Ⅳ.G641.8

中国版本图书馆 CIP 数据核字(2016)第 155191 号

国防教育教程

刘爱国 主编

□**责任编辑** 唐天赋
□**责任印制** 易建国
□**出版发行** 中南大学出版社
社址:长沙市麓山南路 邮编:410083
发行科电话:0731-88876770 传真:0731-88710482
□**印　　装** 湖南众鑫印务有限公司

□**开　　本** 787×1092 1/16 □**印张** 16.5 □**字数** 420 千字
□**版　　次** 2016 年 7 月第 1 版 □**印次** 2017 年 7 月第 1 次印刷
2018 年 8 月第 2 版 □**印次** 2018 年 8 月第 1 次印刷
□**书　　号** ISBN 978-7-5487-2285-4
□**定　　价** 36.00 元